民法典法律适用与案例指引系列

总主编　李永军

民法典物权编
法律适用与案例指引

主　编　李永军

副主编　席志国　郑永宽　陈汉

中国民主法制出版社

图书在版编目（CIP）数据

民法典物权编法律适用与案例指引/李永军主编；
席志国，郑永宽，陈汉副主编.—北京：中国民主法制
出版社，2022.3
（民法典法律适用与案例指引系列）
ISBN 978-7-5162-2796-1

Ⅰ.①民… Ⅱ.①李… ②席…③郑…④陈… Ⅲ.
①物权法—法律适用—中国②物权法—案例—中国 Ⅳ.
①D923.25

中国版本图书馆 CIP 数据核字（2022）第 050068 号

图书出品人： 刘海涛
出 版 统 筹： 乔先彪
责 任 编 辑： 乔先彪　逯卫光　张雅淇

书名/民法典物权编法律适用与案例指引
作者/李永军　主 编
　　　　席志国　郑永宽　陈 汉 副主编

出版·发行/中国民主法制出版社
地址/北京市丰台区右安门外玉林里 7 号（100069）
电话/（010）63055259（总编室）　63058068　63057714（营销中心）
传真/（010）63055259
http：// www.npcpub.com
E-mail：mzfz@ npcpub.com
经销/新华书店
开本/16 开　710 毫米×1000 毫米
印张/24.5　字数/366 千字
版本/2022 年 5 月第 1 版　2022 年 5 月第 1 次印刷
印刷/三河市宏图印务有限公司

书号/ISBN 978-7-5162-2796-1
定价/96.00 元

本书编委会

主　　　任　李永军

副　主　任　席志国　郑永宽　陈　汉

编委会成员（按姓名拼音排序）

陈　汉　韩新磊　李大何　李伟平

李遐桢　李永军　刘志军　苏紫衡

王伟伟　席志国　辛巧巧　于程远

张兰兰　张亦衡　甄增水　郑永宽

撰　稿　人（以撰写章节先后为序）

席志国：第一章至第三章；第十章至第十七章

苏紫衡：第四章至第九章

张亦衡：第十八章至第二十章

作者简介

李永军　法学博士，中国政法大学二级教授、博士生导师，中国法学会民法学研究会副会长，中国法学会民法典编纂领导小组成员。国家社科基金重大项目"民法典编纂的内部与外部体系研究"（项目号18ZDA141）首席专家；主持国家社科基金重点项目"民法典分则立法的内在与外在体系研究"。代表著作有：《民法总论》《民法总则》《合同法》《自然之债论纲——源流、规范体系与效力》《民事权利体系研究》《海域使用权研究》《破产法律制度》《破产重整制度研究》《合同法原理》《票据法原理与实务》。代表性论文有：《我国民法上真的不存在物权行为吗?》《契约效力的根源及其正当化说明理论》《我国合同法是否需要独立的预期违约制度——对我国正在起草的合同法草案增加英美法预期违约制度的质疑》《重申破产法的私法精神》《私法中的人文主义及其衰落》《论商法的传统与理性基础——历史传统与形式理性对民商分立的影响》《民法上的人及其理性基础》《物权与债权的二元划分对民法内在与外在体系的影响》《论债的科学性与统一性》《论债法中本土化概念对统一的债法救济体系之影响》《集体经济组织法人的历史变迁与法律结构》《民法典编纂中的权利体系及其梳理》《物权的本质属性究竟是什么?——〈物权法〉第2条的法教义学解读》《论我国民法典中无因管理的规范空间》《论民法典"合同编"与"总则编"和"物权编"的体系关联》《民法典侵权责任编的内在与外在体系》《婚姻属性的民法典体系解释》《民法典物权编的外在体系评析——论物权编外在体系的自洽性》《对我国〈民法典〉上"民事责任"的体系化考察》。

席志国 法学博士，中国政法大学民商经济法学院教授。兼任中国法学会民法学研究会理事、北京市物权法研究会理事。代表性著作有《中国物权法论》等；代表性论文有《论德国民法上的所有人占有人关系——兼评我国〈民法典〉第459—461条之规定》《民法典编纂视野下的动产担保物权效力优先体系再构建——兼评〈民法典各分编（草案）二审稿〉第205—207条》等。

郑永宽 法学博士，厦门大学法学院教授，兼任中国法学会民法学研究会理事，福建省法学会民商法学研究会副会长。代表性著作为《人格权的价值与体系研究》等；代表性论文为《医疗损害赔偿中原因力减责的法理及适用》等。

甄增水 法学博士，华北电力大学法政系教授，硕士生导师。代表性著作有《民法中的善意》等；代表性论文有《双轨制：我国善意取得制度设计的应然路径——兼析〈中华人民共和国物权法〉第106条》等。

李遐桢 法学博士，中国矿业大学（北京）文法学院教授，硕士生导师。代表性著作有《我国地役权法律制度研究》等；代表性论文有《无权处分他人之物转让合同效力的展开》等。

陈 汉 法学博士，中国政法大学民商经济法学院副教授，硕士生导师。兼任中国法学会婚姻家庭法学研究会副秘书长，北京市债法研究会常务理事。研究方向为传统家事法、家事法与其他法律的交叉问题。

于程远 法学博士，中国政法大学民商经济法学院副教授、硕士生导师。代表性论文有《论法律行为定性中的"名"与"实"》《论先合同信息风险分配的体系表达》《民法上目的性限缩的正当性基础与边界》《〈民法典〉时代家庭契约的效力审查体系》等。

李大何 法学博士，最高人民法院民二庭法官助理。代表性论文有《论附随义务及其救济方式》《未来民法典中人格权财产利益的保护模式》等。

刘志军 法学博士，华北电力大学法政系副教授。代表性著作有《民法精要：原理新述·真题精解·判例评析》《劳动法治论：以劳动争议处理为中心》等；代表性论文有《流浪儿童的法律预防机制探讨》《"以房养老"中签订遗赠扶养协议相关问题分析》等。

王伟伟 法学博士；北京市社会科学院法治研究所助理研究员。北京市物权法学会理事。

李伟平 法学博士，青岛大学法学院讲师、硕士生导师，中国政法大学民商法学博士，主要从事民法基础理论、债法等方面的研究，在《政治与法律》《民商法论丛》《法律适用》等期刊发表学术论文多篇；主持、参与国家级、省部级项目多项，曾获青岛大学第九届青年教师教学大奖赛优秀奖。

苏紫衡 法学博士，杭州电子科技大学法学院讲师，浙江省三农法治研究会理事、副秘书长。代表性论文有《对赠与任意撤销权的质疑——以赠与合同观的历史考察为核心》等。

韩新磊 法学博士，中国计量大学法学院讲师。代表性论文有《物权变动混合模式的经济学分析》《未经批准合同的效力状态与责任认定研究——基于对〈合同编（草案）〉第二百九十四条的规范修正》等。

辛巧巧 法学博士，中国政法大学民商经济法学院博士后。代表性论文有《算法解释权质疑》等。

张兰兰 法学博士，中国政法大学民商经济法学院师资博士后。代表性论文有《农村集体经济组织形式的立法选择——从〈民法总则〉第99条展开》和《履行费用过高规则的动态适用——对〈合同法〉第110条第2项第2种情形的具体化》等。

张亦衡 四川大学民商法在读博士生，中国政法大学民商法硕士。代表性作品有《民法典知识竞赛1000题》等。

◎ 总序

　　2020 年 5 月 28 日第十三届全国人民代表大会第三次会议通过了《中华人民共和国民法典》（本丛书简称《民法典》），这是我国政治、经济、文化、社会生活、法治建设中的一个里程碑事件。在《民法典》出台之前的中国民法学研究可谓"百花齐放"，当然亦可说是处于一种"众说纷纭"的状态——因为没有体系化的《民法典》作为基石与起点。因此，即使是民事单行法，在体系上也难免迷失方向而找不到坐标。特别是在我国没有债法的一般性规定的时候，甚至连"什么是物权""什么是债权"这样的基本概念及其区分都存在很大的争议，来自不同法系的观点交织在一起，很难得出"共识性"的知识。《民法典》的颁布与实施，正是立法机关努力解决这一现象的集中体现。然而，法典化从来都不能一劳永逸地解决所有法律上的难题。法典生命之树长青的秘密恰恰在于由学者、法官、律师以及其他法律工作者所构成的法律共同体，以其为基础和依据，所构建起来的法律教义学体系。

　　我国《民法典》无论是自其所颁布的时间而言，还是就其内容而言，抑或是自其结构体例来看都可以说是迄今为止全球最新的《民法典》。作为全球最新的《民法典》，我国《民法典》在内容上一方面充分反映了 21世纪科学技术最新成果以及人类社会所面临的全新问题，不但将虚拟财产、数据、个人信息、电子合同等纳入其中加以规范，而且还将绿色原则作为其基本原则指导民事活动；另一方面，我国《民法典》还博取世界各国法律文明之长，如在担保制度中大量吸收了美国商法典动产担保制度的规定，从而致力于促进融资、改善营商环境。更为重要的是，我国《民法典》还作出了一系列制度创新，如在总则编中增加了英雄烈士人格利益保护条款、见义勇为条款；在物权编中首创了"土地所有权—土地承包权—土地经营权"的三权分置理论；在婚姻家庭编中首创了离婚冷静期制度；在侵权责任编中增加了自甘风险原则、好意同乘条款、高空抛物致人损害责任等。由此可见，我国《民法典》是一部国际化与本土化、民族化并重的全新法典。

自法典的结构体系而言，我国《民法典》亦颇具特色。从法典的模式来看，从罗马法开始到《法国民法典》，可以说是"三编制"的代表。直至《德国民法典》，其式样可以说是"五编制"的代表。自《德国民法典》以后，世界各国（民法法典化国家）就区分为"法法法系"和"德法法系"。我们必须明白的是：任何一个法系式样，都不是放之四海而皆准的模板。自我国法律现代化的历史以观，整体而言，我国《民法典》仍然采纳了德国法律科学所发展出来的潘德克吞立法体例，也即采纳了提取公因式的总分结构模式。这体现在我国《民法典》不但设有总则编，而且在每一分则编中均采取了进一步的提取公因式的做法，形成了"总则—分则（小总则—分则）"的模式。但是我国《民法典》并未亦步亦趋地模仿《德国民法典》，而是基于我国长期以来已经形成的法律体系及学说观点构建了"七编制"的《民法典》，也即"总则编＋物权编＋合同编＋人格权编＋婚姻家庭编＋继承编＋侵权责任编"。其中具有特色的首先应当是将"人格权"独立成编，体现了我国立法对于人权保护的重视。其次是不设独立的债权编，而是将其区分为合同编与侵权责任编两编，并将侵权责任编置于整部《民法典》的最末，作为所有权利的救济手段。但是，自体系化的视角来看，侵权责任编与合同编仍然是债权编的主要内容。特别是我国《民法典》第118条第2款规定："债权是因合同、侵权行为、无因管理、不当得利以及法律的其他规定，权利人请求特定义务人为或者不为一定行为的权利。"其中合同编的通则分编代行债法总则的功能，对此《民法典》第468条规定："非因合同产生的债权债务关系，适用有关该债权债务关系的法律规定；没有规定的，适用本编通则的有关规定，但是根据其性质不能适用的除外。"该条所指的本编通则即是指合同编的通则分编。

　　时间如白驹过隙，自 2021 年 1 月 1 日《民法典》实施之日起，至今亦一年有余。在这一年多的时间里，学说上对《民法典》的诠释已经汗牛充栋，仅仅关于《民法典》的评注书就有十余部，发表的学术文章更是不计其数。最高人民法院则依据《民法典》对以往民商事领域中的司法解释进行了全面的清理，有的予以修改、有的予以废止，目前正在准备陆续出台《民法典》诸编的全新司法解释。这无疑是民法理论界与实务界一次真正的学术盛宴。作为学术共同体的一部分，我们亦有义务做出自己的贡献。当前呈现给读者的这套《民法典法律适用与案例指引系列》丛书，意在为《民法典》的准确理解与适用提供一个法教义学的体系性解读，其特色在于一方面我们尽量用最为通俗易懂的语言精确地阐释《民法典》的条文和精神，另一方面还精选了一定的案例对重点疑难法律问题的适用加以说明。正如德国联邦最高法院的判决所指出的：法律解释，特别是宪法性法律解释具有商谈的品性，其中即便是方法上毫无争议的作业，在法律专家中亦不能保证获得唯一正确的结论，毋宁在于一方面提出论证的理由，驳斥相反的论证理由，最终选择最佳的论证理由以支持其结论。职是之故，我们的解释仅仅是一种论证的理由，其本身非完美无瑕，肯定还存在诸多错误和不足，敬请各位同人不吝赐教。您的批评和建议将是我们进步和完善的动力和源泉。

　　在此，还想代表所有作者对所有关心这套著作出版发行的同人和编辑表示衷心的感谢，感谢你们的支持和帮助！

李永军

2021 年岁末

目　　录

第一部分

法条精解与适用

第二编 物 权

第一分编 通 则

第一章 一般规定

> **第二百零五条** 本编调整因物的归属和利用产生的民事关系。

【要义精解】

我国通说将物权法的范围界定为对于物之静态的支配关系。[1]因此，民法典物权编的调整对象为两个方面：其一是将特定物归属于特定民事主体从而形成物权，全面归属形成所有权，部分归属则形成不完全物权（包括用益物权和担保物权）；其二是规定特定物权人对于特定物的利用界限，也即物权的具体内容。然而在笔者看来，自我国民法典物权编的全部规定以观，权利主体对于物的支配性静态关系固然属于物权法的重要内容，但除此之外还存在大量的有关物权变动的法律规范。民法典物权编第一分编为通则，其中第二章为物权的设立、变更、转让和消灭，共设有 24 个条文规定物权的变动；除此之外，在民法典物权编的各分则编关于每一种具体物权的规定中，均有对该种具体物权的取得、转移和消灭的相应规定。[2] 由

---

[1] 崔建远：《物权：规范与学说——以中国物权法的解释论为中心》（上册），清华大学出版社 2011 年版，第 1 页。

[2] 民法典物权编第二分编所有权之第九章为所有权取得的特别规定（第 311—322 条共计 12 条）。第三分编系关于用益物权的规定，其中第 333 条与第 335 条规定了土地承包经营权的取得和转移，而第 341 条则规定了土地经营权的设立与移转；第 347—349、354—357 条是关于建设用地使用权取得和转移的规定；第 365 条是关于宅基地使用权变动的规定；第 367、368、370、371 条是关于居住权的设立与消灭的规定；第 373、374、382—385 条均是关

此可见，物权变动也是物权法的重要内容之一。因此，在笔者看来，我国物权法应当界定为"人对物的静态支配关系以及该种支配关系之变动的法律规范的总称"。也就是说，物权法的主要内容有两个方面：第一方面系关于人对物的各种支配关系，即不同的物权及每一种物权的具体内容，此方面属于静态的财产归属关系，也即《民法典》第205条所说的关于物的归属和利用的问题。第二方面则是关于各种物权的变动关系，即每一种物权的取得、转移和消灭的问题，该方面属于财产的流转关系。不过需要特别注意的是，物权法中关于财产的流转关系，与债法所规范的财产流转关系有所不同。孙宪忠教授指出："任何交易，即使是最简单的交易，也都需要物权法与合同法的双重法理调整。物权法和合同法都是调整交易关系的法律，它们调整交易关系的区别，是它们解决法律问题的出发点不同、解决问题的阶段不同、解决问题的重点不同。合同法调整交易关系的出发点，是当事人自己的意思表示，是合同的效力与当事人的意思表示之间的关系。而物权法的出发点是物权变动中的客观公正与交易安全，故物权法的重点是物权变动中物权排他性后果与第三人利益之间的关系。"[1] 物权的变动之所以属于物权法的重要内容之一，乃是基于物权与债权的基本划分，以及负担行为与处分行为的区分。也就是说，在区分负担行为与处分行为的立法理论模型下，买卖、赠与、互易等合同仅在当事人之间产生债权债务关系，并不直接产生所有权等物权变动的法律效果。要想使所有权等物权发生变动，则还需要出卖人与买受人等进一步实施以移转标的物之所有权为内容的法律行为，该行为的目的在于履行前述买卖合同所形成的义务，该行为被称之为物权行为（属于处分行为的一种）。关于物权行为的规定，当然属于物权法所规范的内容了。因而，物权法所规范的财产交易关系，系合同履行的过程，而不是合同签订的过程，亦非关于合同缔结生效后的效力问题。后两个问题则属于合同法规范的内容。

（接上页）

于地役权的取得及其他变动的规定。第四分编系担保物权，其中第400—404条是关于抵押权设立的规定；第427—429条系关于动产质权设立的规定；第441、443、445条均系关于权利质权设立的规定；第447、448条系关于留置权成立的规定。

[1] 孙宪忠：《论物权法》，法律出版社2001年版，第4—5页。

【对照适用】

本条规定源于原《物权法》第2条。原《物权法》第2条由3款规定构成，其中第1款规定了该法的调整范围，也即本条规定。第2款是物的定义与分类，第3款是物权的定义和分类。《民法典》将原《物权法》第2款和第3款独立出来规定在总则编第115条和第114条第2款。

> 第二百零六条 国家坚持和完善公有制为主体、多种所有制经济共同发展，按劳分配为主体、多种分配方式并存，社会主义市场经济体制等社会主义基本经济制度。
>
> 国家巩固和发展公有制经济，鼓励、支持和引导非公有制经济的发展。
>
> 国家实行社会主义市场经济，保障一切市场主体的平等法律地位和发展权利。

【要义精解】

可以说所有的法律制度均是由国家制度所决定的，但是由于民法作为私法，主要调整的是私人之间所进行的与公共利益无涉的交往关系，因此与国家基本政治制度、经济制度的关系较为薄弱。然而在私法中，物权法与一个国家的政治经济制度的联系最为紧密，其直接决定了一个国家的政治经济制度，特别是所有制。该条规定，即在于确认由《宪法》所确立的社会主义公有制以及社会主义市场经济两项宪法原则作为我国物权法制度的基石。

该条第1款规定国家坚持和完善公有制为主体，多种所有制经济共同发展的基本经济制度。这意味着物权法律制度在保护作为公有制之表现形式的国家所有权和集体所有权的基础上，亦注重对于私人所有权（包括自然人个人所有、法人所有和非法人所有的财产）的保护。社会主义市场经济原则，要求各种生产要素以及生活资料主要通过市场的方式予以配置，体现在物权法上则意味着作为交易对象的物权，除非法律基于特别的考虑，原则上是可以交易的，换言之，物权人自由处分其物权系我国物权法律制度的基本原则之一。社会主义市场经济，不但要求生产要素和生活资料通过市场配置，更进一步要求市场主体要在平等的基础上进行自由交易，任何一方不得强制对方进行交易，特别是国有企业等市场主体，不得利用自己的特殊地位和特殊经济实力而违反公平竞争的规则。

【对照适用】

本条规定源于原《物权法》第3条，本条未进行实质性修改，解释适用上不存在区别。

第二百零七条　国家、集体、私人的物权和其他权利人的物权受法律平等保护，任何组织或者个人不得侵犯。

【要义精解】

本条规定的是民事主体财产权平等保护原则。

尽管我国是社会主义公有制国家，即国家所有和集体所有的财产占据主导地位，但是有鉴于《宪法》规定的"多种所有制经济共同发展"以及"私有财产不受侵犯"的原则，我国民法典物权编明确规定，各种民事主体的物权受法律平等保护，一体适用物权法以及其他法律的规范。

【对照适用】

本条规定源于原《物权法》第4条，《民法典》未进行实质性修改，解释适用上不存在区别。

第二百零八条　不动产物权的设立、变更、转让和消灭，应当依照法律规定登记。动产物权的设立和转让，应当依照法律规定交付。

【要义精解】

本条规定的是物权变动的公示原则。

公示原则的目的在于实现对个人自由的保障和促进效率这两个法律价值。物权作为一种对世权，对权利人之外的一切人都有法律上的约束力，换言之，任何第三人均应当尊重物权人之物权而不得干涉。要使物权人的权利得到尊重，那么必须要使他人知晓权利状况，在此基础上，第三人只要不因过失而侵害已经被公示的权利即可自由行为，这样不但保障了物权人的物权，也更大程度上保障了一般第三人的行为自由。由于物权是重要的交易对象，法律要求权利人对其物权进行公示，交易相对人通过公示即可获知权利之归属状况，从而大大降低了交易相对人的信息收集成本。若没有公示原则和以下所讲的公信原则，那么交易当事人必须投入大量的成本调查权利归属状况，若该交易成本过高，则可能会阻碍交易的发生从而降低经济效率。王泽鉴教授将其总结为："物权具有绝对排他效力，其得丧变更须有足由外部可以辨认的表征，始可透明其法律关系，减少交易成本，避免第三人遭受损害，保护交易安全。此种可由外部辨认的表征，即为物权变动的公示方法。"[1]

【对照适用】

本条规定源于原《物权法》第 6 条，《民法典》未进行修改，解释适用上不存在区别。

---

[1]　王泽鉴：《民法物权（第 1 册）：通则·所有权》，中国政法大学出版社 2001 年版，第 92 页。

第二章　物权的设立、变更、转让和消灭

第一节　不动产登记

> **第二百零九条**　不动产物权的设立、变更、转让和消灭，经依法登记，发生效力；未经登记，不发生效力，但是法律另有规定的除外。
>
> 依法属于国家所有的自然资源，所有权可以不登记。

【要义精解】

本条是关于不动产物权变动生效要件的原则性规定。

依据该条规定，原则上不动产物权的变动以登记为生效要件，但是法律另有规定的除外。这里"法律另有规定"不以登记为生效要件的情形主要有如下三种：其一是本条第2款所规定的，国家所有的自然资源所有权可以不进行登记，但是在自然资源所有权上设定采矿权等准物权或者用益物权的，以及准物权或者用益物权转让的则仍然需要依据法律规定进行登记。其二是《民法典》第229条至第231条规定的非基于法律行为而发生的物权变动。其三是《民法典》所规定的土地承包经营权的设定与转移、地役权的设定，这两种不动产物权变动时，登记不是生效要件而是对抗要件。依据《民法典》第208条所规定的公示原则，基于法律行为而发生的物权变动，不动产物权变动需要进行登记，而动产物权变动则需要交付。就引起物权变动之法律行为而言，除了公示方式不同外，其他都是相同的，故本书在这里统一予以详细讲述。

一、物权变动的类型

（一）物权的发生

物权的发生从权利人的角度观察即为物权的取得，即基于一定的法律事实和特定的标的物，物权归属于某民事主体的法律现象。

　　物权的取得可以分为原始取得与继受取得，前者是指不以他人的权利及意思为依据，而是依据法律直接取得物权；后者则是指以他人的权利及意思为依据取得物权，其中最为重要的是继受取得。

　　继受取得又可分为创设型继受取得与移转型继受取得两种：创设型继受取得即所有人在自己的所有物上为他人设定他物权，而由他人取得一定的他物权，如房屋所有人在其房屋上为他人设定抵押权、汽车所有人通过将其汽车质押给他人设定质权，上述他人基于所有人设定抵押权或质权的行为而取得抵押权、质权等担保物权的情形即属于创设型继受取得；移转型继受取得即物权人将自己享有的物权以一定法律行为移转给他人，由他人取得该物权，典型的为所有权的移转，如买卖、赠与以及继承等。

　　区分原始取得与继受取得的主要意义在于，继受取得物权的应当承担标的物上所负担的一切义务。如继受取得所有权，若该标的物上有抵押权，那么取得人不得对抗该抵押权人的抵押权。相反，在原始取得中，由于权利人取得物权时不是基于任何人的权利，因此标的物上原存在的一切负担和义务均不对取得人有效。

　　（二）物权的变更

　　物权的变更有广义和狭义之分，广义的物权变更是指基于特定的法律事实，特定物权在维持同一性不变的情形下主体、客体、内容等要素发生变化的法律现象。狭义的物权变更则仅指物权之主体的变更，即权利人发生变化，这也被称之为物权的移转。所谓物权的移转是指物权从一个主体转移到另一个主体的法律现象。物权的转移，从受让人的角度以言是物权的取得，自出让人的角度以言则属于权利的相对消灭。例如，甲通过买卖的方式将其对 A 房屋的所有权转移给了乙，此时甲的所有权归于消灭，而乙则取得了 A 房屋的所有权。

　　（三）物权的消灭

　　所谓物权的消灭系指基于特定的法律事实，特定物权与其主体相分离的法律现象。物权的消灭可以分为绝对的消灭与相对的消灭。绝对的消灭是指物权本身不存在了，任何人均未再取得该项物权。相对的消灭则是指原权利人的物权丧失了，但是该项物权被新主体取得。如房屋由于地震而坍塌，从而房屋的所有权归于消灭，任何人均不再享有该房屋的所有权，该房屋之所有权的消灭即为绝对消灭。相反，如甲将其房屋的所有权通过买卖合同或赠与合同等转移给乙所有，那么该房屋的所有权对甲而言就消灭了，但是同时，由于乙取得了该房屋的所有权，甲之所有权的消灭即属于相对消灭。可见，物权的相对消灭又属于物权转移的范畴，这正好与物权的继受取得相对应。也就是说，物权的转移、物权的相对消灭以及物权的继受取得实际上是同一个问题自不同角度加以观察的结果。

二、物权变动原因

物权变动的原因纷繁芜杂，这些原因中，有的是买卖、互易等交易行为，有的是赠与等非交易行为，有的是基于地震等自然事件，有的则是基于政府的征收、没收等公法行为，有的是基于建造、拆除等事实行为，有的则可能基于权利的存续期间届满这样的事实等。然而，这些物权变动的原因，自意思自治或者说私法自治的角度加以观察，无非就是两个类型：基于法律行为和基于法律行为之外的其他法律事实。前者贯彻的是意思自治原则，即意思自治是引起物权变动的主要原因，基于法律行为引起的物权变动可以被称之为物权的意定变动。后者是法律基于各种价值判断而将物权变动的法律效果系于特定的法律事实，或者说物权变动系基于法律的规定而非当事人的意思，因此可以被称之为物权的法定变动。

（一）法律行为

1. 双方行为

基于契约原则，引起物权变动的法律行为应当以双方法律行为为原则，而以单方行为为例外。这些引起物权变动的双方法律行为既可以是有偿的法律行为，即交易行为，如买卖、互易、他物权的有偿设定（如国有土地使用权出让等）；也可以是赠与等无偿行为（需要特别说明的是，赠与的标的不限于所有权，还包括建设用地使用权等用益物权以及其他财产权）。

2. 单方行为

如前所述，引起物权变动的单方行为仅系例外，主要包括如下两种。

（1）权利人抛弃其物权的行为。物权作为财产权之一，权利人原则上可以自由处分，抛弃权利是权利人处分其权利的表现形式之一。由于抛弃权利不影响任何第三人的利益，因此只需要权利人单方面的意思表示即为已足。不但所有权可以抛弃，建设用地使用权、宅基地使用权、土地承包经营权、地役权等用益物权亦可以抛弃，抵押权、质押权、留置权等担保物权也可以抛弃。

（2）死因处分行为。所谓死因处分行为是指权利人生前作出处分其财产并在权利人死亡时始发生效力的法律行为。法律将死因处分行为构建为单方行为的主要原因是给予权利人处分其遗产的自由，即无须通过与受让其遗产的人进行合意即可将其遗产遗留给该人，由于通过死因处分行为而获得遗产的人无须承担任何义务，纯粹受有利益，因而通常也不会予以拒绝。即便是死因处分行为所指定接收遗产的人不愿意接受该遗产，亦可以通过放弃该权利的方式加以解决，故并不违背私法自治原则。

（二）民事法律行为以外的其他法律事实

非基于法律行为而引起的物权变动均系基于法律的直接规定而发生的，故无须登记，只需要符合法律规定的物权变动的要件即发生变动，此种情形也可以称之为法定的物权变动。非基于法律行为引起物权变动的情形具体包括三种：事实行为引起的物权变动、公法行为引起的物权变动、事件引起的物权变动。具体物权变动时间我们在相关条款中再行详解。

三、物权变动的立法例

（一）债权意思主义立法例

债权意思主义立法例学说上多被称为意思主义的立法例。我国学者朱庆育先生则称之为"一体原则"。[1]"一体原则"的提法很好地对应了德国法上的"分离原则"，表明了物权变动原因与债权变动原因合二为一的立法模式。该种立法主义以《法国民法典》为典型代表。《法国民法典》第711条规定："财产所有权因债权效力而转移。"第1583条则就买卖合同所引起之所有权转移进一步明确规定："当事人一经对标的物与价金协议一致，即使标的物尚未交付，价金尚未支付，买卖即告完全成立，且买受人对出卖人依法取得标的物所有权。"在该种立法例下，物权的变动只需要当事人之间订立一项买卖、赠与、互易等合同即可，该合同生效时物权即发生变动，在该项合同之外，不再需要当事人实施另一项以直接引起物权变动为内容的合意等意思表示。也就是说，一项买卖合同的生效，同时产生两项法律效果：首先是在当事人之间产生债权债务关系；其次是标的物的所有权直接发生转移，即标的物所有权自买卖合同生效时从出卖人转移给买受人所有。也就是说，所有权的转移，仅仅系由买卖合同的效力所决定，既不需要交付标的物，也不需要办理登记，当然与是否支付价金亦无任何关系。

---

[1] 朱庆育：《民法总论》，北京大学出版社2013年版，第162页。

（二）物权形式主义立法例

该种立法主义学说上多被称为形式主义立法例。这种立法例以《德国民法典》为典型代表，认为买卖、赠与、互易等合同仅发生以物权产生、变更、消灭为目的的债权和债务关系，因此，该等合同仅仅是债权合同，是法律上的负担行为。买卖合同成立生效后并不能发生标的物所有权转移的法律效果，而是仅仅在双方当事人之间产生债权债务关系，即出卖人对买受人取得了请求支付价金的债权；买受人则取得了请求出卖人交付标的物并移转所有权的债权。而物权变动效力的发生还需要当事人另行就物权变动达成合意，并且要实施登记或者交付标的物的公示行为，这个物权合意被称为物权合同，属于物权行为的一种。物权行为除了包括物权合意，还包括以直接变动物权为目的的单方法律行为，例如，所有权的抛弃行为等。由于一个完整的交易被区分为两个阶段（即买卖合同订立阶段和合同的履行阶段），三个不同的法律行为（即订立买卖合同的行为，出卖人向买受人移转标的物所有权的法律行为，买受人向出卖人移转价金所有权的法律行为），因而该种立法原则被德国学说界称为分离原则。该种立法例之所以被称为物权形式主义，是因为物权的变动不仅仅需要当事人有变动物权的意思表示（原则上是物权合意），而且还必须要有变动该物权的外在表现形式（动产为标的物的交付，而不动产则为权利变动登记），即：物权意思表示＋法定公示方式＝物权行为＝物权变动。"那么，表现此物权合意的物权行为（物权契约）是如何实施的呢？以不动产所有权的让与为例，不动产的让与合同（债权合同）缔结后，当事人双方（或代理人）必须一起向管辖部门（公证人）提交该关于让与合同的公证证书或由该管辖部门制作此证书，以此视为不动产所有权让与合意（物权合意）的达成（不动产中此手续称为出让，即不动产所有权转移的意思表示或合意），其后完成所有权移转登记，而登记官在当事人未向其提交公证证书前，认为当事人未达成物权合意而不予受理。经上述手续，物权合意即物权契约完成。"[1]

（三）债权形式主义立法例

这种立法例学说上多称之为折中主义的立法例。[2]这种立法例以《奥地利民法典》为代表，认为当物权基于法律行为发生变动时，除债权合

---

〔1〕 ［日］近江幸治：《民法讲义Ⅱ：物权法》，王茵译，北京大学出版社 2006 年版，第 36—37 页。
〔2〕 谢在全：《民法物权论》（上册），中国政法大学出版社 1999 年版，第 64 页。

同外还需要登记或交付等形式要件，就此而言与形式主义的立法例相同。但是，当事人仅需要一个买卖合同、赠与合同、互易合同等债权合意（债权行为）即可，而无须于此债权行为之外再行实施一个以直接变动物权为内容的物权合意或者说是物权行为，就此而言又区别于上述物权形式主义的立法例。在此种立法例下，物权变动 = 债权意思表示（多数情形下为合意或者称之为契约，少数情形下也可以基于单方意思表示）＋外在形式（动产为交付、不动产为登记）。我国台湾地区学者谢在全教授将债权形式主义总结如下："在此种立法例下，发生债权之意思表示，即为物权变动之意思表示，两者合一，并无区别，此点与意思主义（指前述之债权意思主义立法例）相同，与形式主义（指前述之物权形式主义立法例）有异。使物权变动之法律行为，仅有当事人之债权意思表示尚有未足，仍须履行登记或交付之法定方式，始足当之，故公示原则所须之登记或交付等公示方法，乃为物权变动之成立或生效要件。此与意思主义有异，而与形式主义相同。一个法律行为不能同时发生债权与物权变动之效果，但物权之变动，仅须在债权意思表示外加上登记或交付即为已足，不须另有物权变动之合意，故无物权行为之独立性存在。物权行为未独立存在，则物权行为之效力自然受其原因关系即债权行为之影响，故无物权行为无因性可言。此际交易安全，委诸于公示与公信原则。"[1]

【对照适用】

本条完全来源于原《物权法》第 9 条的规定，没有进行实质性修改，因此对于原《物权法》不动产物权变动的所有解释均能适用于《民法典》的该条规定。

> **第二百一十条** 不动产登记，由不动产所在地的登记机构办理。
> 国家对不动产实行统一登记制度。统一登记的范围、登记机构和登记办法，由法律、行政法规规定。

【要义精解】

本条规定是针对此前我国不动产登记的乱象而设的，在原《物权法》实施之前，"中国现行的不动产登记分属不同管理机构，涉及近 10 个部门，如

---

[1] 谢在全：《民法物权论》（上册），中国政法大学出版社 1999 年版，第 64—65 页。

原住建部负责房屋所有权登记；原国土部负责集体土地所有权、国有土地所有权、集体建设用地使用权和宅基地使用权登记。这种登记模式始于计划经济时代，存在分散登记、多头管理等问题"[1]"法律理论和我国的登记管理实践都证明，这种人为地将不动产分割开来、分别进行登记的做法，既破坏了不动产的统一性，不利于保护不动产权利人的合法权益，也增加了不动产交易的风险，不利于维护不动产市场交易的安全，阻碍了市场经济的发展与完善。建立不动产统一登记制度，既是全面保护公民权益的需要，也是加强不动产管理、维护不动产产权交易安全的要求，社会各界已对此达成了共识。"[2]2014 年 11 月 24 日，国务院公布《不动产登记暂行条例》（以下简称《条例》），该《条例》于 2015 年 3 月 1 日起施行，并于 2019 年修订。需要说明的是，该《条例》的出台正如其名称所示，仅为暂时适用，未来必须要由全国人民代表大会及其常委会出台"不动产登记法"以实现原《物权法》统一立法的要求，《民法典》基于同一理由继受了这一规定。

依据《条例》第 6 条的规定，国务院原国土资源主管部门（即现在的自然资源部）负责指导、监督全国不动产登记工作。县级以上地方人民政府应当确定一个部门为本行政区域的不动产登记机构，负责不动产登记工作，并接受上级人民政府不动产登记主管部门的指导、监督。2014 年 5 月 7 日，原国土资源部办公厅下发《关于在地籍管理司加挂不动产登记局牌子的通知》，在原国土资源部地籍管理司加挂不动产登记局牌子，承担指导监督全国土地登记、房屋登记、林地登记、草原登记、海域登记等不动产登记工作的职责，从而在国家层面实现了不动产登记机构的统一。此后，依据《条例》的规定，县级以上地方人民政府均确定一个部门为本行政区域的不动产登记机构，负责不动产登记，因而该《条例》实施之日就是不动产统一登记之日，至于究竟地方政府会确定哪个部门为登记部门，依据法条字面意思尚由各地方政府自行确定，但是由于该条第 1 款已经明确"国务院国土资源主管部门负责指导、监督全国不动产登记工作"，那么基于行政隶属关系，全国各地方政府也都会将本行政区域内的原国土资源部门确立为登记部门。就级别管辖而言，基于《条例》第 4 条第 2 款规定的"方便群众的原

---

[1] 李乐蓉、谢小魁、吴峰等：《我国实施不动产统一登记制度的意义》，载《农村经济与科技》2014 年第 7 期。

[2] 邱烈飞：《土地登记在不动产统一登记中的地位》，载《中国土地》2006 年第 8 期。

则"，只能由县级人民政府的原国土资源部门管辖，即由不动产所在地的县级人民政府的原国土资源主管部门进行登记。对此《条例》第7条第1款规定，不动产登记由不动产所在地的县级人民政府不动产登记机构办理；直辖市、设区的市人民政府可以确定本级不动产登记机构统一办理所属各区的不动产登记。《条例》第7条第2款还规定了跨县不动产的登记管辖："跨县级行政区域的不动产登记，由所跨县级行政区域的不动产登记机构分别办理。不能分别办理的，由所跨县级行政区域的不动产登记机构协商办理；协商不成的，由共同的上一级人民政府不动产登记主管部门指定办理。"《条例》第7条第3款还规定了特别管辖（也可以借助诉讼法的用语称之为专属管辖）："国务院确定的重点国有林区的森林、林木和林地，国务院批准项目用海、用岛，中央国家机关使用的国有土地等不动产登记，由国务院国土资源主管部门会同有关部门规定。"目前"不动产登记法"的立法工作已经提上日程，"不动产登记法"出台后，将形成以《民法典》作为实体法律制度，"不动产登记法"作为登记程序法共同支撑不动产登记制度的格局。

【对照适用】

本条完全继受了原《物权法》第10条的规定。

第二百一十一条　当事人申请登记，应当根据不同登记事项提供权属证明和不动产界址、面积等必要材料。

【要义精解】

本条系关于不动产登记申请人应当提交相应的申请材料的原则性规定。不动产登记作为一种物权变动的公示方式，基于意思自治原则的要求，其启动程序应以当事人的申请为原则，也就是说，除了法律有特别规定之外，非基于当事人的申请不能启动不动产登记程序。当事人提出不动产登记申请的，除了需要提交申请书，还须依据不动产登记的不同类型提供相应的证明文件。本条规定仅仅属于一个原则性的规定，具体申请须提交哪些材料则由《条例》与《不动产登记暂行条例实施细则》（以下简称《实施细则》）规定。《条例》第16条第1款规定："申请人应当提交下列材料，并对申请材料的真实性负责：（一）登记申请书；（二）申请人、代理人身份证明材料、授权委托书；（三）相关的不动产权属来源证明材料、登记原因证明文件、不动产权属证书；（四）不动产界址、空间界限、面积等材料；（五）与他人利害关系的说明材料；（六）法律、行政法规以及本条例实施细则规定的其他材料。"而《实施细则》则针对每一种具体登记所需要提交的资料进行了更为详细的规定，在实践中需要申请登记的则应当依据《实施细则》之规定提交相应的申请材料。

依据《条例》第 17 条的规定："不动产登记机构收到不动产登记申请材料，应当分别按照下列情况办理：（一）属于登记职责范围，申请材料齐全、符合法定形式，或者申请人按照要求提交全部补正申请材料的，应当受理并书面告知申请人；（二）申请材料存在可以当场更正的错误的，应当告知申请人当场更正，申请人当场更正后，应当受理并书面告知申请人；（三）申请材料不齐全或者不符合法定形式的，应当当场书面告知申请人不予受理并一次性告知需要补正的全部内容；（四）申请登记的不动产不属于本机构登记范围的，应当当场书面告知申请人不予受理并告知申请人向有登记权的机构申请。不动产登记机构未当场书面告知申请人不予受理的，视为受理。"

【对照适用】

本条完全继受了原《物权法》第 11 条之规定，未进行任何修改。因此与之配套的《条例》以及《实施细则》无须进行相应的修订即可直接适用。

> **第二百一十二条** 登记机构应当履行下列职责：
> （一）查验申请人提供的权属证明和其他必要材料；
> （二）就有关登记事项询问申请人；
> （三）如实、及时登记有关事项；
> （四）法律、行政法规规定的其他职责。
> 申请登记的不动产的有关情况需要进一步证明的，登记机构可以要求申请人补充材料，必要时可以实地查看。

【要义精解】

本条规定的是不动产登记机构在办理不动产登记过程中的具体工作职责。尽管关于不动产登记机构实施登记行为的法律性质，学说上存在一定的争议，存在行政行为说、民事行为说、综合说等不同的观点，但是不动产登记机关在我国系行政机关，且其所实施的登记行为依据《行政诉讼法》之规定得提起行政诉讼，应当被作为行政行为对待。行政机关实施行政行为，须在法定的职权范围之内，否则超越职权范围即为违法行政。本条规定即为登记机关实施登记行为提供了法律依据，同时也将登记机关的职权限制在这一与不动产登记直接相关的事项范围内。

　　关于我国不动产登记机构的审查究竟是实质审查还是形式审查、审查机关的注意义务究竟如何确定，这些问题学说上一直存在分歧。归纳起来主要有三种观点：实质审查说、形式审查说与折中说。其中实质审查说似为多数说，持此观点的有王利明教授、崔建远教授、常鹏翱教授等，孙宪忠教授则主张采取形式审查说。[1]正如学者所言，比较实质审查与形式审查这两种模式，发现各有其优缺点：前者有利于减少登记错误、提高登记公信力，但相对于不动产交易日益频繁之情形，审查任务异常艰巨，势必影响登记效率；后者最大的优点就是效率高，但缺点是公信力较弱。就法律责任而言，登记机构实质审查的责任大，出现错误并造成损害的，须因过错承担赔偿责任；而在形式审查中，除故意或重大过失外，不承担损害赔偿责任。赞同实质审查的观点中，避免错误登记是重要理由；赞同形式审查的观点中，有没有能力做到是重要考量因素。[2]笔者认为，在我国，法律没有采取物权行为的无因性原则时，买卖合同等引起物权变动的法律行为归于无效时物权即不发生变动，此时若已经完成了不动产登记，则不动产登记簿的记载为错误，再结合不动产登记簿具有公信力，从而善意第三人可以信赖不动产登记簿之正确而进行交易，并依据《民法典》第 311 条之规定善意取得不动产物权，因此维持不动产登记簿之正确性就变得非常重要。唯有赋予不动产登记机关实质审查的权利，对作为不动产物权变动的基础关系进行审查，才能够更好地维持不动产登记簿的正确性，故应当依据通行的学说采实质审查说。唯笔者认为，实质审查并不意味着登记簿永远不会发生错误，也不意味着凡是不动产登记簿发生错误的即由登记机关承担损害赔偿的责任。而是应当区分不同的情形，赋予不动产登记机关以不同的注意义务，只有登记机关在审查中违背了其注意义务构成过错，才需要承担相应的损害赔偿责任。

　　在实质审查的情形下，登记机关所进行审查的材料范围比较广泛。首

---

〔1〕　王亦白：《不动产登记审查的模式选择和标准确立》载《中国土地科学》2018 年第 11 期。

〔2〕　王亦白：《不动产登记审查的模式选择和标准确立》载《中国土地科学》2018 年第 11 期。

先，其应当审查《条例》及《实施细则》针对每一种不动产登记情形规定的申请时所提交的材料的真实性，并有权利对申请的当事人进行询问，发现有错误和遗漏的材料可以要求申请人改正或者补充。除了对于申请人提交的相关材料进行审查之外，依据《条例》第 19 条的规定，有下列情形之一的，不动产登记机构可以对申请登记的不动产进行实地查看："（一）房屋等建筑物、构筑物所有权首次登记；（二）在建建筑物抵押权登记；（三）因不动产灭失导致的注销登记；（四）不动产登记机构认为需要实地查看的其他情形。对可能存在权属争议，或者可能涉及他人利害关系的登记申请，不动产登记机构可以向申请人、利害关系人或者有关单位进行调查。不动产登记机构进行实地查看或者调查时，申请人、被调查人应当予以配合。"

在进行各项审查之后，申请人的申请符合不动产登记条件的，不动产登记机关应当自受理登记申请之日起 30 个工作日内办结不动产登记手续。《条例》第 22 条规定："登记申请有下列情形之一的，不动产登记机构应当不予登记，并书面告知申请人：（一）违反法律、行政法规规定的；（二）存在尚未解决的权属争议的；（三）申请登记的不动产权利超过规定期限的；（四）法律、行政法规规定不予登记的其他情形。"

【对照适用】

本条完全继受了原《物权法》第 12 条的规定，在解释适用上没有任何区别。

> **第二百一十三条　登记机构不得有下列行为：**
> （一）要求对不动产进行评估；
> （二）以年检等名义进行重复登记；
> （三）超出登记职责范围的其他行为。

【要义精解】

本条规定系一项禁止性规定，即禁止不动产登记机构在不动产登记过程中实施的行为，其目的在于防止不动产登记机构滥用职权，阻碍不动产登记。该条规定系在 2007 年《物权法》中第一次规定，《民法典》对其完全予以继受。该规定实际上是为防止在原《物权法》颁布生效之前某些地方的不动产登记机关借助不动产登记，从事某些牟利性的活动，如要求对不动产进行评估从而收取评估费、进行年检从而收取年检费，等等。原《物权法》和《民法典》不但明确禁止了实施这些与不动产登记无关的行为，而且还于《民法典》第223条规定不动产登记费按件收取，不得按照不动产的面积、体积或者价款的比例收取。一旦不动产登记成本过高，将阻碍不动产登记的发生，并进一步增加不动产登记簿不正确的可能性。

【对照适用】

本条完全继受了原《物权法》第13条的规定，解释与适用上亦完全相同。

第二百一十四条　不动产物权的设立、变更、转让和消灭，依照法律规定应当登记的，自记载于不动产登记簿时发生效力。

【要义精解】

本条规定的是不动产物权变动的时间。

本条的适用范围仅限于以登记为生效要件的不动产物权变动，非基于法律行为而引起的不动产物权变动、以登记为对抗要件的不动产物权变动等均不属于本条所规范的对象。不动产物权变动须同时具备两个要件：有效的以变动不动产物权为内容的法律行为（主要是合同）以及登记。缺少任何一个均不发生不动产物权的变动，因此，不动产物权变动理论上应当是这两个要件中的最后一个具备时发生。一般情形中，应当是先有合同等法律行为，然后当事人再进行申请，登记机关基于申请而进行审查登记，故完成登记时实际上已经具备了有效的法律行为，因此完成登记时即为不动产物权变动的时间。该条规定将不动产登记完成的时间确定为记载于不动产登记簿上的时间，而不是颁发不动产登记证书时，显然是正确的。

若已完成了不动产登记，但是法律行为被确认为无效、撤销的，那么不动产物权并不发生变动，此时不动产登记簿为错误，原权利人可以申请更正登记，或者基于不当得利请求权请求受让人回转登记等。但有疑问的是，若不动产登记在前，而据以登记的法律行为效力发生于后，不动产物权变动的时间究竟应当如何确定？是仍然以登记为准还是以法律行为的实际生效时间为准？在德国法上，依据《德国民法典》第873、875、876、877、880、881条以及《地上权法》《住宅所有权法》等规定，特别是《德国民法典》

第873条之准用性规定，不动产物权之变动须同时具备两项要件：物权合意（放弃所有权、取消限制性物权、所有人为自己设立限制物权等为权利人单方意思表示）与登记。因此哪项要件在后，不动产物权变动即在哪项要件完成时发生效力。[1]那么在我国是否也应当作相同的解释？笔者认为，既然《民法典》第214条所规定的物权变动是基于法律行为引起的，自然须同时具备有效的法律行为与登记两项要件，物权才能发生变动，故若进行了登记但是法律行为没有发生效力的，则物权自然不应当变动。例如，若不动产出卖人系限制行为能力人，其所签订的合同效力待定，但是已经完成了不动产登记，显然在登记时物权不发生变动。此后，若一直未得到法定代理人追认或者被拒绝追认，那么该登记不正确，该不动产所有权自始未发生变动，若该合同经过法定代理人追认，或者其自己在登记后很快取得了完全行为能力并自己追认，那么就应当从追认时发生物权变动。

【对照适用】

本条完全承袭了原《物权法》第14条的规定，未有修改。

第二百一十五条 当事人之间订立有关设立、变更、转让和消灭不动产物权的合同，除法律另有规定或者当事人另有约定外，自合同成立时生效；未办理物权登记的，不影响合同效力。

【要义精解】

本条规定直接承袭于原《物权法》第15条。原《物权法》颁布前，我国学理上及司法实践中均存在着不能区分合同效力与物权效力的认识误区，甚至在立法上亦不能作出正确的区分。例如，1995年通过并生效的《担保法》第41条即规定"当事人以本法第四十二条规定的财产抵押的，应当办理抵押物登记，抵押合同自登记之日起生效"，从而不能正确区分合同效力与担保物权的生效。再加上原《合同法》第44条第2款规定，法律、行政法规规定合同应当办理批准、登记等手续生效的，依照其规定。实务中更是将法律上规定的不动产登记作为原《合同法》第44条第2款规定的登记，即合同本身的生效要件了。有鉴于此，原《物权法》第15

---

[1] Münchener Kommentar zum BGB § 873，Aufl. 2013，Rn. 108.

条明确规定："当事人之间订立有关设立、变更、转让和消灭不动产物权的合同，除法律另有规定或者合同另有约定外，自合同成立时生效；未办理物权登记的，不影响合同效力。"正因如此，有学者将该条规定理解为德国法上的区分原则，从而作为物权行为之独立性的依据。[1]的确，该条为区分原则奠定了基础，至少该条明确了以变动不动产物权为目标的合同，如买卖合同、赠与合同、互易合同等本身属于债权行为或者说是负担行为，本身并不以登记为其生效要件。但是该条还不能作为承认区分原则的充分要件，因为区分原则必须要承认，除了负担行为之外，物权的变动还需要一个独立的物权合意（或者单方变动物权的意思表示）。本条规定并不能得出物权变动尚须独立于买卖合同、赠与合同等负担行为的物权行为，故还不足以支撑区分原则。但是无论如何，本条规定明确了合同本身并不发生物权变动的效果，属于负担行为，也并不以行为人有处分权为其要件。

【对照适用】

本条直接继受了原《物权法》第 15 条规定的内容，未进行实质性修改。

> 第二百一十六条　不动产登记簿是物权归属和内容的根据。不动产登记簿由登记机构管理。
> 第二百一十七条　不动产权属证书是权利人享有该不动产物权的证明。不动产权属证书记载的事项，应当与不动产登记簿一致；记载不一致的，除有证据证明不动产登记簿确有错误外，以不动产登记簿为准。

【要义精解】

《民法典》第216条与第217条规定需要结合在一起加以理解。这两条规定的是不动产登记簿的设置以及不动产登记簿的法律推定效力。在我国，由不动产登记机关设置不动产登记簿，将不动产登记事项记载于不动产登记簿中，不动产物权变动从记载于不动产登记簿时发生效力，对采用登记对抗要件的不动产物权变动的，则于记载于不动产登记簿时发生对抗第三人之效力。此外，我国不动产登记还需要给不动产权利人颁发相应的

---

[1]　田士永：《〈物权法〉中物权行为理论之辨析》，载《法学》2008 年第 12 期。

不动产登记证书，作为不动产权利的证明。不动产登记证书所记载的事项与内容应当与不动产登记簿记载的一致，若不动产证书记载的内容与登记簿记载的不一致，则应当以不动产登记簿记载的为准。

不动产登记簿是不动产物权归属和内容的根据，具有权利推定效力。也即推定不动产登记簿所记载的权利主体以及权利状况是正确的。不动产登记簿上记载的权利主体按照不动产登记簿记载的权利内容行使权利不需要再行提出其他证据，相反，其他人若要证明不动产登记簿是错误的，必须举出充分的证据加以证明，否则即不能成立。此外，由于不动产登记簿具有权利推定效力，自然也就具有公信力，也即相信不动产登记簿的人基于对不动产登记簿的信赖进行的交易应当受到法律的保护，这也就是不动产善意取得的基本根据。

【对照适用】

《民法典》第216条与第217条完全承袭了原《物权法》第16条与第17条的规定，没有进行任何修改。

> 第二百一十八条　权利人、利害关系人可以申请查询、复制不动产登记资料，登记机构应当提供。
>
> 第二百一十九条　利害关系人不得公开、非法使用权利人的不动产登记资料。

【要义精解】

《民法典》第218条与第219条系关于权利人与利害关系人查阅不动产登记簿的权利与界限的规定。不动产登记属于物权的公示方式，公示的目的即在于以公开的方式使公众知晓不动产物权变动的过程，并且知晓现在的权利状况。从这一意义上讲，不动产登记簿最好能够公之于众，以供任何人查询。然而，不动产登记簿记载的事项不但反映了不动产之上的权利状况，还反映了不动产权利人的诸多个人信息，包括姓名、性别、家庭住址、身份证号码，等等。不动产权利及其上所负担的抵押权等又反映了不动产权利人本人的财产状况，包括负债情况，等等。其事关权利人的个人隐私及信息保护的问题，若任人查询并自由利用查询所获得的个人信息，难免会对不动产权利人的隐私和个人信息利益有所限制。基于该利益冲突，我国立法上没有选择不动产登记簿可任意查询的立法模式，而是将查阅不动产登记资料的主体限制在了"权利人、利害关系人"的范围内。事实上,《德国不动产登记条例》也对不动产登记簿的查询作出了一定的限制,依据《德国不动产登记条例》第12条的规定,只有对不动产登记簿有正当利益的人才被允许查阅不动产登记簿。

对于继受于原《物权法》第18条的《民法典》第218条之规定,学说和实务上对利害关系人的范围以及其所查阅的资料的范围均存在争议。

此外,《民法典》第219条又在原《物权法》第18条的基础上增加了一个新的规定,即"利害关系人不得公开、非法使用权利人的不动产登记资料",从而进一步保护权利人的隐私和个人信息,将利害关系人查询所得的信息限制在个人使用并且仅为了合法的个人使用的范围内,否则即可能构成侵害权利人的隐私权或者个人信息法益,从而须承担侵权责任。

【对照适用】

与原《物权法》相比较,《民法典》增加了第219条关于利害关系人利用不动产登记信息的界限的规定,从而保护不动产权利人的个人隐私和个人信息。其具体界限尚须结合民法典人格权编关于隐私权和个人信息保护的相关规范加以确定。

第二百二十条 权利人、利害关系人认为不动产登记簿记载的事项错误的,可以申请更正登记。不动产登记簿记载的权利人书面同意更正或者有证据证明登记确有错误的,登记机构应当予以更正。

不动产登记簿记载的权利人不同意更正的,利害关系人可以申请异议登记。登记机构予以异议登记,申请人自异议登记之日起十五日内不提起诉讼的,异议登记失效。异议登记不当,造成权利人损害的,权利人可以向申请人请求损害赔偿。

【要义精解】

本条规定的是更正登记与异议登记两种特别登记制度,以下分别予以阐释。

一、更正登记

(一)更正登记的概念

所谓更正登记,是指不动产登记发生错误时,经真正权利人或其他利害关系人的申请，由登记机关将有关错误登记事项予以更正的一种登记制度。由于主客观原因，不动产登记簿记载错误的情形在所难免。然而，在我国不动产登记簿具有公信力，我国《民法典》第311条规定了不动产物权亦可善意取得。故若不动产登记簿记载发生错误，即将非权利人记载为不动产物权人，被记载的物权人在对不动产进行处分时，相对人基于对登记簿的信赖而支付合理对价的，相对人即取得该不动产物权，而真正的权利人虽然可向无权处分人主张损害赔偿等责任，但是其不动产权利无法恢复，若无权处分人没有赔偿能力，那么真正的权利人即无法得到救济。为了防止这种情形的出现，法律规定了更正登记制度。

（二）更正登记的要件

依据本条规定，更正登记须具备下述三个要件。

1. 须不动产登记簿发生错误

不动产登记簿所记载的事项与真实权利状态不一致是进行更正登记的基本前提条件。不动产登记簿记载错误可能是记载的权利人错误，例如将甲所有的不动产记载为乙所有；也可能是对不动产物权内容记载错误，例如，将某项土地使用权的年限记载错误，再如，将地役权的行使方式和行使地点记载错误，等等；当然还可以是对不动产本身的状况描述错误，例如将土地或者房屋的面积记载错误，等等。这里需要特别说明的是，下述情形也属于登记簿错误：本应登记在不动产登记簿上的事项而未予以登记、已登记的事项被错误注销、不应当登记的事项反而被登记在不动产登记簿上。不动产登记簿发生错误的原因也在所不问，可能是由于权利人本身的错误，还可能是由于登记机关的错误，也可能是由于权利人与登记机关之外的其他原因所导致的错误。只要登记簿发生了错误，那么权利人或者利害关系人即可申请更正登记。

2. 须权利人或者利害关系人提出更正申请

《民法典》第220条规定，权利人、利害关系人认为不动产登记簿记载的事项错误的，可以申请更正登记。所谓利害关系人应当指不动产登记簿发生错误时，自己的权利会受有损害的人。

3. 须取得登记名义人同意或者有证据证明登记错误

根据私法自治原则，若不动产登记簿发生错误，而真正权利人或者利害关系人申请更正登记的，须取得登记名义人（即非权利人但是被作为权利人记载于不动产登记簿上的人）或者其他因更正登记使其真实的权利地位或者其他登记权利地位被涉及的人的同意。若不能取得登记名义人及其他利害关系人的同意，则申请人须有确凿的证据证明登记错误。若不能取得登记名义人的同意，也没有足够的证据证明登记错误的，那么其更正申请应当被登记机关驳回。

二、异议登记

（一）异议登记的概念

所谓异议登记，是指利害关系人认为不动产登记簿存在错误，为了防止其利益受有损害，请求登记机关将其对该不动产登记簿的异议记载在案，从而防止第三人善意取得的临时性法律制度。虽然不动产登记错误后，真正的权利人可申请更正登记，但是更正登记的前提条件是取得登记名义人的同意或者有确凿的证据，而这二者往往很难取得，因此无法进行更正登记。当然，此时权利人尚可通过诉讼程序（确认之诉）以资救济，但是诉讼程序旷日持久，在此期间非权利人可能已经将标的物处分，第三人已经善意取得，即便事后胜诉，权利人之权利仍然面临着无法实现的危险。故《民法典》参照国外之立法例，创设了异议登记，以防止第三人善意取得不动产权利。

（二）异议登记的要件

根据本条规定，发生异议登记须具备下述要件。

1. 须不动产登记簿错误

异议登记的功能是防止不动产登记错误后，登记名义人处分不动产而损害真正权利人或者其他利害关系人的利益，因此，进行异议登记的前提条件是不动产登记簿发生错误。若不动产登记簿没有发生错误，而其他人申请了异议登记，则为异议登记错误，因此给权利人造成损害的应当由申请人承担损害赔偿责任。

2. 须不符合更正登记的要件，不能进行更正登记

《民法典》第220条规定，不动产登记簿记载的权利人不同意更正的，利害关系人可以申请异议登记。据此，不能进行更正登记是异议登记的前提。

3. 须由主张不动产登记簿错误的利害关系人申请

与其他登记一样，异议登记也须依申请而进行，登记机关不能依职权而为之。申请人须证明自己是不动产登记的利害关系人，因不动产登记错误，自己的法律利益受有影响。

（三）异议登记的效果

关于异议登记的法律效果，我国《民法典》没有具体规定，依据法理和比较法上的做法，异议登记应当具有如下几个方面的效力。

1. 异议登记后第三人不能构成善意，无法善意取得该项物权

尽管《民法典》对此没有明确规定，但是这一效力应当说是不言自明的。之所以这样说，首先，基于异议登记的制度价值，如前所述，异议登记就是在承认不动产登记簿具有公信力的前提下，为了弥补登记错误给真正权利人造成损失之制度缺陷而设立的，若异议登记后，第三人仍然能够善意取得登记簿上所记载的被异议的权利，那么异议登记制度就没有任何存在的意义和价值了。其次，若异议登记被记载在登记簿中，交易相对人在查阅登记簿时能够看到该项异议，就应当知道该不动产登记簿可能存在错误，因此其在主观上不再构成善意，当然也不能构成善意取得。至于交易相对人没有查阅登记簿就与登记名义人进行交易，属于其自身的过失，从而不值得保护，否则登记簿将失去其意义和价值。

2. 异议登记并不能阻碍登记名义人处分其不动产

由于异议登记仅仅因利害关系人之请求就可以进行，对于登记簿是否错误往往难以确定，因此异议登记不应当成为阻止登记名义人处分其不动产权利的负担，否则对登记名义人而言显然有失公正。对此，德国学者指出："《德国民法典》所采用的异议登记制度，并非是简单粗暴的救济手段，也就是说，它不导致矫枉过正。准此以言，异议登记并不导致对土地登记簿的'封锁'，亦不导致土地登记簿冻结。登记权利人虽有可能仅是登记上的权利人，但对权利仍可以进行处分；而异议所阻却与排除的，只是基于该处分行为的善意取得。"[1]因此，在异议登记期间，登记名义人处分标的物的，不但债权合同有效，而且亦可以通过办理权利变动登记而发生物权变动。若物权变动之后，异议登记被证明为正确，而登记簿系错误的，那么在异议登记期间取得不动产物权不得主张善意取得，其权利视为自始未取得。而若事后异议登记被证明为错误的，那么权利取得人所取得之权利自然不受任何影响。对此我国《民法典》没有明确，但是《实施细则》第84条则明确了该种效力，即异议登记期间，不动产登记簿上记载的权利人以及第三人因处分权利申请登记的，不动产登记机构应当书面告知

---

〔1〕 ［德］鲍尔、施蒂尔纳：《德国物权法》（上册），张双根译，法律出版社2004年版，第366页。

申请人该权利已经存在异议登记的有关事项。申请人申请继续办理的，应当予以办理，但申请人应当提供知悉异议登记存在并自担风险的书面承诺。

3. 异议登记后异议申请人必须在 15 日内起诉，不起诉的异议登记失效

异议登记仅为一种临时性的救济措施，我国《民法典》第 220 条规定，异议登记后异议申请人必须在 15 日内向人民法院提起民事诉讼，若未在 15 日内提起诉讼则异议登记自动失去效力；若在 15 日内提起诉讼则异议登记须依法院的裁定等确定是否继续有效。对此《实施细则》第 83 条第 2 款规定："异议登记申请人应当在异议登记之日起 15 日内，提交人民法院受理通知书、仲裁委员会受理通知书等提起诉讼、申请仲裁的材料；逾期不提交的，异议登记失效。"依据《实施细则》第 83 条第 3 款的规定，异议登记失效后，申请人就同一事项以同一理由再次申请异议登记的，不动产登记机构不予受理。

（四）异议登记错误的救济措施

《民法典》第 220 条规定异议登记不当，造成权利人损害的，权利人可以向申请人请求损害赔偿。例如，甲被登记为一房屋的所有人，乙认为登记有错误主张自己是真正的权利人，那么乙可以申请异议登记。异议登记后甲仍然可以将该房屋转让给丙，但是若事后经法院判决，乙为真正的权利人，那么丙不能主张其已经善意取得该不动产。若经法院判决甲是真正权利人，乙的异议登记不正确，那么丙取得该房屋的所有权，乙由于申请异议登记错误应当对甲所遭受的损失承担损害赔偿责任。异议登记后，登记申请人没有在规定的期间向法院起诉的，其异议登记失去效力，此时其异议登记自然为不当，必须对登记权利人承担损害赔偿责任。异议登记后，异议人在法定期间向法院提起了诉讼，但是被法院驳回了诉讼请求的，那么其异议登记亦属不当，此时应当向登记权利人承担损害赔偿责任。登记权利人可以在异议登记申请人向法院提起的诉讼的过程中通过反诉的方式要求异议登记申请人承担损害赔偿责任。该损害赔偿请求权的基础应当系侵权行为，即由于申请人的故意或者过失侵害了不动产权利人之权利的完整性，故异议登记申请人应当承担相应的损害赔偿责任。

【对照适用】

《民法典》第 220 条的规定系直接来源于原《物权法》第 19 条，没有进行实质性修改，在当前解释适用上没有不同。

> 第二百二十一条　当事人签订买卖房屋的协议或者签订其他不动产物权的协议，为保障将来实现物权，按照约定可以向登记机构申请预告登记。预告登记后，未经预告登记的权利人同意，处分该不动产的，不发生物权效力。
>
> 预告登记后，债权消灭或者自能够进行不动产登记之日起九十日内未申请登记的，预告登记失效。

【要义精解】

本条规定的是预告登记制度。我国 2007 年颁布并生效的《物权法》引入预告登记制度，《民法典》则完全予以继受。

一、预告登记的要件

预告登记之成立需要具备如下几个方面的要件：（1）须有有效的债权性请求权存在。至于此项请求权的权利基础何在则在所不问，可以是基于契约等法律行为产生的债法上的请求权，也可以是基于家庭法（我国则为婚姻法）所产生的请求权，还可以是基于继承法而产生的请求权，当然也可以是基于商法等特别私法所产生的请求权。若欠缺有效的请求权，则不得成立预告登记。若请求权无效，那么即便进行了预告登记，该项预告登记亦不发生应有的法律效力。（2）须以"移转不动产物权或者为其设立某项不动产限制物权"为该请求权内容或标的。（3）须由该不动产之权利人（即债务人）与债权人共同申请。在德国则仅须取得所涉及之不动产权利人的同意即可，而无须共同申请。（4）须将该项预告登记申请记入登记簿。

二、预告登记之效力

在比较法上预告登记有三方面的效力：担保效力、顺位效力和权利完善的效力。我国《民法典》仅仅规定了担保效力一项。《民法典》第 221 条规定，预告登记后，未经预告登记的权利人同意处分该不动产的，不发生物权效力。由此可见，就预告登记的担保效力而言，我国原《物权法》采纳了一种最强的模式，即导致不动产登记簿的冻结。据此规定，一旦针对某项不动产物权进行了预告登记之后，该项不动产权利人即不得再行处分该项权利，否则该处分行为不发生法律效力。当然，该不动产权利人仍然可以和第三人实施缔结买卖合同等负担行为，该负担行为由于不发生物权变动的效力，故而不受预告登记的影响。

如前所述，德国法律的做法则与此不同，预告登记并不导致登记簿的冻结。在德国，预告登记之后，债务人依然可处分该标的物，其处分行为仍然有效。"预告登记被涉及者，对其权利仍有权进行处分（他是权利人），但对预告登记被保护者来说，该处分行为相对不生效力，并且仅在'在其会挫败或妨害请求权时'，该处分行为不生效力（《德国民法典》第883条第2款）。故而，此相对不生效力，为一双重要件性的不生效力，即一方面为对人的相对不生效力，另一方面为内容上的相对不生效力。"[1]所谓对人的相对不生效力，是指"违反预告登记的处分只是在主观方面相对无效，也就是说，处分只是相对于预告登记权利人无效。对于所有其他的人而言它们是有效的"。[2]所谓内容上的相对不生效力，则应当系指预告登记仅仅限制了债务人，不能将同样的权利再次处分给预告登记权利人之外的第三人，否则该处分对于预告登记权利人而言不生效力，若债务人对标的物进行其他处分且此项处分不影响预告登记权利人之请求权的实现，则该预告登记对于此项处分行为无限制效力。

尽管我国《民法典》没有规定预告登记的顺位效力和权利完善效力，但是笔者认为也应当作相同的解释，因为这样的解释不但是法律逻辑的必然要求，而且也最符合当事人之间的利益平衡。所谓预告登记的顺序效力，是针对两项以上预告登记而言的，即若不动产权利人针对同一不动产两个以上的请求权进行了预告登记，那么因该预告登记之请求权而取得之物权即取得了预告登记的顺位，依照预告登记之顺位确定其优先顺序。

例如，甲向乙贷款100万元，并且和乙签订合同将其所有一套房屋A抵押给乙来担保对乙的该项债务。后甲又与丙签订合同，也与丙贷款100万元，同样将同一套房屋与丙签订了抵押合同，担保对丙的该项债务。由于该房屋没有建成故不能办理正式抵押登记，于是甲和丙办理了预告登记，后甲又与乙办理了预告登记。这样丙的预告登记就优先于乙的预告登记，此后若乙和丙均对其抵押权办理了正式登记，无论其正式抵押登记的时间先后，其抵押权的顺序均以其预告登记的顺序决定，即丙的抵押权优先于乙的抵押权。预告登记的完善作用，是指在某些情形下，一项经过预告登记的以将来取得某项不动产物权为内容的请求权具有了与实际发生的

---

〔1〕　［德］鲍尔、施蒂尔纳:《德国物权法》（上册），张双根译，法律出版社2004年版，第431页。

〔2〕　［德］曼弗雷德·沃尔夫:《物权法》，吴越、李大雪译，法律出版社2002年版，第237页。

物权一样的完整效力。就德国法上预告登记的完善作用，沃尔夫指出："预告登记已经表现出将来权利的效力，比如，在破产或者强制拍卖中，预告登记已经被当成将来完整的权利看待。举例来说，《德国破产法》第129条及其以下条款规定的破产撤销的时间是从预告登记之时就开始计算，而不是以所有权改变的时间为准。这还意味着，破产管理人不能根据《德国破产法》第103条拒绝履行预告登记所担保的请求权。即使不是破产管理人拒绝，而是其他人拒绝，预告登记所担保的请求权仍然可以要求履行。"[1]"由于预告登记已经十分接近物权中完整权的保护，我们可以将其他保护完整权的规定用于保护预告登记权利人，如所有权的规定，这与期待权的情形一样，可以用来预防将来的权利。"[2]

我国《最高人民法院关于适用〈中华人民共和国民法典〉有关担保制度的解释》（以下简称《民法典担保制度解释》）第52条却赋予了抵押权之预告登记以权利完成效力。《民法典担保制度解释》第52条第2款规定抵押人破产时预告登记的权利完善效力，也即："当事人办理了抵押预告登记，抵押人破产，经审查抵押财产属于破产财产，预告登记权利人主张就抵押财产优先受偿的，人民法院应当在受理破产申请时抵押财产的价值范围内予以支持，但是在人民法院受理破产申请前一年内，债务人对没有财产担保的债务设立抵押预告登记的除外。"

非但如此，我国《民法典担保制度解释》第52条第1款还规定了抵押人非破产时的权利完善效力，该款规定："当事人办理抵押预告登记后，预告登记权利人请求就抵押财产优先受偿，经审查存在尚未办理建筑物所有权首次登记、预告登记的财产与办理建筑物所有权首次登记时的财产不一致、抵押预告登记已经失效等情形，导致不具备办理抵押登记条件的，人民法院不予支持；经审查已经办理建筑物所有权首次登记，且不存在预告登记失效等情形的，人民法院应予支持，并应当认定抵押权自预告登记之日起设立。"

三、预告登记效力消灭

预告登记可以基于下述三种事由而失去效力。

其一，作为预告登记之基础的债权归于消灭的。如买卖合同签订并且

---

〔1〕［德］曼弗雷德·沃尔夫：《物权法》，吴越、李大雪译，法律出版社2002年版，第240页。
〔2〕［德］曼弗雷德·沃尔夫：《物权法》，吴越、李大雪译，法律出版社2002年版，第241页。

进行了预告登记之后，双方当事人又解除了该合同，或者因买受人不履行合同义务，而出卖人解除合同的，或者一方当事人享有撤销权撤销了买卖合同的等。那么预告登记也随之失去效力。

其二，债权人逾期未申请正式登记的。债权人应当自能够进行不动产正式登记之日起三个月内申请登记，若逾期未提出不动产登记申请的，则预告登记失效。

其三，债权人放弃预告登记的。债权人可随时放弃预告登记，其放弃预告登记时须以书面方式向不动产登记机关申请注销预告登记。

【对照适用】

本条规定基本保留了原《物权法》第20条的规定，仅进行表述上的修改。此外，最高人民法院在《民法典担保制度解释》中赋予了预告登记以权利完善作用，在适用上须予以注意。

第二百二十二条 当事人提供虚假材料申请登记，造成他人损害的，应当承担赔偿责任。

因登记错误，造成他人损害的，登记机构应当承担赔偿责任。登记机构赔偿后，可以向造成登记错误的人追偿。

【要义精解】

本条规定的是登记错误时的损害赔偿责任。

本条规定，因登记错误给他人造成损害时，损害赔偿责任主体有两个，一个是当事人，另一个则是登记机构。

一、当事人的损害赔偿责任

依据《民法典》第222条第1款的规定，当事人提供虚假材料申请登记，造成他人损害的应当承担赔偿责任。依据该条规定，当事人承担损害赔偿责任的构成要件有如下三个：（1）须为提出登记申请的当事人。承担责任的主体是提出不动产登记申请的当事人，未提出登记申请的其他当事人即便给不动产权利人造成损害，也不得适用该规定承担责任。（2）须当事人提供虚假材料，即提出申请的当事人向登记机关提交了虚假的申请材料。所谓虚假的材料是指与真实材料不相符合的证明材料，既包括当事人自己伪造的材料，也包括已经失效的材料，如已经因遗失而被作废的房产证等。（3）须给他人造成损害。这里的损害应当与侵权责任、违约责任等损害赔偿中的损害相同。唯该损害须与提供虚假材料之间具有因果关系。这里的因果关系也应当与侵权行为中的因果关系采统一标准，也即相当因果关系。这里需要特别说明的是，该种损害赔偿责任的成立并不以登记错误为要件。换言之，若因申请人提供虚假材料发生了登记错误，因此而受有损害的当事人自然得以请求申请人损害赔偿。例如，甲伪造了与乙签订的买卖合同、乙的房屋产权证以及乙的身份证等将乙的房屋登记到自己的名下，乙因此受有损害，当然得以依据该条规定请求甲承担损害赔偿。然而依据该条规定，即便没有发生登记错误，但是造成他人损害的，提供虚假材料的人也应当承担损害赔偿责任。

二、登记机构的损害赔偿责任

《民法典》第222条第2款规定了登记错误时登记机关的责任。登记机关承担损害赔偿责任的要件有三：（1）须登记错误。登记机关承担损害赔偿责任的前提条件是登记错误，所谓登记错误是指登记簿所记载的事实与真实情况不一致，既包括与真实的不动产状况不一致的情形，也包括与真实权利状况不一致的情形。（2）须给他人造成损害。若仅仅是登记错误，但是尚未给他人造成损害，则亦不存在损害赔偿的责任。（3）须可归责于登记机关。与民法上的一切损害赔偿一样，承担损害赔偿责任的主体必须具有可归责性。至于归责的原则，则可能是过错责任原则、过错推定原则抑或是无过错责任原则。对于登记机关因登记错误所承担的损害赔偿责任是否以其具有过错为要件，我国学说上存在争议。既有认为不动产登记机关所承担的赔偿责任系无过错责任，本质上属于担保责任的观点，也有认为不动产登记机关所承担的责任仍然是过错责任的观点。目前通说为过错责任，司法实务亦采纳此观点。[1]

关于不动产登记机关所承担的责任的性质，学说上亦有不同的观点。有的认为不动产登记机关作为行政机关，其不动产登记行为系具体行政行为，因此，因登记错误造成损害应当承担的法律责任是国家赔偿责任，其提起的诉讼亦应当是行政诉讼。该种观点也是司法实践中的主流观点。另一种观点则认为应当是民事诉讼，其理由是：国家赔偿的数额仅限于直接

---

[1] 姚辉：《不动产登记机构赔偿责任》，载《法学》2009年第5期；杨立新：《论不动产错误登记损害赔偿责任的性质》，载《当代法学》2010年第1期。

损失，当事人的间接损失则无法获得赔偿。特别是，按照行政赔偿中的先行处理程序，赔偿请求人应当先向赔偿义务机关提出主张，如果赔偿义务机关逾期不赔或者赔偿请求人对赔偿数额有异议，方能再提起行政诉讼。该种救济模式对当事人极不便利。还应当指出的是，《国家赔偿法》规定的行政赔偿原则是违法原则，即只有在行政行为违法时才能予以赔偿。原《物权法》上的登记错误是否属于行政违法情形，尚不能够轻易下结论。基于上述考量，登记错误的赔偿应以民法上侵权行为作为请求权发生依据。[1]本书亦赞同民事责任说。

需要明确，登记机关承担完法律赔偿责任之后，有权向造成登记错误的人予以追偿。

【对照适用】

本条规定系继受自原《物权法》第21条，没有进行任何修改，适用上应当没有本质变化。

第二百二十三条　不动产登记费按件收取，不得按照不动产的面积、体积或者价款的比例收取。

【要义精解】

本条规定系对不动产登记费用的规定。唯该条规定本身并不应当作为《民法典》所规范的内容，而应当由"不动产登记法"等其他法律加以规定。在原《物权法》制定的过程中，"有的意见提出，一段时间以来，许多地方存在不动产登记收费过高的问题，并且无论是不动产所有权登记，还是对不动产抵押权登记等所谓不动产他项权利登记，普遍按不动产的面积作为计收登记费的标准，有的地方按照不动产转让或者抵押合同的标的额的相当比例收登记费。一些群众对各地方的这些现象存在意见，认为加重了交易负担"。[2]有鉴于此，原《物权法》即明确规定了不动产收费只能按件收费，但是将具体收费的数额交给了"不动产登记法"等其他法律法规。

---

〔1〕　姚辉：《不动产登记机构赔偿责任》，载《法学》2009年第5期。
〔2〕　黄薇主编：《中华人民共和国民法典物权编释义》，法律出版社2020年版，第32页。

【对照适用】

本条规定与原《物权法》第 22 条的规定基本一致，仅删除"具体收费标准由国务院有关部门会同价格主管部门规定"。

第二节　动产交付

第二百二十四条　动产物权的设立和转让，自交付时发生效力，但是法律另有规定的除外。

【要义精解】

本条规定的是动产物权变动的要件——交付。

我国《民法典》第 208 条规定了物权变动的公示原则。动产物权的公示方式是占有，动产物权之变动的公示方式则是占有的移转，占有的移转即所谓的交付。"在人类早期民法史上，占有（交付）就是动产物权的公示方式，近代以来，登记制度被普遍采用，作为不动产物权及一部分动产物权的公示方法。但由于动产物权的种类及交易形态远较不动产丰富与复杂，而且动产物权的价值很大程度上体现在其流通性上，客观上要求其公示方法简便易行，欲将动产上的权利关系全部通过登记簿公示也难以做到，故当代动产物权变动仍大多以占有（交付）为其公示方式。"[1]

一、适用范围

本条首先适用于动产物权的设立。自其用语而言，所谓设立系指他物权的设立，包括用益物权和担保物权。首先，虽然《民法典》第 323 条将用益物权定义为"对他人所有的不动产或者动产，依法享有占有、使用和收益的权利"，但是在《民法典》中却没有针对动产规定任何具体的用益物权，基于物权法定原则，在我国动产之上并不能设定用益物权。而在担保权中，由于留置权的成立需要债权人已经占有留置的动产，并且留置权系法定物权，无须当事人的创设行为，故不适用本条规定，而抵押权则

---

[1]　孙鹏：《物权公示论——以物权变动为中心》，法律出版社 2004 年版，第 221 页。

系不移转占有的担保方式，故也不适用该条规定，因此只有质权的设立适用本条规定。其次，就动产物权的转让而言，应当既包括所有权的转移也包括他物权的转移在内。但是，他物权中因为不存在动产用益物权，仅有担保物权，而担保物权基于其从属性不能独立转让，只能随着其担保的债权的转移而自动转移，故也不适用该条规定。因此，该条规定所谓的动产物权的转移系指所有权而言。

二、交付的含义与性质

这里的交付应当指直接占有的移转，在我国学理上也被称之为"现实交付"。现实交付的要件有三个：其一是交付人须彻底放弃对标的物的占有，无论是直接占有抑或是间接占有均不能予以保留。其二是受让人已经取得了标的物的占有。其三则是受让人取得的占有是由让与人所促成的，也包括借助第三人予以完成的交付。交付在性质上系事实行为，非属于法律行为，因此不需要双方形成合意，也不需要双方当事人具有行为能力。单纯交付仅发生占有人的变更，并不发生权利状态的变化。在采纳区分原则的情形下，交付必须与物权合意相互结合才能共同构成物权行为，从而发生物权变动单法律效果，对此，《德国民法典》第929条第1句明确规定，为了转移动产所有权，让与人必须将动产交付于受让人，并且双方须达成动产所有权应当转移的合意。若采纳一体主义原则，也即不承认分离原则的，则系债权合意（买卖合同、赠与合同等）与交付共同作用下完成物权变动。

三、例外

本条系关于动产物权变动的原则性规定，如法律另有规定则排除该条的适用。这里法律另有规定主要有如下两种情形：其一是《民法典》第226条至第228条所规定的交付替代方式，在我国学理上也被称之为"观念交付"。其二则是指动产抵押权等法律规定不以交付作为物权变动要件的情形。至于《民法典》第229条至第231条所规定的非因法律行为引起的物权变动则不属于该条规定的例外，因为其本身就不被包含在物权的"设定"与"转让"的概念项下。

【对照适用】

本条完全继受了原《物权法》第23条的规定，没有实质变化。

第二百二十五条 船舶、航空器和机动车等的物权的设立、变更、转让和消灭，未经登记，不得对抗善意第三人。

【要义精解】

本条是关于船舶、航空器和机动车这三种特殊动产物权变动的特别规定。

对于车辆、船舶、航空器等特殊的动产，法律规定了登记制度，当然这些动产的登记制度的主要功能在于"行政管理"的公法功能，然而，我国司法实践中长期以来把登记的私法功能和公法功能混为一谈，甚至错误地把车辆、船舶、航空器等的登记也作为这些权利变动的生效要件，即在物权变动方面将这些动产与不动产作相同之法律构造。

《民法典》依然将这些特殊动产作为动产来对待，故这些动产之物权变动仍然以交付为要件，然而，鉴于这些动产的登记制度已然深入人心，故《民法典》第225条规定，船舶、航空器和机动车等物权的设立、变更、转让和消灭，未经登记，不得对抗善意第三人。这一规定，看似较为合理，但实际上会产生一系列难以解决的问题，这些问题主要包括：（1）不得对抗善意第三人之对抗的含义究竟何指？（2）善意第三人的范围何在？是仅仅指交易第三人还是指双方当事人之外的一切第三人？（3）若仅仅进行了登记但是没有进行交付，那么受让人的法律地位如何？这些与不动产物权中采取登记对抗主义的物权变动相同。

正是由于上述难以澄清的问题，最高人民法院于2020年12月23日修订的《关于审理买卖合同纠纷案件适用法律问题的解释》第7条，针对车辆、船舶、航空器等需要登记的特殊动产之一物二卖纠纷的处理作出了如下规定：（1）先行受领交付的买受人请求出卖人履行办理所有权转移登记手续等合同义务的，人民法院应予支持；（2）均未受领交付，先行办理所有权转移登记手续的买受人请求出卖人履行交付标的物等合同义务的，人民法院应予支持；（3）均未受领交付，也未办理所有权转移登记手续，依法成立在先合同的买受人请求出卖人履行交付标的物和办理所有权转移登记手续等合同义务的，人民法院应予支持；（4）出卖人将标的物交付给买受人之一，又为其他买受人办理所有权转移登记，已受领交付的买受人请求将标的物所有权登记在自己名下的，人民法院应予支持。

此外，《最高人民法院关于适用〈中华人民共和国民法典〉物权编的解释（一）》（以下简称《物权编解释（一）》）第6条规定："转让人转让船舶、航空器和机动车等所有权，受让人已经支付合理价款并取得占有，虽未经登记，但转让人的债权人主张其为民法典第二百二十五条所称的'善意第三人'的，不予支持，法律另有规定的除外。"依据该解释，转让人的债权人不得再对已经交付的船舶、航空器和机动车进行强制执行。

【对照适用】

本条规定直接来源于原《物权法》第24条，除文字表述外没有任何修改，而且最高人民法院相应的司法解释亦未作修改。

> **第二百二十六条** 动产物权设立和转让前，权利人已经占有该动产的，物权自民事法律行为生效时发生效力。

【要义精解】

本条规定的是简易交付制度。

所谓简易交付是指动产权利的受让人已经占有动产，动产权利的出让人与动产权利之受让人通过达成让与合意的方式替代现实交付的一种法律制度。在交易实践中，有时候动产所有权的受让人或者动产质权之取得人已经占有了对方的动产。受让人占有标的物可能是基于保管合同或者仓储合同等，也即所有人将标的物交付给受让人保管；也可能是基于租赁合同或者借用合同等，所有人将标的物交给受让人使用；还可能是基于委托合同、行纪合同等，所有人将标的物交付给受让人处分；还可能是受让人对于所有人之标的物进行无因管理等其他原因而占有该标的物；等等。

简易交付自法律理论上以言，是动产权利的出让人将其对标的物的间接占有转让给动产权利的受让人，从而使受让人从他主直接占有转变为自主直接占有。例如，甲将其所有的一件古董交给乙保管，那么甲与乙之间成立了保管合同，根据该保管合同，乙占有了该古董。乙对于古董的占有系直接占有，当然乙对古董的占有系他主占有，而甲则对该古董进行着间接占有但是系自主占有。后来若甲与乙达成买卖协议，将该古董以20万元的价金出卖给乙，并且与乙达成了所有权转让的协议，且形成了交付合意，那么乙从双方达成所有权转让协议并达成交付合意时起即取得标的物之所有权。甲与乙达成交付协议时起即甲将其对标的物的间接占有和自主占有转移给了乙，乙取得了对该古董的直接占有和自主占有，并因此取得了该古董之所有权。这里尚需要进一步澄清的是，针对简易交付，根据《民法典》第226条的规定，所谓的物权自"法律行为生效"时发生效力中的"法律行为生效"绝非指买卖合同、赠与合同或者质押合同等债权行为而言，而系指直接以变动物权为内容的物权行为。当然，在现实生活中，当事人经常在买卖合同等成立的同时即进行了物权变动的合意，但是在理论上不得不进行分离。法律之所以设此种规定，"乃解决受让人已占有标的物之问题，顾及交易手续之便捷与经济也。因让与动产物权时，受让人既已占有动产，如须现实交付，势必须由受让人将该动产交还让与人，再由让与人交付受让人，岂非徒增虚文，庸人自扰，故明定只须当事人有让与合意，即生动产变动之效力"。[1]

【对照适用】

本条规定系对原《物权法》第25条的继受，但是将原《物权法》第25条所规定的"权利人已经依法占有该动产的"的"依法"一词予以删除，而修改为"权利人已经占有该动产的"。这一修改表明受让人以及质权人，事先占有动产无论是有权占有抑或是无权占有，所有人都可以通过简易交付的方式代替现实交付从而产生物权变动的法律效果，以前《物权法》则要求受让人或者质权人必须是合法占有才能适用简易交付的规定。此外，将"法律行为"改为"民事法律行为"，使表述更加准确。

第二百二十七条　动产物权设立和转让前，第三人占有该动产的，负有交付义务的人可以通过转让请求第三人返还原物的权利代替交付。

【要义精解】

该条规定的是指示交付。

所谓指示交付，又被称之为返还请求权让与，是一种交付的替代方式。是指动产由第三人占有时，出让人将其对于第三人的返还请求权让与

---

〔1〕　谢在全：《民法物权论》（上册），中国政法大学出版社1999年版，第101页。

受让人以代替交付，从而发生物权变动之效果的法律制度。在指示交付的情形中，第三人系标的物的直接占有人，出让人是标的物的间接占有人，出让人将请求第三人返还标的物的权利转让给受让人，就是将标的物的间接占有转移给受让人，此时受让人即取得了请求直接占有人返还标的物的权利。关于指示交付，可以准用债权让与的相关规定，也即在让与人与受让人之间的让与协议生效时发生交付的法律效果，但是没有通知实际占有人时，对占有人不发生法律效力。

【对照适用】

该条源于原《物权法》第 26 条的规定，但是将原《物权法》第 26 条规定的"第三人依法占有该动产的"中"依法"二字删除，表明了指示交付不限于第三人合法占有，因此即便第三人是无权占有的情形，如通过盗窃等占有动产，所有人仍然可以通过指示交付而让与其所有权。

> **第二百二十八条　动产物权转让时，当事人又约定由出让人继续占有该动产的，物权自该约定生效时发生效力。**

【要义精解】

本条规定的系占有改定制度。

所谓占有改定是指动产物权的让与人与受让人之间约定特定动产之物权转移给受让人，但是让与人仍然在一定期间内，基于一定法律关系继续占有该动产以代替现实交付的一种法律制度。《民法典》第 228 条规定："动产物权转让时，当事人又约定由出让人继续占有该动产的，物权自该约定生效时发生效力。"该条规定的当事人约定由出让人继续占有该动产的须包含两层效果意思：一层意思是物权变动的意思，这构成物权行为，须符合物权行为的成立要件与生效要件；另一层意思是约定由动产出让人基于保管、借用等其他法律关系继续占有标的物。这样的约定，首先使受让人取得了对标的物的间接占有，从而取得了标的物的所有权；其次使得出让人由自主占有转变为他主占有。另外，尚需要特别说明的是，占有改定仅能够适用于所有权转移的情形，而不能适用于所有人为他人设定质权的情形。

占有改定制度是为了解决这样的现实问题：动产权利的出让人虽然需要把动产的权利转让给受让人，但是仍然需要利用该动产一段时间，而受让人则虽然取得动产物权，但是却不需要马上利用该动产；或者动产权利的受让人虽然想要立即取得动产物权，但是却没有条件对该动产进行保管等尚需要由出让人予以保管等现实问题。若不承认占有改定，就必须这样来完成上述交易，出让人将动产之直接占有移转给受让人，受让人再行将该动产之直接占有移转给原出让人让其对标的物进行使用或者保管等。这样的做法同样属于庸人自扰，徒增交易成本，结果却与承认占有改定无异，盖现实中没有人能够从这一连续的交付中观察到物权变动的过程，除非该第三人在现场。

【对照适用】

本条源于原《物权法》第 27 条，《民法典》对此基本未作实质性修改，故解释适用上不存在区别。

第三节　其他规定

第二百二十九条　因人民法院、仲裁机构的法律文书或者人民政府的征收决定等，导致物权设立、变更、转让或者消灭的，自法律文书或者征收决定等生效时发生效力。

【要义精解】

本条规定的是因公法行为所产生的物权变动。

物权变动的公示原则适用于因法律行为引起的物权变动，自社会经济生活层面以言，因交易而产生的物权变动才适用公示原则，盖公示原则与公信原则的主要功能在于维护交易安全。

基于人民法院、仲裁机构的法律文书或者人民政府的征收决定导致的物权的设立、变更、转移或者消灭，并非基于法律行为所产生的物权变动，因此不以登记和交付为其生效要件，而系在法律文书发生效力时即发生相应的物权变动。

关于人民法院、仲裁机构引起物权变动的法律文书的范围，《物权编解释（一）》第 7 条规定："人民法院、仲裁机构在分割共有不动产或者动产等案件中作出并依法生效的改变原有物权关系的判决书、裁决书、调解书，以及人民法院在执行程序中作出的拍卖成交裁定书、变卖成交裁定书、以物抵债裁定书，应当认定为民法典第二百二十九条所称导致物权设立、变更、转让或者消灭的人民法院、仲裁机构的法律文书。"相反，若法院的判决书或者仲裁机构的裁决书等仅仅是判决或者裁决一方当事人应当履行合同义务，移转不动产所有权等，则其生效后并不直接产生物权变动，只有当事人履行了判决或者通过强制执行程序实现了判决内容才发生物权之变动。

【对照适用】

本条规定直接承袭了原《物权法》第 28 条的规定，没有进行实质性修改，适用上没有变化。

> **第二百三十条　因继承取得物权的，自继承开始时发生效力。**

【要义精解】

该条规定的是因继承取得物权的物权变动。

依据该条规定，因继承而取得遗产的，动产无须交付，不动产也无须登记，自继承开始时继承人即取得相应的遗产权利。依据《民法典》第 1121 条之规定，继承从被继承人死亡时开始。因此，自被继承人死亡时，遗产之权利即转移给继承人。唯依据我国通说，此时遗产系由全体继承人共同共有，只有经过遗产分割之后，各继承人才依据民法典继承编之规定取得相应的份额。

与原来的《物权法》相比，该条规定将原《物权法》第 29 条规定的"因继承或者受遗赠取得物权的，自继承或者受遗赠开始时发生效力"中的"或者受遗赠"字样予以删除，从而变成了该条规定的"因继承取得物权的，自继承开始时发生效力"。对于这一修改后的规定如何进行解释适用，学说上存在着两种不同的观点：一种观点主张，该条规定在其适用上并没有发生变化，删除"受遗赠的"原因是认为受遗赠亦属于继承之列，其与遗嘱继承一样都是因遗嘱而取得遗产，唯一区别仅仅是受遗赠人本身不属于继承人的行列，而此点也不足以使受遗赠与遗嘱继承及法定继承的物权变动时间有所不同。据此观点，该条规定所规定的"继承"应当作最广义上的解释，包括法定继承、遗嘱继承和遗赠三种情形。另一种观点则主张遗赠作为赠与的一种，属于法律行为，从而引起的物权变动自然亦需要经过公示此其一也；在承认区分原则的立法体例中，遗赠也应当与赠与一样仅仅是负担行为（债权行为），并不能直接引起物权的变动，在遗赠人死亡时，仍然应当由全体继承人取得遗产的所有权，而受遗赠人只是取得了请求继承人移转遗产所有权的请求权，尚须继承人按照遗赠的内容实施相应的处分行为后，受遗赠人才能够取得遗产的所有权。亦有学者主张这两种观点均过于僵化，实在是受制于概念法学之藩篱而有作茧自缚之嫌疑："近代以来，各国民法在遗赠效力问题上之所以难以脱出法定模式的窠臼，原因实在于对潘德克吞以降围绕债物二分理论形成的物权变动体系已形成依赖，而未曾反思其规范目的是否确可适用于所有民事交往情形。近代法突出概念，本在于以概念描述生活。只是，当理论界以法律概念描述市民社会中复杂的自治样态力不从心时，却常反过来以概念剪裁、形塑生活，寄希望于借此限制民众对自己本该拥有的自由生活方式的想象力，而皈依自上而下建立起的概念天国。此不啻为一种'概念的专制'。"并基于此，建议法律解释上应当针对不同情形给予不同的处理：受遗赠人因遗赠而取得请求遗赠义务人给付遗赠标的物的权利，但是遗嘱表明受遗赠人自遗赠生效时即取得遗赠标的物所有权的除外。遗赠人无继承人的，遗赠发生物权效力。关于遗赠效力的意思表示存在歧义时，应当结合遗赠的目的进行解释。遗赠种类物、未来物或者他人之物的，遗赠发生债权效力。误将他人之物遗赠的，遗赠无效，但是遗赠人死亡时取得该物所有权的除外。[1] 还有学者主张，应当将遗赠的法律效力区分为两个阶段：第一阶段的物权变动因遗嘱人死亡引发的，属于非基于法律行为的物权变动，遗产由被继承人所有移转为遗产继承人共同体共有，共同体成员取决于遗嘱指定与法律规定。第二阶段的物权变动发生在遗产继承人之间，依法或依据遗嘱上的意思表示对遗产进行具体分配，适用移转主义模式。若采用裁判分割方式，属于基于法律文书发生的物权变动，无须登记或交付；若采用协议分割或遗嘱指定分割方式，属于意定的物权变动，自交付或登记时生效。分割后共同继承人及受遗赠人相互负瑕疵担保责任。[2]

---

〔1〕 翟远见、关华鹏：《论遗赠的效力》，载《云南社会科学》2021 年第 2 期。

〔2〕 汪洋：《中国法上基于遗赠发生的物权变动——论〈民法典〉第 230 条对〈物权法〉第 29 条之修改》，载《法学杂志》2020 年第 9 期。

【对照适用】

本条规定与原《物权法》第 29 条相比较，删除了"或者受遗赠"这一取得物权的方式，因此引起了学说上的争议，目前尚未形成通说，实务上究竟将采取何种观点尚待进一步观察，这一点务必注意。

第二百三十一条　因合法建造、拆除房屋等事实行为设立或者消灭物权的，自事实行为成就时发生效力。

【要义精解】

该条规定的是基于事实行为所引起的物权变动。

基于事实行为引起的物权变动是典型的基于法律规定而发生的物权变动，因此其物权变动与前述基于公法行为以及继承所引起的物权变动一样，均属于无须进行公示的物权变动。就此种物权变动而言，世界各国的法律基本上采取相同的立法模式，而学说上的观点也比较一致。基于事实行为引起的物权变动，系在各相应的事实行为完成时物权即发生相应的变动，不动产无须进行相应的登记，而动产也无须进行交付。这里需要注意的是，该条规定虽然仅仅列举了因合法建造、拆除房屋这两种事实行为，但是却用了"等"字，因此该规定不但适用于以房屋为主体的不动产之上，而且也适用于动产之上，如通过生产制造等方式取得动产所有权。唯须注意的是该条规定使用了"合法建造"的字样，那么对于非法建造房屋等是否能够取得房屋的所有权呢？依据该条规定的字面含义应当是不能取得的，但是学说上则存在较大的分歧，有所有权说、动产所有权说和占有说等学说。而司法实务则回避了这些学说，采取了所谓的维持现状的做法：根据《最高人民法院关于转发住房和城乡建设部〈关于无证房产依据协助执行文书办理产权登记有关问题的函〉的通知》要求，不具备初始登记条件的，原则上进行"现状处置"，即处置前披露房屋不具备初始登记条件的现状，买受人或承受人按照房屋的权利现状取得房屋，后续的产权登记事项由买受人或承受人自行负责。同理，对于不能办理初始登记的违法建筑，可以对"现状"归属进行确认。当然，涉及是否属于"尚可采取改正措施消除影响的违法建筑"争议时，应当按照先行后民原则，由行政机关确定是否"拆除"。总之，违法建筑的民事权益，可以参照《民法典》

第 231 条的规定，"自事实行为成就时"由建造人"现状取得"建筑物权益。[1]笔者则赞同我国台湾地区通说，即建筑物虽然违法，但是其所违反的是公法而不是私法关于所有权的归属的规定，因此，建造人自然得以取得建筑物之所有权，唯此时国家可以通过行政处罚等将其予以拆除或者为其他处分，此时乃基于行政权之效果，恰恰是因建造人系所有人方对其进行这样的处分，否则反而会产生逻辑上的困难。[2]

【对照适用】

本条规定来源于原《物权法》第 30 条的规定，没有实质性修改，解释适用上不存在变化。

> **第二百三十二条** 处分依照本节规定享有的不动产物权，依照法律规定需要办理登记的，未经登记，不发生物权效力。

【要义精解】

本条系关于保存登记的规定。

保存登记也叫作宣示登记。《民法典》第 229 条至第 231 条所规定的非因法律行为而引起的不动产物权变动虽然不以登记为要件（生效要件或者对抗要件），但是为了维护不动产登记簿的正确性，即确保登记与实际权利归属状态相一致，这些物权变动在变动后也应当予以登记。依据《民法典》第 232 条规定，这些非因法律行为引起的物权变动本身虽然不需要登记，但是若未进行登记的，则不能处分该项物权，否则不发生物权效力。此时物权变动的登记被称之为宣示登记。例如，甲有住房一套，甲死亡时只有其儿子小甲一个继承人，在甲死亡时小甲即取得了该房屋的所有权，而不以登记为其要件。但是，小甲若要将该房屋出卖给乙，则小甲必须先要办理继承过户登记，然后再将该房屋登记给买受人乙，从登记时起乙取得房屋之所有权。若小甲没有办理继承登记，则其无法为乙办理登记，因而乙不能取得该房屋的所有权。但是基于分离原则，小甲未经登记

---

〔1〕 应秀良：《违法建筑的法律性质及其物权救济方式——兼论民法典第 231 条"合法建造"》，载《上海法学研究》集刊，2020 年第 11 卷。

〔2〕 王泽鉴：《民法物权：通则·所有权》，中国政法大学出版社 2001 年版，第 118 页；谢在全：《民法物权论》（上册），中国政法大学出版社 1999 年版，第 96 页。

而实施处分其权利的行为虽然不能发生物权变动的效力，但是不影响负担行为的效力，即不影响小甲和乙所签订之买卖合同的效力。

【对照适用】

本条规定源于原《物权法》第31条的规定，进行了表述上的修改，即不再使用原《物权法》条文号，而是用本章规定予以代替，内容上没有变化。

第三章 物权的保护

第二百三十三条　物权受到侵害的，权利人可以通过和解、调解、仲裁、诉讼等途径解决。

【要义精解】

本条是关于物权争议纠纷的解决机制的规定。

本条规定了因物权受到侵害所产生的纠纷的多元解决机制。我国为包括因物权所产生的纠纷在内的各种民事纠纷提供了多元化解决机制，供当事人根据自己的实际情形加以选择。20 世纪 60 年代以来，诉讼之外的调解、仲裁、和解、谈判、中立评估、裁决等替代性纠纷解决方式（ADR）逐步成为世界潮流和全球发展趋势。[1] 而在我国，基于厌诉的原因，自古以来以和解和调解为核心的非诉讼纠纷解决机制就非常的发达。进入 21 世纪，社会经济高速发展，各类民事纠纷大量涌现，而国家的诉讼司法资源供给的增长速度相对而言无法与纠纷解决的需求所匹配，导致了大量案件不能得到及时解决。有鉴于此，最高人民法院积极探索民事纠纷的多元化解决机制，2014 年中国共产党十八届四中全会作出了《中共中央关于全面推进依法治国若干重大问题的决定》，将多元化纠纷解决机制作为社会治理的重要战略予以部署，指出："健全社会矛盾纠纷预防化解机制，完善调解、仲裁、行政裁决、行政复议、诉讼等有机衔接、相互协调的多元化纠纷解决机制。"

在这些多元解决机制中，和解当事人随时可以自行和解并形成和解协议。和解制度是成本最小的制度，而且通过和解解决纠纷，双方当事人之间的合作关系往往不会遭受严重的挫折乃至于终止，从而也是当事人所愿

---

〔1〕 蒋惠岭、龙飞：《国家治理语境中的中国式多元纠纷解决机制研究》，载《上海法学研究》集刊，2020 年第 1 卷。

意采纳的方式，唯其作为双方当事人之间的合同，因此本身不能强制执行，若事后不履行和解协议不能直接申请法院强制执行该和解协议，故仍然需要通过诉讼方式予以最终解决。此外，我国法律上并没有专门针对和解协议的规定，故关于因和解协议所产生的纠纷尚缺乏明确的法律依据，例如，当事人不履行和解协议究竟是只能追究对方违反和解协议的违约责任还是仍然可以按照原法律关系追究对方相应的法律责任？和解协议是否可以因错误等原因而撤销？和解协议是否有中断原请求权诉讼时效的效力，等等。

调解的种类非常之多，有当事人自行邀请共同认可的德高望重之人予以调解的民间调解机制，还有人民调解、行政调解、行业调解、司法调解等。近年来，诉调对接系我国法院推进多元化解决机制的重要举措。就调解的效力而言，如果是在诉讼中且在人民法院主持下达成合意并由人民法院制作调解书的，该调解书与人民法院的判决书具有相同的法律效力，属于强制执行的名义，而且因调解结案的不能上诉，一旦送给当事人即发生效力。经人民调解制作的调解协议书对双方当事人有拘束力，但是其本身如同和解协议一样不属于执行名义，从而不能直接申请法院强制执行。《人民调解法》第33条规定，经人民调解委员会调解达成调解协议后，双方当事人认为有必要的，可以自调解协议生效之日起30日内共同向人民法院申请司法确认，人民法院应当及时对调解协议进行审查，依法确认调解协议的效力。人民法院依法确认调解协议有效，一方当事人拒绝履行或者未全部履行的，对方当事人可以向人民法院申请强制执行。人民法院依法确认调解协议无效的，当事人可以通过人民调解方式变更原调解协议或者达成新的调解协议，也可以向人民法院提起诉讼。

当事人因物权纠纷亦可以向仲裁委员会申请仲裁，唯依据《仲裁法》的规定，申请仲裁必须有仲裁协议，否则仲裁委员会没有管辖权。诉讼是一切民事纠纷的最终手段，只要当事人无法通过其他途径解决纠纷，均可向有管辖权的人民法院提起诉讼，寻求相应的救济，除非当事人有仲裁协议。有效的仲裁协议能够排除人民法院的管辖权。

【对照适用】

本条规定来源于原《物权法》第32条，《民法典》对此未作修改，解释适用上不会发生变化。

第二百三十四条　因物权的归属、内容发生争议的，利害关系人可以请求确认权利。

【要义精解】

本条规定的是物权确认之诉的实体法依据。

民事诉讼的诉讼分为请求之诉、确认之诉与形成之诉。若当事人之间针对某项物权之归属发生纠纷，则可以提起确认之诉，由法院确认其具体归属。需要注意的是，因土地物权之归属发生纠纷，则以行政确权为确认之诉的前置条件。对此《土地管理法》第14条规定："土地所有权和使用权争议，由当事人协商解决；协商不成的，由人民政府处理。单位之间的争议，由县级以上人民政府处理；个人之间、个人与单位之间的争议，由乡级人民政府或者县级以上人民政府处理。当事人对有关人民政府的处理决定不服的，可以自接到处理决定通知之日起三十日内，向人民法院起诉。在土地所有权和使用权争议解决前，任何一方不得改变土地利用现状。"

【对照适用】

本条规定来源于原《物权法》第33条，《民法典》对此没有进行修改，解释适用上不存在区别。

第二百三十五条　无权占有不动产或者动产的，权利人可以请求返还原物。

【要义精解】

本条规定的是请求权中的原物返还请求权。

基于本条规定，诉请对方返还标的物需要具备如下之要件：（1）请求权人必须是标的物之物权人。也就是说，原告必须向法院提交证据证明自己对系争标的物享有某种权利，而且该种权利必须系一种物权，例如所有权。（2）请求权人对标的物所享有之物权必须系具有占有权能的物权。若诉讼当事人虽然对标的物享有某种物权，但是权利人的权利并不包含有占有权能的则不能请求返还。在我国物权法体系上，有占有权能的物权有所有权、土地承包经营权、建设用地使用权、宅基地使用权、质权和留置权。在比较法上，返还原物的请求权基础一般规定在所有权中，而对于他物权人（包括用益物权人和担保物权人）是否有权利请求无权占有人返还标的物，则通过准用的方式加以解决，如果法律没有明确规定可以准用所有权人之返还请求权的，则该他物权人不得行使此项物上请求权，因此也就不能诉请返还标的物。我国原《物权法》则将物上请求权统一规定在总则之中，解释上当然可以适用于所有的物权，但是若某项物权本身不具备占有的权能，如抵押权，那么他人占有标的物的情形并不会侵害其任何权益，那么他也就不得依据《民法典》第235条之规定请求返还该标的物了。（3）被请求人必须占有标的物。被请求人（即诉讼中的被告）必须是占有标的物的人，若被请求人并非该标的物之占有人，那么请求人的请求即不能成立。被请求人是否系标的物之占有人则须依据占有之规定予以确定，例如，若被请求人实际控制着标的物，但是其本人并非占有人而系占有辅助人，则不得以其为被告提起请求返还标的物之诉，而应当以占有人本人为被告提起占有之诉。（4）占有人之占有必须是无权占有。若占有人对标的物之占有系有法律上正当依据的占有，原告虽然系标的物之物权人，亦不得请求返还。例如，原告甲基于其所有权诉请乙返还其所占有的某土地，若乙证明自己系该土地的承包经营权人，则在承包经营权的有效期间内甲不得请求返还，法院即须驳回原告甲之诉讼请求。再例如，原告甲基于其所有权诉请乙返还乙占有甲之轿车，若乙证明乙对该轿车拥有质权，即甲将该轿车出质给了乙用以担保对乙的某项债务，则法院即须驳回甲之诉讼请求。被请求人对于标的物有占有的权利，可以基于用益物权或者担保物权等物权，也可以基于租赁合同、买卖合同等所产生的债权，均无不可。需要特别指出的是，标的物返还请求权不要求无权占有人对于标的物之占有具有主观上的过错，即便被告对于标的物之占有属于善意且无过失，原告仍然得行使返还请求权。盖该项请求权系物权之效力使然，而与侵权行为所产生之请求权有所不同，一般侵权行为均要求行为人具有主观上的过错，否则即不构成侵权行为。

【对照适用】

本条规定来源于原《物权法》第34条，《民法典》对此未进行任何修改，在解释适用上没有任何区别。

第二百三十六条 妨害物权或者可能妨害物权的，权利人可以请求排除妨害或者消除危险。

【要义精解】

本条规定的是物上请求权中的妨害排除请求权与妨害预防请求权。

一、妨害排除请求权

依据本条规定，妨害排除请求权的行使须具备如下之要件：（1）请求权人须证明自己系物权人，对标的物享有某种物权。（2）相对人的行为对原告之物权形成了实际的妨害，即使得权利人无法行使其物权或者行使其物权发生了某种困难。（3）须相对人的行为尚没有构成对标的物之占有，若被告的行为系对标的物之占有，则原告须行使的是标的物返还请求权而非妨害排除请求权。同样基于物权本权或者占有保护而请求被告排除妨害，是无须证明被告在妨害原告之物权主观上具有过错。

二、妨害预防请求权

妨害预防请求权与上文所述的妨害排除请求权以及标的物返还请求权，共同构成了物上请求权，系物权人之权利圆满性状态受到干涉时所产生出来的恢复其权利之初状态的一种请求权，系绝对权所固有的效力之一。与标的物返还请求权、妨害排除请求权所不同的是，妨害预防请求权的发生不以他人已经对物权造成了实际上的妨害为要件，而仅需要他人的行为对于物权人之物权具有了现实的危险性，如果不及时采取措施该种危险性将会发展为现实，从而对物权人之物权造成实际上的损害。除了这一个要件有所不同之外，行使妨害预防请求权的其他要件均与行使妨害排除请求权之要件相同。在妨害预防之诉中，被告人最主要的抗辩应当是其所实施的被诉行为并不会危及原告的物权。

【对照适用】

本条规定源于原《物权法》第35条，未进行修改，故在解释适用上也不会有本质性的变化。

第二百三十七条 造成不动产或者动产毁损的，权利人可以依法请求修理、重作、更换或者恢复原状。

> **第二百三十八条**　侵害物权，造成权利人损害的，权利人可以依法请求损害赔偿，也可以依法请求承担其他民事责任。

【要义精解】

这两个条文规定了对物权的非物权法救济措施。

《民法典》第237条与第238条表明了物权的非物权法保护措施，也即侵权责任以及不当得利等制度的保护方式。换言之，对于以所有权为核心的物权，除了民法典物权编规定了基于物权之绝对权特性而提供的特殊救济措施——物上请求权之外，民法体系中尚为物权提供了侵权责任等其他救济措施，从而维护物权的完整性。不过，侵权责任或者不当得利制度等债权性救济措施的适用尚须符合侵权责任、不当得利等相关规范的构成要件，而这些要件则属于《民法典》其他各编的规范任务了，因此《民法典》第237条与第238条，本身并非独立的请求权基础，而是将其指向了民法典合同编以及侵权责任编等其他相关法律，甚至指向《行政法》等公法。

《民法典》第237条在原《物权法》第36条的基础上增加了"依法"二字，即"造成不动产或者动产毁损的，权利人可以依法请求修理、重作、更换或者恢复原状"；第238条也是在原《物权法》第37条的基础上增加了"依法"二字，即"侵害物权，造成权利人损害的，权利人可以依法请求损害赔偿，也可以依法请求承担其他民事责任"。这一修改，在笔者看来其意义重大。站在所有人占有人关系的视角上来解读第237条与第238条对于原《物权法》第36条与第37条的修改，就不能仅仅将其解释为文字表述上的完善而已，毋宁有其深意。应当说，立法者在原来法律规定的基础上增加了"依法"二字，其意在表明这两条规定并非独立的请求权基础，而是将所有人请求"修理、重作、更换或者恢复原状"以及请求"损害赔偿"的请求权基础指向了其他法律，也就是说这两条规定是作为引致性规范而设立的。因此，所有人不得仅仅依据《民法典》第237条与第238条即请求占有人修理、重作、更换、恢复原状等，更不得据此而直接请求损害赔偿。所有人行使这些请求权必须依据其他请求权基础（也即依法的"法"），这些请求权基础可以是侵权行为、债务不履行、不当得利等，当然也可能是"占有"章中有关损害赔偿、孳息返还等请求权基础。

民法典物权编作这样的修改，显然是认识到了原《物权法》第 36 条与第 37 条之规定的缺陷而有意为之的。盖若依据这两条规定，只要是标的物本身因他人的行为而有所毁损的所有人，即有权要求行为人（当然包括占有人）修理、重作或者恢复原状；只要所有权人因其所有权受有损害，即得请求该行为人（亦包括占有人在内）赔偿损失。[1]

【对照适用】

这两条规定分别来源于原《物权法》第 36 条与第 37 条，但是在原《物权法》这两条规定中增加了"依法"二字，从而使原来颇具争议的独立请求权基础变成了转致条款，而不能独立适用了。

> **第二百三十九条** 本章规定的物权保护方式，可以单独适用，也可以根据权利被侵害的情形合并适用。

【要义精解】

该条规定了物权保护方式之间的关系。

依据该条规定，物上请求权、因侵权行为所产生的损害赔偿请求权、因不当得利所产生的利益返还请求权等既可以单独适用也可以依据具体的情形而合并适用。具体如何适用该条规定并没有予以明确，这涉及了法学理论上的请求权聚合、请求权竞合以及请求权规范竞合的问题。所谓请求权聚合是指全部请求权均得以同时行使，如标的物被侵夺后构成侵权行为的，所有人有权依据《民法典》第 1165 条以及第 179 条的规定，请求返还原物，同时还可以请求赔偿损失，此为请求权聚合。所谓请求权竞合，则系指同一案件事实符合了两个以上请求权基础的构成要件，但是当事人只能选择其一予以行使。例如，所有物被他人非法占用的情形，所有权人既可以依据《民法典》第 235 条所规定的原物返还请求权请求无权占有人返还原物，也可以依据第 462 条之规定请求返还原物，但是当事人只能选择其一予以行使而不能同时行使。所谓请求权规范竞合，则是指虽然同一案件事实符合了两个以上的请求权基础规范，因而产生两个以上请求

---

[1] 席志国：《论德国民法上的所有人占有人关系——兼评我国〈民法典〉第 459—461 条之规定》，载《比较法研究》2020 年第 3 期。

权，但是只能有一个请求权基础得以适用，其他请求权基础不能适用的情形，例如，德国民法上的所有人占有人关系中的孳息返还请求权与不当得利竞合的，不当得利请求权基础被排除。[1]至于特定情形究竟是何种情形，则需要依据具体的情形结合法律规范意旨加以考量，非可以统一确定的。

【对照适用】

本条规定源于原《物权法》第 38 条，但是将原来第 38 条第 2 款删除。也即将原来的"侵害物权，除承担民事责任外，违反行政管理规定的，依法承担行政责任；构成犯罪的，依法追究刑事责任"删除。

---

〔1〕 席志国：《论德国民法上的所有人占有人关系——兼评我国〈民法典〉第 459—461 条之规定》，载《比较法研究》2020 年第 3 期。

第二分编　所有权

第四章　一般规定

> **第二百四十条**　所有权人对自己的不动产或者动产，依法享有占有、使用、收益和处分的权利。

【要义精解】

本条是关于所有权基本内容的规定。

通常认为，所有权是对物的绝对支配权，这样讲是很抽象的，但准确地给所有权下定义则非常困难。其他国家和地区民法通常以规定所有权的内容的方式来说明所有权，有几种情形：一是作概括性规定，强调在法律范围内自由处分物的权利。如德国规定，在不违反法律和第三人利益的范围内，"物的所有权人可以随意处分其物"，并排除他人的任何干涉。瑞士规定，物的所有权人在法律规范的限制范围内，"对该物得自由处分"。二是规定使用权和处分权。如意大利规定，在法律规定的范围内并且在遵守法律规定的义务的前提下，"所有权人对所有物享有完全的、排他的使用和处分的权利"。法国规定："所有权是指，以完全绝对的方式，享有与处分物的权利，但法律或条例禁止的使用除外。"三是规定三项内容，在规定使用权、处分权外，规定收益权或者占有权。如日本规定："所有权人于法令限制的范围内，有自由使用、收益及处分所有物的权利。"俄罗斯规定："财产的占有权、使用权和处分权属于财产的所有权人。"我国台湾地区规定："所有权人，于法令限制之范围内，得自由使用、收益、处分其所有物，并排除他人之干涉。"

我国原《民法通则》第71条对所有权规定了四项内容："财产所有权是指所有人依法对自己的财产享有占有、使用、收益和处分的权利。"《民法典》的规定与原《民法通则》这一规定基本一致，仍沿用原《民法通则》四项内容的规定。这种列举式的定义方式有其利弊："具体列举式定义明确了所有权的权能，便于人们理解和掌握，但其很难概括所有权的全部权能，同时也给人们造成一种所有权就是占有、使用、收益、处分四项权能简单相加之结果的印象。"[1]

在我国，所有权具有四项基本权能。

其一是占有。占有就是对于财产的实际管领或控制。

其二是使用。使用是权利主体对财产的运用，以便发挥财产的使用价值。

其三是收益。收益是通过财产的占有、使用等方式取得的经济效益。收益包括孳息。孳息分为天然孳息和法定孳息。家畜生仔、果树结果等属于天然孳息；存款所得的利息、出租所得租金属于法定孳息。

其四是处分。处分是指所有人对物在终局意义上的控制。这也是许多国家对于所有权的权能仅仅规定处分的原因，因为此种终局性的控制包含了其他的权能在内。

传统民法理论还将所有权的权能分为积极的权能与消极的权能。前述几项权能是积极的权能。所有权的消极权能，指所有权人在法律限制内，有排除他人干涉的权利。

所有权在民法典物权编中具有核心地位，一般认为，所有权构成了物权的基础模型，其具有如下一些特性。

第一，完全性。或者称所有权为完全权，所有权是就标的物为绝对支配的完全权。所有权作为一般的支配权，是用益物权、担保物权等他物权的源泉。与所有权不同，他物权仅在使用收益上于一定范围内有支配权。

第二，整体性。或者称为单一性。所有权不是占有、使用、收益和处分等各项权能量的总和，而是对标的物有统一支配力，是整体的权利，不能在内容或者时间上加以分割。所有权人可以在其物上设定他物权，即使其物的占有、使用、收益、处分等权能分别归他人享有，但所有权人的所有权性质不受影响。

第三，恒久性。所有权有永久性，其存在没有存续期间，不因时效而消灭。

---

[1] 李永军主编：《民法学教程》，中国政法大学出版社 2021 年版，第 251 页。

第四，弹力性。或者称为"所有权弹性""归一力"。所有权人在其所有物上为他人设定权利，即使所有权的所有已知表征权利均被剥夺，仍潜在地保留其完整性，这种剥夺终止后，所有权当然地重新恢复其圆满状态。

法律调整的是人与人之间的关系，而不是人与物之间的关系，这一点在民法典物权编中也不例外。所有权是基于所有物而产生的，所有权人与他人的财产关系。民法上讲所有权，不仅要讲所有权人对所有物的权利，而且主要是讲所有权人与他人的关系。

【对照适用】

本条延续了原《物权法》的有关规定。

> **第二百四十一条** 所有权人有权在自己的不动产或者动产上设立用益物权和担保物权。用益物权人、担保物权人行使权利，不得损害所有权人的权益。

【要义精解】

本条是关于所有权人设定他物权的规定。

所有权人在自己的不动产或者动产上设立用益物权和担保物权，是所有权人行使其所有权权能的具体表现。所有权人的某些权能在法律允许的情况下可以与所有权相分离，这是设定用益物权和担保物权的基础理论。用益物权与担保物权是对他人的物享有的权利，因此都称为"他物权"。在现代社会，物的归属已经不再是物权法唯一关注的内容，财产价值形态的支配和利用成为物权法关注的核心。大陆法系和英美法系这两大法系有关财产的现代法律，都充分体现了以"利用"为中心的物权观念。传统的以物的"所有"为中心的物权观念，已经被以物的"利用"为中心的物权观念所取代。

用益物权与担保物权的设定，源于所有权人对其所有权的行使。通过所有权人的设立行为或者是基于法律规定，所有权的部分权能得以从整体中分离出来，让渡于用益物权人与担保物权人。因此，设定他物权，是所有权人行使所有权的结果。也正因如此，用益物权人、担保物权人行使权利必须依据法律或者合同的约定进行，不得损害所有权人的权益。根据我国《宪法》以及《民法典》的规定，我国土地所有权归国家和集体所有。因此，私法主体对于土地的利用主要通过设定用益物权的形式来实现。通过设定土地承包经营权、宅基地使用权、建设用地使用权等权利来实现私法主体对于土地的利用。但同时土地承包经营权人、宅基地使用权人、建设用地使用权人也要依据法律和合同行使权利，履行义务，不得损害国家、集体的利益。

【对照适用】

本条延续了原《物权法》的有关规定。

第二百四十二条　法律规定专属于国家所有的不动产和动产，任何组织或者个人不能取得所有权。

【要义精解】

本条是关于国家专有的规定。

社会主义属性是我国法律的根本属性，其在物权部分中非常重要的表现形式为国家所有与集体所有权。其中国家专有是国家所有的重要表现形式。所谓国家专有指某些客体只能为国家所有，不能为任何其他私法主体所拥有。由于国家专有的财产不能为他人所拥有，因此不能通过交换或者赠与等方式转移所有权，这就排除了其他任何主体取得这些客体所有权的可能性。因此，国家专有与非专有的国家财产的性质不同。非专有的国家财产是可以流转的。国外有"公用财产"的概念，与我国的国家专有制度存在一定的类似性。国外的公用财产指社会公众利益所使用的财产，如公路、街道、桥梁、水库、港口等。有的国家规定公用财产属于社会公有，不属于国家所有，但国家享有主权和管理权。国家专有的财产范围很宽，各项具体的专有客体在各个相关单行法律、行政法规中规定，本条只作概括性规定。

国家专有的财产包括以下各项：（1）国有土地。依据法律、行政法规的规定，属于国家所有的土地有：城市市区的土地；农村和城市郊区已被征收的土地；依法不属于集体所有的森林、山岭、草地、荒地、滩涂及其他土地等。（2）海域。《海域使用管理法》规定，海域属于国家所有。（3）水流。水流属于国家所有。（4）矿产资源。《宪法》规定，矿藏属于国家所有。《矿产资源法》规定，矿产资源属于国家所有。有关法律、行政法规规定煤炭资源、石油资源、盐资源、水晶矿产等属于国家所有。

（5）野生动物资源。《野生动物保护法》规定，野生动物资源属于国家所有。（6）无线电频谱资源。无线电频谱资源属于国家所有。（7）无居民海岛。

【对照适用】

本条基本延续了原《物权法》的有关规定，仅将原《物权法》的"单位和个人"的表述修改成了"组织或者个人"。这一术语的变更更为准确，也更符合《民法典》有关规定。在《民法典》制定编纂过程中对于原《物权法》"单位"的表述均更正为"组织"，以下不一一赘述。

> 第二百四十三条 为了公共利益的需要，依照法律规定的权限和程序可以征收集体所有的土地和组织、个人的房屋以及其他不动产。
>
> 征收集体所有的土地，应当依法及时足额支付土地补偿费、安置补助费以及农村村民住宅、其他地上附着物和青苗等的补偿费用，并安排被征地农民的社会保障费用，保障被征地农民的生活，维护被征地农民的合法权益。
>
> 征收组织、个人的房屋以及其他不动产，应当依法给予征收补偿，维护被征收人的合法权益；征收个人住宅的，还应当保障被征收人的居住条件。
>
> 任何组织或者个人不得贪污、挪用、私分、截留、拖欠征收补偿费等费用。

【要义精解】

本条是关于征收的规定。

征收是一种行政权力对于所有权的限制，是国家通过行政权取得集体、组织和个人的财产所有权的行为。"任何国家法律均规定，国家基于公共利益可以征收和征用私人财产，我国亦不例外。"[1]征收的主体是国家，实施者一般为具体政府部门，政府以行政命令的方式从集体、组织和个人取得土地、房屋以及其他不动产，集体、组织和个人的所有权无法对抗该种行政命令。征收是政府行使行政权，属于行政关系，不属于民事关

---

[1] 席志国：《中国物权法论》，中国政法大学出版社2016年版，第167页。

系，但会在客观上导致所有权丧失的结果，涉及私法主体的利益安排，因此在《民法典》中予以相应规范。

公共利益的需要是征收的必备要求，但如何界定公共利益，是否应当对于公共利益的定义与范围进行明确的规定则存在不同的意见。《民法典》并未对公共利益的定义与范围予以明确，我国的具体国情较为复杂，在不同领域内，在不同情形下，公共利益是不同的，难以对公共利益作出统一的界定，还是分别由《土地管理法》《城市房地产管理法》等单行法律规定较为切合实际。

本条所涉及征收的客体包括了两种类型：一种是集体所有土地；另一种是组织、个人的房屋以及其他不动产。对于这两种客体，分别在本条的第2款、第3款进行专门规定。对于集体所有的土地进行的征收在本条第2款进行规定。在我国，由于土地被明确限定为归国家与集体所有，因此在中国城市化进程中，城市的扩张主要是通过对于集体所有的土地进行征收来实现的，此种征收制度构成了中国城市化、现代化进程中的重要制度。土地归集体所有这一规则对于农民具有重要的社会保障功能，因此在征收过程中对于征收补偿的范围与标准进行了非常具体的规定。按照该款的规定，补偿的范围除了包括土地补偿费、安置补助费以及农村村民住宅、其他地上附着物和青苗等的补偿费用等因为征收所带给农民的实际损失外，还应当安排被征地农民的社会保障费用，保障被征地农民的生活。这体现了集体所有这一制度所具有的社会保障功能，从更为广泛的意义来说，这也是我国社会主义性质的根本要求。对于征收组织、个人的房屋以及其他不动产而言，补偿范围仅仅包括了征收补偿，只是规定在涉及个人住宅情况下时，应当保障被征收人的居住条件。针对现实生活中补偿不到位和侵占补偿费用的行为，本条第4款明确规定，任何组织或者个人不得贪污、挪用、私分、截留、拖欠征收补偿费等费用。

按照《宪法》《土地管理法》等有关法律规定，征收的条件与程序如下。

其一，征收土地必须是为了社会公共利益的需要。

其二，征地是一种政府行为，是政府的专有权力，其他任何单位和个人都没有征地权。同时，被征地单位必须服从，不得阻挠征地。

其三，必须依法取得批准。征收基本农田、基本农田以外的耕地超过35公顷的，以及其他土地超过70公顷的，由国务院批准。征收其他土地的，由省、自治区、直辖市人民政府批准，并报国务院备案。征收农用地的，应当依照有关规定先行办理农用地转用审批。国家征收土地依照法定程序批准后，由县级以上地方人民政府予以公告并组织实施。

其四，必须依法对被征地单位进行补偿。被征收土地的所有权人、使用权人应当在公告规定期限内，持土地权属证书到当地人民政府土地行政主管部门办理征地补偿登记。征收土地的，按照被征收土地的原用途给予补偿。有关法律和行政法规对征收的具体补偿标准有专门规定。

其五，征地行为必须向社会公开，接受社会的监督。征地补偿安置方案确定后，有关地方人民政府应当公告，并听取被征地的农村集体经济组织和农民的意见。被征地的农村集体经济组织应当将征收土地的补偿费用的收支状况向本集体经济组织的成员公布，接受监督。同时规定，禁止侵占、挪用被征收土地单位的征地补偿费用和其他有关费用。

因此，法律、行政法规对于保护耕地、征收土地都有明确的规定。征收农村土地，应当按照特殊保护耕地的原则，依照法律规定的权限和程序进行，切实保护耕地，保护农民权益，保障社会安定和经济的可持续发展。

【对照适用】

本条相较于原《物权法》的规定略有改动。第一，明确了对于土地补偿费应当"及时"足额支付，强调对于土地补偿费不得无故拖欠。第二，明确了"农村村民住宅"应当在补偿范围之中。农村村民住宅作为村民财产权的重要组成部分，理应在补偿范围之中。

第二百四十四条 国家对耕地实行特殊保护，严格限制农用地转为建设用地，控制建设用地总量。不得违反法律规定的权限和程序征收集体所有的土地。

【要义精解】

本条是关于保护耕地、禁止违法征地的规定。

我国人多地少是基本国情，如何保护耕地资源并合理利用，关系中华民族的生存与未来。我国坚持最严格的耕地保护制度和最严格的节约用地制度。为了切实加强土地调控，制止违法违规用地行为，针对现实生活中滥用征收权力、违法征地的行为，本条作了原则规定。

根据《土地管理法》等法律、行政法规的有关规定，有关耕地保护的基本政策如下。

第一，严格限制耕地转为非耕地。国家保护耕地，严格控制耕地转为非耕地。国家实行严格的用途管制制度。通过制定土地利用总体规划，限定建设可以占用土地的区域。对各项建设用地下达土地利用年度计划，控制建设占用土地（包括占用耕地）。农用地转用要报省级以上人民政府批准。

第二，国家实行占用耕地补偿制度。非农业建设经批准占用耕地的，按照"占多少，垦多少"的原则，由占用耕地的单位负责开垦与所占用耕地的数量和质量相当的耕地；没有条件开垦或者开垦的耕地不符合要求的，应当按照省、自治区、直辖市的规定缴纳耕地开垦费，专款用于开垦新的耕地。

第三，基本农田保护制度。国家实行基本农田保护制度，划定基本农田保护区，对基本农田保护区内的耕地实行特殊保护。所谓"基本农田"，是指根据一定时期人口和国民经济对农产品的需求以及对建设用地的预测而确定的，在土地利用总体规划期内未经国务院批准不得占用的耕地。基本农田是从战略高度出发，为了满足一定时期人口和国民经济对农产品的需求而必须确保的耕地的最低需求量，老百姓称之为"吃饭田""保命田"。"基本农田保护区"，是指为对基本农田实行特殊保护而依照土地利用总体规划和法定程序划定的区域。划定基本农田保护区主要是为了对耕地实行特殊保护。对于那些影响国民经济及农业发展的重点耕地，必须划入基本农田保护区实行严格管理。

即便在真正需要的情况下征收集体所有的土地，其必须符合法律规定的权限和程序。其基本条件与程序包括以下几点。

首先，必须符合公共利益的需要。征收是国家基于公权力对于私人财产权利的限制，因此必须在符合公共利益的情况下才可以进行征收。

其次，必须取得相应批准。征收程序有严格的审批流程，对土地的征收必须符合相应的审批才可进行。

最后，必须基于法定程序保障相关主体的程序利益。征地补偿安置方案确定后，有关地方人民政府应当公告，并听取被征地的农村集体经济组织和农民的意见。被征地的农村集体经济组织应当将征收土地的补偿费用的收支状况向本集体经济组织的成员公布，接受监督。同时规定，禁止侵占、挪用被征收土地单位的征地补偿费用和其他有关费用。

【对照适用】

本条延续了原《物权法》的有关规定。

> 第二百四十五条　因抢险救灾、疫情防控等紧急需要，依照法律规定的权限和程序可以征用组织、个人的不动产或者动产。被征用的不动产或者动产使用后，应当返还被征用人。组织、个人的不动产或者动产被征用或者征用后毁损、灭失的，应当给予补偿。

【要义精解】

本条是关于征用的规定。

征用是国家在紧急情况下强制使用组织、个人的财产。强制使用就是不必得到权利人的同意，在国家有紧急需要时即直接使用。国家需要征用组织、个人的不动产和动产的原因是抢险、救灾、疫情防控等。在社会整体利益遭遇危机的情况下，需要动用一切人力、物力进行紧急救助。所以，法律允许在此种情况下限制组织和个人的财产所有权。

国家以行政权命令征用财产，被征用的组织、个人必须服从，这一点与征收相同。但征收与征用存在较大区别。征收是剥夺所有权，征用只是在紧急情况下强制使用组织、个人的财产，紧急情况结束后被征用的财产要返还给被征用的组织、个人，因此征用与征收有所不同。征收原则上限于不动产，本条规定的征用的财产既包括不动产也包括动产。由于征用是对所有权的限制，并可能给所有权人造成不利的后果，因此，征用的采用亦有严格的条件限制：（1）征用的前提条件是发生紧急情况，因此征用适用于出现因抢险救灾、疫情防控等紧急需要，平时不得采用；（2）征用应符合法律规定的权限和程序；（3）使用后应当将征用财产返还被征用人，并且给予补偿，但通常不及于可得利益的损失。征用如征收一样也是较为复杂的问题，同时征用是政府行使行政权，具体问题应由相关的行政法规规定。因此，本条仅从民事角度作了原则性规定。

【对照适用】

本条延续了原《物权法》的有关规定，除增加"疫情防控"外未作实质性修改。

第五章　国家所有权和集体所有权、私人所有权

> **第二百四十六条**　法律规定属于国家所有的财产，属于国家所有即全民所有。
>
> 国有财产由国务院代表国家行使所有权。法律另有规定的，依照其规定。

【要义精解】

本条是关于国有财产范围、国家所有的性质和国家所有权行使的规定。

我国是社会主义国家，基于这一根本制度，国有经济是国民经济中的主导力量。加大对国有资产的保护力度，切实防止国有资产流失，是巩固和发展公有制经济的现实要求。"国家所有权本质上是社会主义全民所有制在法律上的表现。国家所有权作为一种法律关系，它是在全民所有制基础上，在特定的权利主体（国家）和不特定的义务主体（任何公民和法人）之间形成的权利义务关系。"[1]《民法典》通过明确规定国有财产的归属和行使主体、对国有财产的合理开发利用、侵害国有财产的民事保护方法等，加大对国有财产的保护力度，防止国有财产流失。本法有关物权的基本原则、物权的设立和转让、所有权人享有的权利、用益物权、担保物权、物权的保护等一系列规定对国有财产都是适用的，并对国有财产作出若干特别规定。

一、国有财产的范围

本条第 1 款是对国有财产范围的概括性规定。依据宪法、法律、行政法规，民法典物权编明确规定，矿藏、水流、海域、无居民海岛、无线电频谱资源、城市的土地、国防资产属于国家所有。法律规定属于国家所有的铁

---

[1]　席志国：《中国物权法论》，中国政法大学出版社 2016 年版，第 170 页。

路、公路、电力设施、电信设施和油气管道等基础设施、文物、农村和城市郊区的土地、野生动植物资源,属于国家所有。除法律规定属于集体所有的以外,森林、山岭、草原、荒地、滩涂等自然资源,属于国家所有。

对于国有财产范围的规定有概括和列举两种方式。本条第 1 款对国有财产的范围作了概括性的规定:"法律规定属于国家所有的财产,属于国家所有即全民所有。"并以现行法律的规定为依据对国家所有的财产作了列举规定。现行法律、行政法规没有明确规定的,根据本条,可以在制定或者修改有关法律时作出具体规定。

二、我国国家所有的性质

我国国家所有的性质是全民所有。《宪法》第 9 条第 1 款规定,矿藏、水流、森林、山岭、草原、荒地、滩涂等自然资源,都属于国家所有,即全民所有;由法律规定属于集体所有的森林和山岭、草原、荒地、滩涂除外。原《民法通则》第 73 条第 1 款规定,国家财产属于全民所有。《土地管理法》第 2 条第 2 款规定,全民所有,即国家所有土地的所有权由国务院代表国家行使。本法根据《宪法》第 9 条第 1 款规定"国家所有即全民所有",以更好地和《宪法》、原《民法通则》的规定相衔接,进一步明确国家所有的性质。

三、国务院代表国家行使国家财产所有权的主体

本条第 2 款是对代表国家行使国家财产所有权的主体的规定。依据《宪法》规定,全国人民代表大会是最高国家权力机关,国务院是最高国家权力机关的执行机关。全国人民代表大会代表全国人民行使国家权力,体现为依法就关系国家全局的重大问题作出决定,而具体执行机关是国务院。我国的许多法律已经明确规定由国务院代表国家行使所有权。例如,《土地管理法》第 2 条第 2 款规定,全民所有,即国家所有土地的所有权由国务院代表国家行使。《矿产资源法》第 3 条第 1 款规定,矿产资源属于国家所有,由国务院行使国家对矿产资源的所有权。《水法》第 3 条规定,水资源属于国家所有。水资源的所有权由国务院代表国家行使。《草原法》第 9 条第 1 款规定,国家所有的草原,由国务院代表国家行使所有权。《海域使用管理法》第 3 条第 1 款规定,海域属于国家所有,国务院代表国家行使海域使用权。党的十五届四中全会指出,国务院代表国家统一行使国有资产所有权,中央和地方政府分级管理国有资产,授权大型企业、企业集团和控股公司经营国有资产。

由国务院代表国家行使所有权也是现行的管理体制。本条第2款规定："国有财产由国务院代表国家行使所有权。法律另有规定的，依照其规定。"国有财产由国务院代表国家行使所有权，同时依照法律规定也可以由地方人民政府等部门行使有关权利。我国很多法律法规对此都有相应的规定，如《土地管理法》第5条规定，国务院自然资源主管部门统一负责全国土地的管理和监督工作。县级以上地方人民政府自然资源主管部门的设置及其职责，由省、自治区、直辖市人民政府根据国务院有关规定确定。《草原法》第8条规定，国务院草原行政主管部门主管全国草原监督管理工作。县级以上地方人民政府草原行政主管部门主管本行政区域内草原监督管理工作。乡（镇）人民政府应当加强对本行政区域内草原保护、建设和利用情况的监督检查，根据需要可以设专职或者兼职人员负责具体监督检查工作。《森林法》第9条规定，国务院林业主管部门主管全国林业工作。县级以上地方人民政府林业主管部门，主管本行政区域的林业工作。乡镇人民政府可以确定相关机构或者设置专职、兼职人员承担林业相关工作。《水法》第12条规定，国家对水资源实行流域管理与行政区域管理相结合的管理体制。国务院水行政主管部门负责全国水资源的统一管理和监督工作。国务院水行政主管部门在国家确定的重要江河、湖泊设立的流域管理机构（以下简称流域管理机构），在所管辖的范围内行使法律、行政法规规定的和国务院水行政主管部门授予的水资源管理和监督职责。县级以上地方人民政府水行政主管部门按照规定的权限，负责本行政区域内水资源的统一管理和监督工作。

【对照适用】

本条延续了原《物权法》的有关规定，未进行实质性修改。

第二百四十七条　矿藏、水流、海域属于国家所有。

【要义精解】

本条是关于矿藏、水流、海域的国家所有权的规定。

一、矿藏属于国家所有

矿藏，主要指矿产资源，即存在于地壳内部或者地表的，由地质作用形成的，在特定的技术条件下能够被探明和开采利用的，呈固态、液态或气态的自然资源。《民法典》依据《宪法》规定矿藏属于国家所有。矿藏属于国家所有，指国家享有对矿产资源的占有、使用、收益和处分的权利。《宪法》第 9 条第 1 款规定，矿藏、水流、森林、山岭、草原、荒地、滩涂等自然资源，都属于国家所有，即全民所有；由法律规定属于集体所有的森林和山岭、草原、荒地、滩涂除外。矿产资源是国民经济和社会发展的重要物质基础，只有严格依照《宪法》的规定，坚持矿藏属于国家所有，即全民所有，才能保障我国矿产资源的合理开发、利用、节约、保护和满足各方面对矿产资源日益增长的需求，适应国民经济和社会发展的需要。《矿产资源法》第 3 条第 1 款规定，矿产资源属于国家所有，由国务院行使国家对矿产资源的所有权。地表或者地下的矿产资源的国家所有权，不因其所依附的土地的所有权或者使用权的不同而改变。1995 年 12 月国务院发布的《关于整顿矿业秩序维护国家对矿产资源所有权的通知》规定，矿产资源是经济建设和社会发展的重要物质基础。矿产资源属于国家所有。1994 年 3 月国务院发布的《矿产资源法实施细则》第 3 条规定，矿产资源属于国家所有，地表或者地下的矿产资源的国家所有权，不因其所依附的土地的所有权或者使用权的不同而改变。具体的矿产行政法规也规定了一些矿产的国家所有权。如《乡镇煤矿管理条例》第 3 条第 1 款规定，煤炭资源属于国家所有。地表或者地下的煤炭资源的国家所有权，不因其所依附的土地的所有权或者使用权的不同而改变。《对外合作开采陆上石油资源条例》第 3 条规定，中华人民共和国境内的石油资源属于中华人民共和国国家所有。《对外合作开采海洋石油资源条例》第 2 条第 1 款规定，中华人民共和国的内海、领海、大陆架以及其他属于中华人民共和国海洋资源管辖海域的石油资源，都属于中华人民共和国国家所有。

国家对矿藏的所有权可以有多种行使方式。《矿产资源法》第 3 条第 3 款规定，勘查、开采矿产资源，必须依法分别申请、经批准取得探矿权、采矿权，并办理登记。《矿产资源法》第 4 条第 1 款规定，国家保障依法设立的矿山企业开采矿产资源的合法权益。依照规定，民事主体可以依法取得开发和经营矿藏的权利，其性质为采矿权。取得该权利后，通过开发和经营矿藏取得对矿藏的所有权。民事主体取得采矿权并不影响国家的所有权。国家保护合法的采矿权，但该采矿权与对矿藏的所有权不同，前者是他物权，后者是所有权。国家保障矿产资源的合理利用。

二、水流属于国家所有

水流，指江、河等的统称。此处水流应作广义理解，包括地表水、地下水和其他一切形态可为人类利用的水资源。水是人类生存的生命线，人类因水而生存，因水而发展。然而，21 世纪人类却面临着严重的水资源问题。水资源短缺几乎成为世界性的问题。我国是水资源贫乏的国家，人均水资源仅为世界平均水平的四分之一。同时，水资源在时间和地区分布上很不平衡，由于所处的独特的地理位置和气候条件，我国面临水资源短缺、洪涝灾害频繁、水环境恶化三大水问题，对国民经济和社会发展具有全局影响。

《民法典》规定水流属于国家所有。水流属于国家所有，指国家享有对水流的占有、使用、收益和处分的权利。《宪法》第 9 条第 1 款规定，矿藏、水流、森林、山岭、草原、荒地、滩涂等自然资源，都属于国家所有，即全民所有。《水法》第 3 条规定，水资源属于国家所有。水资源的所有权由国务院代表国家行使。在征求意见过程中，有的建议将"水流"修改为"水资源"。考虑到《宪法》中的用词是"水流"，《民法典》中仍然依照《宪法》使用"水流"一词。水流是我国最宝贵的自然资源之一，是实现可持续发展的重要物质基础。只有严格依照《宪法》的规定，坚持水流属于国家所有，即全民所有，才能保障我国水资源的合理开发、利用、节约、保护和满足各方面对水资源日益增长的需求，适应国民经济和社会发展的需要。

三、海域属于国家所有

海域，是指中华人民共和国内水、领海的水面、水体、海床和底土。这是一个空间资源的概念，是对传统民法中"物"的概念的延伸与发展。内水，是指中华人民共和国领海基线向陆地一侧至海岸线的海域。领海这个概念是随公海自由原则的确立而形成的，它是指沿着国家的海岸、受国家主权支配和管辖下的一定宽度的海水带。我国是海洋大国，拥有近 300 万平方公里的管辖海域，相当于陆地国土面积的 1/3，拥有 18000 多公里的大陆岸线，14000 多公里的岛屿岸线，蕴藏着丰富资源，包括生物资源、矿产资源、航运资源、旅游资源等。对于丰富的资源，国家有责任实施管理，我国辽阔的海域需要由国家行使管理职能。这些管理，是以海域的国家所有权为法律依据的。

本条明确规定海域属于国家所有。《海域使用管理法》第 3 条第 1 款规定，海域属于国家所有，国务院代表国家行使海域所有权。任何单位或者个人不得侵占、买卖或者以其他形式非法转让海域。

【对照适用】

本条延续了原《物权法》的有关规定。

> **第二百四十八条**　无居民海岛属于国家所有，国务院代表国家行使无居民海岛所有权。

【要义精解】

本条是关于无居民海岛所有权的规定。

《海岛保护法》第 4 条规定，无居民海岛属于国家所有，国务院代表国家行使无居民海岛所有权。《民法典》编纂过程中为了更好保护这些岛屿的所有权，强化对于这种岛屿的开发与利用，有必要对相关内容进行规定。本条规定无居民海岛由国务院代表国家行使所有权。本法第 246 条第 2 款规定："国有财产由国务院代表国家行使所有权。法律另有规定的，依照其规定。"由于无居民海岛属于国家所有，因此依照本法第 246 条第 2 款的规定，当然由国务院代表国家行使所有权。

【对照适用】

本条为此次《民法典》编纂过程中新增加内容。无居民海岛之所有权归国家所有，于《民法典》中予以明确。

> **第二百四十九条**　城市的土地，属于国家所有。法律规定属于国家所有的农村和城市郊区的土地，属于国家所有。

【要义精解】

本条是关于国家所有土地范围的规定。

土地是人类最宝贵的资源，第一，它是人类赖以生存的基地，只有它的存在人类才能有立足之地，人类凭借着土地栖息繁衍，土地是人类最珍贵的自然资源；第二，在人类生活中，土地是最基本的生产资料，人们在土地上从事生产，直接或间接地获取大量的财富，土地成为财富之母；第三，土地是为人类提供食物和其他生活资料的重要源泉，一切动植物繁殖滋生的营养物质皆取自土地，由而产生出人类赖以生存发展的各类生活资料，土地养育着人类。在人与土地之间的关系中，土地作为自然过程的产物，具有面积有限，不可创造的特点。

我国实行土地的社会主义公有制。《宪法》第6条规定，中华人民共和国的社会主义经济制度的基础是生产资料的社会主义公有制，即全民所有制和劳动群众集体所有制。土地是宝贵的自然资源，同时也是最基本的生产资料。中华人民共和国成立以后，我国土地的社会主义公有制逐步确立，形成了全民所有土地即国家所有土地和劳动群众集体所有土地即农民集体所有土地这两种基本的土地所有制形式。《土地管理法》第2条第1款规定，中华人民共和国实行土地的社会主义公有制，即全民所有制和劳动群众集体所有制。土地所有制的法律表现形式是土地所有权，即土地所有者对其土地享有占有、使用、收益和处分的权利。

本条规定了国家所有土地的范围，国家所有的土地包括城市的土地以及法律规定属于国家所有的农村和城市郊区的土地。

第一，城市的土地属于国家所有。"城市的土地，属于国家所有"即指国家对于城市的土地享有所有权，且城市的土地所有权只属于国家。《宪法》第10条第1款规定，城市的土地属于国家所有。《土地管理法》第9条第1款规定，城市市区的土地属于国家所有。

第二，法律规定属于国家所有的农村和城市郊区的土地属于国家所有。《宪法》第10条第2款规定，农村和城市郊区的土地，除由法律规定属于国家所有的以外，属于集体所有。《土地管理法》第9条第2款规定，农村和城市郊区的土地，除由法律规定属于国家所有的以外，属于农民集体所有。农村和城市郊区的土地，除法律规定属于国家所有的以外，是属于农民集体所有的。但是法律规定属于国家所有的农村和城市郊区的土地属于国家所有。这里所讲的法律是全国人大及其常委会通过的具有法律约束力的规范性文件，包括《宪法》和其他法律。《宪法》第9条第1款规定，矿藏、水流、森林、山岭、草原、荒地、滩涂等自然资源，都属于国家所有，即全民所有；由法律规定属于集体所有的森林和山岭、草原、荒地、滩涂除外。也就是说，国家法律未确定为集体所有的森林和山岭、草原、荒地、滩涂等，均属于国家所有。

【对照适用】

本条延续了原《物权法》的有关规定。

> **第二百五十条** 森林、山岭、草原、荒地、滩涂等自然资源，属于国家所有，但是法律规定属于集体所有的除外。

【要义精解】

本条是关于属于国家所有的森林、草原等自然资源的规定。

自然资源包括土地资源、水资源、矿产资源、生物资源、气候资源、海洋资源等。自然资源是国民经济与社会发展的重要物质基础。随着工业化和人口的发展，人类对自然资源的巨大需求和大规模的开采已导致资源基础的削弱、退化。以最低的环境成本确保自然资源的可持续利用，已经成为当代国家在经济、社会发展过程中面临的一大难题。自然资源的合理开发利用是人类生存和发展的必然要求和重要内容。《宪法》第9条第2款规定，国家保障自然资源的合理利用，保护珍贵的动物和植物。禁止任何组织或者个人用任何手段侵占或者破坏自然资源。

本条有关森林、山岭、草原、荒地、滩涂等自然资源所有权的规定是依据《宪法》作出的。《宪法》第9条第1款规定，矿藏、水流、森林、山岭、草原、荒地、滩涂等自然资源，都属于国家所有，即全民所有；由法律规定属于集体所有的森林和山岭、草原、荒地、滩涂除外。我国绝大多数自然资源都属于国家所有，这是我国不同于资本主义国家经济制度的基本特征之一。本条根据《宪法》和有关法律的规定，对自然资源的归属作出规定，对进一步保护国有自然资源，合理开发利用国有自然资源，具有重要意义。

根据《宪法》，我国其他法律对自然资源的国家所有权也作出了相应的规定。《森林法》第14条第1款规定，森林资源属于国家所有，由法律规定属于集体所有的除外。《草原法》第9条规定，草原属于国家所有，由法律规定属于集体所有的除外。国家所有的草原，由国务院代表国家行使所有权。任何单位或者个人不得侵占、买卖或者以其他形式非法转让草原。森林、山岭、草原、荒地、滩涂作为自然资源，一般属于国家所有。依照我国的法律，森林、山岭、草原、荒地、滩涂等自然资源除了国家所有外，存在另一种所有权形式，即集体所有。

【对照适用】

本条延续了原《物权法》的有关规定，未进行实质性修改。

第二百五十一条　法律规定属于国家所有的野生动植物资源，属于国家所有。

【要义精解】

本条是关于属于国家所有的野生动植物资源的规定。

依据我国《野生动物保护法》第 2 条第 2 款的规定，野生动物，指受保护的野生动物，即珍贵、濒危的陆生、水生野生动物和有重要生态、科学、社会价值的陆生野生动物。依据《野生植物保护条例》第 2 条第 2 款的规定，野生植物资源，是指原生地天然生长的珍贵植物和原生地天然生长并具有重要经济、科学研究、文化价值的濒危、稀有植物。

野生动物是我国的一项巨大自然财富。我国野生动物资源十分丰富，不仅经济动物种类繁多，还有不少闻名世界的珍贵稀有鸟兽。野生动物作为自然生态系统的重要组成部分，是人类宝贵的自然资源，为人类的生产和生活提供了丰富的资源，对人类发展有重要的促进作用。我国也是世界上野生植物资源种类最为丰富的国家之一。野生植物是自然生态系统的重要组成部分，是人类生存和社会发展的重要物质基础，是国家重要的资源。野生植物资源作为社会经济发展中一种极为重要的资源，具有生态性、多样性、遗传性和可再生性等特点。

野生动植物是国家宝贵的种质资源，是人类生产生活的重要物质基础，人类的衣食住行都与其密切相关。同时，它还是重要的战略资源，保存着丰富的遗传基因，为人类的生存与发展提供了广阔的空间。野生植物资源在国民经济和社会发展中具有非常重要的地位。

因此，本条规定，法律规定属于国家所有的野生动植物资源，属于国家所有。这样规定，有利于保护我国的野生动植物资源，有利于更加合理地利用野生动植物资源。《野生动物保护法》第 3 条规定，野生动物资源属于国家所有。国家保障依法从事野生动物科学研究、人工繁育等保护及相关活动的组织和个人的合法权益。1992 年 11 月国务院批准发布的《陆生野生动物资源保护管理费收费办法》规定，野生动物资源属于国家所有。

【对照适用】

本条延续了原《物权法》的有关规定。

第二百五十二条　无线电频谱资源属于国家所有。

【要义精解】

本条是关于无线电频谱资源的国家所有权的规定。

无线电通信属于电信中的一种。根据国际电信联盟《无线电规则》，电信定义为利用有线电、无线电、光或其他电磁系统对于符号、信号、文字、图像、声音或任何性质的信息的传输、发射或接收。无线电通信则为使用无线电波的电信。无线电波定义为频率在 3000GHz 以下，不用人工波导而在空间传播的电磁波。作为传输载体的无线电波都具有一定的频率和波长，即位于无线电频谱中的一定位置，并占据一定的宽度。无线电频谱一般指 9KHz～3000GHz 频率范围内发射无线电波的无线电频率的总称。

无线电频谱是一种看不见、摸不着的自然资源，它具有以下六种特性：第一，它是有限的。尽管使用无线电频谱可以根据时间、空间、频率和编码四种方式进行频率的复用，但就某一频段和频率来讲，在一定的区域、一定的时间和一定的条件下使用频率是有限的。第二，它是排他的。无线电频谱资源与其他资源具有共同的属性，即排他性，在一定的时间、地区和频域内，一旦被使用，其他设备是不能再用的。第三，它具备复用性。虽然无线电频谱具有排他性，但在一定的时间、地区、频域和编码条件下，无线电频率是可以重复使用和利用的，即不同无线电业务和设备可以频率复用和共用。第四，它是非耗竭性的。无线电频谱资源又不同于矿产、森林等资源，它可以被人类利用，但不会被消耗掉，不使用它是一种浪费，使用不当更是一种浪费，甚至由于使用不当产生干扰而造成危害。第五，它具有固有的传播特性。无线电波按照一定规律传播，不受行政地域的限制，传播既无省界也无国界。第六，它具有易污染性。如果无线电频谱使用不当，就会受到其他无线电台、自然噪声和人为噪声的干扰而无法正常工作，或者干扰其他无线电台站，使其不能正常工作，使之无法准确、有效和迅速地传送信息。

无线电频谱资源是有限的自然资源。为了充分、合理、有效地利用无线电频谱，保证各种无线电业务的正常运行，防止各种无线电业务、无线电台站和系统之间的相互干扰，本条规定无线频谱资源属于国家所有。无线电频谱资源属于国家所有，是指国家对无线电频谱资源享有占有、使用、收益和处分的权利。《无线电管理条例》第 3 条规定，无线电频谱资源属于国家所有。国家对无线电频谱资源实行统一规划、合理开发、有偿使用的原则。

在征求意见过程中，有人认为，规定频谱资源属于国家所有，不利于新技术的开发，会产生争议。《无线电管理条例》第 5 条规定，国家鼓励、支持对无线电频谱资源的科学技术研究和先进技术的推广应用，提高无线电频谱资源的利用效率。因此，规定无线电频谱资源属于国家所有并不会不利于新技术的开发，而会更有利于充分、合理、有效地利用无线电频谱资源。

【对照适用】

本条延续了原《物权法》的有关规定。

第二百五十三条　法律规定属于国家所有的文物，属于国家所有。

【要义精解】

本条是关于属于国家所有文物的规定。

我国是一个拥有悠久历史和灿烂文化的文明古国，拥有极为丰富的文化遗产。文物是中华民族历史发展的见证，它们真实地反映了我国历史各个发展阶段的政治、经济、军事、文化、科学和社会生活的状况，对于社会文明的发展具有重大意义。《文物保护法》第 2 条规定，在中华人民共和国境内，下列文物受国家保护：（1）具有历史、艺术、科学价值的古文化遗址、古墓葬、古建筑、石窟寺和石刻、壁画；（2）与重大历史事件、革命运动或者著名人物有关的以及具有重要纪念意义、教育意义或者史料价值的近代现代重要史迹、实物、代表性建筑；（3）历史上各时代珍贵的艺术品、工艺美术品；（4）历史上各时代重要的文献资料以及具有历史、艺术、科学价值的手稿和图书资料等；（5）反映历史上各时代、各民族社会制度、社会生产、社会生活的代表性实物。文物认定的标准和办法由国务院文物行政部门制定，并报国务院批准。具有科学价值的古脊椎动物化石和古人类化石同文物一样受国家保护。

本条规定，法律规定属于国家所有的文物，属于国家所有。通过对该条解释可以得知，并不是所有的文物都归国家所有，而是法律规定属于国家所有的文物，属于国家所有。文物的所有者可以是各类民事主体，民事主体可以按照法律规定享有对文物的所有权。依照《文物保护法》第5条的规定，以下文物属于国家所有：（1）中华人民共和国境内地下、内水和领海中遗存的一切文物，属于国家所有。（2）古文化遗址、古墓葬、石窟寺属于国家所有。国家指定保护的纪念建筑物、古建筑、石刻、壁画、近代现代代表性建筑等不可移动文物，除国家另有规定的以外，属于国家所有。（3）下列可移动文物，属于国家所有：①中国境内出土的文物，国家另有规定的除外；②国有文物收藏单位以及其他国家机关、部队和国有企业、事业组织等收藏、保管的文物；③国家征集、购买的文物；④公民、法人和其他组织捐赠给国家的文物；⑤法律规定属于国家所有的其他文物。《文物保护法》第5条还规定，属于国家所有的可移动文物的所有权不因其保管、收藏单位的终止或者变更而改变。国有文物所有权受法律保护，不容侵犯。国有不可移动文物的所有权不因其所依附的土地所有权或者使用权的改变而改变。国家依法享有对法律规定属于国家所有的文物的所有权，也就是国家依法享有对其所有的文物的占有、使用、收益和处分的权利。

我国行政法规也对一些文物的国家所有权作出过规定。如1980年5月国务院批转原国家文物事业管理局、原国家基本建设委员会《关于加强古建筑和文物古迹保护管理工作的请示报告的通知》规定："凡是由政府公布的各级文物保护单位其所有权属于国家，任何单位都不得据为己有。"1989年10月国务院发布的《水下文物保护管理条例》第2条规定："本条例所称水下文物，是指遗存于下列水域的具有历史、艺术和科学价值的人类文化遗产：（一）遗存于中国内水、领海内的一切起源于中国的、起源国不明的和起源于外国的文物；（二）遗存于中国领海以外依照中国法律由中国管辖的其他海域内的起源于中国的和起源国不明的文物；（三）遗存于外国领海以外的其他管辖海域以及公海区域内的起源于中国的文物。

前款规定内容不包括一九一一年以后的与重大历史事件、革命运动以及著名人物无关的水下遗存。"第 3 条规定："本条例第二条第（一）、（二）项所规定的水下文物属于国家所有，国家对其行使管辖权；本条例第二条第（三）项所规定的水下文物，国家享有辨认器物物主的权利。"1987 年 5 月国务院发布的《关于打击盗掘和走私文物活动的通告》规定："我国地下、内水和领海中遗存的一切文物，统属国家所有，非经国家文化行政管理部门批准，任何单位和个人，不得以任何借口私自掘取。"

【对照适用】

本条延续了原《物权法》的有关规定。

> **第二百五十四条　国防资产属于国家所有。**
>
> **铁路、公路、电力设施、电信设施和油气管道等基础设施，依照法律规定为国家所有的，属于国家所有。**

【要义精解】

本条是关于国防资产的国家所有权以及属于国家所有的基础设施的规定。

本条第 1 款规定，国防资产属于国家所有。国防是国家生存与发展的前提，是民族发展与振兴的前提，也是民法所维护的私法秩序得以存在的前提。规定国防资产的国家所有权对我国的国防建设有重大意义。《国防法》第 40 条第 2 款规定，国防资产属于国家所有。根据《国防法》第 40 条第 1 款的规定，国家为武装力量建设、国防科研生产和其他国防建设直接投入的资金、划拨使用的土地等资源，以及由此形成的用于国防目的的武器装备和设备设施、物资器材、技术成果等属于国防资产。《国防法》第 42 条第 1 款规定，国家保护国防资产不受侵害，保障国防资产的安全、完整和有效。

本条第 2 款规定铁路、公路、电力设施、电信设施和油气管道等基础设施，依照法律规定为国家所有的，属于国家所有。依据本款的规定，并不是所有的铁路、公路、电力设施、电信设施和油气管道等基础设施，都属于国家所有，而是依照法律规定为国家所有的基础设施才属于国家所有。此处的基础设施包括但不限于铁路、公路、电力设施、电信设施和油气管道这几种，只要是依照法律规定为国家所有的基础设施都被包括在本条之内。

铁路、公路、电力设施、电信设施和油气管道等基础设施都是对国家运转、社会秩序稳定具有重大意义的基础设施，确保铁路、公路、电力设施、电信设施和油气管道等基础设施的国家所有对于国民经济发展和保障人民群众生命财产安全意义重大。因此，规定铁路、公路、电力设施、电信设施和油气管道等基础设施，依照法律规定为国家所有的，属于国家所有，对于提高基础设施的建设速度、使用效率和保障基础设施的安全等都有重要意义。

【对照适用】

本条延续了原《物权法》的有关规定。

第二百五十五条 国家机关对其直接支配的不动产和动产，享有占有、使用以及依照法律和国务院的有关规定处分的权利。

【要义精解】

本条是关于国家机关的物权的规定。

本条是国家机关对其直接支配的物享有的物权的规定，规定国家机关对其直接支配的不动产和动产，享有占有、使用以及依照法律和国务院的有关规定处分的权利。国家机关的财产也是国有资产的重要组成部分。明确国家机关对其直接支配的财产享有的权利，哪些权利必须依照法律和国务院的有关规定行使，这对保护国家机关的财产具有重要意义。依照《民法典》第97条的规定，机关法人应当具备"有独立经费""承担行政职能"等条件。

国有财产权作为一种物权，其归属及内容的基本规则已经在《民法典》中作出规定，但也要看到，国有财产权的行使及其监管又具有特殊性，因而单纯依靠物权的规定是不够的，还需要制定有关法规进行具体细致规定。依据本条规定，国家机关应当依法对其直接支配的财产行使占有、使用和处分的权利。国家机关对其占用的财产的处分必须依照法律规定的限制和程序进行，不得擅自处置国有财产。本条对国家机关对其直接支配的国有财产行使占有、使用和处分的权利作出了规定，加强了对国家机关直接占有、使用和处分的国有财产的保护。

【对照适用】

本条延续了原《物权法》的有关规定。

第二百五十六条　国家举办的事业单位对其直接支配的不动产和动产，享有占有、使用以及依照法律和国务院的有关规定收益、处分的权利。

【要义精解】

本条是关于国家举办的事业单位的物权的规定。

本条是对国家举办的事业单位对其直接支配的物权的规定。规定国家举办的事业单位对其直接支配的不动产和动产，享有占有、使用以及依照法律和国务院的有关规定收益、处分的权利。《民法典》第 88 条规定："具备法人条件，为适应经济社会发展需要，提供公益服务设立的事业单位，经依法登记成立，取得事业单位法人资格；依法不需要办理法人登记的，从成立之日起，具有事业单位法人资格。"《事业单位登记管理暂行条例》第 6 条规定："申请事业单位法人登记，应当具备下列条件：（一）经审批机关批准设立；（二）有自己的名称、组织机构和场所；（三）有与其业务活动相适应的从业人员；（四）有与其业务活动相适应的经费来源；（五）能够独立承担民事责任。"第 15 条规定："事业单位开展活动，按照国家有关规定取得的合法收入，必须用于符合其宗旨和业务范围的活动。事业单位接受捐赠、资助，必须符合事业单位的宗旨和业务范围，必须根据与捐赠人、资助人约定的期限、方式和合法用途使用。"

我国的一些法律对国家举办的事业单位财产的占有、使用、收益和处分权作了规定。如《森林法》第 20 条第 1 款规定："国有企业事业单位、机关、团体、部队营造的林木，由营造单位管护并按照国家规定支配林木收益。"《国防法》第 42 条规定："国家保护国防资产不受侵害，保障国防资产的安全、完整和有效。禁止任何组织或者个人破坏、损害和侵占国防资产。未经国务院、中央军事委员会或者国务院、中央军事委员会授权的机构批准，国防资产的占有、使用单位不得改变国防资产用于国防的目的。国防资产中的技术成果，在坚持国防优先，确保安全的前提下，可以根据国家有关规定用于其他用途。国防资产的管理机构或者占有、使用单位对不再用于国防目的的国防资产，应当按照规定报批，依法改作其他用途或者进行处置。"《教育法》第 29 条规定："学校及其他教育机构行使下列权利：……（七）管理、使用本单位的设施和经费……"《高等教育法》第 38 条规定："高等学校对举办者提供的财产、国家财政性资助、受捐赠财产依法自主管理和使用。高等学校不得将用于教学和科学研究活动的财产挪作他用。"第 61 条规定："高等学校的举办者应当保证稳定的办学经费来源，不得抽回其投入的办学资金。"第 64 条规定："高等学校收取的学费应当按照国家有关规定管理和使用，其他任何组织和个人不得挪用。"

国家举办的事业单位应当依法对其直接支配的财产行使占有、使用、收益和处分的权利，不得擅自处置国有财产。本条对国家举办的事业单位对其直接支配的国有财产行使占有、使用、收益和处分的权利作出了规定，加强了对国家举办的事业单位直接占有的国有财产的保护。

【对照适用】

本条延续了原《物权法》的有关规定。

第二百五十七条 国家出资的企业，由国务院、地方人民政府依照法律、行政法规规定分别代表国家履行出资人职责，享有出资人权益。

【要义精解】

本条是关于国有出资的企业出资人制度的规定。

国有企业是我国国民经济的支柱。国有企业的发展与进步在中国现代化过程中扮演了重要的角色。但是，随着国有企业改革不断深化，国有资产管理体制改革不断推进，国有资产管理面临的体制性障碍还未得到真正解决，政府的社会公共管理职能与国有资产出资人职能没有完全分开，一方面造成国有资产出资人不到位，国有资产监管职能分散，权利、义务和责任不统一，管资产和管人、管事相脱节；另一方面导致政府对企业进行行政干预，多头管理，影响了政企分开，制约了国有企业建立现代企业制度。为此，党的十五届四中全会通过了《中共中央关于国有企业改革和发展若干重大问题的决定》（以下简称《决定》），《决定》指出："政府对国家出资兴办和拥有股份的企业，通过出资人代表行使所有者职能，按出资额享有资产受益、重大决策和选择经营管理者等权利，对企业的债务承担有限责任，不干预企业日常经营活动。"党的十六大作出改革国有资产管理体制的重大决策，提出："继续调整国有经济的布局和结构，改革国有资产管理体制，是深化经济体制改革的重大任务。在坚持国家所有的前提下，充分发挥中央和地方两个积极性。国家要制定法律法规，建立中央政府和地方政府分别代表国家履行出资人职责，享有所有者权益，权利、义务和责任相统一，管资产和管人、管事相结合的国有资产管理体制。关系国民经济命脉和国家安全的大型国有企业、基础设施和重要自然资源等，由中央政府代表国家履行出资人职责。其他国有资产由地方政府代表国家履行出资人职责。"

本条在解释中有四个方面的内容需要界定清楚。

第一，什么是国家出资的企业。国家出资的企业，不仅仅包括国家出资兴办的企业，如国有独资公司，也包括国家控股、参股有限责任公司和股份有限公司等。当然，国家出资的企业不仅仅是以公司形式设立，也包括未进行公司制改造的其他企业。

第二，谁来代表履行国有企业的出资人职权。本条根据党的十六大有关国有资产管理体制改革的政策，规定了由国务院和地方人民政府分别代表国家履行出资人职责，享有出资人权益。我国是一个大国，地域辽阔，国有企业众多，即使经过调整、改制，目前还有十几万户分布在各地。为了实现有效管理，都由中央政府直接管理这么多企业是困难的。因此，适宜的做法就是通过资产的划分和权利的划分，由中央政府和地方政府分别代表国家履行出资人的职责。党的十六大明确规定，关系国家经济命脉和国家安全的大型国有企业、基础设施和重要自然资源等，由中央政府代表国家履行出资人职责。其他国有资产由地方政府代表国家履行出资人职责。根据《企业国有资产监督管理暂行条例》的规定，国务院和地方人民政府的具体分工是：国务院代表国家对关系国民经济命脉和国家安全的大型国有及国有控股、国有参股企业，重要基础设施和重要自然资源等领域的国有及国有控股、国有参股企业，履行出资人职责。国务院履行出资人职责的企业，由国务院确定、公布。省、自治区、直辖市人民政府和设区的市、自治州级人民政府分别代表国家对由国务院履行出资人职责以外的国有及国有控股、国有参股企业，履行出资人职责。其中，省、自治区、直辖市人民政府履行出资人职责的国有及国有控股、国有参股企业，由省、自治区、直辖市人民政府确定、公布，并报国务院国有资产监督管理机构备案；其他由设区的市、自治州级人民政府履行出资人职责的国有及国有控股、国有参股企业，由设区的市、自治州级人民政府确定、公布，并报省、自治区、直辖市人民政府国有资产监督管理机构备案。本条的规定是党的有关政策的法律化，目的是充分调动中央和地方两方的积极性，使社会生产力得到进一步解放。同时，中央政府和地方政府合理分工，分别代表国家履行出资人职责，这就界定了各级政府管理国有资产的权利和责任，改变了过去中央统一管理，地方责、权、利不明确的弊端。这有助于强化管理上的激励和约束机制，克服"出资人主体虚位"的现象。

需要明确的是，国家实行国有企业出资人制度的前提是国家统一所有，国家是国有企业的出资人。中央政府与地方政府都只是分别代表国家履行出资人职责，享有出资人权益。不能把国家所有与政府所有等同起来，更不能把国家所有与地方政府所有等同。

第三，履行出资人职责的法律依据。虽然中央政府和地方政府分别代表国家履行出资人职责，享有所有者权益，但它们都必须在国家统一制定法律法规的前提下行事。有关的法律主要有《宪法》《公司法》等，行政法规主要有2019年3月2日修订的《企业国有资产监督管理暂行条例》。

第四，出资人职责和权益内容是什么。中央政府和地方政府通过各自设立的国有资产管理委员会，代表国家享有《公司法》规定的资产收益、重大决策和选择管理者等出资人权益；对国有资产保值、防止国有资产流失负监管责任。需要注意的是，中央政府和地方政府代表国家履行出资人职责时，要尊重、维护国有及国有控股企业经营自主权。《宪法》第16条第1款规定："国有企业在法律规定的范围内有权自主经营。"根据《宪法》的规定和国有资产管理改革所遵循的政企分开的原则，中央政府和地方政府以及其设立的国有资产管理机构不能干预国家出资的企业依法行使自主经营权。

【对照适用】

本条延续了原《物权法》的有关规定。

第二百五十八条　国家所有的财产受法律保护，禁止任何组织或者个人侵占、哄抢、私分、截留、破坏。

【要义精解】

本条是关于国有财产保护方式的规定。

国有财产属全民所有，是国家经济、政治、文化、社会发展的物质基础。加大对国有财产的保护力度，切实防止国有财产流失，是巩固和发展公有制经济的重要内容。《宪法》第 12 条规定："社会主义的公共财产神圣不可侵犯。国家保护社会主义的公共财产。禁止任何组织或者个人用任何手段侵占或者破坏国家的和集体的财产。"因此，本条根据《宪法》的规定，针对国有财产的特点，从物权的角度作出了保护国有财产方式的一般原则性规定，即："国家所有的财产受法律保护，禁止任何组织或者个人侵占、哄抢、私分、截留、破坏。"

这里的"国家所有的财产"是指依法属于全民所有的财产，不仅包括国家拥有所有权的财产，如矿藏、水流、海域，国有的土地以及森林、山岭、草原、荒地、滩涂等自然资源，野生动植物资源，无线电频谱资源，依法属于国家所有的文物，国有的铁路、公路、电力设施、电信设施和油气管道等基础设施，国家机关和国家举办的事业单位依法直接支配的国有财产，而且包括国家依法投入企业的动产和不动产。国家的财政收入、外汇储备和其他国有资金也属于国家所有的财产。

这里的"侵占"是指以非法占有为目的，将其经营、管理的国有财产非法占为己有。侵占的客体是国有财产。侵占的主体一般是经营、管理国有财产的组织或者个人，如国有企业、国家举办的事业单位等。构成侵占，还有一个要件是侵占主体要有主观故意，即以非法占有国有财产为目的。

这里的"哄抢"是指以非法占有为目的，组织、参与多人一起强行抢夺国有财产的行为。哄抢的客体是国有财产。哄抢的主体可以是任何组织或者个人，并且还须具备非法占有国有财产的主观故意。

这里的"私分"是指违反国家关于国有财产分配管理规定，以单位名义将国有财产按人头分配给单位内全部或者部分职工的行为。如违反国家关于国有资金与企业资金的分账比例管理制度，由单位领导班子集体决策或者由单位负责人决定并由直接责任人员经手实施，擅自将国有资金转为企业资金，进而以单位分红、单位发奖金、单位下发节日慰问费等名义私分国有财产。私分的主体只是单位，一般指负有经营、管理国有财产义务的国家机关、国有公司、企业、事业单位、人民团体等单位。

这里的"截留"是指违反国家关于国有资金等国有财产拨付、流转的决定，擅自将经手的有关国有财产据为己有或者挪作他用的行为。如有的政府部门将其经手的、应当向农村集体支付的土地征收补偿费不及时支付或者留下挪作他用。截留的主体一般是指经手国有财产的单位或者相关责任人员。

这里的"破坏"是指故意毁坏国有财产，影响其发挥正常功效的行为，如采取爆破的方式毁坏国有铁路，影响国家正常交通运输的行为。破坏的主体可以是任何的单位和个人，而且须有主观上的毁坏国有财产的故意。

侵占、哄抢、私分、截留、破坏国有财产的，应当承担返还原物、恢复原状、赔偿损失等民事责任；触犯《治安管理处罚法》和《刑法》的，还应当承担相应的法律责任。有关单位的责任人也要依法追究行政责任甚至是刑事责任。

【对照适用】

本条延续了原《物权法》的有关规定，未进行实质性修改。

> 第二百五十九条　履行国有财产管理、监督职责的机构及其工作人员，应当依法加强对国有财产的管理、监督，促进国有财产保值增值，防止国有财产损失；滥用职权，玩忽职守，造成国有财产损失的，应当依法承担法律责任。
>
> 违反国有财产管理规定，在企业改制、合并分立、关联交易等过程中，低价转让、合谋私分、擅自担保或者以其他方式造成国有财产损失的，应当依法承担法律责任。

【要义精解】

本条是关于国有财产管理法律责任的规定。

加大对国有财产的保护，切实防止国有财产流失，是社会主义性质的要求，也是巩固和发展公有制经济的重要内容。加强对国有财产的保护，一方面要加强对国有财产的管理、监督；另一方面要明确规定造成国有财产流失应承担的法律责任。关于国有财产的管理、监督以及造成国有财产流失的法律责任，《公司法》《刑法》等法律以及国有财产监管的行政法规和部门规章已经有规定。《民法典》着重从其调整范围对加大国有财产的保护力度，切实防止国有财产流失作出规定，并与有关国有财产监管的法律作出衔接性的规定。因此，本条第 1 款对履行国有财产管理、监督职责的机构及其工作人员切实履行职责作了规定，同时第 2 款针对现实中存在的国有财产流失的突出问题作了规定。

一、关于国有财产管理、监督机构及其工作人员的职责

国务院国有资产监督管理委员会除了根据国务院授权，依照《公司法》等法律和行政法规履行出资人职责外，还负有以下主要职责：（1）指导推进国有企业改革和重组；对所监管企业国有资产的保值增值进行监督，加强国有资产的管理工作；推进国有企业的现代企业制度建设，完善公司治理结构；推动国有经济结构和布局的战略性调整。（2）代表国家向部分大型企业派出监事会；负责监事会的日常管理工作。（3）通过法定程序对企业负责人进行任免、考核，并根据其经营业绩进行奖惩；建立符合社会主义市场经济体制和现代企业制度要求的选人、用人机制，完善经营者激励和约束制度。（4）通过统计、稽核对所监管国有资产的保值增值情况进行监管；建立和完善国有资产保值增值指标体系，拟订考核标准；维护国有资产出资人的权益。（5）起草国有资产管理的法律、行政法规，制定有关规章制度；依法对地方国有资产管理进行指导和监督。还有三点需要注意：第一，履行国有资产管理、监督职责的机构不仅仅是中央政府和地方政府设立的国有财产监督管理委员会（局），而且包括其他机构，比如财政部门、审计部门、水利部门、外汇管理部门、银行业监督委员会等，还有国家机关和国家举办的事业单位内部设立的国有财产管理部门等，都负有一定的国有财产管理、监督职责。第二，国有财产监督管理机构应当支持企业依法自主经营，除履行出资人职责以外，不得干预企业的生产经营活动。第三，本条强调了国有财产管理、监督职责的机构工作人员的责任。如果滥用职权，玩忽职守，造成国有财产损失的，还要依法承担行政责任、刑事责任等。如《刑法》第 397 条规定，国家机关工作人员滥用职权或者玩忽职守，致使公共财产遭受重大损失的，处 3 年以下有期徒刑或者拘役。

二、违反国有财产管理规定造成国有财产损失的法律责任

据了解，国有财产流失主要发生在国有企业改制、合并分立、关联交易的过程中。在国有企业改制、合并分立、关联交易中，造成国有资产损失的常见情形如下：（1）低价转让。包括不按规定进行国有资产评估或者压低评估价格；不把国家划拨的土地计入国有股；对专利、商标等无形资产不作评估；将国有资产无偿转让或者低价折股、低价出售给非国有单位或者个人；在经营活动中高价进、低价出。（2）违反财务制度，合谋私分侵占国有资产。包括将应收账款做成呆账、坏账；私设"小金库"或者设立"寄生公司"，以后再提取侵占私分。（3）擅自担保。包括不认真调查被担保人的资信情况，未经法定程序和公司章程规定，擅自向非国有单位或者个人担保，造成国有财产损失。此外，国有资产损失还包括以下情形：（1）通过管理层持股非法牟利；（2）低估企业财产，虚构企业债务，以降低持股所需资金；实际未出资，以拟收购的企业财产作为其融资担保；（3）贪污、挪用国有财产；虚假破产，逃避债务；（4）利用分立重组方式，把债务留在原企业，使原企业变成空壳企业，侵害银行的国有财产；（5）直接负责的主管人员玩忽职守，造成企业破产或者严重亏损等。本条第2款针对上述现实中造成国有财产流失的主要情形，规定上述违反国有财产管理的行为，应当依法承担责任，包括赔偿损失等民事责任，纪律处分等行政责任，构成犯罪的，依法追究刑事责任。根据《企业国有资产监督管理暂行条例》第39条的规定，对企业国有资产损失负有责任受到撤职以上纪律处分的国有及国有控股企业的企业负责人，5年内不得担任任何国有及国有控股企业的企业负责人；造成企业国有资产重大损失或者被判处刑罚的，终身不得担任任何国有及国有控股企业的企业负责人。

【对照适用】

本条延续了原《物权法》的有关规定。

第二百六十条　集体所有的不动产和动产包括：

（一）法律规定属于集体所有的土地和森林、山岭、草原、荒地、滩涂；

（二）集体所有的建筑物、生产设施、农田水利设施；

（三）集体所有的教育、科学、文化、卫生、体育等设施；

（四）集体所有的其他不动产和动产。

【要义精解】

本条是关于集体财产范围的规定。

《宪法》第6条第1款规定，中华人民共和国的社会主义经济制度的基础是生产资料的社会主义公有制，即全民所有制和劳动群众集体所有制。集体所有根据所有人身份不同，可以分为农村集体所有和城镇集体所有。"集体所有权是我国特有的一种财产所有权形态，既是我国政治体制上的一种创举，也是一种法律制度上的创举，是社会主义公有制的一种法律表现形态。"[1]确认集体财产的范围，对保护集体的财产权益，维护广大集体成员的合法财产权益具有重要意义。《宪法》第9条第1款规定："矿藏、水流、森林、山岭、草原、荒地、滩涂等自然资源，都属于国家所有，即全民所有；由法律规定属于集体所有的森林和山岭、草原、荒地、滩涂除外。"第10条第2款规定："农村和城市郊区的土地，除由法律规定属于国家所有的以外，属于集体所有；宅基地和自留地、自留山，也属于集体所有。"本条依据《宪法》等有关法律的规定，以列举加概括的方式，对集体所有的不动产和动产的范围作出了规定。

一、确认集体财产所有权主体是集体

需要明确的两组概念是集体与集体经济组织。依据《民法典》第99条规定："农村集体经济组织依法取得法人资格。法律、行政法规对农村集体经济组织有规定的，依照其规定。"因此，集体经济组织属于特别法人的一种类型，而集体则不同于集体经济组织。

二、集体所有财产的范围

第一，法律规定属于集体所有的土地和森林、山岭、草原、荒地、滩涂。《宪法》第10条第2款规定："农村和城市郊区的土地，除由法律规定属于国家所有的以外，属于集体所有；宅基地和自留地、自留山，也属于集体所有。"《土地管理法》也作了相同的规定。关于集体所有的土地，有两点需要说明：一是集体所有的土地的所有者只有农民集体，城镇集体没有土地的所有权。二是集体所有的土地主要包括耕地，也包括宅基地和自留地、自留山。除了土地外，根据《宪法》第9条第1款规定，森林、山岭、草原、荒地、滩涂等自然资源，根据法律规定，也可以属于集体所有。如《森林法》第14条第1款规定，森林资源属于国家所有，由法律规定属于集体所有的除外。《草原法》第9条第1款规定，草原属于国家所有，由法律规定属于集体所有的除外。

第二，集体所有的集体企业的厂房、仓库等建筑物；机器设备、交通运输工具等生产设施；水库、农田灌溉渠道等农田水利设施以及集体所有

---

〔1〕　席志国：《中国物权法论》，中国政法大学出版社2016年版，第177页。

的教育、科学、文化、卫生、体育等公益设施。需要说明的是，这里集体所有的财产主要有两个来源：一是集体自己出资兴建、购置的财产；二是国家拨给或者捐赠给集体的财产。

第三，除上述几种常见的集体财产外，集体财产还包括集体企业所有的生产原材料、半成品和成品，如村建公路、农村敬老院等，本条不可能一一列举，因此还规定了一个兜底条款，即集体所有的其他不动产和动产，以对上述规定进行补充。

【对照适用】

本条延续了原《物权法》的有关规定。

> **第二百六十一条** 农民集体所有的不动产和动产，属于本集体成员集体所有。
>
> 下列事项应当依照法定程序经本集体成员决定：
>
> （一）土地承包方案以及将土地发包给本集体以外的组织或者个人承包；
>
> （二）个别土地承包经营权人之间承包地的调整；
>
> （三）土地补偿费等费用的使用、分配办法；
>
> （四）集体出资的企业的所有权变动等事项；
>
> （五）法律规定的其他事项。

【要义精解】

本条是关于农民集体所有财产归属以及重大事项集体决定的规定。

本条主要有以下几个含义。

一、集体财产归本集体成员集体所有

农民集体所有的特征就是集体财产集体所有、集体事务集体管理、集体利益集体分享。只有本集体的成员才能享有这些权利。农村集体成员有两个特征：一是平等性，即不分加入集体时间长短，不分出生先后，不分贡献大小，不分有无财产投入等，其成员资格都一律平等。二是地域性和身份性，一般来说农村集体成员往往就是当地的村民，他们所生子女，自出生后自动取得该集体成员资格。

因下列情形，丧失农村集体成员资格：一是死亡，包括自然死亡和宣告死亡。二是因婚姻、收养关系以及因法律或政策的规定迁出本农村集体而丧失。如出嫁城里，取得城市户籍而丧失原集体经济组织成员资格。又如因被录用为国家公务员、全家户口迁入设区的市而丧失原集体成员资格。三是因国家整体征收农民集体土地或者整体移民搬迁等原因，原集体失去继续存在的条件而终止，其成员资格当然丧失。需要说明的是，农民只能在一个农民集体内享有成员权利，不能同时享有两个或者多个集体成员权利。

二、重大事项须依法定程序经本集体成员决定

为了维护集体成员的合法权益，促进社会的和谐和稳定，本条明确规定了须经集体成员决定的事项。

其一，土地承包方案以及将土地发包给本集体以外的组织或者个人承包。

土地承包方案以及将土地发包给本集体以外的组织或者个人承包，直接关系到本集体成员的切身利益，直接关系到以家庭承包经营为基础的双层经营体制的长期稳定。根据《农村土地承包法》的规定，土地承包应当按照下列程序进行：首先，由本集体经济组织成员的村民会议选举产生承包工作小组；其次，由该承包工作小组依照法律、法规的规定拟订并公布承包方案；最后，依法召开本集体经济组织成员的村民会议，讨论承包方案。承包方案必须经本集体经济组织成员的村民会议2/3以上成员或者2/3以上村民代表同意。按照《土地管理法》的规定，农民集体所有的土地由本集体经济组织以外的组织或者个人承包经营的，必须经村民会议2/3以上成员或者2/3以上村民代表的同意，并报乡（镇）人民政府批准。

其二，个别土地承包经营权人之间承包地的调整。

原则上，在承包期内，发包方不得调整承包地。如果因自然灾害严重毁损承包地等特殊情形需要适当调整的，按照《土地管理法》《农村土地承包法》的规定，必须经本集体经济组织成员的村民会议2/3以上成员或者2/3以上村民代表的同意，并报乡（镇）人民政府和县级人民政府农业农村等行政主管部门批准。

其三，土地补偿费等费用的使用、分配办法。

为了公共利益的需要，依照法律规定的权限和程序，可以征收农村集体所有的土地。征收农村集体所有的土地，应当支付土地补偿费、安置补助费、土地附着物补偿费等费用。现实中，这部分费用一般支付给被征地的农村集体经济组织，其中大部分费用分配给本集体成员、补偿受影响的土地承包经营权人。因为征收集体土地直接影响被征地农民的生产生活，这部分费用的使用和分配办法必须经集体成员通过村民会议等方式决定。

其四，集体出资的企业的所有权变动等事项。

实践中，很多农村集体经济组织都投资兴办企业，一方面实现共同致富，另一方面也解决了大量农业人口的就业问题。集体出资的企业收益属集体成员集体所有。如果将该企业出让或者抵押，也要经过本集体成员讨论决定，不能由该企业负责人或者本集体管理人擅自作主。

其五，法律规定的其他事项。

【对照适用】

本条延续了原《物权法》的有关规定，未进行实质性修改。

第二百六十二条　对于集体所有的土地和森林、山岭、草原、荒地、滩涂等，依照下列规定行使所有权：

（一）属于村农民集体所有的，由村集体经济组织或者村民委员会依法代表集体行使所有权；

（二）分别属于村内两个以上农民集体所有的，由村内各该集体经济组织或者村民小组依法代表集体行使所有权；

（三）属于乡镇农民集体所有的，由乡镇集体经济组织代表集体行使所有权。

【要义精解】

本条是关于集体所有行使所有方式的规定。关于集体所有如何行使，本条的规定分为三种情况。

其一，属于村农民集体所有的，由村集体经济组织或者村民委员会依法代表集体行使所有权。这里的"村"是指行政村，即设立村民委员会的村，而非自然村。该行政村农民集体所有的土地等集体财产，就由该行政村集体经济组织或者村民委员会来代表集体行使所有权。"村民委员会"就是指《村民委员会组织法》中所规定的村民委员会（村委会）。村民委员会是在人民公社进行政社分开、建立乡政权的过程中，在全国农村逐步建立起来的农村基层群众性自治组织。

其二，分别属于村内两个以上农民集体所有的，由村内各该集体经济组织或者村民小组依法代表集体行使所有权。这里"分别属于村内两个以上农民集体所有"主要是指该农民集体所有的土地和其他财产在改革开放以前就分别属于两个以上的生产队，现在其土地和其他集体财产仍然分别属于相当于原生产队的各该农村集体经济组织或者村民小组的农民集体所有。这里的"村民小组"是指行政村内由村民组成的自治组织。根据《村民委员会组织法》的规定，村民委员会可以根据居住地区划分若干个村民小组。《土地管理法》和《农村土地承包法》都赋予了村民小组对集体土地等财产经营、管理的职能。本条也因此作了类似的规定。根据上述规定，如果村内有集体经济组织，就由村内的集体经济组织行使所有权；如果没有村内的集体经济组织，则由村民小组来行使。

其三，属于乡镇农民集体所有的，由乡镇集体经济组织代表集体行使所有权。

【对照适用】

本条基本延续了原《物权法》的有关规定。《民法典》新增内容强调村集体经济组织、村委会、村民小组对于集体所有权的行使应当依法进行。

第二百六十三条　城镇集体所有的不动产和动产，依照法律、行政法规的规定由本集体享有占有、使用、收益和处分的权利。

【要义精解】

本条是关于城镇集体财产权利的规定。

城镇集体经济是集体所有制经济的重要形式之一。根据《宪法》第8条第2款的规定，城镇中的手工业、工业、建筑业、运输业、商业、服务业等行业的各种形式的合作经济，都是社会主义劳动群众集体所有制经济。根据《城镇集体所有制企业条例》第4条第1款的规定，城镇集体所有制企业是财产属于劳动群众集体所有、实行共同劳动、在分配方式上以按劳分配为主体的社会主义经济组织。劳动群众集体所有，依照《城镇集体所有制企业条例》的规定，是指本集体企业的劳动群众集体所有；或者是集体企业的联合经济组织范围内的劳动群众集体所有；或者是投资主体有两个或者两个以上的集体企业，并且劳动群众集体所有的财产占主导地位。

本条包含以下几层含义。

第一，本条规定的集体财产权行使的主体是集体。集体所有、集体管理、集体经营是集体所有制的应有之义，因此，行使城镇集体财产权的只能是该集体，而不能是个别集体成员个人。

第二，集体财产权的客体只能是属于该城镇集体所有的不动产和动产。如果城镇集体企业已经改制了，如成为有限责任公司或者股份有限公司、个人独资企业或者合伙企业，就不适用本条，而分别适用《公司法》《个人独资企业法》或者《合伙企业法》的有关规定。

第三，城镇集体财产权的内容，包括对本集体所有财产所享有的占有、使用、收益和处分的权利。作为本集体所有财产的所有人，当然享有所有权的"占有、使用、收益和处分"四项权能，全面支配本集体所有的财产。

第四，行使财产权应当依照法律、行政法规的规定。现行法律方面主要是《宪法》和本法等有关规定。行政法规目前主要是《城镇集体所有制企业条例》。

【对照适用】

本条延续了原《物权法》的有关规定。

> **第二百六十四条** 农村集体经济组织或者村民委员会、村民小组应当依照法律、行政法规以及章程、村规民约向本集体成员公布集体财产的状况。集体成员有权查阅、复制相关资料。

【要义精解】

本条是关于集体内部财产监督的规则。

集体所有的财产关系到每一个集体成员的切身利益，因此，每一个集体成员有权参与对集体财产的民主管理和民主监督。现实中，有的集体经济组织的管理人并没有尽职尽责地为集体办事，而存在着以权谋私，挥霍浪费的情况，造成了集体财产巨大的损失，损害了广大集体成员的权益。解决这一问题的根本在于必须建立健全民主管理、监督制度，形成有效的激励、约束、监督机制，充分调动广大集体成员的劳动积极性和创造性，促使集体经济的发展走上规范化和制度化的轨道。

本条包括以下几层含义：（1）有公布义务的主体是行使集体财产所有权的组织，包括农村集体经济组织、城镇集体企业，也包括代表集体行使所有权的村民委员会、村民小组。（2）公布的内容是本集体的财产状况，包括集体所有财产总量的变化（如集体财产的收支状况、债权债务状况），所有权变动的情况（如转让、抵押），集体财产使用情况（如农村集体土地承包），集体财产分配情况（如征收补偿费的分配）等涉及集体成员利益的重大事项。（3）公布的要求。本条规定，向本集体成员公布集体财产状况，应当依照法律、行政法规、章程和村规民约。（4）本集体成员对于公布的内容，有权进行查阅、复制。

【对照适用】

本条新增"集体成员有权查阅、复制相关资料"的规定。通过明确集体成员的查阅、复制相关资料的权利，更好地保护了集体成员实现其利益的方式。

> 第二百六十五条　集体所有的财产受法律保护，禁止任何组织或者个人侵占、哄抢、私分、破坏。
>
> 农村集体经济组织、村民委员会或者其负责人作出的决定侵害集体成员合法权益的，受侵害的集体成员可以请求人民法院予以撤销。

【要义精解】

本条是关于集体财产权保护的规定。

本条包括两层含义。

第一层含义是集体所有的财产受到法律保护。集体经济是社会主义经济的重要组成部分，对于集体所有的财产进行保护是社会主义法治的必然要求。本条规定的集体所有的财产，从内容上，主要是指本法所规定的集体所有的不动产和动产，包括法律规定属于集体所有的土地和森林、山岭、草原、荒地、滩涂；集体所有的建筑物、生产设施、农田水利设施；集体所有的教育、科学、文化、卫生、体育等设施以及集体所有的其他不动产和动产。集体所有的财产既包括农民集体所有的财产，也包括城镇集体所有的财产。针对损害集体财产的主要行为，本条强调了禁止任何组织或者个人侵占、哄抢、私分、破坏集体财产。所谓的"侵占"是指以非法占有为目的，将其经营、管理的集体财产非法占为己有。侵占的客体是集体所有的财产。侵占的主体一般是经营、管理集体财产的组织或者个人。"哄抢"是指以非法占有为目的，组织、参与多人一起强行抢夺集体财产的行为。哄抢的客体是集体财产。"私分"是指违反集体财产分配管理规定，擅自将集体财产按人头分配给部分集体成员的行为，如有少数村委会干部将应分配给全体村民的征收补偿款擅自分掉据为己有。"破坏"是指故意毁坏集体财产，致使其不能发挥正常功效的行为。如故意毁坏集体企业的机器设备或者农村集体所有的水利设施，影响集体经济组织生产经营的行为。破坏的主体可以是任何的组织或者个人，而且须有毁坏集体财产的主观故意。侵占、哄抢、私分、破坏集体所有财产的，应当承担返还原物、恢复原状、赔偿损失等民事责任；触犯《治安管理处罚法》和《刑法》的，还应当承担相应的法律责任。有关组织的责任人也要依法承担行政甚至是刑事责任。

第二层含义是集体成员的撤销权。按照法律规定，集体所有的财产应当采取民主管理的模式，涉及集体成员重大利益的事项，应当依照法定程序或者章程规定，由本集体成员（或者其代表）来共同决定。本集体成员有权参与集体经济组织的民主管理，监督集体经济组织的各项活动和管理人员的工作。现实中，有的集体负责人违反法定程序或者章程规定，擅自决定或者以集体名义作出决定低价处分、私分、侵占集体所有的财产，严重侵害集体成员的财产权益。针对这种情况，本条第 2 款赋予了集体成员请求人民法院撤销农村集体经济组织、村民委员会或者其负责人作出的不当决定的权利。关于集体成员的撤销权，主要有以下几项内容：第一，每个农村集体经济组织成员都可以针对集体经济组织（或者村民委员会）及其负责人作出的损害其权益的决定，向人民法院请求撤销。第二，提起诉讼的事由，是农村集体经济组织、村民委员会及其负责人作出的决定，侵害了该集体成员的合法财产权益。第三，行使撤销权的期间，本条没有规定。《民法典》第 152 条规定："有下列情形之一的，撤销权消灭：（一）当事人自知道或者应当知道撤销事由之日起一年内、重大误解的当事人自知道或者应当知道撤销事由之日起九十日内没有行使撤销权；（二）当事人受胁迫，自胁迫行为终止之日起一年内没有行使撤销权；（三）当事人知道撤销事由后明确表示或者以自己的行为表明放弃撤销权。当事人自民事法律行为发生之日起五年内没有行使撤销权的，撤销权消灭。"

【对照适用】

本条延续了原《物权法》的有关规定，将"集体经济组织"完善为"农村集体经济组织"。

第二百六十六条　私人对其合法的收入、房屋、生活用品、生产工具、原材料等不动产和动产享有所有权。

【要义精解】

本条是关于私有财产范围的规定。

在中国特色社会主义法律体系中，私人所有权受到法律的保护。《宪法》第11条规定，在法律规定范围内的个体经济、私营经济等非公有制经济，是社会主义市场经济的重要组成部分。国家保护个体经济、私营经济等非公有制经济的合法的权利和利益。国家鼓励、支持和引导非公有制经济的发展，并对非公有制经济依法实行监督和管理。第13条第1款规定，公民的合法的私有财产不受侵犯。本条的内容主要有以下几点。

一、私人所有权的主体

这里的"私人"是与国家、集体相对应的物权主体，不但包括民法意义上的自然人，还包括个人独资企业、个人合伙等非公有制企业。

二、私人所有权的范围

第一，收入。是指人们从事各种劳动获得的货币收入或者有价物。主要包括：（1）工资，指定期支付给员工的劳动报酬，包括计时工资、计件工资、职务工资、级别工资、基础工资、工龄工资、奖金、津贴和补贴、加班加点工资和特殊情况下支付的报酬等；（2）从事智力创造和提供劳务所取得的物质权利，如稿费、专利转让费、讲课费、咨询费、演出费等；（3）因拥有债权、股权而取得的利息、股息、红利所得；（4）出租建筑物、土地使用权、机器设备、车船以及其他财产所得；（5）转让有价证券、股权、建筑物、土地使用权、机器设备、车船以及其他财产所得；（6）得奖、中奖、中彩以及其他偶然所得；（7）从事个体经营的劳动收入、从事承包土地所获得的收益等。

第二，房屋。房屋是我国公民最主要、最基本的生活资料，包括依法购买的城镇住宅，也包括在农村宅基地上依法建造的住宅，还包括商铺、厂房等建筑物。根据我国《土地管理法》、《城市房地产管理法》及《民法典》的规定，房屋仅指在土地上的建筑物部分，不包括其占有的土地，城镇房屋占用的土地属于国家所有，农村宅基地属于农民集体所有。私人可以对房屋享有所有权，对该房屋占用的土地只能依法享有建设用地使用权或者宅基地使用权。

第三，生活用品。是指用于生活方面的物品，包括家用电器、私人汽车、家具和其他用品。

第四，生产工具和原材料。生产工具是指人们在进行生产活动时所使用的器具，如机器设备、车辆、船舶等运输工具。原材料是指生产产品所须的物质基础材料，如矿石、木材、钢铁等。生产工具和原材料是重要的生产资料，是生产所必须的基础物质。

第五，除上述外，私人财产还包括其他的不动产和动产，如图书、个人收藏品、牲畜和家禽等。

三、只有合法的私人所有权才受到保护

这里必须强调的是，私人只能对其合法获得的财产享有所有权，《民法典》只保护私人的合法财产权，对贪污、侵占、抢夺、诈骗、盗窃、走私等方式非法获取的财产，按照法律的规定承担相应的责任。

【对照适用】

本条延续了原《物权法》的有关规定。

第二百六十七条　私人的合法财产受法律保护，禁止任何组织或者个人侵占、哄抢、破坏。

【要义精解】

本条是关于私有财产保护的规定。

本条的内容主要包括以下几层含义。

一、对私有财产的范围的规定

这里的私有财产，是指私人拥有所有权的财产，不但包括合法的收入、房屋、生活用品、生产工具、原材料等不动产和动产，也包括私人合法的储蓄、投资及其收益以及上述财产的继承权。

二、合法

私有财产受到法律保护的前提是这些财产是合法的财产，非法取得的财产不受法律保护。

三、保护内容

保护私有财产的重要内容是私人的合法财产所有权不受侵犯，如非经法律规定的权限和程序，不得征收个人的房屋和其他不动产，也不得非法查封、扣押、冻结、没收私人合法的财产。任何组织或者个人不得侵占、哄抢、破坏私人合法的财产。所谓的"侵占"是指以非法占有为目的，将其保管、管理的私人财产非法占为己有。侵占的客体是私人合法的财产。侵占的主体一般是保管、管理他人财产的组织或者个人，并且具有非法占有该财产的主观故意。"哄抢"是指以非法占有为目的，组织、参与多人一起强行抢夺他人财产的行为。哄抢的客体是他人财产。哄抢的主体可以是任何的组织或者个人，并且还须具备非法占有他人财产的主观故意。"破坏"是指故意毁坏他人所有的合法财产，致使其不能发挥正常功效的行为。如故意毁坏他人的车辆、毁坏他人的房屋等行为。破坏的主体可以是任何的组织或者个人，而且须在主观上有毁坏他人财产的故意。侵占、哄抢、破坏私人合法财产的，应当承担返还原物、恢复原状、赔偿损失等民事责任；触犯《治安管理处罚法》和《刑法》的，还应当承担相应的行政责任、刑事责任。

【对照适用】

本条延续了原《物权法》的有关规定，未进行实质性修改。

　　第二百六十八条　国家、集体和私人依法可以出资设立有限责任公司、股份有限公司或者其他企业。国家、集体和私人所有的不动产或者动产投到企业的，由出资人按照约定或者出资比例享有资产收益、重大决策以及选择经营管理者等权利并履行义务。

【要义精解】

本条对出资人权利的物权保护进行了概括性规定。

本条的第一层含义是对出资人与出资方式的规定。

所谓出资人，就是向企业投入资本的人。伴随着计划经济体制向市场经济体制的转变，多元化的出资人开始出现。从计划经济时代的单一的国家、集体投资变为包括国家、集体、私人等多种所有制经济的投资。根据本条的规定，出资人可以是国家、集体，也可以是私人。国家作为出资人的，由国务院、地方人民政府依照法律、行政法规规定分别代表国家履行出资人的职责。《企业国有资产监督管理暂行条例》规定，国务院代表国家对关系国民经济命脉和国家安全的大型国有及国有控股、国有参股企业，重要基础设施和重要自然资源等领域的国有及国有控股、国有参股企业，履行出资人职责。省、自治区、直辖市人民政府和设区的市、自治州级人民政府分别代表国家对由国务院履行出资人职责以外的国有及国有控股、国有参股企业，履行出资人职责。根据《公司法》的规定，公司是企业法人，包括有限责任公司和股份有限公司。有限责任公司是指公司股东对公司以其认缴的出资额承担有限责任的公司；股份有限公司是指公司的资本划分为等额股份，公司股东以其认购的股份为限承担有限责任的公司。由国家单独出资形成的国有独资公司也是一种有限责任公司。

本条的第二层含义是对于出资人的权利和义务的规定。

出资人作为股东，按照《公司法》的规定，依法享有资产收益、参与重大决策和选择经营管理者等权利，本条也从出资人的角度作了同样的规定。

享有资产收益，就是指出资人有权通过企业盈余分配从中获得红利。获得红利是出资人投资的主要目的，只要出资人按照章程或者其他约定，如期、足额地履行了出资义务，就有权向企业请求分配红利。一般而言，出资人应当按照其实缴出资比例或者股东协议、章程等约定分取红利。

参与重大决策，即出资人通过股东会或者股东大会等作出决议的方式决定企业的重大行为。企业的重大行为包括：企业资本的变化，如增加或者减少注册资本、利润分配和弥补亏损、公司的预算和决算事项；企业的融资行为，如发行公司债券；企业的对外投资，向他人提供担保、购置或者转让主要资产，变更主要业务等；企业的合并、分立、变更组织形式、解散、清算等；修改企业章程等。上述权利，由出资人按照章程或者法律规定的方式行使。按照《公司法》的规定，有限责任公司的股东会对公司增加或者减少注册资本、分立、合并、解散或者变更公司形式，必须经代表2/3以上表决权的股东通过。企业经营管理者必须尊重和保证出资人拥有重大决策的权利，如在国家出资的企业里，国家作为出资人，享有资产收益、重大决策以及选择经营管理者等权利，企业经营管理者无权决定依照有关法律和企业章程的规定应当由国家作为出资人决定的事项，不得擅自处分企业财产。

选择经营管理者，即出资人有权通过股东会或者股东大会作出决议选举或者更换公司的董事或者监事、决定董事或者监事的薪酬、通过董事会来聘任或者解聘经理等企业高级管理人员。

作为出资人，不但享有上述权利，还要履行相应的义务。如按照约定或者章程的规定，按期、足额地缴纳出资；不得滥用出资人的权利干涉企业正常的经营活动等。

【对照适用】

本条延续了原《物权法》的有关规定。

> **第二百六十九条**　营利法人对其不动产和动产依照法律、行政法规以及章程享有占有、使用、收益和处分的权利。
>
> 营利法人以外的法人，对其不动产和动产的权利，适用有关法律、行政法规以及章程的规定。

【要义精解】

本条是关于法人财产权的规定。

本条第一层含义是对于营利法人财产权的规定。民法典总则编规定，营利法人包括有限责任公司、股份有限公司和其他企业法人等。具备法人条件的企业成为营利法人后，取得法律上独立的民事主体资格，成为自主经营、自负盈亏的生产者和经营者。出资人将其不动产或者动产投到营利法人后，即构成了营利法人独立的财产，营利法人享有法人财产权，即依照法律、行政法规以及章程的规定对该财产享有占有、使用、收益和处分的权利，出资人不能直接对其投入的资产进行支配，这是营利法人实现自主经营、自负盈亏，独立承担民事责任的物质基础。民法典总则编规定，营利法人的出资人不得滥用出资人权利损害法人或者其他出资人的利益；滥用出资人权利给法人或者其他出资人造成损失的，应当依法承担民事责任。营利法人的出资人不得滥用法人独立地位和出资人有限责任损害法人债权人的利益；滥用法人独立地位和出资人有限责任，逃避债务，严重损害法人债权人的利益的，应当对法人债务承担连带责任。

本条第二层含义是对于营利法人之外的法人财产权的规定。本条第2款规定，营利法人以外的法人对其不动产和动产的权利，适用有关法律、行政法规以及章程的规定。依照民法典总则编的规定，营利法人之外的法人包括非营利法人和特别法人。为公益目的或者其他非营利目的成立，不向出资人、设立人或者会员分配所取得利润的法人，为非营利法人。非营利法人包括事业单位法人、社会团体法人和捐助法人。特别法人包括机关法人、农村集体经济组织法人、城镇农村的合作经济组织法人、基层群众性自治组织法人。非营利法人往往具有公共目的，或者是具有某种特定功能，因此对于其财产权的形式，按照有关法律、行政法规以及章程的规定。

【对照适用】

本条基本内容延续了原《物权法》的有关规定，但在《民法典》中创设了营利法人与非营利法人的法人分类制度，因此对本条文中相应术语进行了调整。

> **第二百七十条** 社会团体法人、捐助法人依法所有的不动产和动产，受法律保护。

【要义精解】

本条是关于保护社会团体法人、捐助法人依法所有的不动产和动产的规定。

社会团体法人是非营利法人。民法典总则编规定，具备法人条件，基于会员共同意愿，为公益目的或者会员共同利益等非营利目的设立的社会团体，经依法登记成立，取得社会团体法人资格；依法不需要办理法人登记的，从成立之日起，具有社会团体法人资格。社会团体法人必须拥有会员。社会团体法人范围十分广泛，既有为公益目的设立的，亦有为会员共同利益等非营利目的设立的。前者如中华慈善总会、中国红十字会等，后者如商会、行业协会等。

捐助法人也是非营利法人。捐助法人是原《民法总则》增加的法人类型。原《民法总则》规定，具备法人条件，为公益目的以捐助财产设立的基金会、社会服务机构等，经依法登记成立，取得捐助法人资格。依法设立的宗教活动场所，具备法人条件的，可以申请法人登记，取得捐助法人资格。法律、行政法规对宗教活动场所有规定的，依照其规定。对于这些法人所有的不动产和动产，受法律保护。

【对照适用】

本条在延续了原《物权法》有关规定的基础上，增加了"捐助法人"这一主体。

第六章　业主的建筑物区分所有权

第二百七十一条　业主对建筑物内的住宅、经营性用房等专有部分享有所有权，对专有部分以外的共有部分享有共有和共同管理的权利。

【要义精解】

本条是对建筑物区分所有权基本内容的规定。

现代都市的发展造就了日益丰富便捷的生活，但也带来了都市之中人地紧张的基本困境，为了解决广大市民的居住问题，各国政府纷纷兴建高层或者多层建筑物，由此产生一栋建筑物存在多个所有权人的情形。在我国，随着住房制度的改革和高层建筑物的大量出现，住宅小区越来越多，业主的建筑物区分所有权已经成为私人不动产物权中的重要权利。对此，《民法典》在本章对业主的建筑物区分所有权作了规定。"建筑物区分所有权是指民事主体对于建筑物有独立用途部分的单独所有和对共有部分的共同所有。"[1]业主，是指享有建筑物专有部分所有权的人。《物业管理条例》第6条第1款规定，房屋的所有权人为业主。《最高人民法院关于审理建筑物区分所有权纠纷案件适用于法律若干问题的解释》（以下简称《建筑物区分所有权若干问题解释》）第1条规定，依法登记取得或者根据《民法典》第229条至第231条规定取得建筑物专有部分所有权的人，应当认定为《民法典》第二编第六章所称的业主。基于与建设单位之间的商品房买卖民事法律行为，已经合法占有建筑物专有部分，但尚未依法办理所有权登记的人，可以认定为《民法典》第二编第六章所称的业主。

根据本条的规定，业主的建筑物区分所有权包括对其专有部分的所有权、对建筑区划内的共有部分享有的共有权和共同管理的权利。

---

[1]　席志国：《中国物权法论》，中国政法大学出版社2016年版，第198—199页。

第一，业主对专有部分的所有权。"专有部分所有权又称专有权、特别所有权，是指建筑物区分所有权人对建筑物中属于其独立所有的部分予以自由使用、收益、处分的权利。"[1]即本条规定的，业主对建筑物内的住宅、经营性用房等专有部分享有所有权。

第二，业主对建筑区划内的共有部分的共有权。即本条规定的，业主对专有部分以外的共有部分如电梯、过道、楼梯、水箱、外墙面、水电气的主管线等享有共有的权利。《民法典》规定，建筑区划内的道路，属于业主共有，但属于城镇公共道路的除外。建筑区划内的绿地，属于业主共有，但属于城镇公共绿地或者明示属于个人的除外。建筑区划内的其他公共场所、公用设施和物业服务用房，属于业主共有。占用业主共有的道路或者其他场地用于停放汽车的车位，属于业主共有。

第三，业主对建筑区划内的共有部分的共同管理权。即本条规定的，业主对专有部分以外的共有部分享有共同管理的权利。《民法典》规定，业主可以自行管理建筑物及其附属设施，也可以委托物业服务企业或者其他管理人管理。业主可以设立业主大会，选举业主委员会，制定或者修改业主大会议事规则和建筑物及其附属设施的管理规约，选举业主委员会和更换业主委员会成员，选聘和解聘物业服务企业或者其他管理人，筹集和使用建筑物及其附属设施的维修资金，改建和重建建筑物及其附属设施等。业主大会和业主委员会，对任意弃置垃圾、排放大气污染物或者噪声、违反规定饲养动物、违章搭建、侵占通道、拒付物业费等损害他人合法权益的行为，有权依照法律、法规以及管理规约，要求行为人停止侵害、消除危险、排除妨害、赔偿损失。

【对照适用】

本条延续了原《物权法》的有关规定。

> **第二百七十二条**　业主对其建筑物专有部分享有占有、使用、收益和处分的权利。业主行使权利不得危及建筑物的安全，不得损害其他业主的合法权益。

---

[1]　李永军主编：《民法学教程》，中国政法大学出版社 2021 年版，第 261 页。

【要义精解】

本条是关于业主对专有部分行使所有权的规定。

一、业主对专有部分享有权利

根据《民法典》第 271 条的规定，业主对建筑物内的住宅、经营性用房等专有部分享有所有权。关于专有部分的界定，《建筑物区分所有权若干问题解释》第 2 条规定，建筑区划内符合下列条件的房屋，以及车位、摊位等特定空间，应当认定为《民法典》第二编第六章所称的专有部分：（1）具有构造上的独立性，能够明确区分；（2）具有利用上的独立性，可以排他使用；（3）能够登记成为特定业主所有权的客体。规划上专属于特定房屋，且建设单位销售时已经根据规划列入该特定房屋买卖合同中的露台等，应当认定为前款所称的专有部分的组成部分。业主对建筑物专有部分的权利是所有权的一种。本法第 240 条规定，所有权人对自己的不动产或者动产，依法享有占有、使用、收益和处分的权利。本条是业主对建筑物专有部分享有所有权具体权能的规定，即业主对其建筑物专有部分享有占有、使用、收益和处分的权利。按照这一规定，业主对建筑物内属于自己所有的住宅、经营性用房等专有部分可以直接占有、使用，实现居住或者营业的目的；也可以依法出租，获取收益；还可以出借，解决亲朋好友居住之难；或者在自己的专有部分上依法设定负担，例如，为保证债务的履行将属于自己所有的住宅或者经营性用房抵押给债权人，或者抵押给金融机构以取得贷款等；还可以将住宅、经营性用房等专有部分出售给他人，对专有部分予以处分。

二、对专有部分行使权利的限制

业主的专有部分是建筑物的重要组成部分，但与共有部分又不可分离。因此，建筑物的专有部分与共有部分具有一体性、不可分离性，故业主对专有部分行使专有所有权应受到一定限制，这与建筑物区分所有权的特殊性是分不开的。

一是业主行使专有部分所有权时，不得危及建筑物的安全。例如，业主在对专有部分装修时，不得拆除房屋内的承重墙，不得在专有部分内储藏、存放易燃易爆危险品等物品，危及整个建筑物的安全。

二是业主行使专有部分所有权时，不得损害其他业主的合法权益。《民法典》第 286 条规定，业主应当遵守法律、法规以及管理规约。业主大会或者业主委员会，对任意弃置垃圾、排放污染物或者噪声、违反规定饲养动物、违章搭建、侵占通道、拒付物业费等损害他人合法权益的行为，有权依照法律、法规以及管理规约，请求行为人停止侵害、排除妨碍、消除危险、恢复原状、赔偿损失。本法第287条规定，业主对建设单位、物业服务企业或者其他管理人以及其他业主侵害自己合法权益的行为，有权请求其承担民事责任。

【对照适用】

本条延续了原《物权法》的有关规定。

> **第二百七十三条** 业主对建筑物专有部分以外的共有部分，享有权利，承担义务；不得以放弃权利为由不履行义务。
>
> 业主转让建筑物内的住宅、经营性用房，其对共有部分享有的共有和共同管理的权利一并转让。

【要义精解】

本条是关于业主对专有部分以外的共有部分权利义务的规定。

业主专有部分以外的共有部分通常是指除建筑物内的住宅、经营性用房等专有部分以外的部分。《建筑物区分所有权若干问题解释》第3条规定，除法律、行政法规规定的共有部分外，建筑区划内的以下部分，也应当认定为《民法典》第二编第六章所称的共有部分：（1）建筑物的基础、承重结构、外墙、屋顶等基本结构部分，通道、楼梯、大堂等公共通行部分，消防、公共照明等附属设施、设备，避难层、设备层或者设备间等结构部分；（2）其他不属于业主专有部分，也不属于市政公用部分或者其他权利人所有的场所及设施等。

业主对专有部分以外的共有部分享有共有权，即每个业主在法律对所有权未作特殊规定的情形下，对专有部分以外的走廊、楼梯、过道、电梯、外墙面、水箱、水电气管线等共有部分，对物业管理用房、绿地、道路、公用设施以及其他公共场所等共有部分享有占有、使用、收益或者处分的权利。但是，如何行使占有、使用、收益或者处分的权利，还要依据《民法典》及相关法律、法规和建筑区划管理规约的规定。如本法第283条规定，建筑物及其附属设施的费用分摊、收益分配等事项，有约定的，按照约定；没有约定或者约定不明确的，按照业主专有部分面积所占比例确定。业主对专有部分以外的共有部分不仅享有共有的权利，还享有共同管理的权利，有权对共用部位与共用设施设备的使用、收益、维护等事项行使管理的权利，同时对共有部分的管理也负有相应的义务。由于业主对专有部分以外的共有部分既享有权利，又负有义务，有的业主就可能以放弃权利为由，不履行义务。对此，本条明确规定，业主不得以放弃权利为由不履行义务。例如，业主不得以不使用电梯为由，不缴纳电梯维修费用。

业主的建筑物区分所有权是包括诸种权利的集合体，包括对专有部分享有的所有权、对建筑区划内的共有部分享有的共有和共同管理的权利，这些权利具有不可分离性。在这些权利中，业主对专有部分的所有权是业主对专有部分以外的共有部分享有共有和共同管理的权利的前提与基础。没有业主对专有部分的所有权，就无法产生业主对专有部分以外共有部分的共有和共同管理的权利。如果业主丧失了对专有部分的所有权，也就丧失了对共有部分的共有和共同管理的权利。因此本条规定，业主转让建筑物内的住宅、经营性用房，其对共有部分享有的共有和共同管理的权利一并转让。

【对照适用】

本条延续了原《物权法》的有关规定。

> **第二百七十四条** 建筑区划内的道路，属于业主共有，但是属于城镇公共道路的除外。建筑区划内的绿地，属于业主共有，但是属于城镇公共绿地或者明示属于个人的除外。建筑区划内的其他公共场所、公用设施和物业服务用房，属于业主共有。

【要义精解】

本条是关于建筑区划内的道路、绿地、其他公共场所、公用设施和物业服务用房归属的规定。

本条第一层含义是对建筑区划内的道路归属的规定。建筑区划内的道路，属于业主共有，但是属于城镇公共道路的除外。本条所强调的是建筑区划内的道路归属与利用的问题，道路有的归业主所有，有的归市政所有，区分标准为是否属于城镇公共道路。

本条的第二层含义是对于建筑区划内的绿地归属的规定。建筑区划内的绿地，属于业主共有，但是属于城镇公共绿地或者明示属于个人的除外。也即绿地原则上归业主共有，除非存在明示归个人或者属于城镇公共绿地。必须强调的是，本条规定的绿地、道路归业主所有，不是说绿地、道路的土地所有权归业主所有，而是说绿地、道路作为土地上的附着物归业主所有。在我国，由于城市土地归国家所有，因此在此处道路与土地的所有权并不统一。《建筑物区分所有权若干问题解释》第 3 条第 2 款规定，建筑区划内的土地，依法由业主共同享有建设用地使用权，但属于业主专有的整栋建筑物的规划占地或者城镇公共道路、绿地占地除外。

本条第三层含义是建筑区划内的其他公共场所、公用设施和物业服务用房，属于业主共有。《物业管理条例》第 37 条规定，物业管理用房的所有权依法属于业主。未经业主大会同意，物业服务企业不得改变物业管理用房的用途。《上海市住宅物业管理规定》第 43 条规定，物业管理区域内的下列配套设施设备归业主共有：（1）物业管理用房；（2）门卫房、电话间、监控室、垃圾箱房、共用地面架空层、共用走廊；（3）物业管理区域内按规划配建的非机动车车库；（4）单独选址、集中建设的共有产权保障住房、征收安置住房小区的停车位；（5）物业管理区域内的共有绿化、道路、场地；（6）建设单位以房屋销售合同或者其他书面形式承诺归全体业主所有的物业；（7）其他依法归业主共有的设施设备。建设单位申请房屋所有权首次登记时，应当提出前款规定的配套设施设备登记申请，由不动产登记机构在不动产登记簿上予以记载，但不颁发不动产权属证书。建设单位应当在物业管理区域内显著位置公开业主共有配套设施设备的位置、面积等信息。

【对照适用】

本条延续了原《物权法》的有关规定，未进行实质性修改。

> **第二百七十五条**　建筑区划内，规划用于停放汽车的车位、车库的归属，由当事人通过出售、附赠或者出租等方式约定。
>
> 占用业主共有的道路或者其他场地用于停放汽车的车位，属于业主共有。

【要义精解】

本条是关于车位、车库的规定。

在现代都市生活中，停车难成为普遍的问题。与之相适应，建筑区划内车位如何归属成为非常重要的问题。本条对于这一问题的解决提出两种规则。

一是建筑区划内，规划用于停放汽车的车位、车库的归属，由当事人通过出售、附赠或者出租等方式约定。建筑区划内，规划用于停放汽车的车位、车库，即开发商在开发项目前，经政府核发的建设工程规划许可证批准同意，规划用于停放汽车的车位、车库。此类车位、车库，在开发商开发后，通过出售、附赠或者出租等方式，与当事人约定车位、车库的归属和使用。这一规则体现的是房产开发中各方意思自治的结果。

二是占用业主共有的道路或者其他场地用于停放汽车的车位，属于业主共有。规划外的占用业主共有的道路或者其他场地用于停放汽车的车位、车库，由于属于规划外，且是占用业主共有的道路或者其他场地建设的，理应属于业主共有。现实生活中往往出现此种问题，即占用业主共有的道路或者其他场地的车位，被开发商出售或者附赠。此为典型无权处分，参考民法一般理论处理。

【对照适用】

本条删除了原《物权法》第74条"建筑区划内，规划用于停放汽车的车位、车库应当首先满足业主的需要"的规定，将其作为本法第276条予以专门规定。

第二百七十六条　建筑区划内，规划用于停放汽车的车位、车库应当首先满足业主的需要。

【要义精解】

本条是关于车位、车库应当首先满足业主需要的规定。

现实生活中，不少小区没有车位、车库或者车位、车库严重不足，有的开发商将车位、车库高价出售给小区外的人停放，有的小区开发商公示车位、车库只售不租。为规范建筑区划内，规划用于停放汽车的车位、车库的使用，最大限度保障业主对车位、车库的需要，本条规定，建筑区划内，规划用于停放汽车的车位、车库应当首先满足业主的需要。

如何界定"首先满足业主的需要"的含义？《建筑物区分所有权若干问题解释》第 5 条第 1 款规定，建设单位按照配置比例将车位、车库，以出售、附赠或者出租等方式处分给业主的，应当认定其行为符合《民法典》第 276 条有关"应当首先满足业主的需要"的规定。第 2 款规定，前款所称配置比例是指规划确定的建筑区划内规划用于停放汽车的车位、车库与房屋套数的比例。《上海市住宅物业管理规定》第 62 条第 1 款规定，物业管理区域内的机动车停车位，应当提供给本物业管理区域内的业主、使用人使用。建设单位尚未出售的停车位，应当出租给业主、使用人停放车辆，不得以只售不租为由拒绝出租。停车位不得转让给物业管理区域外的单位、个人；停车位满足业主需要后仍有空余的，可以临时按月出租给物业管理区域外的单位、个人。《福建省物业管理条例》第 64 条第 3 款规定，物业管理区域规划设置的机动车车位（库）应当首先满足业主需要。建设单位不得将物业管理区域内规划的车位（库）出售给本区域以外的单位或者个人。业主要求承租尚未处置的规划车位（库）的，建设单位不得以只售不租为由拒绝出租。《广州市房地产开发项目车位和车库租售管理办法》第 4 条第 2 款规定，住宅建筑区划内，规划用于机动车停放的车位、车库尚未出售的，建设单位应当予以出租。第 3 款规定，建设单位出租建筑区划内规划用于停放汽车的车位、车库前，须依法完成规划验收，不得以"只售不租"等名义拒绝提供停车服务。《珠海经济特区物业管理条例》第 72 条第 1 款规定，物业管理区域内，规划用于停放汽车的车位、车库，应当首先满足本区域业主的需要。第 2 款规定，建设单位对物业管理区域内规划用于停放汽车的车位、车库出租的，应当优先出租给本区域业主、物业使用人。在满足本区域业主、物业使用人需要后，建设单位可以将车位、车库出租给本区域业主、物业使用人以外的其他人，但租赁合同期限不得超过 6 个月。

【对照适用】

本条内容延续了原《物权法》的有关规定。

第二百七十七条 业主可以设立业主大会，选举业主委员会。业主大会、业主委员会成立的具体条件和程序，依照法律、法规的规定。

地方人民政府有关部门、居民委员会应当对设立业主大会和选举业主委员会给予指导和协助。

【要义精解】

本条是关于业主大会、业主委员会设立的规定。

本条有三层含义。

第一，业主可以成立业主大会，选举业主委员会。业主是建筑区划内的主人。业主大会是业主的自治组织，是基于业主的建筑物区分所有权的行使产生的，由全体业主组成，是建筑区划内建筑物及其附属设施的管理机构。作为业主，有权参加业主大会，行使专有部分以外共有部分的共有权以及共同管理的权利，并对小区内的业主行使专有部分的所有权作出限制性规定，以维护建筑区划内全体业主的合法权益。如果建筑区划内业主人数众多的，或者作为建筑区划内建筑物及其附属设施的经常管理机构，可以选举本建筑物或者建筑区划内所有建筑物的业主委员会。业主委员会是本建筑物或者建筑区划内所有建筑物的业主大会的执行机构，按照业主大会的决定履行管理的职责。住房和城乡建设部制定的《业主大会和业主委员会指导规则》第31条规定，业主委员会由业主大会会议选举产生，由5至11人单数组成。业主委员会委员应当是物业管理区域内的业主，并符合下列条件：（1）具有完全民事行为能力；（2）遵守国家有关法律、法规；（3）遵守业主大会议事规则、管理规约，模范履行业主义务；（4）热心公益事业，责任心强，公正廉洁；（5）具有一定的组织能力；（6）具备必要的工作时间。第32条规定，业主委员会委员实行任期制，每届任期不超过5年，可连选连任，业主委员会委员具有同等表决权。业主委员会应当自选举之日起7日内召开首次会议，推选业主委员会主任和副主任。第35条规定，业主委员会履行以下职责：（1）执行业主大会的决定和决议；（2）召集业主大会会议，报告物业管理实施情况；（3）与业主大会选聘的物业服务企业签订物业服务合同；（4）及时了解业主、物业使用人的意见和建议，监督和协助物业服务企业履行物业服务合同；（5）监督管理规约的实施；（6）督促业主交纳物业服务费及其他相关费用；（7）组织和监督专项维修资金的筹集和使用；（8）调解业主之间因物业使用、维护和管理产生的纠纷；（9）业主大会赋予的其他职责。《物业管理条例》第15条规定，业主委员会执行业主大会的决定事项，履行下列职责：（1）召集业主大会会议，报告物业管理的实施情况；（2）代表业主与业主大会选聘的物业服务企业签订物业服务合同；（3）及时了解业主、物业使用人的意见和建议，监督和协助物业服务企业履行物业服务合同；（4）监督管理规约的实施；（5）业主大会赋予的其他职责。第 16 条规定，业主委员会应当自选举产生之日起 30 日内，向物业所在地的区、县人民政府房地产行政主管部门和街道办事处、乡镇人民政府备案。业主委员会委员应当由热心公益事业、责任心强、具有一定组织能力的业主担任。业主委员会主任、副主任在业主委员会成员中推选产生。

第二，业主大会、业主委员会成立的具体条件和程序，依照法律、法规的规定。民法典物权编对业主大会、业主委员会成立的具体条件和程序作出原则性的指引规定，规定业主大会、业主委员会成立的具体条件和程序，依照法律、法规的规定。此处法规包括行政法规和地方性法规，各地可以根据实际情况作出规定。2018 年 8 月审议的《民法典各分编（草案）》根据各方意见，增加了此规定。

第三，地方人民政府有关部门、居民委员会应当对设立业主大会和选举业主委员会给予指导和协助。业主大会与业主委员会对于业主的利益密切相关，但是否能够成立取决于业主之间的协作组织能力。因此，地方人民政府有关部门、居民委员会应当对设立业主大会和选举业主委员会给予指导和协助。地方人民政府有关部门、居民委员会应当向准备成立业主大会的业主予以指导，提供相关的法律、法规及规章，提供已成立业主大会的成立经验，帮助成立筹备组织，提供政府部门制定的业主大会议事规则、业主管理公约等示范文本，协调业主之间的不同意见，为业主大会成立前的相关活动提供必要的活动场所，积极主动参加业主大会的成立大会等。

【对照适用】

本条在原《物权法》基础上，编纂《民法典》时新增部分有两项。首先，明确了"业主大会、业主委员会成立的具体条件和程序，依照法律、法规的规定"，即应当按照法律程序成立相应的组织。其次，明确了居民委员会对业主大会与选举委员会设立的指导与协助的职责。居民委员会作为基层自治组织的重要组成部分，在基层治理中发挥着日益重要的作用，因此，《民法典》明确其为业主自治机构的设立提供相应的指导。

第二百七十八条　下列事项由业主共同决定：

（一）制定和修改业主大会议事规则；

（二）制定和修改管理规约；

（三）选举业主委员会或者更换业主委员会成员；

（四）选聘和解聘物业服务企业或者其他管理人；

（五）使用建筑物及其附属设施的维修资金；

（六）筹集建筑物及其附属设施的维修资金；

（七）改建、重建建筑物及其附属设施；

（八）改变共有部分的用途或者利用共有部分从事经营活动；

（九）有关共有和共同管理权利的其他重大事项。

业主共同决定事项，应当由专有部分面积占比三分之二以上的业主且人数占比三分之二以上的业主参与表决。决定前款第六项至第八项规定的事项，应当经参与表决专有部分面积四分之三以上的业主且参与表决人数四分之三以上的业主同意。决定前款其他事项，应当经参与表决专有部分面积过半数的业主且参与表决人数过半数的业主同意。

【要义精解】

本条是关于业主决定建筑区划内重大事项及表决权的规定。

本条规定，建筑区划内的下列事项须由业主共同决定。

第一，制定和修改业主大会议事规则。业主大会议事规则是业主大会组织、运作的规程，是对业主大会宗旨、组织体制、活动方式、成员的权利义务等内容进行记载的业主自律性文件。业主大会通过业主大会议事规则建立大会的正常秩序，保证大会内业主集体意志和行为的统一。制定和修改业主大会议事规则，需要由业主共同决定。

第二，制定和修改管理规约。建筑物及其附属设施的管理规约是业主自我管理、自我约束、自我规范的规则约定，规定建筑区划内有关建筑物及其附属设施的使用、维护、管理等事项，是业主对建筑物及其附属设施的一些重大事务的共同约定，涉及每个业主的切身利益，对全体业主具有约束力，应当由业主共同制定和修改。

第三，选举业主委员会或者更换业主委员会成员。业主委员会是业主大会的执行机构，具体执行业主大会决定的事项，并就建筑区划内的一般性日常事务作出决定。业主通过业主大会选举能够代表和维护自己利益的业主委员会委员，成立业主委员会。对不遵守管理规约，责任心不强，不依法履行职责的委员予以更换。

第四，选聘和解聘物业服务企业或者其他管理人。物业服务涉及建筑物及其附属设施的使用、维护、修理、更换，公共秩序、环境卫生、小区治安等诸多方面，物业服务企业或者其他管理人的物业管理水平如何，与业主利益有直接关系，需要通过业主大会集体决策选聘和解聘。

第五，使用建筑物及其附属设施的维修资金。建筑物及其附属设施的维修资金主要用于业主专有部分以外的共有部分的共用部位、共用设施设备保修期满后的维修、更新、改造、维护等，涉及业主的切身利益，应当由业主共同决定。

第六，筹集建筑物及其附属设施的维修资金。《住宅专项维修资金管理办法》对首次筹集维修资金作了规定，第 7 条规定，商品住宅的业主、非住宅的业主按照所拥有物业的建筑面积交存住宅专项维修资金，每平方米建筑面积交存首期住宅专项维修资金的数额为当地住宅建筑安装工程每平方米造价的 5% 至 8%。直辖市、市、县人民政府建设（房地产）主管部门应当根据本地区情况，合理确定、公布每平方米建筑面积交存首期住宅专项维修资金的数额，并适时调整。购买了商品住宅和非住宅的业主需要按照相关规定交存专项维修资金。在专项维修资金使用部分或者全部后，为保障住宅共用部位、共用设施设备保修期满后的维修和更新、改造，就面临着再次筹集建筑物及其附属设施的维修资金的问题。筹集维修资金关系到业主的切身利益，是否筹集以及如何筹集，属于有关共有和共同管理权利的重大事项，应当由业主共同决定。

第七，改建、重建建筑物及其附属设施。业主可以共同决定改建、重建建筑物及其附属设施。建筑物及其附属设施的改建、重建，涉及业主建筑物区分所有权的行使，费用的负担，事关重大，属于有关共有和共同管理权利的重大事项，应当由业主共同决定。

第八，改变共有部分的用途或者利用共有部分从事经营活动。

第九，有关共有和共同管理权利的其他重大事项。

除上述所列事项外，对建筑区划内有关共有和共同管理权利的其他重大事项，也需要由业主共同决定。

一是表决程序首先要有专有部分面积占比 2/3 以上的业主且人数占

比 2/3 以上的业主参与。关于专有部分面积占比和业主人数占比的计算，《建筑物区分所有权若干问题解释》第 8 条和第 9 条规定，《民法典》第 278 条第 2 款和第 283 条规定的专有部分面积可以按照不动产登记簿记载的面积计算；尚未进行物权登记的，暂按测绘机构的实测面积计算；尚未进行实测的，暂按房屋买卖合同记载的面积计算。《民法典》第 278 条第 2 款规定的业主人数可以按照专有部分的数量计算，一个专有部分按一人计算。但建设单位尚未出售和虽已出售但尚未交付的部分，以及同一买受人拥有一个以上专有部分的，按一人计算。《建筑物区分所有权若干问题解释》第 8 条、第 9 条均属于表决基数的技术规则。

二是决定前款第 6 项至第 8 项规定的事项，应当经参与表决专有部分面积 3/4 以上的业主且参与表决人数 3/4 以上的业主同意。即决定筹集建筑物及其附属设施的维修资金，改建、重建建筑物及其附属设施，改变共有部分的用途或者利用共有部分从事经营活动这些事项时，应当经参与表决专有部分面积 3/4 以上的业主且参与表决人数 3/4 以上的业主同意。筹集建筑物及其附属设施的维修资金，改建、重建建筑物及其附属设施，改变共有部分的用途或者利用共有部分从事经营活动是建筑区划内较为重大的事情，关系到每个业主的切身利益，因此应当实行绝对多数决。

三是除了筹集建筑物及其附属设施的维修资金，改建、重建建筑物及其附属设施，改变共有部分的用途或者利用共有部分从事经营活动以外的有关共有和共同管理权利的其他重大事项，属于建筑区划内的一般性、常规性事务，其决定的作出，应当经参与表决专有部分面积过半数的业主且参与表决人数过半数的业主同意。

【对照适用】

本条相对于原《物权法》的规定作出了较大修改。首先，增加了业主共同决定的事项，即"改变共有部分的用途或者利用共有部分从事经营活动"。明确可以经过全体业主共同决定改变共有部分的用途或者利用共有部分从事经营活动。其次，提高了业主决定特定事项的通过比例。对于筹集建筑物及其附属设施的维修资金、改建、重建建筑物及其附属设施、改变共有部分的用途或者利用共有部分从事经营活动这三项事项，由于其对于业主的利益影响巨大，因此应当经参与表决专有部分面积 3/4 以上的业主且参与表决人数 3/4 以上的业主同意。

第二百七十九条　业主不得违反法律、法规以及管理规约，将住宅改变为经营性用房。业主将住宅改变为经营性用房的，除遵守法律、法规以及管理规约外，应当经有利害关系的业主一致同意。

【要义精解】

本条是关于将住宅改变为经营性用房的规定。

将住宅改变为用于经营的房屋，住宅的性质、用途由居住变为商用。这一改变带来许多弊端，更会给有利害关系业主带来可能的影响。主要表现有：（1）干扰业主的正常生活，造成邻里不和，引发社会矛盾，这是当前物业小区主要矛盾之一；（2）造成小区车位、电梯、水、电等公共设施使用的紧张；（3）容易产生安全隐患，例如，来往小区人员过多，造成楼板的承重力过大，外来人员流动快且杂，增加了小区不安全、不安定的因素，防火防盗压力大，隐患多；（4）使城市规划目标难以实现，擅自将住宅大量改为经营性用房，用于商业目的，结果造成该地区交通无法承载，原有规划目的无法实现。《物业管理条例》第49条规定，物业管理区域内按照规划建设的公共建筑和共用设施，不得改变用途。业主依法确须改变公共建筑和共用设施用途的，应当在依法办理有关手续后告知物业服务企业；物业服务企业确需改变公共建筑和共用设施用途的，应当提请业主大会讨论决定同意后，由业主依法办理有关手续。

业主将住宅改变为经营性用房的，除遵守法律、法规以及管理规约外，应当经有利害关系的业主一致同意。如何确定有利害关系的业主，应当根据《建筑物区分所有权若干问题解释》第11条规定："业主将住宅改变为经营性用房，本栋建筑物内的其他业主，应当认定为民法典第二百七十九条所称'有利害关系的业主'。建筑区划内，本栋建筑物之外的业主，主张与自己有利害关系的，应证明其房屋价值、生活质量受到或者可能受到不利影响。"

【对照适用】

本条基本延续了原《物权法》的有关规定，新增内容为强调同意的一致性，也即当业主将住宅改变为经营性用房时，除遵守法律、法规以及管理规约外，应当经有利害关系的业主一致同意。

> **第二百八十条**　业主大会或者业主委员会的决定，对业主具有法律约束力。
>
> 业主大会或者业主委员会作出的决定侵害业主合法权益的，受侵害的业主可以请求人民法院予以撤销。

【要义精解】

本条是关于业主大会、业主委员会决定效力的规定。业主大会或者业主委员会的决定，对业主具有法律约束力。

业主大会是由建筑区划内的全体业主参加，依法成立的自治组织，是建筑区划内建筑物及其附属设施的管理机构。业主委员会是由业主大会从热心公益事业、责任心强、具有一定组织能力的业主中选举产生出来的，作为业主的代表履行对建筑物及其附属设施的具体管理职责，为全体业主服务的组织。业主委员会作为业主大会的执行机构，具体实施业主大会作出的决定。业主大会或者业主委员会作为自我管理的权力机关和执行机关，其作出的决定，对业主应当具有法律约束力。因此，本条第1款规定，业主大会或者业主委员会的决定，对业主具有法律约束力。

对业主具有约束力的业主大会或者业主委员会的决定，必须是依法设立的业主大会、业主委员会作出的，必须是业主大会、业主委员会依据法定程序作出的，必须是符合法律、法规及规章，不违背公序良俗，不损害国家、公共和他人利益的决定。《物业管理条例》第12条第4款规定，业主大会或者业主委员会的决定，对业主具有约束力。第19条第2款规定，业主大会、业主委员会作出的决定违反法律、法规的，物业所在地的区、县人民政府房地产行政主管部门或者街道办事处、乡镇人民政府，应当责令限期改正或者撤销其决定，并通告全体业主。

业主大会或者业主委员会作出的决定侵害业主合法权益的，受侵害的业主可以请求人民法院予以撤销。撤销的请求，要向有管辖权的人民法院提出，要有明确的诉讼请求和事实、理由等。《物业管理条例》第12条第5款规定，业主大会或者业主委员会作出的决定侵害业主合法权益的，受侵害的业主可以请求人民法院予以撤销。《建筑物区分所有权若干问题解释》第12条规定，业主以业主大会或者业主委员会作出的决定侵害其合法权益或者违反了法律规定的程序为由，依据《民法典》第280条第2款的规定请求人民法院撤销该决定的，应当在知道或者应当知道业主大会或者业主委员会作出决定之日起 1 年内行使。

【对照适用】

本条延续了原《物权法》的有关规定，未进行实质性修改。

第二百八十一条　建筑物及其附属设施的维修资金，属于业主共有。经业主共同决定，可以用于电梯、屋顶、外墙、无障碍设施等共有部分的维修、更新和改造。建筑物及其附属设施的维修资金的筹集、使用情况应当定期公布。

紧急情况下需要维修建筑物及其附属设施的，业主大会或者业主委员会可以依法申请使用建筑物及其附属设施的维修资金。

【要义精解】

本条是关于建筑物及其附属设施的维修基金的归属、用途以及使用方式的规定。

在现代城市中，住宅房屋的维修管理责任一般是由业主个人承担。而我国的住宅多为高层或者多层的群体建筑，建筑物及其附属设施的维修问题就日益凸显出来。建筑物及其附属设施能否正常、及时、顺利地维修，关系到业主的安全，关系到建筑物本身的正常使用与价值维系。因此，有必要对建筑物及其附属设施的维修资金作出规定。

建筑物及其附属设施的维修资金属于业主共有。《物业管理条例》第 53 条规定，住宅物业、住宅小区内的非住宅物业或者与单幢住宅楼结构相连的非住宅物业的业主，应当按照国家有关规定交纳专项维修资金。专项维修资金属于业主所有，专项用于物业保修期满后物业共用部位、共用设施设备的维修和更新、改造，不得挪作他用。专项维修资金收取、使用、管理的办法由国务院建设行政主管部门会同国务院财政部门制定。2007年，为加强对住宅专项维修资金的管理和保障住宅共用部位、共用设施设备的维修和正常使用，维护住宅专项维修资金所有者的合法权益，原建设部和财政部联合发布《住宅专项维修资金管理办法》，其中第 7 条规定，商品住宅的业主、非住宅的业主按照所拥有物业的建筑面积交存住宅专项维修资金，每平方米建筑面积交存首期住宅专项维修资金的数额为当地住宅建筑安装工程每平方米造价的5%至8%。直辖市、市、县人民政府建设（房地产）主管部门应当根据本地区情况，合理确定、公布每平方米建筑面积交存首期住宅专项维修资金的数额，并适时调整。第9条规定，业主交存的住宅专项维修资金属于业主所有。从公有住房售房款中提取的住宅专项维修资金属于公有住房售房单位所有。

本条规定，经业主共同决定，建筑物及其附属设施的维修资金可以用于电梯、屋顶、外墙、无障碍设施等共有部分的维修、更新和改造。建筑物及其附属设施的维修资金的筹集、使用情况应当定期公布。建筑物及其附属设施的维修资金的使用须经业主共同决定。建筑物及其附属设施的维修资金的使用涉及共有部分、共用设施设备的维修、更新、改造等，涉及业主能否正常使用建筑物及其附属设施，关系着每个业主的切身利益，因此，本条规定建筑物及其附属设施的维修资金的使用应当经业主共同决定。至于业主如何决定建筑物及其附属设施的维修资金的使用，要依据《民法典》第278条作出决定。关于建筑物及其附属设施的维修资金的用途，本条规定维修资金可以用于电梯、屋顶、外墙、无障碍设施等共有部分的维修、更新和改造。至于业主专有部分以外的哪些部分为共有部分，哪些设施为建筑物的附属设施，要根据每一栋建筑物、每一个建筑区划的不同情况具体分析。

紧急情况下需要维修建筑物及其附属设施的，业主大会或者业主委员会可以依法申请使用建筑物及其附属设施的维修资金。

【对照适用】

本条在原《物权法》基础上新增了若干内容。基于司法实践发展，建筑物需要维修的内容较为广泛，因此《民法典》中增添列举了可以动用维修资金进行修理的范围，包括电梯、屋顶、外墙、无障碍设施等。此外，明确了在紧急情况下对于维修资金的使用。维修资金的使用有明确的程序限制，但在现实中，紧急情况发生时，法律提供了特别程序，即业主大会或者业主委员会可以依法申请使用建筑物及其附属设施的维修资金的规则。

> **第二百八十二条** 建设单位、物业服务企业或者其他管理人等利用业主的共有部分产生的收入，在扣除合理成本之后，属于业主共有。

【要义精解】

本条是关于共有部分产生收益的归属的规定。

根据本条规定，建设单位、物业服务企业或者其他管理人等利用业主的共有部分产生的收入，在扣除合理成本之后，属于业主共有。现实中，很多小区会在业主的共有部分设置广告，这些广告收入，在扣除合理成本之后，应该属于业主共有。再如，占有业主共有的商业地产，进行出租之后产生的租金收入，在扣除合理的成本之后，也应该属于业主共有。《建筑物区分所有权若干问题解释》第 14 条规定，建设单位、物业服务企业或者其他管理人等擅自占用、处分业主共有部分、改变其使用功能或者进行经营性活动，权利人请求排除妨害、恢复原状、确认处分行为无效或者赔偿损失的，人民法院应予支持。属于前款所称擅自进行经营性活动的情形，权利人请求建设单位、物业服务企业或者其他管理人等将扣除合理成本之后的收益用于补充专项维修资金或者业主共同决定的其他用途的，人民法院应予支持。行为人对成本的支出及其合理性承担举证责任。此处，国家也在司法解释层面对于这种收入归业主所有予以确认。《物业管理条例》第 54 条规定，利用物业共用部位、共用设施设备进行经营的，应当在征得相关业主、业主大会、物业服务企业的同意后，按照规定办理有关手续。业主所得收益应当主要用于补充专项维修资金，也可以按照业主大会的决定使用。此外，《民法典》第 943 条规定，物业服务人应当定期将服务的事项、负责人员、质量要求、收费项目、收费标准、履行情况，以及维修资金使用情况、业主共有部分的经营与收益情况等以合理方式向业主公开并向业主大会、业主委员会报告。

从比较法视野来看，对于这部分收入一般也规定归共有人所有。如《日本建筑物区分所有权法》第 13 条规定，各共有人可以按共用部分用途使用共用部分。第 19 条规定了在规约无另外规定时，各共有人按其应有份比例收取共用部分产生的利益。《德国住宅所有权法》第 13 条规定，各住宅所有权人得依照第 14 条、第 15 条之规定，共同使用共有物，各住宅所有权人，就共有物之其他收益，享有依照第 16 条所规定的应有部分。第 16 条规定，各住宅所有权人享有与其应有部分相当的共有物的孳息。《奥地利区分所有权法》第 8 条规定，与住宅所有权不相结合的非住宅所有权所存在的住宅和店铺的利用，依照所有权人的应有部分予以使用。不动产（共用部分）的收益，由全体共有人依其应有部分的比例予以收取。

【对照适用】

本条为编纂《民法典》时新增加的规则。

> **第二百八十三条** 建筑物及其附属设施的费用分摊、收益分配等事项，有约定的，按照约定；没有约定或者约定不明确的，按照业主专有部分面积所占比例确定。

【要义精解】

本条是关于建筑物及其附属设施费用分摊、收益分配的规定。

为保障业主的居住安全，保证建筑物及其附属设施能够正常运转和使用，保证业主的正常生活，有必要及时对建筑物及其附属设施进行养护和维修。对建筑物及其附属设施进行养护、维修，就带来了费用如何产生、业主如何负担的问题。《民法典》第271条规定，业主对专有部分以外的共有部分享有共有和共同管理的权利。第273条第1款规定，业主对建筑物专有部分以外的共有部分，享有权利，承担义务；不得以放弃权利为由不履行义务。第282条规定，建设单位、物业服务企业或者其他管理人等利用业主的共有部分产生的收入，在扣除合理成本之后，属于业主共有。根据这些规定，在日常生活中，业主对共有部分共有并且共同管理。建筑物及其附属设施的费用分摊，有约定的，按照约定；没有约定或者约定不明确的，按照业主专有部分面积所占比例确定。如果管理规约对建筑物及其附属设施的费用如何分摊有约定的，首先按照约定进行分摊。如果没有约定或者约定不明确的，则可以按照业主专有部分面积所占比例确定费用。

建筑物及其附属设施不仅存在着养护、维修的问题，还存在着经营收益如何分配的问题。例如，业主大会决定，将建筑物楼顶出租给企业做广告，广告收入如何分配，是居住顶层的业主多拿一些，还是业主平均分配？是作为业主大会、业主委员会的活动经费，还是作为维修资金用于建筑物及其附属设施的维修？鉴于现实中情况复杂，各地及每个建筑区划的具体情况不同。业主如何负担建筑物及其附属设施的费用，如何分配建筑物及其附属设施的收益，是业主行使建筑物区分所有权的问题，业主可以依法处分，故本条规定，建筑物及其附属设施的费用分摊、收益分配等事项，有约定的，按照约定。对建筑物及其附属设施的费用分摊、收益分配等事项，没有约定或者约定不明确的，本条作了原则性、指导性规定，即按照业主专有部分面积所占比例确定。

【对照适用】

本条延续了原《物权法》的有关规定，未进行实质性修改。

> **第二百八十四条** 业主可以自行管理建筑物及其附属设施，也可以委托物业服务企业或者其他管理人管理。
>
> 对建设单位聘请的物业服务企业或者其他管理人，业主有权依法更换。

【要义精解】

本条是对建筑物及其附属设施管理方式的规定。

现实中，对建筑物及其附属设施进行管理一般有两种形式：一是业主委托物业服务企业或者其他管理人管理；二是业主自行管理。

物业服务企业通常是指符合法律规定，依法向业主提供物业服务的民事主体（市场主体），包括物业公司以及向业主提供服务的其他组织。物业公司，是指依法设立、具有独立法人资格，从事物业管理服务活动的企业。通过订立《民法典》第三编第二十四章的物业服务合同，委托物业服务企业或者其他管理人提供服务。

对建筑物及其附属设施进行管理，除委托物业公司外，也有业主自行管理的。随着经济的发展、科技的进步，建筑领域不断出现新技术、新产品，建筑物及其附属设施的科技含量也越来越高，管理更为复杂，业主自行管理有一定难度，所以还是提倡选择专业化、市场化、社会化的物业管理公司对建筑物及其附属设施进行管理。

通常情况下，一栋楼或者一个住宅小区建好后，就要对建筑物及其附属设施进行管理，但业主们是陆陆续续迁入居住的，业主大会尚未成立，不能及时委托物业管理公司。在这种情况下，只能由建设单位选聘物业管理公司对建筑物及其附属设施进行管理。《民法典》第939条规定，建设单位依法与物业服务人订立的前期物业服务合同，以及业主委员会与业主大会依法选聘的物业服务人订立的物业服务合同，对业主具有法律约束力。《物业管理条例》第三章专章规定了前期物业管理，对前期物业服务企业的选聘等制定了一些规定。如第24条规定，国家提倡建设单位按照房地产开发与物业管理相分离的原则，通过招投标的方式选聘物业服务企业。住宅物业的建设单位，应当通过招投标的方式选聘物业服务企业；投标人少于3个或者住宅规模较小的，经物业所在地的区、县人民政府房地产行政主管部门批准，可以采用协议方式选聘物业服务企业。第26条规定，前期物业服务合同可以约定期限；但是，期限未满、业主委员会与物业服务企业签订的物业服务合同生效的，前期物业服务合同终止。对于建设单位前期选聘的物业服务企业或者管理人，业主可能满意，也可能不满意，如果不满意，业主都入住后，有权对建设单位选聘的物业服务企业或者其他管理人进行更换。《民法典》第940条规定，建设单位依法与物业服务人订立的前期物业服务合同约定的服务期限届满前，业主委员会或者业主与新物业服务人订立的物业服务合同生效的，前期物业服务合同终止。故本条第2款规定，对建设单位聘请的物业服务企业或者其他管理人，业主有权依法更换。

【对照适用】

本条延续了原《物权法》的有关规定。

第二百八十五条　物业服务企业或者其他管理人根据业主的委托，依照本法第三编有关物业服务合同的规定管理建筑区划内的建筑物及其附属设施，接受业主的监督，并及时答复业主对物业服务情况提出的询问。

物业服务企业或者其他管理人应当执行政府依法实施的应急处置措施和其他管理措施，积极配合开展相关工作。

【要义精解】

本条是关于物业服务企业或者其他管理人与业主关系的规定。

本条文有四层含义。

第一层含义是对于物业服务企业或者其他管理人与业主的关系。根据《民法典》在原《物权法》基础上新增的物业服务合同有关规定，物业服务企业或者其他管理人与业主之间法律关系为物业服务合同关系。根据《民法典》第284条的规定，业主可以选择物业服务企业或者其他管理人对建筑区划内的建筑物及其附属设施进行管理。选聘物业服务企业或者其他管理人的办法、程序等，应当依据《民法典》第278条的规定由业主共同决定。业主选好物业服务企业或者其他管理人后，应当签订物业管理合同，将自己对建筑物及其附属设施的管理权利委托给选聘的物业服务企业或者其他管理人。《物业管理条例》第34条第1款规定，业主委员会应当与业主大会选聘的物业服务企业订立书面的物业服务合同。

第二层含义是物业服务企业或者其他管理人根据业主的委托，依照《民法典》第三编有关物业服务合同的规定管理建筑区划内的建筑物及其附属设施。物业服务企业或者其他管理人与业主签订委托合同后，应当根据业主的委托，依照本法合同编有关物业服务合同的规定和合同的约定向业主提供相应的服务。本次《民法典》编纂在合同编增加了物业服务合同一章，对物业服务合同的内容、权利义务等作出了明确规定，因此，在本条"管理建筑区划内的建筑物及其附属设施"前增加"依照本法第三编有关物业服务合同的规定"，对合同内容以及权利义务作出进一步的指引性规定。

第三层含义为物业服务企业或者其他管理人接受业主的监督，并及时答复业主对物业服务情况提出的询问。物业管理是否符合合同约定，涉及建筑区划内的建筑物及其附属设施能否正常有效的运转，建筑区划内的治安、环保、卫生、消防等许多方面，涉及每个业主的切身利益，关系着社会的和谐与安定，因此，在履行物业服务合同的过程中，物业服务企业或者其他管理人应当接受业主的监督。《物业管理条例》中规定，业主可以监督物业服务企业履行物业服务合同，对物业共用部位、共用设施设备和相关场地使用情况享有知情权和监督权。业主委员会应当及时了解业主、物业使用人的意见和建议，监督和协助物业服务企业履行物业服务合同。业主对物业服务企业或者其他管理人的监督具体可以采取如下形式：对物业服务企业履行合同的情况提出批评、建议；查询物业服务企业在履行合同中形成的有关物业管理的各种档案材料；查询物业服务企业的收费情况等。业主对物业服务企业的监督有利于其更好地向业主提供服务，履行好合同规定的义务。此外，本法第943条规定，物业服务人应当定期将服务的事项、负责人员、质量要求、收费项目、收费标准、履行情况，以及维修资金使用情况、业主共有部分的经营与收益情况等以合理方式向业主公开并向业主大会、业主委员会报告。

第四层含义为物业服务企业或者其他管理人应当执行政府依法实施的应急处置措施和其他管理措施，积极配合开展相关工作。本款是2020年5月提交全国人民代表大会审议的《关于〈中华人民共和国民法典（草案）〉的说明》（以下简称《说明》）增加的内容。在新冠肺炎疫情防控中，广大物业服务企业执行政府依法实施的防控措施，承担了大量具体工作，得到社会普遍认可，还在近期的有关地方立法中引发关注。在《民法典》编纂过程中，有的意见提出，应该在《民法典草案》中增加相关规定。《说明》中提到，结合疫情防控工作，明确物业服务企业和业主的相关责任和义务，增加规定物业服务企业或者其他管理人应当执行政府依法实施的应急处置措施和其他管理措施，积极配合开展相关工作，业主应当依法予以配合。在现实中具体实施的措施主要包括消防管理、应急处置等。

【对照适用】

本条在原《物权法》第82条基础上作了修改完善：一是在"管理建筑区划内的建筑物及其附属设施"前增加"依照本法第三编有关物业服务合同的规定"。二是增加了"并及时答复业主对物业服务情况提出的询问"的规定。三是增加了第2款"物业服务企业或者其他管理人应当执行政府依法实施的应急处置措施和其他管理措施，积极配合开展相关工作"。

> 第二百八十六条　业主应当遵守法律、法规以及管理规约，相关行为应当符合节约资源、保护生态环境的要求。对于物业服务企业或者其他管理人执行政府依法实施的应急处置措施和其他管理措施，业主应当依法予以配合。
>
> 业主大会或者业主委员会，对任意弃置垃圾、排放污染物或者噪声、违反规定饲养动物、违章搭建、侵占通道、拒付物业费等损害他人合法权益的行为，有权依照法律、法规以及管理规约，请求行为人停止侵害、排除妨碍、消除危险、恢复原状、赔偿损失。
>
> 业主或者其他行为人拒不履行相关义务的，有关当事人可以向有关行政主管部门报告或者投诉，有关行政主管部门应当依法处理。

【要义精解】

本条是关于业主有义务制止损害他人合法权益的行为并追究其法律责任以及向有关行政主管部门报告或者投诉的规定。

通过概括，本条包含以下三层含义。

第一层含义，业主在建筑区划内应遵循相应的义务与要求。首先，业主应当遵守法律、法规，法律、法规对业主的义务作了一些规定，如《民法典》第 944 条第 1 款规定："业主应当按照约定向物业服务人支付物业费。物业服务人已经按照约定和有关规定提供服务的，业主不得以未接受或者无需接受相关物业服务为由拒绝支付物业费。"第 272 条规定，业主行使权利不得危及建筑物的安全，不得损害其他业主的合法权益。此外，业主还应当遵守管理规约。根据本法第 278 条规定，业主共同决定制定和修改管理规约。《物业管理条例》第 17 条规定，管理规约应当对有关物业的使用、维护、管理，业主的共同利益，业主应当履行的义务，违反管理规约应当承担的责任等事项依法作出约定。管理规约应当尊重社会公德，不得违反法律、法规或者损害社会公共利益。管理规约对全体业主具有约束力。业主的相关行为要符合节约资源、保护生态环境的要求。本次《民法典》中增加了"绿色原则"，根据本法第 9 条规定："民事主体从事民事活动，应当有利于节约资源、保护生态环境。"其次，业主对物业服务企业或者其他管理人依法实施的应急处理措施和其他管理措施具有配合义务。本条第 1 款规定，对于物业服务企业或者其他管理人执行政府依法实施的应急处置措施和其他管理措施，业主应当依法予以配合。此规定是 2020年 5 月提交全国人民代表大会审议的《说明》增加的内容。在新冠肺炎疫情防控中，广大物业服务企业执行政府依法实施的防控措施，承担了大量具体工作，得到了社会普遍认可，还在近期受到了有关地方立法的关注。在《民法典》编纂过程中，有的意见提出，应该增加相关规定。2020 年 5 月《说明》中提到，结合疫情防控工作，明确物业服务企业和业主的相关责任和义务，增加规定物业服务企业或者其他管理人应当执行政府依法实施的应急处置措施和其他管理措施，积极配合开展相关工作，业主应当依法予以配合。

第二层含义，业主大会或者业主委员会制止损害他人合法权益行为并追究其法律责任。对任意弃置垃圾、排放污染物或者噪声、违反规定饲养动物、违章搭建、侵占通道、拒付物业费等损害他人合法权益的行为如何处置，本条规定，可以由业主大会、业主委员会依照法律、法规以及管理规约的规定，请求行为人停止侵害、排除妨碍、消除危险、恢复原状、赔偿损失。关于"损害他人合法权益的行为"的界定，《建筑物区分所有权若干问题解释》第15条规定，业主或者其他行为人违反法律、法规、国家相关强制性标准、管理规约，或者违反业主大会、业主委员会依法作出的决定，实施下列行为的，可以认定为《民法典》第286条第2款所称的其他"损害他人合法权益的行为"：（1）损害房屋承重结构，损害或者违章使用电力、燃气、消防设施，在建筑物内放置危险、放射性物品等危及建筑物安全或者妨碍建筑物正常使用；（2）违反规定破坏、改变建筑物外墙面的形状、颜色等损害建筑物外观；（3）违反规定进行房屋装饰装修；（4）违章加建、改建，侵占、挖掘公共通道、道路、场地或者其他共有部分。第14条第1款规定，建设单位、物业服务企业或者其他管理人等擅自占用、处分业主共有部分、改变其使用功能或者进行经营性活动，权利人请求排除妨害、恢复原状、确认处分行为无效或者赔偿损失的，人民法院应予支持。第4条规定，业主基于对住宅、经营性用房等专有部分特定使用功能的合理需要，无偿利用屋顶以及与其专有部分相对应的外墙面等共有部分的，不应认定为侵权。但违反法律、法规、管理规约，损害他人合法权益的除外。

第三层含义，业主或者其他行为人拒不履行相关义务，有关当事人可以向有关行政主管部门报告或者投诉，有关行政主管部门应当依法处理。

【对照适用】

本条在原《物权法》第83条的基础上作了以下修改：一是增加规定"相关行为应当符合节约资源、保护生态环境的要求"。二是增加规定"对于物业服务企业或者其他管理人执行政府依法实施的应急处置措施和其他管理措施，业主应当依法予以配合"。三是将"业主大会和业主委员会"修改为"业主大会或者业主委员会"。四是将"要求行为人停止侵害、消除危险、排除妨害、赔偿损失"修改为"请求行为人停止侵害、排除妨碍、消除危险、恢复原状、赔偿损失"。五是新增加了第3款规定。

第二百八十七条　业主对建设单位、物业服务企业或者其他管理人以及其他业主侵害自己合法权益的行为，有权请求其承担民事责任。

【要义精解】

本条是关于业主对侵害自己合法权益的行为有权请求实施侵害者承担民事责任的规定。

法律及行政法规等规定了一些业主的权利，如《民法典》第274条规定，建筑区划内的道路，属于业主共有，但是属于城镇公共道路的除外。建筑区划内的绿地，属于业主共有，但是属于城镇公共绿地或者明示属于个人的除外。建筑区划内的其他公共场所、公用设施和物业服务用房，属于业主共有。第275条第2款规定，占用业主共有的道路或者其他场地用于停放汽车的车位，属于业主共有。第280条第2款规定，业主大会或者业主委员会作出的决定侵害业主合法权益的，受侵害的业主可以请求人民法院予以撤销。第281条规定，建筑物及其附属设施的维修资金，属于业主共有。第282条规定，建设单位、物业服务企业或者其他管理人等利用业主的共有部分产生的收入，在扣除合理成本之后，属于业主共有。《物业管理条例》第6条规定，业主在物业管理活动中，享有下列权利：（1）按照物业服务合同的约定，接受物业服务企业提供的服务；（2）提议召开业主大会会议，并就物业管理的有关事项提出建议；（3）提出制定和修改管理规约、业主大会议事规则的建议；（4）参加业主大会会议，行使投票权；（5）选举业主委员会成员，并享有被选举权；（6）监督业主委员会的工作；（7）监督物业服务企业履行物业服务合同；（8）对物业共用部位、共用设施设备和相关场地使用情况享有知情权和监督权；（9）监督物业共用部位、共用设施设备专项维修资金（以下简称专项维修资金）的管理和使用；（10）法律、法规规定的其他权利。同时也规定了一些建设单位、物业服务企业或者其他管理人以及其他业主的义务。根据本条规定，业主对建设单位、物业服务企业或者其他管理人以及其他业主侵害自己合法权益的行为，有权请求其承担民事责任。具体的民事责任，可以依据本法第179条的相关规定确定。

【对照适用】

本条是在原《物权法》第83条第2款"业主对侵害自己合法权益的行为，可以依法向人民法院提起诉讼"的规定基础上的修改完善，将"业主对建设单位、物业服务企业或者其他管理人以及其他业主侵害自己合法权益的行为，有权请求其承担民事责任"单列一条作了规定。

第七章　相邻关系

第二百八十八条　不动产的相邻权利人应当按照有利生产、方便生活、团结互助、公平合理的原则，正确处理相邻关系。

【要义精解】

本条是关于处理相邻关系原则的规定。

首先应当明确的是，本条所调整的为"不动产的相邻权利人"的概念，其是指"两个或两个以上相互毗邻不动产的所有人或使用人，在行使其不动产权利的过程中相互给予对方的一种便利或者对自己权利的限制，因而发生的权利义务关系"。[1]对此应当从以下几个方面进行理解。

第一，相邻的不动产不仅指土地，也包括附着于土地之上的建筑物与构筑物。相邻土地权利人之间的相邻关系的内容是非常丰富的，例如，通行、引水、排水，以及临时占用邻人土地修建建筑物等。但相邻的建筑物权利人之间的相邻关系也是同样内容丰富的，无论是在农村还是在城市，建筑物之间的通风、采光等相邻关系直接关系到人们的生活。特别是随着城市化的进一步发展，建筑物区分所有权人之间的相邻关系迫切需要法律作出调整。

第二，不动产的相邻关系一般指相互毗邻的不动产权利人之间的关系，但也并不尽然。例如，河流上游的权利人排水需要流经下游的土地，当事人之间尽管土地并不相互毗邻，但行使权利是相互邻接的。

第三，相邻的不动产权利人，不仅包括不动产的所有人，而且包括不动产的用益物权人和占有人。

法律设立不动产相邻关系的目的是尽可能确保相邻的不动产权利人之间的和睦关系，解决相邻的两个或者多个不动产所有人或使用人因行使权利而发生的冲突，维护不动产相邻各方利益的平衡。在现代社会，世界各

---

〔1〕　席志国：《中国物权法论》，中国政法大学出版社2016年版，第193页。

国的立法取向更加注重不动产所有权的"社会性义务"，给不动产所有权提出了更多的限制性要求。人们逐渐认识到，对不动产所有权的行使不能是绝对的，为避免所有权人绝对行使权利而妨碍社会的进步和公共利益的需要，有必要对所有权的行使，特别是不动产物权的行使加以必要的限制。我国早在1986年通过的《民法通则》就规定了处理不动产相邻关系的原则。原《民法通则》第83条规定："不动产的相邻各方，应当按照有利生产、方便生活、团结互助、公平合理的精神，正确处理截水、排水、通行、通风、采光等方面的相邻关系。给相邻方造成妨碍或者损失的，应当停止侵害，排除妨碍，赔偿损失。"虽然原《民法通则》对相邻关系的规定仅此一条，但却揭示了相邻关系的本质特征。首先，相邻关系是法定的，一是体现在不动产权利人对相邻不动产权利人的避免妨害之注意义务；二是体现在不动产权利人在非使用邻地就不能对自己的不动产进行正常使用时，有权在对邻地损害最小的范围内使用邻地，邻地权利人不能阻拦。这就是"团结互助、公平合理"的原则要求。处理相邻关系的原则，不仅是人们在生产、生活中处理相邻关系应遵从的原则，也是法官审理相邻关系纠纷案件应遵从的原则。特别是在法律对相邻关系的某些类型缺乏明确规定的情况下，需要法官以处理相邻关系的一般原则评判是非。

【对照适用】

本条延续了原《物权法》的有关规定。

第二百八十九条　法律、法规对处理相邻关系有规定的，依照其规定；法律、法规没有规定的，可以按照当地习惯。

【要义精解】

本条是关于处理相邻关系依据的规定。

"相邻关系非常复杂，非法律所可以穷尽规范的，法律只能选择最为常见的类型加以规定。"[1]因此，民法典物权编不可能对需要调整的相邻关系——列举，只能择其主要，作出原则性规定。世界各国对相邻关系种类的规定也是有繁有简。但是在现实生活中，基于相邻关系发生纠纷的种

---

[1] 席志国：《中国物权法论》，中国政法大学出版社2016年版，第195页。

类很多，人民法院或者其他有权调解、处理的机关在处理纠纷时，又必须依据一定的规范，所以本条规定："法律、法规对处理相邻关系有规定的，依照其规定；法律、法规没有规定的，可以按照当地习惯。"

对于相邻关系的复杂性，其一个关键点在于处理相关规范法源的问题。在民事法律未作规定的情况下，法官在处理民事纠纷时，依习惯作出判断。很多大陆法系国家或地区都有类似的规定。例如，《瑞士民法典》第1条第2款规定："本法无相应规定时，法官应依据惯例；无惯例时，依据自己作为立法人所提出的规则裁判。"再如，我国台湾地区"民法"第1条规定："民事，法律所未规定者，依习惯；无习惯者，依法理。"

平等主体之间的财产关系和人身关系的种类和内容极其广泛和复杂，调整这些关系的民法是难以涵盖全部的。因此，有的民事关系在没有相应法律进行调整时，适用当地风俗习惯或者交易惯例是一种必然要求。在法制社会里，民事主体之间发生了某种纠纷，不能说由于没有相应法律作为依据，法院就拒绝审理，这不利于社会的和谐与稳定。

作为裁判依据的"习惯"必须是当地多年实施且为当地多数人所遵从和认可的习惯，这种习惯已经具有"习惯法"的作用，在当地具有类似于法律一样的约束力。同时，这种习惯以不违背社会公共利益和善良风俗为限。因此，当邻里因为不动产的使用而发生纠纷时，如果没有相应的民事法律进行调整，在是否适用习惯作为审案的依据，以及适用何种习惯作为审案的依据问题上，法官应当依据习惯进行裁量。在整个民法体系中，处理相邻关系需要以习惯作为依据所占的比例是比较大的，理由就是相邻关系的种类繁多且内容丰富。由于我国《民法典》对相邻关系的规定比较原则和抽象，因此，更是大量需要以习惯作为标准来判决基于相邻关系而产生纠纷的是与非。

【对照适用】

本条延续了原《物权法》的有关规定。

> **第二百九十条** 不动产权利人应当为相邻权利人用水、排水提供必要的便利。
>
> 对自然流水的利用，应当在不动产的相邻权利人之间合理分配。对自然流水的排放，应当尊重自然流向。

【要义精解】

本条是关于用水、排水相邻关系的规定。

相邻的不动产权利人基于用水、排水而发生的相邻关系的内容非常丰富，本条是对于这一问题的规范。本条第1款是对于用水排水的概括性规定，不动产权利人应当为相邻权利人用水、排水提供必要的便利。第2款则对于这一概括性规定在具体情况下的适用进行了规定。

按照这一规定，应当尊重自然流水的流向及低地权利人的承水、过水义务。例如，法国、意大利、瑞士、日本和我国台湾地区"民法"规定，从高地自然流至之水，低地权利人不得妨阻。应当由水流地权利人变更水流或者宽度的限制。再如，日本和我国台湾地区"民法"规定，水流地权利人，在对岸的土地属于他人时，不得变更水流或者宽度。两岸的土地均属于一个权利人时，该权利人可以变更水流或者宽度，但应给下游留出自然水路。当地对此有不同习惯的，从其习惯，应当对自然流水使用合理分配。我国对跨行政区域的河流实行水资源配置制度。我国《水法》第45条第1款规定："调蓄径流和分配水量，应当依据流域规划和水中长期供求规划，以流域为单元制定水量分配方案。"法国、意大利、瑞士和我国台湾地区"民法"规定，自然流水为低地所必需的，高地权利人纵因其需要，也不得妨碍。

【对照适用】

本条延续了原《物权法》的有关规定。

第二百九十一条 不动产权利人对相邻权利人因通行等必须利用其土地的，应当提供必要的便利。

【要义精解】

本条是关于相邻关系中便利通行的规定。

不动产权利人原则上有权禁止他人进入其土地，但他人因通行等必须利用或进入其土地的，不动产权利人应当提供必要的便利。这些情形包括以下几点。

第一，不动产权利人必须为相邻袋地的权利人提供通行便利。从国外某些规定来看，土地被他人土地包围，与公路没有适宜的联络，致使不能正常使用的，土地权利人可以通行周围的土地以到达公路。但应选择损害最小的处所及方法通行，仍有损害的，应支付偿金。例如，《法国民法典》第682条规定："土地被他人土地包围，且在为工业、农业或商业利用其土地或为进行建筑或小块土地上的建筑作业而无任何出路或出路不足通至公共道路时，其所有人得要求在其邻人土地上取得足够的通道，以保证其土地的完全通达，但应负担与通道所造成的损害相当的赔偿。"

袋地的形成如是因土地的分割或者一部分的让与而至不通公路时，袋地的权利人只能通行受让人或者让与人的土地，而且无须支付赔偿金。例如，《法国民法典》第684条规定："如因出卖、交换、分割或其他任何契约所产生的土地划分而造成被他人土地的包围，其通道仅得在作为此类行为的客体的土地上要求取得。但在划分的土地上不能建立足够的通道时，适用第682条的规定。"

第二，依当地习惯，许可他人进入其未设围障的土地刈取杂草，采集枯枝、枯干，采集野生植物，或放牧牲畜等。例如，《瑞士民法典》第699条规定："任何人得于地方习惯容许的范围内，进入森林及牧场，并取得野生浆果、香菇（草）及其他出产物；但主管官署为耕作的利益，个别限定范围禁止之者，不在此限。关于为狩猎及捕鱼之必要而进入他人所有地，州法得为详细的规定。"

第三，他人物品或者动物偶然失落于其土地时，应允许他人进入其土地取回。例如，《瑞士民法典》第700条规定："物因水、风、雪崩或其他自然力或偶然事件而被移至他人地内，或大小牛仔、蜂群、鸟类及鱼类等偶至他人地内者，土地所有人应许权利人入其地内巡查取回。"《德国民法典》第962条规定："蜂群的所有权人，在追踪之际，得进入他人之土地。蜂群移住他人的空虚蜂房时，蜂群所有权人，为捕获蜂群，得开启蜂房，取出蜂窝或破坏而消除之。在此情形，所有人应赔偿所生的损害。"

【对照适用】

本条延续了原《物权法》的有关规定。

第二百九十二条 不动产权利人因建造、修缮建筑物以及铺设电线、电缆、水管、暖气和燃气管线等必须利用相邻土地、建筑物的，该土地、建筑物的权利人应当提供必要的便利。

【要义精解】

本条是关于利用相邻土地的规定。

本条规定的使用邻地包括两种情形：一是因建造、修缮建筑物而临时使用邻地；二是在邻地上安设管线。

土地权利人因建造、修缮建筑物暂时而且有必要使用相邻的土地、建筑物的，相邻的土地、建筑物的权利人应当提供必要的便利。很多国家或地区对这种基于建筑而临时使用相邻土地的相邻关系作了规定，例如，《日本民法典》第209条规定："（一）土地所有人，于疆界或疆界附近建造、修缮墙壁或建筑物时，于必要范围内，可以请求使用邻地。但是，未经邻人允许，不得进入其住宅；（二）于前款情形，邻人受损害时，可以请求偿金。"

从建筑工程学角度上讲，土地权利人，非经过邻人的土地而不能安设电线、水管、煤气管等管线，而此等管线又为土地权利人所必须，该土地权利人有权通过邻人土地的上下安设，但应选择损害最小的处所及方法安设，仍有损害的，应支付偿金。很多国家或地区对在相邻土地上安设管线的问题作出了规定。例如，《瑞士民法典》第691条第1款规定："土地所有人已取得全部损害赔偿时，有许可水道、疏水管、煤气管等类似管道及地上、地下电缆在其土地安设的义务。但以非经其土地不能安设，或须过大费用始能安设的为限。"我国台湾地区"民法"专设"管线安设权"一条，其第786条规定："土地所有人，非通过他人之土地，不能安设电线、水管、煤气管或其他筒管，或虽能安设而需费过巨者，得通过他人土地之上下而安设之。但应择其损害最少之处所及方法为之，并应支付偿金。依前项之规定，安设电线、水管、煤气管或其他筒管后，如情事有变更时，他土地所有人得请求变更其安设。前项变更安设之费用，由土地所有人负担，但另有习惯者，从其习惯。"

【对照适用】

本条延续了原《物权法》的有关规定。

第二百九十三条　建造建筑物，不得违反国家有关工程建设标准，不得妨碍相邻建筑物的通风、采光和日照。

【要义精解】

本条是关于通风、采光和日照的规定。

通风、采光和日照是衡量一个人居住质量的重要标准之一，也是个人生活中必不可少的基本需要。在高楼林立的现代都市，建筑物的通风、采光和日照问题日益成为社会关注的问题之一。城市土地价值的提升导致建筑物之间的距离比过去缩小，高层建筑进一步普及，因此使得建筑物之间通风、采光和日照的矛盾越来越多。对此，《民法典》有必要在原《民法通则》规定的基础上，对通风、采光和日照的问题作进一步规定。

有些国家在民法中规定建造建筑物的一些具体标准，例如，意大利、瑞士和日本的民法典规定，不动产权利人建造建筑物时，应与相邻建筑物保持适当的距离，并且限制其适当的高度，不得妨碍相邻建筑物的通风和采光。《意大利民法典》规定，相邻土地上的建筑物不是一体的，应保持不少于3米的距离。《日本民法典》规定，土地权利人在冬至这一天应享有不少于4小时的日照时间。

由于我国地域辽阔，各地经济发展很不平衡，所以在原《物权法》中很难规定具体的标准。又由于不同社会发展阶段对建设工程标准的要求也有所不同，因此不宜在原《物权法》中规定具体的标准。所以，本条只是原则规定，即建造建筑物，不得违反国家有关工程建设标准，妨碍相邻建筑物的通风、采光和日照。2012年住房和城乡建设部发布国家标准《建筑采光设计标准》，2018年住房和城乡建设部发布国家标准《城市居住区规划设计标准》。按照上述标准，旧区改造住宅日照标准按照大寒日的日照不低于1小时执行。

【对照适用】

本条延续了原《物权法》的有关规定，未进行实质性修改。

第二百九十四条 不动产权利人不得违反国家规定弃置固体废物，排放大气污染物、水污染物、土壤污染物、噪声、光辐射、电磁辐射等有害物质。

【要义精解】

本条是关于相邻不动产之间排放、施放污染物的规定。

在现代社会，环境污染问题构成了对人们生活环境的强烈威胁，这一问题在相邻关系领域也有相应的调整，本条就是对这一问题进行的概括性规定。

按照《民法典》第288条规定，处理相邻关系的"有利生产、方便生活、团结互助、公平合理"的原则已经包含了相邻不动产权利人之间应当互负容忍义务。但互负容忍义务是有限度的，如何划定这一限度即为《民法典》中相邻关系规范所存在的价值。本条以国家规定作为这一判定标准，在国家规定的标准以内应当容忍，如果超过国家规定的标准，受害的不动产权利人有权要求侵害人停止侵害、消除危险、排除妨害以及赔偿损失。

本条规定的大气污染物，主要包括燃煤的煤烟污染；废气、粉尘和恶臭污染；机动车、船的尾气污染等。我国《大气污染防治法》第8条规定，国务院生态环境主管部门或者省、自治区、直辖市人民政府制定大气环境质量标准，应当以保障公众健康和保护生态环境为宗旨，与经济社会发展相适应，做到科学合理。第9条规定，国务院生态环境主管部门或者省、自治区、直辖市人民政府制定大气污染物排放标准，应当以大气环境质量标准和国家经济、技术条件为依据。第12条规定，大气环境质量标准、大气污染物排放标准的执行情况应当定期进行评估，根据评估结果对标准适时进行修订。水污染是我国环境保护中的一个突出问题。随着工业生产的增长和城市的发展，排向江河、湖泊的污水量不断增加，特别是未经处理的工业废水带着大量的有毒、有害污染物质，排放到自然水体，造成了水体污染，破坏了生态平衡。我国《水污染防治法》第12条规定，国务院环境保护主管部门制定国家水环境质量标准。省、自治区、直辖市人民政府可以对国家水环境质量标准中未作规定的项目，制定地方标准，并报国务院环境保护主管部门备案。第13条规定，国务院环境保护主管部门会同国务院水行政主管部门和有关省、自治区、直辖市人民政府，可以根据国家确定的重要江河、湖泊流域水体的使用功能以及有关地区的经济、技术条件，确定该重要江河、湖泊流域的省界水体适用的水环境质量标准，报国务院批准后施行。固体废物污染防治工作面临着许多新的情况和问题。我国《固体废物污染环境防治法》第14条规定，国务院生态环境主管部门应当会同国务院有关部门根据国家环境质量标准和国家经济、技术条件，制定固体废物鉴别标准、鉴别程序和国家固体废物污染环境防治技术标准。在相邻关系中，不动产权利人不得违反国家规定的标准，向相邻不动产倾倒、堆放、丢弃、遗撒固体废物。我国《环境保护法》第42条第1款规定，排放污染物的企业事业单位和其他生产经营者，应当采取措施，防治在生产建设或者其他活动中产生的废气、废水、废渣、医疗废物、粉尘、恶臭气体、放射性物质以及噪声、振动、光辐射、电磁辐射等对环境的污染和危害。在相邻关系中，不动产向相邻不动产施放噪声是难免的，但是要控制施放噪声的分贝以及施放噪声的时间，不得影响相邻不动产正常的生产、生活；随着城市化的发展，高层建筑的玻璃幕墙造成的光污染，以及霓虹灯等造成的光污染越来越多。解决此类纠纷，一是要求建筑单位在建筑物设计上，要考虑相邻不动产可能遭受的损害；二是要给予受损害的相邻不动产充分、合理的补偿。随着近代无线电技术的发展，电磁波污染日益受到社会的重视。我国《广播电视设施保护条例》第11条规定："广播电视信号发射设施的建设，应当符合国家有关电磁波防护和卫生标准；在已有发射设施的场强区内，兴建机关、工厂、学校、商店、居民住宅等设施的，除应当遵守本条例有关规定外，还应当符合国家有关电磁波防护和卫生标准。"

【对照适用】

本条延续了原《物权法》的有关规定，除增加"土壤污染物"一项外未进行实质性修改。

第二百九十五条　不动产权利人挖掘土地、建造建筑物、铺设管线以及安装设备等，不得危及相邻不动产的安全。

【要义精解】

本条是关于维护相邻不动产安全的规定。

不动产权利人有权在自己具有使用权的土地范围内进行工程建设，但是要注意相邻不动产的安全，避免使相邻不动产造成不应有的损害。我国《民法典》使用"不得危及相邻不动产的安全"这一表述进行了概括性规定，但细分下去可以包括以下几个方面。

第一，在自己的土地上开挖地基时，要注意避免使相邻土地的地基发生动摇或动摇之危险，致使相邻土地上的建筑物受到损害。很多国家或地区对此有规定，例如，《瑞士民法典》第685条第1款规定："所有人在挖掘或建筑时，不得使邻人的土地发生动摇，或有动摇的危险，或使其土地上的设施受到危害。"我国台湾地区"民法"第794条规定："土地所有人开掘土地或为建筑时，不得因此使邻地之地基动摇或发生危险，或使邻地之工作物受其损害。"

第二，在与相邻不动产的疆界线附近处埋设水管时，要预防土沙崩溃、水或污水渗漏到相邻不动产。《日本民法典》第238条对此有规定。

第三，不动产权利人在自己的土地范围内种植的竹木根枝伸延，危及另一方建筑物的安全和正常使用时，应当消除危险，恢复原状。

第四，不动产权利人在相邻土地上的建筑物有倒塌的危险从而危及自己土地及建筑物安全时，有权要求相邻不动产权利人消除危险。例如，《德国民法典》第908条规定，因与邻地相关的建筑物或其他工作物有倒塌的危险，或因建筑物或工作物的一部分有崩离的危险，致土地有受损害之虞时，所有人对发生的损害可能应负责的人，得请求采取为防止危险发生所必要的措施。我国台湾地区"民法"第795条规定："建筑物或其他工作物之全部，或一部有倾倒之危险，致邻地有受损害之虞者，邻地所有人，得请求为必要之预防。"

【对照适用】

本条延续了原《物权法》的有关规定。

第二百九十六条　不动产权利人因用水、排水、通行、铺设管线等利用相邻不动产的，应当尽量避免对相邻的不动产权利人造成损害。

【要义精解】

本条是关于在使用相邻不动产时避免造成损害的规定。

《民法典》第290条第1款规定，不动产权利人应当为相邻权利人用水、排水提供必要的便利。第291条规定，不动产权利人对相邻权利人因通行等必须利用其土地的，应当提供必要的便利。第292条规定，不动产权利人因建造、修缮建筑物以及铺设电线、电缆、水管、暖气和燃气管线等必须利用相邻土地、建筑物的，该土地、建筑物的权利人应当提供必要的便利。这三条都是从义务的角度写的，即不动产权利人应当按照有利生产、方便生活、团结互助、公平合理的原则，为相邻不动产权利人因用水、排水、通行、铺设管线等而使用自己的不动产的行为负容忍义务，即提供必要的便利。但从使用一方来讲，在行使相邻权的同时，也要负尽量避免对被使用的相邻不动产的权利人造成损害的义务。

利用相邻土地引水、排水可能无法避免给相邻土地的权利人造成损失，但应选择损害最小的处所或方法进行引水或者排水。利用相邻土地通行，一般都会对相邻土地的权利人造成损害，特别是在相邻土地上开路的情况下，损害是避免不了的，享有通行权的人必须给予补偿。关于必须利用相邻不动产铺设管线的，应选择相邻不动产损害最小之处所或方法进行，并按照损害的大小，给予补偿。关于在自己的土地上进行建筑活动，而有必要临时使用相邻土地、建筑物，如有损害，应当对相邻土地、建筑物的权利人给予补偿。如果因用水、排水、通行、铺设管线等利用相邻不动产给相邻的不动产权利人造成损害的，应按照民法典侵权责任编相关规定承担相应侵权责任。

【对照适用】

本条基本延续了原《物权法》的有关规定。在原《物权法》第 92 条有关于因相邻关系造成损害，应当予以赔偿的规定，在《民法典》中将这一规定进行了删除。《民法典》中有侵权责任编对侵权行为进行调整，因此在物权编中删除了有关涉及侵权行为的规定，是《民法典》体系性、科学性的要求。

第八章　共　　有

第二百九十七条　不动产或者动产可以由两个以上组织、个人共有。共有包括按份共有和共同共有。

【要义精解】

本条是关于共有概念和共有形式的规定。

一、关于共有的概念

"共有是指两个以上的权利主体对同一物共同享有所有权的法律状态。"[1]共有的主体称为共有人，客体称为共有财产或共有物。各共有人之间因财产共有形成的权利义务关系，称为共有关系。

财产的所有形式可分为单独所有和共有两种。单独所有是指财产所有权的主体是单一的，即一个人单独享有对某项财产的所有权。共有是指多个权利主体对一物共同享有所有权。例如，两个人共同所有一艘船舶。我国《海商法》第 10 条规定："船舶由两个以上的法人或者个人共有的，应当向船舶登记机关登记；未经登记的，不得对抗第三人。"

二、关于共有的形式

在德国民法中，共有指"按份共有"，没有提出"共同共有"的概念，但事实上规定了共同共有的法律关系。如《德国民法典》第 718 条规定的合伙，《德国商法典》第 105 条、第 106 条规定的合伙公司、夫妻共同财产和尚未分割的共同继承财产的所有权等。这种共有关系并没有规定在《德国民法典》物权编中的"共有"一节中，而是在它的第二编即债务关系编的第十四节"团体"和第十五节"共同关系"之内。

【对照适用】

本条延续了原《物权法》的有关规定，未进行实质性修改。

---

[1]　李永军主编：《民法学教程》，中国政法大学出版社 2021 年版，第 266 页。

第二百九十八条 按份共有人对共有的不动产或者动产按照其份额享有所有权。

【要义精解】

本条是关于按份共有的规定。

按份共有，又称分别共有，是与共同共有相对应的一项制度。指数人按应有份额（部分）对共有物共同享有权利和分担义务的共有。

在按份共有中，各共有人对共有物享有不同的份额。各共有人的份额，又称应有份，其具体数额在按份共有中必须是明确的，如果按份共有人对共有的不动产或者动产享有的份额，没有约定或者约定不明确的，依照《民法典》第309条规定，按照出资额确定；不能确定出资额的，视为等额享有。

在按份共有中，共有人的份额决定了其权利义务的范围。共有人对共有物持有多大的份额，就对共有物享有多大权利和承担多大义务。

按份共有与分别所有是不同的。在按份共有中，各个共有人的权利不是局限在共有财产的某一部分上，或就某一具体部分单独享有所有权，而是各共有人的权利均及于共有财产的全部。当然，在许多情况下，按份共有人的份额可以产生和单个所有权一样的效力，如共有人有权要求转让其份额，但是各个份额并不是一个完整的所有权，如果各共有人分别单独享有所有权，则共有也就不复存在了。

【对照适用】

本条延续了原《物权法》的有关规定。

第二百九十九条 共同共有人对共有的不动产或者动产共同享有所有权。

【要义精解】

本条是关于共同共有的规定。

共同共有是指两个或两个以上的民事主体，基于一定的共同关系对于同一标的物之全部，不分份额地、平等地享有所有权。[1]共同共有的特征

---

[1] 席志国：《中国物权法论》，中国政法大学出版社2016年版，第239页。

是：第一，共同共有根据共同关系而产生，以共同关系的存在为前提，例如夫妻关系、家庭关系；第二，在共同共有关系存续期间内，共有财产不分份额。这是共同共有与按份共有的主要区别；第三，在共同共有中，各共有人平等地对共有物享受权利和承担义务。

关于共同共有的形式，依据其产生原因可以划分为约定共同共有和法定共同共有。其中法定共同共有普遍认为包括"夫妻共有"、"家庭共有"和"遗产分割前的共有"。

一、夫妻共有

共同共有最典型的形式就是夫妻共有。我国《民法典》第1062条规定："夫妻在婚姻关系存续期间所得的下列财产，为夫妻的共同财产，归夫妻共同所有：（一）工资、奖金、劳务报酬；（二）生产、经营、投资的收益；（三）知识产权的收益；（四）继承或者受赠的财产，但是本法第一千零六十三条第三项规定的除外；（五）其他应当归共同所有的财产。夫妻对共同财产，有平等的处理权。"例如，夫妻双方出卖、赠与属于夫妻共有的财产，应取得一致的意见。夫妻一方明知另一方处分财产而未作否定表示的，视为同意。

二、家庭共有

家庭共有财产是指家庭成员在家庭共同生活关系存续期间，共同创造、共同所得的财产。例如，家庭成员交给家庭的财产，家庭成员共同受赠的财产，以及在此基础上购置和积累起来的财产等。

三、遗产分割前的共有

我国法律对继承开始前遗产究竟属于共同共有还是按份共有并无明确规定，但综合学理以及其他国家与地区法律规定，应当将其认定为按份共有。如我国台湾地区"民法"第1151条规定："继承人有数人时，在分割遗产前，各继承人对于遗产全部为公同共有。"所谓"公同共有"即我们所说的"共同共有"。

【对照适用】

本条延续了原《物权法》的有关规定。

第三百条　共有人按照约定管理共有的不动产或者动产；没有约定或者约定不明确的，各共有人都有管理的权利和义务。

【要义精解】

本条是关于共有物管理的规定。本条包含两层意思：第一，当存在共有人管理共有物的约定时，依照约定；第二，当没有约定或者约定不明时，推定所有共有人都有管理的权利与义务。

所谓管理，包括共有人对于共有物的使用、利用、保存以及日常维护与简单修缮。第一，在对共有物的保存上，有约定的按约定办理；没有约定或者约定不明确的，各共有人都有妥善保存的权利和义务。所谓对共有物保存的约定，主要是对共有物保存方式的约定，使共有物处于良好状态，以至于共有物对全体共有人发挥更大的功效。例如，家庭成员可以对共有的汽车商定如何保养、存放，以避免汽车毁损、灭失。有约定的依约定，没有约定的，成员当中主要使用汽车的一方要妥善保存。第二，在对共有物的使用方法上，也要遵循有约定的依约定，没有约定的，共有人在各自使用时，要尽合理的注意义务，以避免共有物毁损的原则。例如，夫妻在使用共有的洗衣机问题上，几乎不可能约定使用方法，那么夫妻各自使用时，要按照产品的操作规程，以防洗衣毁损。第三，在对共有物简易修缮问题上，共有人要商量确定。商量不通的，各共有人都有权利和义务进行修缮。因为共有物的有些小毛病如不及时修理，可能导致损失进一步扩大，对全体共有人都是不利的。

【对照适用】

本条延续了原《物权法》的有关规定。

> **第三百零一条** 处分共有的不动产或者动产以及对共有的不动产或者动产作重大修缮、变更性质或者用途的，应当经占份额三分之二以上的按份共有人或者全体共同共有人同意，但是共有人之间另有约定的除外。

【要义精解】

本条是关于共有物处分或者重大修缮的规定。本条包括按份共有与共同共有中关于共有物处分或者重大修缮的不同规定。

一、对按份共有物的处分与重大修缮

在对按份共有物的处分问题上兼顾效益原则和公平原则，实行"多数决"原则。即：占份额三分之二以上的按份共有人同意，即可处分共有物。传统民法从公平原则出发，规定只有在全体按份共有人同意的前提下，才能对共有物进行处分。例如，《德国民法典》第747条第2款规定："整个共有物仅得由全体共有人共同处分。"我国台湾地区"民法"第819条第2款规定："共有物之处分、变更及设定负担，应得共有人全体之同意。"现代社会中强调交易的效率性，全体同意原则不仅使按份共有人间易滋生矛盾，丧失合作信心，也阻碍物之及时有效地利用。因此，我国从物权法时期便在对按份共有的共有物处分问题上采用"多数决"的原则。《民法典》中延续了原《物权法》的有关规定。

按份共有人对共有物的重大修缮，在我国台湾地区被称为对共有物的改良。对共有物的重大修缮或称改良行为，是在不改变共有物性质的前提下，提高共有物的效用或者增加共有物的价值。大陆法系民法传统中对共有物的改良普遍实行"相对多数决"原则。例如，我国台湾地区"民法"第820条第3款规定："共有物之改良，非经共有人过半数，并其应有部分合计已过半数者之同意不得为之。"

二、对共同共有物的处分与重大修缮

对于共同共有，处分共有物必须经全体共同共有人同意。在承认共同共有的国家或地区中，对共同共有物的处分须经全体共有人"一致决"的原则是传统民法的通例，例如，《瑞士民法典》第653条第2款规定："行使所有权，特别是对物的处分，除有特别约定外，须经全体共同共有人一致同意。"我国台湾地区"民法"第828条规定："公同共有人之权利义务，依其公同关系所由规定之法律或契约定义。除前项之法律或契约另有规定外，公同共有物之处分及其他之权利行使，应得公同共有人全体之同意。"我国在司法实践传统中也坚持对共有物的处分须经全体共同共有人"一致决"的原则。

对共有财产作重大修缮，特别是对价值较大的共有财产作重大修缮，往往事关各共有人的利益，一般需要从共有财产中支付费用，还可能基于修缮而使共有人在一段时间内不能使用，或者影响共有物所创造的价值。

所以本条规定，对共有物作重大修缮的，须经全体共同共有人一致同意，但共有人另有约定的除外。

司法实践中可能出现这样的情况，当对按份共有物进行处分或者重大修缮时并未得到三分之二以上共有人的同意，或者是对共同共有物进行处分或者重大修缮时并未得到全部共有人的同意，这种情况的出现对法律行为效力的影响是怎样的？在此种情况下，其处分行为若为法律行为，则构成无权处分，其效力为待定，须经其他共有人的追认。当然，基于区分原则，这里的处分并非指买卖等合同行为，而是指直接转移标的物之所有权等引起物权变动的履行行为。故其所签订的买卖合同等仍然属于有效的合同，若未经其他共有人追认，买受人不能取得标的物之所有权，但是可以请求出卖人承担违约责任。[1]

【对照适用】

本条延续了原《物权法》的有关规定，未进行实质性修改。

> **第三百零二条** 共有人对共有物的管理费用以及其他负担，有约定的，按照其约定；没有约定或者约定不明确的，按份共有人按照其份额负担，共同共有人共同负担。

【要义精解】

本条是关于共有物管理费用及负担的规定。

所谓"对共有物的管理费用及负担"主要包括以下内容。

第一，对共有物的保存费用，即为保持共有物免于毁损、灭失，或者确保共有物正常使用而支付的费用。例如，对共有的汽车在一年中支付的交强险与商业险费用、车船使用税、停车费等。第二，对共有物作简易修缮或者重大修缮所支出的费用，如装修共有的房屋所支付的费用。第三，对共有物的其他负担，例如因为共有物对共有人以外的人造成损害，而向受害人支付的损害赔偿。

在按份共有中，对共有物的管理费用以及其他负担，有约定的，按照

---

〔1〕 席志国：《中国物权法论》，中国政法大学出版社 2016 年版，第 235—236 页。

约定；没有约定或者约定不明确的，按份共有人按照其份额负担。在共同共有中，对共有物的管理费用以及其他负担，原则上由共同共有人共同负担。

【对照适用】

本条延续了原《物权法》的有关规定，未进行实质性修改。

> **第三百零三条** 共有人约定不得分割共有的不动产或者动产，以维持共有关系的，应当按照约定，但是共有人有重大理由需要分割的，可以请求分割；没有约定或者约定不明确的，按份共有人可以随时请求分割，共同共有人在共有的基础丧失或者有重大理由需要分割时可以请求分割。因分割造成其他共有人损害的，应当给予赔偿。

【要义精解】

本条是关于共有财产分割原则的规定，主要包括以下三层含义。

一、共有人对于共有物分割有约定时

无论是按份共有，还是共同共有，对于共有物是否可以分割可以区分为三种情形：约定可以分割、约定不能分割与没有约定或者约定不明。当有约定的情形时，共有人对共有财产的分割有约定的原则上依其约定。但是当按照约定不能分割时，共有人有重大理由需要分割的，可以违反约定进行分割。但此种情形必须具备重大理由，如满足日常生活中所迫切需要的金钱需求而进行的分割。

二、共有人对于共有物分割没有约定或者约定不明确时

共有人对共有财产是否可以分割，在什么情况下可以分割没有约定，或者约定不明确的，法律对于按份共有与共同共有进行了不同规定。依据本条规定，按份共有人可以随时请求分割，共同共有人在共有的基础丧失或者有重大理由需要分割时可以请求分割。

第一，按份共有人可以随时请求分割。按份共有是各共有人按照确定的份额对共有财产享有权利和承担义务的共有。按份共有人对其应有份额享有相当于分别所有的权利。因此，按份共有关系存续期间，按份共有人有权请求从共有财产中分割出属于自己的份额。这种请求不需要征得其他共有人的同意，只要共有人提出请求，就可以产生分割的后果。

第二，共同共有人在共有的基础丧失或者有重大理由需要分割时可以请求分割。共同共有是共有人对全部共有财产不分份额地享有权利和承担义务的共有。在共有关系存续期间，各共有人对共有财产没有确定的份额，无论在权利的享有上还是在义务的负担上都无份额比例之分。对于共同共有，其共有人之间联系更加紧密，通常共有人只有在共同共有关系消灭时才能协商确定各自的财产份额，对共有财产予以分割。因此，本条规定共同共有人在共有的基础丧失或者有重大理由需要分割时可以请求分割共有财产。共同共有人共有的基础丧失，如基于夫妻财产的共同共有，因婚姻关系的消灭可以请求分割共有的财产。有重大理由需要分割，如在婚姻关系存续期间，夫妻二人约定由原来的夫妻共同财产制，改变为夫妻分别财产制，在这种情况下，夫或者妻一方也可以请求分割共有的财产。

三、损害赔偿的原则

共有财产关系的客体为一项特定的统一的财产，其价值在于其存在的一体性。当基于某些法定的特殊原因，共有人分割共有财产，会使共有财产的功能丧失或者削弱，降低它的价值，有可能给其他共有人造成损害，因此本条规定，因分割对其他共有人造成损害的，应当给予赔偿。

【对照适用】

本条延续了原《物权法》的有关规定，未进行实质性修改。

第三百零四条　共有人可以协商确定分割方式。达不成协议，共有的不动产或者动产可以分割且不会因分割减损价值的，应当对实物予以分割；难以分割或者因分割会减损价值的，应当对折价或者拍卖、变卖取得的价款予以分割。

共有人分割所得的不动产或者动产有瑕疵的，其他共有人应当分担损失。

【要义精解】

本条是关于共有物分割方式的规定。

分割共有的不动产或者动产，可以采取各共有人之间协商确定的方式。这是在共有这一法律关系中私法自治精神的体现，至于协商的内容，由共有人自由决定。当无法达成协议时，共有人可提请法院进行分割。分割方式包括以下几种：（1）实物分割。依照本条规定，实物分割是在共有物可以分割且不会造成价值减损情况下应当优先适用的分割方式。原则上共有物为种类物且为多数时，即可采取实物分割的方式。如对于数吨粮食进行分割。（2）变价分割。如果共有物无法进行实物分割，或者说，实物分割将减损物的使用价值或者改变物的特定用途时，应当将共有物进行拍卖或者变卖，对所得价款进行分割。如果各共有人都不愿接受共有物，这时也可采取将共有物出卖，分割价金的方式。（3）折价补偿。折价赔偿的分割方式主要存在于以下情形，即对于不可分割或者分割将减损其价值的共有物，如果共有人中的一人愿意取得共有物，可以由该共有人取得共有物，并由该共有人向其他共有人作价赔偿。

本条第2款规定，共有人分割所得的不动产或者动产有瑕疵的，其他共有人应当分担损失。本款的规定是为了防止共有物分割后，共有人发现权利或者利益受到侵害而得不到赔偿的情况发生。例如《德国民法典》《日本民法典》及我国台湾地区"民法"均有明确规定，即解除共有关系时，各共有人对于其他共有人分割而得的物，按其份额赋予出卖人相同的担保责任。

【对照适用】

本条延续了原《物权法》的有关规定，未进行实质性修改。

> **第三百零五条**　按份共有人可以转让其享有的共有的不动产或者动产份额。其他共有人在同等条件下享有优先购买的权利。

【要义精解】

本条是关于按份共有人的优先购买权的规定，主要包括以下两层含义。

一、按份共有人可以转让其享有的共有份额

本条第 1 句规定了在共有关系存续期间，按份共有人有权转让其享有的共有的不动产或者动产份额。相对于共同共有，按份共有人的关系较为松散，对于其份额可以自由地转让，其原因在于按份共有中各共有人的所有权可划分为份额，各共有人拥有其份额，自然有权将其份额进行处分，这是所有权的本质所决定的。从比较法来看，其他国家和地区普遍承认按份共有人自由转让的权利。如《德国民法典》第 747 条规定："（1）各共有人得自由处分其份额。（2）整个共有物仅得由全体共有人共同处分。"《意大利民法典》第 1103 条规定："每个共有人都可以在自己享有的财产份额范围内处分自己的权利、允许他人享用自己的财产。"《瑞士民法典》第 646 条规定："各共有人对其应有份额享有所有人的全部权利及义务。对其应有份额可转让、质押或供债权人扣押。"我国台湾地区"民法"第 819 条规定："各共有人，得自由处分其应有部分。共有物之处分、变更及设定负担，应得共有人全体之同意。"

共有人转让共有份额后，受让人可能继续与其他原共有人共有，或者分割共有份额。共有人请求分割共有物的行为是一种单方法律行为，一经作出即生效力。分割共有物的方法依据当事人约定，如果当事人没有约定或约定不明时，则按照以下方法加以分割：（1）如果共有物能够分割，则将共有物按照共有人各自的份额加以分配；（2）如果共有物不适合分割，如分割会减少共有物的价值，则可以将共有物拍卖或变卖而分割其价金，或者共有人之一人取得共有物，向其他共有人按照各自的份额支付相应的对价。

二、按份共有人转让其份额时其他共有人享有优先购买权

本条第 2 句规定了共有人转让其份额时其他共有人在同等条件下享有优先购买权。此处"同等条件下"是指其他共有人就购买该份额所给出的价格、交易条件与欲购买该份额的非共有人相同。《物权编解释（一）》第 10 条规定："民法典第三百零五条所称的'同等条件'，应当综合共有份额的转让价格、价款履行方式及期限等因素确定。"第 11 条规定："优先购买权的行使期间，按份共有人之间有约定的，按照约定处理；没有约定或者约定不明的，按照下列情形确定：（一）转让人向其他按份共有人发出的包含同等条件内容的通知中载明行使期间的，以该期间为准；（二）通知中未载明行使期间，或者载明的期间短于通知送达之日起十五日的，为十五日；（三）转让人未通知的，为其他按份共有人知道或者应当知道最终确定的同等条件之日起十五日；（四）转让人未通知，且无法确定其他按份共有人知道或者应当知道最终确定的同等条件的，为共有份额权属转移之日起六个月。"即当其他共有人与此外的其他人出价相同时，其他共有人有优先购买的权利。法律规定其他共有人优先购买权，是为了简化共有关系，防止因外人的介入而使共有人内部关系趋于复杂。此处优先购买权是共有人相对于非共有人而言的，在共有人之间并无优先的问题。《物权编解释（一）》第 13 条规定："按份共有人之间转让共有份额，其他按份共有人主张依据民法典第三百零五条规定优先购买的，不予支持，但按份共有人之间另有约定的除外。"此种优先购买权为形成权，一旦行使优先购买权，即可在出让人与优先购买权人之间以同等价格与条件形成买卖合同。

【对照适用】

本条延续了原《物权法》的有关规定。

> **第三百零六条**　按份共有人转让其享有的共有的不动产或者动产份额的，应当将转让条件及时通知其他共有人。其他共有人应当在合理期限内行使优先购买权。
>
> 两个以上其他共有人主张行使优先购买权的，协商确定各自的购买比例；协商不成的，按照转让时各自的共有份额比例行使优先购买权。

【要义精解】

本条是关于按份共有人的优先购买权行使方式的规定，主要包括以下两层含义。

一、优先购买权的一般行使方式

本条第 1 款规定，按份共有人转让其享有的共有的不动产或者动产份额的，应当将转让条件及时通知其他共有人。转让人具有通知义务，此种通知义务是其他共有人行使优先购买权的保障。如果转让人未经通知即转让其共有物份额，对于其他共有人因未能行使优先购买权所造成损失，承担违反义务之责任。

二、两人以上优先购买权的行使方式

本条第 2 款规定，享有优先购买权人为两人以上情形时，两种优先购买权效力先后问题。根据本款规定，两个以上其他共有人主张行使优先购买权的，协商确定各自的购买比例；协商不成的，按照转让时各自的共有份额比例行使优先购买权。首先应当明确的是，对于按份共有人之间的优先购买权并无效力上的差异，其效力具有平等性。《物权编解释（一）》第 13 条规定："按份共有人之间转让共有份额，其他按份共有人主张依据民法典第三百零五条规定优先购买的，不予支持，但按份共有人之间另有约定的除外。"也即按份共有人的优先购买权不能优先于其他按份共有人。当两个以上按份共有人同时主张优先购买权时，应首先协商，通过协商确定比例，协商不成时，以其转让时各自的共有份额比例行使优先购买权。

【对照适用】

本条为编纂《民法典》时新增加的内容，对共有人优先购买权行使的方式进行了具体规定。

> **第三百零七条** 因共有的不动产或者动产产生的债权债务，在对外关系上，共有人享有连带债权、承担连带债务，但是法律另有规定或者第三人知道共有人不具有连带债权债务关系的除外；在共有人内部关系上，除共有人另有约定外，按份共有人按照份额享有债权、承担债务，共同共有人共同享有债权、承担债务。偿还债务超过自己应当承担份额的按份共有人，有权向其他共有人追偿。

【要义精解】

本条是关于因共有财产产生的债权债务关系及其效力的规定。

本条包括以下三层含义。

一、因共有财产产生的债权债务关系在外部关系上为连带债权债务

本条第 1 句规定了因共有财产产生的债权债务关系的对外效力。按照本条规定，不论是按份共有还是共同共有，只要是因共有的不动产或者动产产生的债权债务，在对外关系上，共有人对债权债务享有连带债权、承担连带债务，但法律另有规定或者第三人知道共有人不具有连带债权债务关系的除外。所谓连带债权债务关系，是指当共有人享有连带债权时，任一共有人都可向第三人主张债权，当共有人承担连带债务时，第三人可向任一共有人主张债权。合伙企业对其债务，应先以其全部财产进行清偿。合伙企业不能清偿到期债务的，普通合伙人承担无限连带责任。

本条对因共有财产产生的债权债务关系的对外效力不区分按份共有和共同共有，是为了保护善意第三人的权益，对于第三人来说，很难获知共有人的共有关系的性质，此种情形下若不使各共有人承担连带义务，很容易发生共有人推托履行义务的可能，对债权人不利。在第三人不知道共有人内部关系的情况下，法律规定共有人对其享有连带债权、承担连带债务，第三人即可向共有人中的任何一共有人主张其债权，保护了善意第三人的权利。但是，当法律另有规定或者第三人知道共有人不具有连带债权债务关系时，共有人不用承担连带责任，而是按照约定或者共有人享有的份额各自享有债权、承担债务。

二、因共有财产产生的债权债务关系的对内效力

本条第1句的后半段是关于因共有财产产生的债权债务关系对内效力的规定。按照本条规定，因共有财产产生的债权债务关系，在共有人内部关系上，除共有人另有约定外，按份共有人按照份额享有债权、承担债务，共同共有人共同享有债权、承担债务。这种规定的根源是基于两种共有关系的本质不同：按份共有人按照其份额对共有的物享有所有权，在内部关系上，除共有人另有约定外，按份共有人按照其份额享有权利，承担义务。共同共有人共同对共有的物享有所有权，在内部关系上，共同共有人共同享有权利、承担义务。

三、共有人的追偿权

偿还债务超过自己应当承担份额的按份共有人，有权向其他共有人追偿。这样规定在按份共有的情形下是没有问题的，因为按份共有的理论基础是按份共有人在内部关系上按照其份额承担义务。在共同共有的情形下应当如何处理？"各共同共有人之间是否得以追偿以及如何追偿的问题，

除共有人另有约定，则应当根据共同共有所据以成立的法律关系决定。"〔1〕

【对照适用】

本条延续了原《物权法》的有关规定，未进行实质性修改。

> **第三百零八条** 共有人对共有的不动产或者动产没有约定为按份共有或者共同共有，或者约定不明确的，除共有人具有家庭关系等外，视为按份共有。

【要义精解】

本条是关于共有关系不明时对共有关系性质推定的规定。

共同共有，是指共有人对全部共有财产不分份额地享受权利和承担义务的共有。共同共有的共有人只有在共有关系消灭时才能协商确定各自的份额，一般认为只有基于特定共有关系时才能确立共同共有。"共同共有以数人之间存在共同关系为基础和前提。这种共同关系，如夫妻关系、家庭关系等，一般发生在互有特殊身份关系的当事人之间。"〔2〕共同共有人之间平等地享有权利承担义务。因此，共同共有并不是在两个完全陌生主体之间产生的法律关系，其本身以内在的共有关系作为成立的基础。当共有人对共有的不动产或动产没有约定为按份共有或者共同共有，或者约定不明确时，如果推定为共同共有，有违共同共有的一般法理要求，并且在此种情况下，共有人对共有财产的份额还是不明确的。因此，本法规定，共有人对共有的不动产或者动产没有约定为按份共有或者共同共有，或者约定不明确的，除共有人具有家庭关系等外，视为按份共有。

【对照适用】

本条延续了原《物权法》的有关规定。

---

〔1〕 席志国：《中国物权法论》，中国政法大学出版社 2016 年版，第 242 页。
〔2〕 李永军主编：《民法学教程》，中国政法大学出版社 2021 年版，第 267—268 页。

> **第三百零九条** 按份共有人对共有的不动产或者动产享有的份额，没有约定或者约定不明确的，按照出资额确定；不能确定出资额的，视为等额享有。

【要义精解】

本条是关于按份共有人份额不明时份额的确定原则的规定。

按份共有，是指数人按照各自的份额，对共有财产分享权利，分担义务。按份共有的主体须为二人以上，称为共有人；客体须为物，称为共有物；共有人所享有的权利，为所有权。但此处的所有权不是数个，而是一个。即数个所有权人对一个物共同享有一个所有权。

按份共有人对共有的不动产或者动产享有的份额，有约定时，按照其约定确定份额，没有约定或者约定不明确时，首先按照出资额确定按份共有人享有的份额，在不能确定出资额的情况下，推定为等额享有。按份共有依共有人意思而成立，共有人应有份额依共有人的约定而定；没有特别约定，但共有关系基于有偿行为而发生的，按其出资比例而确定。既然共有关系的成立是当事人意思自治的结果，那么各共有人应有份额也应贯彻同样原则，即由当事人约定，当事人没有约定应有份额时则依出资比例确定共有份额，在不能确定出资额的情况下，推定为等额享有，不仅易于操作，且能简化当事人之间的法律关系，符合社会生活中最基本的公平正义。

【对照适用】

本条延续了原《物权法》的有关规定。

> **第三百一十条** 两个以上组织、个人共同享有用益物权、担保物权的，参照适用本章的有关规定。

【要义精解】

本条是关于用益物权和担保物权的准共有的规定。

共有制度其原型为所有权制度所设计，但实际生活中，并非只有所有权才能共有，其他物权类型也可以适用共有制度。在我国，土地所有权归属国家与集体所有，因此土地使用权共有的情形非常常见，比如，二人以上共同享有一块土地的建设用地使用权。此种情况就是两个以上的主体共同享有用益物权。在担保物权领域这种情况也存在，如甲、乙、丙三人共同借款给债务人丁，三人对于丁的债权按份享有。三人同时就丁所有的房屋设定一个抵押权，份额为均等，在办理抵押权登记时，就发生抵押权的准共有。此种情况就是两个以上的主体共同享有担保物权。本条对用益物权和担保物权的准共有作出了规定。两个以上的主体共同享有用益物权和担保物权的按份共有或共同共有，在性质上与对所有权的共有没有差别，为了条文的简约以及对实践中这种情况的处理，本条规定两个以上组织、个人共同享有用益物权、担保物权的，参照适用本章的有关规定。

所谓准共有是指数人按份共有或者共同共有所有权以外的财产权。准共有具有以下特征：（1）准共有的标的物是所有权之外的财产权，包括用益物权、担保物权等。（2）准共有即准用共有的有关规定，各人就所有权之外的财产究竟是准用共同共有还是按份共有，应当视其共有关系而定。（3）准共有准用按份共有或共同共有的前提，是规范该财产权的法律没有特别规定。如果有，则应首先适用该特别规定。

关于准共有，很多国家和地区都有类似立法例。《德国民法典》第741条规定："数人共同享有一权利者，除法律另有其他规定外，准用第742—750条规定。"《日本民法典》第264条规定："本节规定，准用于数人有所有权以外财产权的情形。但法令另有规定时，不在此限。"我国台湾地区"民法"第831条规定："本节规定，于所有权以外之财产权，由数人共有或公同共有者准用之。"

【对照适用】

本条延续了原《物权法》的有关规定，未进行实质性修改。

第九章　所有权取得的特别规定

　　第三百一十一条　无处分权人将不动产或者动产转让给受让人的，所有权人有权追回；除法律另有规定外，符合下列情形的，受让人取得该不动产或者动产的所有权：

　　（一）受让人受让该不动产或者动产时是善意；

　　（二）以合理的价格转让；

　　（三）转让的不动产或者动产依照法律规定应当登记的已经登记，不需要登记的已经交付给受让人。

　　受让人依据前款规定取得不动产或者动产的所有权的，原所有权人有权向无处分权人请求损害赔偿。

　　当事人善意取得其他物权的，参照适用前两款规定。

【要义精解】

　　本条是关于善意取得的规定。

　　从民法理论传统来说，善意取得制度被认为是源自日耳曼法上的以手护手规则。这一规则作为取得所有权的特殊方式被现代民法理论普遍承认。如，《德国民法典》第 932 条规定无权利人的善意取得，即物虽不属于让与人，受让人也得因第 929 条规定的让与成为所有人，但在其依此规定取得所有权的当时为非善意者，不在此限。在第 292 条第 2 款规定的情况下，仅在受让人从让与人取得占有时，始适用本条规定。《法国民法典》规定，受让人明知或因重大过失而不知物不属于让与人者，视为非善意者。第 2279 条规定，对于动产，占有即等于所有权证书。《瑞士民法典》第 714 条规定，以所有权移转为目的善意取得动产的，依照占有的规定，其占有受保护的，即使该动产的让与人无此转让权，该善意占有人仍取得该动产的所有权。第 933 条规定，凡以善意受让动产所有权或有限物权的人，即使转让人未被授予让与权，亦应保护受让人取得该动产的事实。第1153条规定，从非所有权人处取得物品转让的人可以通过占有取得所有权，但是，以实行占有之时具有善意并且持有适当的所有权转移证书为限。在权利证书未表明，所有权上附有其他人的权利并且取得方具有善意的情况下，占有人无任何负担地取得所有权。可以以同样的方式取得用益物权、使用权和质权。第1154条规定，误信出让人为所有权人或者误信前占有人已经取得了物品的所有权的理由不适用于知晓原因仍然不法取得物品的人。《日本民法典》第192条规定，即时取得，平稳而公然地开始占有动产者，如系善意且无过失，则即时取得行使于该动产上的权利。我国台湾地区"民法"第801条规定，动产之受让人占有动产，而受关于占有规定之保护者，纵让与人无移转所有权之权利，受让人仍取得其所有权。第886条规定，质权人占有动产，而受关于占有规定之保护者，纵出质人无处分其质物之权利，质权人仍取得质权。第948条规定，以动产所有权，或其他物权之移转或设定为目的，而善意受让该动产之占有者，纵其让与人无让与之权利，其占有仍受法律之保护。善意取得，指受让人以财产所有权转移为目的，善意、对价受让且占有该财产，即使出让人无转移所有权的权利，受让人仍取得其所有权。善意取得既适用于动产，又可适用于不动产。善意取得中的受让人须是善意的，不知出让人是无处分权人，否则不构成善意取得。善意取得制度之所以在现代民法中被普遍承认，其根本价值在于通过善意取得制度维护交易安全。

善意取得应当符合以下构成要件。

第一，让与人为动产的占有人或者登记的不动产权利人。这一点往往是我国善意取得规则在实践中忽视的。"善意取得的制度基础在于物权公示的公信力。不管是不动产的登记还是动产的占有，均为物权的公示方法，非真正权利人登记为不动产所有权人（如真正权利人借用子女或他人名义为房地产权利登记等情况）或现实占有他人的动产的人（如承租人、保管人、借用人及保留所有权买卖中的买受人占有他人动产的情形），方能给不特定的第三人以特定的权利外观，使其信赖登记权利人或占有动产的人就是真正权利人而与其进行交易。这一条件是善意取得发生的前提。"[1]

---

[1] 李永军主编：《民法学教程》，中国政法大学出版社2021年版，第275页。

第二，让与人无权处分。只有在处分人无权处分的情况下，才有探讨善意取得的空间。无权处分既包括自始无权处分，也包括处分权不完整。

第三，以合理的价格转让。只有在无权处分人与受让人以合理的价格转让的情况时，才存在对于善意取得进行保护，以无偿赠与、遗赠等方式取得财产并不发生善意取得。何谓合理的价格？《物权编解释（一）》第18条规定："民法典第三百一十一条第一款第二项所称'合理的价格'，应当根据转让标的物的性质、数量以及付款方式等具体情况，参考转让时交易地市场价格以及交易习惯等因素综合认定。"因此，明显违反交易习惯或者以显著低价进行的交易并不受善意取得制度的保护。

第四，受让人必须为善意。只有在受让人不知道且不应当知道处分人为无权处分的情况下，对其通过善意取得制度进行保护才有意义。如何判定受让人的善意？核心的判定标准为受让人不知道无权处分且无重大过失。《物权编解释（一）》第14条规定："受让人受让不动产或者动产时，不知道转让人无处分权，且无重大过失的，应当认定受让人为善意。真实权利人主张受让人不构成善意的，应当承担举证证明责任。"当某些情形存在时，可以直接推定受让人应当知道转让人为无权处分。《物权编解释（一）》第15条规定："具有下列情形之一的，应当认定不动产受让人知道转让人无处分权：（一）登记簿上存在有效的异议登记；（二）预告登记有效期内，未经预告登记的权利人同意；（三）登记簿上已经记载司法机关或者行政机关依法裁定、决定查封或者以其他形式限制不动产权利的有关事项；（四）受让人知道登记簿上记载的权利主体错误；（五）受让人知道他人已经依法享有不动产物权。真实权利人有证据证明不动产受让人应当知道转让人无处分权的，应当认定受让人具有重大过失。"

第五，转让的标的物符合物权变更的形式要件。善意取得发生物权变更的效力，以转让的标的物符合物权变更的形式要件为条件，也即不动产完成转让登记，动产以实际交付。《物权编解释（一）》第17条第1款规定："民法典第三百一十一条第一款第一项所称的'受让人受让该不动产或者动产时'，是指依法完成不动产物权转移登记或者动产交付之时。"对于动产来说，还可以通过交易交付与指示交付实现。《物权编解释（一）》第17条第2款规定："当事人以民法典第二百二十六条规定的方式交付动产的，转让动产民事法律行为生效时为动产交付之时；当事人以民法典第二百二十七条规定的方式交付动产的，转让人与受让人之间有关转让返还原物请求权的协议生效时为动产交付之时。"

【对照适用】

本条延续了原《物权法》的有关规定，未进行实质性修改。

> **第三百一十二条** 所有权人或者其他权利人有权追回遗失物。该遗失物通过转让被他人占有的，权利人有权向无处分权人请求损害赔偿，或者自知道或者应当知道受让人之日起二年内向受让人请求返还原物；但是，受让人通过拍卖或者向具有经营资格的经营者购得该遗失物的，权利人请求返还原物时应当支付受让人所付的费用。权利人向受让人支付所付费用后，有权向无处分权人追偿。

【要义精解】

本条是关于拾得遗失物的规定，主要包括以下几层含义。

第一，所有权人或其他权利人对于遗失物有权追回。所谓遗失物，是指权利人丢失而未被其他任何人占有的动产。构成遗失物需要具有以下几个构成要件：应为动产，须为他人之物，遗失人丧失对于物的占有，占有的丧失并非基于遗失人本意。[1]对所有权人或者其他权利人，对遗失物有权请求追回，在此时该遗失物权利归属于所有权人或者其他权利人。

第二，当遗失物被转让时，权利人有请求损害赔偿或者返还原物的请求权。首先应当明确的是，我国并不承认拾得人可以取得遗失物的所有权，即便拾得人尽到了相应的义务（《民法典》第314条至第318条），也无法取得遗失物的所有权。但在遗失物被转让的情况下，其效果如何，《民法典》中作出了相应的规定。根据本条第2句前半部分的规定，在遗失物被转让的情况下，权利人有选择权，即可以请求返还原物或者请求损害赔偿。对于权利人请求返还原物的权利，本条规定了自知道或者应当知道之日起两年内的期限，但在两年之后，权利人的权利究竟是依据诉讼时

---

[1] 李永军主编：《民法学教程》，中国政法大学出版社2021年版，第277页。

效经过赋予受让人以时效经过的抗辩权，抑或是基于除斥期间的经过消灭该权利，本条并未赋予明确的规定。即便将其理解为除斥期间，对于权利人与受让人的权利状况究竟为何仍然存有疑虑。受让人请求返还原物的权利消灭并不必然得出所有权丧失的结果，更无法直接推论出受让人取得所有权。[1]因此，在本条第2句前半段的规定中，仅仅规定了所有权人在两年之后返还原物请求权之丧失。

第三，当受让人通过拍卖或者有经营资格的经营者购得该遗失物的，权利人在请求返还原物时应当支付受让人所付的费用。权利人向受让人支付所付费用后，有权向无处分权人追偿。如果受让人通过符合一般社会标准的方式取得遗失物，尽到了足够的注意义务，那么即使权利人请求返还原物，其利益也应当得到足够的保护。因此，规定权利人在请求返还原物时应当支付受让人所付的费用。权利人向受让人支付所付费用后，有权向无处分权人追偿。

【对照适用】

本条延续了原《物权法》的有关规定，未进行实质性修改。

> **第三百一十三条　善意受让人取得动产后，该动产上的原有权利消灭。但是，善意受让人在受让时知道或者应当知道该权利的除外。**

【要义精解】

本条是关于善意受让人取得动产后，该动产上的原有权利消灭的规定。

善意受让人取得动产后，该动产上的原有权利消灭。其他国家也有立法例，例如，《德国民法典》第936条规定第三人权利的消灭：（1）在出让物上设定第三人权利的，该项权利因取得所有权而消灭。但在第929条第2句规定的情况下，上述规定仅在受让人从出让人处取得占有时，始得适用之。根据第929条a或者第930条的规定进行出让时，或者根据第931条的规定出让的物是由出让人间接占有时，第三人的权利仅在受让人基于出让而取得物的占有时，始得消灭。（2）如果受让人于本条第1款规定的时间

---

[1]　席志国：《中国物权法论》，中国政法大学出版社2016年版，第220—221页。

内，对该项权利非出于善意时，第三人的权利不消灭。（3）在第 931 条规定的情形下，权利属于第三占有人的，该项权利即使对善意受让人也不消灭。

善意受让人取得动产后，该动产上的原有权利消灭。例如，该动产上有抵押的权利，抵押权消灭。但是，善意受让人取得动产时，知道该动产已被抵押，抵押权不消灭。

【对照适用】

本条延续了原《物权法》的有关规定，未进行实质性修改。

第三百一十四条　拾得遗失物，应当返还权利人。拾得人应当及时通知权利人领取，或者送交公安等有关部门。

【要义精解】

本条是关于拾得遗失物返还义务的规定。

拾得遗失物应当返还，其他国家和地区有许多立法例。例如，《德国民法典》第 965 条规定了拾得人的通知义务：（1）拾得并占有遗失物者，应立即通知遗失人或所有人或其他有权受领的人。（2）拾得人不认识有权受领的人或不知其所在者，应立即将拾得物及有可能对查明有权受领人有关的重要的情势报告主管官署。拾得物的价值不超过 10 马克者，不需要报告。第 967 条规定了交付义务：拾得人有权，并依主管官署的命令有义务将拾得物或其拍卖所得价金交付于主管官署。《日本遗失物法》第 4 条第 1 项规定了拾得物的处置：拾得他人物品的人，应急速将其物品向遗失人、所有人或其他有物品回复请求权的人返还，或者将其物交给警察署长。但依法令的规定禁止私人所有或持有的物品，不在返还的范围。我国台湾地区"民法"第 803 条规定，拾得遗失物者应通知其所有人。不知所有人或所有人所在不明者，应为招领之揭示，或报告警署或自治机关，报告时，应将其物一并交存。第 804 条规定，遗失物经揭示后，所有人不于相当期间认领者，拾得人应报告警署或自治机关，并将其物交存。我国《铁路旅客运输规程》第 55 条规定，对旅客的遗失物品应设法归还原主。如旅客已经下车，应编制客运记录，注明品名、件数等移交下车站。不能判明时，移交列车终点站。

拾得人拾得遗失物，知道遗失物所有人的，应当及时通知其领取，或者送交遗失物。拾得人拾得遗失物，不知道遗失物丢失人的，可以通过多种方式返还权利人，如张贴招领告示，寻找遗失物丢失人；也可以将遗失物上缴公安机关或者有关单位。如，校园中学生将捡到的手套交给学校有关部门。

【对照适用】

本条延续了原《物权法》的有关规定。

> **第三百一十五条**　有关部门收到遗失物，知道权利人的，应当及时通知其领取；不知道的，应当及时发布招领公告。

【要义精解】

本条是关于有关部门收到遗失物的处理的规定。

有关部门收到遗失物的处理，其他国家也有立法例。例如，《日本遗失物法》第6条和第7条规定了拾得物的处置：将物件提交给警察署长后，警察署长应将其返还给应接受返还者。如应接受返还者的姓名或居所不明，应依命令所定进行公告。

有关单位收到遗失物，应当查找遗失物丢失人，请其认领。无人认领的，上缴公安机关。公安机关收到遗失物，应当查找遗失物丢失人，请其认领。或者存放遗失物品招领处，待人认领。自公安机关收到遗失物发布招领公告之日起一年内无人认领的，遗失物归国家所有。公安机关可以拍卖、变卖遗失物，所得价金上缴国库。

【对照适用】

本条延续了原《物权法》的有关规定。

> **第三百一十六条**　拾得人在遗失物送交有关部门前，有关部门在遗失物被领取前，应当妥善保管遗失物。因故意或者重大过失致使遗失物毁损、灭失的，应当承担民事责任。

【要义精解】

本条是关于遗失物保管义务的规定。

对遗失物的保管，其他国家有许多立法例。例如，《德国民法典》第966条规定了保管义务：拾得人有保管遗失物的义务。《瑞士民法典》第721条规定，对遗失物应妥善保管。我国《铁路旅客运输规程》第56条规定，客流量较大的车站应设失物招领处。失物招领处对旅客遗失物品应妥善保管，正确交付。遗失物品需通过铁路向失主所在站转送时，物品在5千克以内的免费转送，超过5千克时，到站按品类补收运费；但对第52条所列物品及食品不办理转送。

拾得人拾得遗失物，在返还失主或者送交有关部门前，应当妥善保管遗失物。有关部门收到遗失物后在遗失物被领取前，也应当妥善保管遗失物。拾得人或者有关部门因故意或者重大过失致使遗失物损坏灭失的，应当承担民事责任。

遗失物不易保管或者保管费用过高的，公安机关可以及时拍卖、变卖，保存价金。拾得人和有关单位不能自行拍卖、变卖遗失物。

【对照适用】

本条延续了原《物权法》的有关规定。

> 第三百一十七条　权利人领取遗失物时，应当向拾得人或者有关部门支付保管遗失物等支出的必要费用。
>
> 权利人悬赏寻找遗失物的，领取遗失物时应当按照承诺履行义务。
>
> 拾得人侵占遗失物的，无权请求保管遗失物等支出的费用，也无权请求权利人按照承诺履行义务。

【要义精解】

本条是关于权利人领取遗失物给付义务的规定。

对返还遗失物是拾金不昧还是获取报酬，其他国家和地区有不同立法例。例如，《德国民法典》第970条规定了偿还费用：拾得人出于保管或保存遗失物的目的，或出于查明有权受领人的目的而支出拾得人依当时情况认为必要支付的费用者，得向有权受领人请求偿还之。第971条规定了拾得人的报酬：（1）拾得人得向有权受领人请求拾得人的报酬。（2）遗失物价值在1000马克以下者，其报酬为5%，超过此数部分，依价值的3%，关于动物，依价值的3%。（3）如果遗失物仅对受领人有价值，拾得人的报酬应按公平原则衡量确定之。第971条还规定，拾得人违反报告义务，或在询问时隐瞒遗失物的，上述请求权即告消灭。第972条规定了拾得人的留置权：拾得人可基于费用偿还请求权与报酬请求权对遗失物实施留置。第978条规定，在公共行政机关或者交通机构中拾得，拾得人为该机关或该交通机构的公务员，或拾得人违反交存义务时，无此请求权。《瑞士民法典》第722条规定，（1）遗失物交与失主的，拾得人有请求赔偿全部费用及适当拾得报酬的权利。（2）住户人、承租人或公共场所管理机关在其住宅内或在其管理的公共场所拾得遗失物，无拾得报酬请求权。《日本遗失物法》第27条规定了费用负担：遗失物的保管费、公告费及其他必要费用，由受物品返还的人或取得物品的所有权而将其领取的人负担。第28条规定了酬劳金：受物品返还的人，应向拾得者给付不少于物品价格5%、不多于物品价格20%的酬劳金。但国库或其他公法人不得请求酬劳金。第9条规定了拾得人的权利丧失：因侵占遗失物或其他准用本法规定的物品而受处罚的人，及自拾得之日起7日内不办理第1条第1项、第11条第1项手续的人，丧失受领第3条费用及第4条酬劳金的权利及取得遗失物所有权的权利。我国台湾地区"民法"第805条规定，遗失物拾得后6个月内，所有人认领者，拾得人或警署或自治机关，于揭示及保管费受偿还后，应将其物返还之。拾得人对于所有人，得请求其物3/10之报酬。我国《刑法》第270条规定："将代为保管的他人财物非法占为己有，数额较大，拒不退还的，处二年以下有期徒刑、拘役或者罚金；数额巨大或者有其他严重情节的，处二年以上五年以下有期徒刑，并处罚金。将他人的遗忘物或者埋藏物非法占为己有，数额较大，拒不交出的，依照前款的规定处罚。本条罪，告诉的才处理。"

拾得人隐匿遗失物据为己有的，构成侵犯所有权行为，遗失物所有人可以请拾得人偿还，公安机关可以责令拾得人缴出。

【对照适用】

本条延续了原《物权法》的有关规定。

第三百一十八条 遗失物自发布招领公告之日起一年内无人认领的，归国家所有。

【要义精解】

本条是关于无人认领的遗失物归国家所有的规定。

无人认领的遗失物归国家所有，有许多立法例。例如，《法国民法典》第713条规定，无主财产属于国家。第714条规定，不属于任何人之物，得为公众共同使用。我国《民事诉讼法》第199条规定，人民法院受理申请后，经审查核实，应当发出财产认领公告。公告满1年无人认领的，判决认定财产无主，收归国家或者集体所有。《海关法》第51条规定，进出境物品所有人声明放弃的物品、在海关规定期限内未办理海关手续或者无人认领的物品，以及无法投递又无法退回的进境邮递物品，由海关依照本法第30条的规定处理。第30条规定，进口货物的收货人自运输工具申报进境之日起超过3个月未向海关申报的，其进口货物由海关提取依法变卖处理，所得价款在扣除运输、装卸、储存等费用和税款后，尚有余款的，自货物依法变卖之日起1年内，经收货人申请，予以发还；其中属于国家对进口有限制性规定，应当提交许可证件而不能提供的，不予发还。逾期无人申请或者不予发还的，上缴国库。确属误卸或者溢卸的进境货物，经海关审定，由原运输工具负责人或者货物的收发货人自该运输工具卸货之日起3个月内，办理退运或者进口手续；必要时，经海关批准，可以延期3个月。逾期未办手续的，由海关按前款规定处理。前两款所列货物不宜长期保存的，海关可以根据实际情况提前处理。收货人或者货物所有人声明放弃的进口货物，由海关提取依法变卖处理；所得价款在扣除运输、装卸、储存等费用后，上缴国库。《邮政法》第33条规定："邮政企业对无法投递的邮件，应当退回寄件人。无法投递又无法退回的信件，自邮政企业确认无法退回之日起超过六个月无人认领的，由邮政企业在邮政管理部门的监督下销毁。无法投递又无法退回的其他邮件，按照国务院邮政管理部门的规定处理；其中无法投递又无法退回的进境国际邮递物品，由海关依照《中华人民共和国海关法》的规定处理。"

公安机关收到遗失物，应当查找遗失物丢失人，请其认领。或者存放遗失物品招领处，待人认领。自公安机关收到遗失物发布招领公告之日起1年内无人认领的，遗失物归国家所有。公安机关可以拍卖、变卖遗失物，所得价金上缴国库。

【对照适用】

本条延长了招领公告的期限，根据原《物权法》的规定，招领公告发布之日起6个月内无人认领，即归国家所有，其期限过短。因此，在《民法典》编纂过程中将期限延长至1年。

> **第三百一十九条** 拾得漂流物、发现埋藏物或者隐藏物的，参照适用拾得遗失物的有关规定。法律另有规定的，依照其规定。

【要义精解】

本条是关于拾得漂流物、发现埋藏物或者隐藏物的规定。

所谓漂流物、埋藏物与隐藏物的认定，应当符合以下标准。第一，首先要有拾得、发现行为。所谓拾得，是指通过占有实际占有了漂流物，所谓发现，是指认识到埋藏物、隐藏物的存在或存在地点。第二，标的物须为漂流物、埋藏物或者隐藏物。漂流物，是指在海洋、江河、湖泊之中所有权归属不明的动产，而埋藏物、隐藏物为埋藏于土地或者他物之中所有权不明的动产，无论是基于自然原因还是人为原因形成的漂流物、埋藏物或者隐藏物，对其性质的认定均无影响。

关于拾得漂流物、发现埋藏物或者隐藏物的处理，其他国家和地区立法例主要有以下规定。《日本遗失物法》第12条规定，准遗失物，关于因错误而占有的物品，他人遗忘的物品，或者逃逸的家畜，准用本法及民法第240条的规定；但关于因错误而占有的物品，不得请求第3条的费用及第4条的酬劳金。《日本民法典》第241条规定了埋藏物的发现：关于埋藏物，依特别法规定进行公告后6个月内，其所有人不明时，拾得人取得其所有权。我国台湾地区"民法"第 810 条规定，拾得漂流物或沉没品者，适用关于拾得遗失物之规定。

需要强调的一点是，文物作为一种特殊的漂流物、埋藏物与隐藏物时的处理方式。考虑到《文物保护法》中对构成文物的物（包括漂流物、埋藏物和隐藏物）的权属及处理程序作了详细规定，因此对于文物的处理不宜笼统参照拾得遗失物的有关规定，所以本条规定"法律另有规定的，依照其规定"。此外，由于遗失物、漂流物、埋藏物和隐藏物的概念在外延上同"文物"的概念存在交叉，无论是遗失物、漂流物、埋藏物或者隐藏物，只要构成"文物"，《文物保护法》的规定将优先适用。

【对照适用】

本条参照了原《物权法》的有关规定，未进行实质性修改。

第三百二十条　主物转让的，从物随主物转让，但是当事人另有约定的除外。

【要义精解】

本条是在主物转让时关于从物随主物转让的规定。

主物与从物之间发生互相附着或者聚合，而且在经济上发生密切的关联，当物上的权利发生变动时，为确定物的归属产生本条规范。物的主从关系的划分并非人为拟制，而是经济实践的反映。现实中的物常常是由许多单一物结合在一起组成的物。当物上的权利发生变动时，必须考虑各部分是否也随之发生权利的变动，因此，制定主物与从物之间的关系规则非常必要。

主物、从物的概念不同于物的整体与其重要成分之间的关系。物的重要成分是物的组成部分，而主物和从物在聚合之前分别为独立的物，例如，自行车与车锁，在聚合之前为独立的物。在聚合之后，根据它们的作用可以决定主从关系，并决定权利的变动。因此，对于主物与从物应当基于一般生活观念予以判定。法律上的规则是，不许可在物的整体上和该物的重要成分上分设两个独立的权利；而主物从物之间的关系却不同，在从物随主物转让的一般规则下，均承认当事人例外约定的效力。

正是基于对主物、从物仍为两物的认识，各国立法例均作出规定，许可原权利人依特别的约定对从物进行处分。这一考虑的基本原因在于：主物和从物毕竟是两个物，从物附着于主物一般也有其可分性，从物与主物的分离并不妨碍主物的经济效用的发挥。

最后一点需要说明的是，在主物和从物的关系中，必须有从物附着于主物的事实，即主物和从物必须发生空间上的联系，并且从物对主物须发挥辅助性的作用。《德国民法典》和《瑞士民法典》中强调，从物必须为动产。

【对照适用】

本条延续了原《物权法》的有关规定，未进行实质性修改。

第三百二十一条 天然孳息，由所有权人取得；既有所有权人又有用益物权人的，由用益物权人取得。当事人另有约定的，按照其约定。

法定孳息，当事人有约定的，按照约定取得；没有约定或者约定不明确的，按照交易习惯取得。

【要义精解】

本条是关于天然孳息及法定孳息归属的规定。

孳息是与原物相对而言的，指由原物而产生的物，孳息可以划分为天然孳息与法定孳息，本条也是基于这一划分为依据进行的规定。

一、天然孳息的概念和归属

天然孳息，是指依物的自然属性所产生的新的物。天然孳息的范围广泛，基于种植业和养殖业所获取的物一般为天然孳息，如耕作土地获得粮食和其他出产物，种植果树产生果实，养殖牲畜获得各种子畜和奶产品等。天然孳息是原物的出产物，一方面人们占有使用原物并对其进行生产劳动，其目的就是获得出产物、收获物，因此法律规定天然孳息的归属，实际上就是对劳动的保护；另一方面，日常生活中也常发生原物在脱离所有权人的情况下而产生孳息的情形，因此确定孳息的归属尤显必要。

天然孳息，自从与原物脱离后，会立即产生归属的问题，但是天然孳息的处理原则，民法中甚为复杂。对于天然孳息，罗马法的处理原则是"生根的植物从属于土地"，即原物的所有权人取得孳息的权利，但是法律允许其他人提出可以对抗原物所有权人的抗辩。考察德国、日本立法例及我国台湾地区"法律"，关于天然孳息归属的基本规则，是在承认原物的所有权人有取得权利的大前提下，同时许可他人享有排斥原物所有权人的取得权利。他人的这一权利可以基于物权产生，例如基于用益物权；也可因债权产生，例如因当事人约定而取得孳息。因此，《民法典》明确规定，天然孳息，由所有权人取得；既有所有权人又有用益物权人的，由用益物权人取得；当事人另有约定的，按照约定。

二、法定孳息的概念和归属

法定孳息是指依一定的法律关系由原物所生的物，是原物的所有权人进行租赁、投资等特定的民事法律活动而应当获得的合法收益。如房屋出租所得的租金，借款所产生的利息等。在德国民法中，法定孳息被称为权利的孳息，确定法定孳息的归属，是对产生法定孳息的民事法律关系的承认和保护。

法定孳息（利息、租金等），按照一般的交易规则，利息应由债权人取得，租金应由出租人取得，但也不排除其他情形的存在。如在《德国民法典》中还有为第三人设定的专以取得孳息为目的的物权类型，即动产（特指有价证券）的用益权。因此关于法定孳息的归属，原则上更为变通。《民法典》规定，当事人有约定的，按照约定取得；没有约定或者约定不明确的，按照交易习惯取得。

【对照适用】

本条延续了原《物权法》的有关规定，未进行实质性修改。

> **第三百二十二条** 因加工、附合、混合而产生的物的归属，有约定的，按照约定；没有约定或者约定不明确的，依照法律规定；法律没有规定的，按照充分发挥物的效用以及保护无过错当事人的原则确定。因一方当事人的过错或者确定物的归属造成另一方当事人损害的，应当给予赔偿或者补偿。

【要义精解】

本条是关于因加工、附合、混合而产生的物的所有权归属的规则。

所谓因加工、附合、混合而产生的物的归属问题，在民法理论中也被称之为添附。所谓添附，是指"不同所有人之物结合、混合在一起或者不同人的劳力与物结合在一起形成新物的法律状态"。[1]加工，是指他人劳动与物进行的混合而产生新物的情况。附合，是指不同所有人的物结合在一起而形成新物。在附合的情况下，不同所有人的财产虽然从外观上可以识别，但非经毁损不能分离或者虽然可以分离但耗费过高。混合，是指不同所有人的动产混合在一起而形成新物的情况。混合的特征在于要么混合的各物之间已经无法识别，或者虽然能够采取某种方法识别但是花费太大。这一点是其与附合的主要区别。这些均为现实生活中非常常见的产生新物的情形，因此《民法典》中对此进行了专门的规定。

对于添附物的归属，本条并未基于三种具体类型进行专门规定，而是进行了一般性规定。其基本原则如下：有约定的依照约定，没有约定或者约定不明的，依照法律规定，法律没有规定，按照充分发挥物的效用以及保护无过错当事人的原则确定。同时，规定了一方当事人的过错或者确定物的归属造成另一方当事人损害的，应当给予赔偿或者补偿。

【对照适用】

本条为编纂《民法典》时新增内容。

---

〔1〕　李永军主编：《民法学教程》，中国政法大学出版社 2021 年版，第 279 页。

第三分编　用益物权

第十章　一般规定

第三百二十三条　用益物权人对他人所有的不动产或者动产，依法享有占有、使用和收益的权利。

【要义精解】

本条是用益物权的法律定义。

依据该规定，学理上可以将用益物权定义为直接支配标的物的使用价值而以对标的物进行占有、使用和收益的他物权。与同样作为物权的所有权、担保物权相比，用益物权具有如下几方面的特征。

第一，用益物权是他物权、限制物权。这是用益物权与所有权的本质区别，所有权作为自物权和完全物权，是权利人对标的物的全方面的支配和最高支配，权利人在不违反法律的规定和不侵犯他人权利的基础上得自由处分标的物，也即不受任何人的限制。用益物权作为限制物权、不完全物权，仅仅是对标的物进行一定程度上的支配，而不是全方面的支配。

第二，用益物权以对标的物的使用、收益为其主要内容。但是，各种用益物权的使用和收益方法与内容也不尽相同，甚至有的用益物权并不具有收益的权能，如宅基地使用权和居住权，我国《民法典》就没有规定其收益的权能。

第三，用益物权原则上是有期限物权。这是用益物权与所有权的又一不同之处，所有权是一项永久性的权利，而用益物权则原则上是有期限的物权。在我国，除了宅基地使用权这一种用益物权设定时没有期限的限制外，其他用益物权均有其期限的要求，当事人设定用益物权只能在法律规定的期限内进行，若超过了法律规定的最高期限，则用益物权的期限自动缩短为该法律规定的最高期限。用益物权之所以须有其期限，乃是防止对所有权造成过高的负担，若用益物权没有期限的话，那么所有人将永远无法再对标的物进行利用，从而使得所有权本身名存实亡，违反了用益物权本身的目的和宗旨。

第四，依据该条规定用益物权的客体可以是不动产也可以是动产，但是我国《民法典》在具体用益物权类型中并没有规定动产之上的用益物权。因此通说认为，在物权法定原则的限制下，我国用益物权仅限于不动产用益物权。[1]李永军教授则主张，物权法定原则并不能阻碍在动产之上设定用益物权，盖《民法典》第323条本身即可以作为物权法定原则下动产用益物权的依据。[2]

【对照适用】

该条规定源于原《物权法》第117条，《民法典》对此未进行修改，解释适用上不存在区别。

第三百二十四条　国家所有或者国家所有由集体使用以及法律规定属于集体所有的自然资源，组织、个人依法可以占有、使用和收益。

【要义精解】

本条所规定的是国家所有以及集体所有自然资源所有权的实现机制。自理论而言，基于所有权绝对性原则，所有人有权决定如何实现其所有权，其即可以自行行使所有权，也可以将标的物交给他人予以实现。在将标的物交给他人实现时，也即由其他人对标的物进行利用时，既可以以债权的方式，如租赁、使用借贷等，也可以以用益物权的方式，如土地承包经营权、建设用地使用权等。国家所有权与集体所有权作为所有权之一种，自然也可以由国家或者集体直接利用，也可以交由他人利用，包括自然人、法人、非法人组织等。在社会主义市场经济体制下，政企职能分离

[1] 席志国：《中国物权法论》，中国政法大学出版社2016年版，第245页。
[2] 李永军：《论我国民法典上用益物权的内涵与外延》，载《清华法学》2020年第3期。

的情形下，国家所有以及集体所有的自然资源等除了涉及国计民生、公共利益等情形必须由国家通过国有企业直接予以实现之外，原则上应当由作为市场主体的自然人、法人或者非法人组织予以使用，而该种利用方式当然既可以是债权的利用方式也可以是用益物权的方式。在民法典物权编中，该条规定成为了国家或者集体为自然人、法人以及非法人组织等市场主体设立用益物权的逻辑前提。

【对照适用】

该条来源于原《物权法》第118条，只是将原条文中的"单位"修改为"组织"，其目的是与《民法典》关于民事主体的规定相协调，解释适用上没有本质性的区别。

第三百二十五条 国家实行自然资源有偿使用制度，但是法律另有规定的除外。

【要义精解】

本条是关于国家所有自然资源有偿使用制度的基础性规定。自理论而言，有鉴于意思自治原则，所有人有权决定将自己所有的财产有偿转让给他人使用，也可以决定由他人无偿使用。在有偿使用的情形中，其对价如何则完全取决于市场价格以及双方的讨价还价能力。然而，在我国社会主义公有制的前提下，国家所有自然资源属于全民所有，其利益应当归全民享有，因此不能由任何自然人、法人或者非法人组织无偿利用，否则即属于国有资产的流失。因此，国家所有自然资源虽然可以由自然人个人或者法人、非法人组织通过用益物权或者债权等方式进行占有、使用和收益，但是必须支付合理的对价，也即有偿使用。当然，为了公共利益等，法律可以规定无偿取得自然资源使用权，但是仅限于法律有明确规定的情形。此外，为了防止腐败滋生以及国有资产使用权被低价出让，同时为了维持市场主体之间的公平竞争，土地等国有自然资源使用权在有偿出让时，原则上必须采取公开竞价的方式，即拍卖、招标、挂牌等方式进行，只有在无法进行公开竞价方式等特定情形下，法律才允许以协议的方式出让。

【对照适用】

本条来源于原《物权法》第119条，只是将原119条的"但"修改为了"但是"，对于法律解释适用没有任何影响。

> **第三百二十六条　用益物权人行使权利，应当遵守法律有关保护和合理开发利用资源、保护生态环境的规定。所有权人不得干涉用益物权人行使权利。**

【要义精解】

本条规定了用益物权行使的界限以及所有权人的义务。

本条由两句构成，其中第1句规定了用益物权人行使其用益物权应当遵守法律有关保护和合理利用资源、保护生态环境的规定。这款规定是《民法典》第9条所规定的绿色原则在物权编中的进一步体现。用益物权的客体主要是土地和各种自然资源，因此用益物权人在行使其用益物权、利用土地等自然资源时必须符合绿色发展原则，保护和合理利用资源。有关资源保护和合理利用、保护生态环境的法律多数都是公法，具有强行性，构成了民法等私法的边界。这些法律包括但不限于《土地管理法》《森林法》《草原法》《矿产资源管理法》《水法》《水土保持法》《海洋环境保护法》《环境保护法》《节约能源法》等。

本条第2句所规定的是所有权人不得干涉用益物权人行使权利的义务。首先，所有权人通过合同等法律行为为用益物权人创设用益物权，因此存在债法上的义务，不得干涉用益物权人行使用益物权，否则将构成违约行为；其次，用益物权作为一种物权具有绝对性，任何第三人均不得干涉其用益物权，这也包括所有权人在内。所有权人干涉用益物权人行使用益物权的，用益物权人可以行使《民法典》第235条、第236条所规定的物上请求权维护其物权的完整性；若还有损失，则可依据《民法典》第1165条之规定要求其承担侵权责任并赔偿损失。

【对照适用】

本条规定源于原《物权法》第120条，《民法典》没有实质性修改，解释适用上没有区别。

> **第三百二十七条** 因不动产或者动产被征收、征用致使用益物权消灭或者影响用益物权行使的，用益物权人有权依据本法第二百四十三条、第二百四十五条的规定获得相应补偿。

【要义精解】

本条规定了用益物权人的征收补偿请求权。

本条明确规定用益物权人也系征收、征用补偿的权利人。基于物权本身的绝对权属性，在土地、房屋等物权客体被征收、征用时，用益物权人与所有权人一样具有相应的补偿请求权。实际上，在我国社会主义公有制的情形下，除了征收征用未利用土地之外，无论征收、征用的是宅基地等集体建设用地抑或是农业用地，其所涉及的补偿与安置主要系针对用益物权人而言的。因为集体的宅基地是由取得宅基地使用权的村民占有、使用的，地上建筑物之所有权则属于宅基地使用权人。同样，农业用地也是通过承包经营合同由承包经营人占有、使用和收益的，而地上农作物的所有权则属于土地承包经营权人所有。

依据本条规定，在征收、征用时，用益物权人作为地上建筑物、附着物所有人，其不但可以基于《民法典》第 243 条、第 245 条之规定请求相应的补偿，而且可基于其用益物权，包括土地承包经营权、土地经营权、宅基地使用权、地役权、居住权等请求相应的补偿。因此，国家基于公共利益征收、征用土地等不动产时，应当同时给予土地所有人与用益物权人补偿，而不能仅仅给予所有权人补偿。当然，国家给予所有权人补偿时应当扣除其给予用益物权人的补偿。换言之，用益物权人之权益系来自所有权人，在用益物权存续期间所有权人即不得进行使用，从而其在征收、征用时利益所受到的影响与限制即不包含用益物权人之权利。

【对照适用】

本条规定源于原《物权法》第 121 条，仅对原有的条文号按照《民法典》的规定加以修改，其他的没有变化。

> **第三百二十八条** 依法取得的海域使用权受法律保护。

【要义精解】

本条规定在民法体系中的价值有三个方面。首先,本条确立了海域使用权的民事权利地位。2001年通过、自2002年1月1日起施行的《海域使用管理法》确立了海域使用权。该法第19条规定:"海域使用申请经依法批准后,国务院批准用海的,由国务院海洋行政主管部门登记造册,向海域使用申请人颁发海域使用权证书;地方人民政府批准用海的,由地方人民政府登记造册,向海域使用申请人颁发海域使用权证书。海域使用申请人自领取海域使用权证书之日起,取得海域使用权。"但是该条并没有标明海域使用权的性质,《民法典》第328条则将其放置于用益物权项下,明确了其民事财产权的属性。其次,本条并没有规定海域使用权的内容、效力、变动等,仅仅规定其受"法律保护"。这里的法律则首先指向《海域使用管理法》等特别法,因此关于海域使用权的设立、变更、终止以及效力等纠纷主要适用这一特别法。最后,《民法典》将其海域使用权置于用益物权分编第一章"一般规定"中,从体系解释的角度以言,若《海域使用管理法》针对某一问题没有规定,则可以准用用益物权的相关规定。也正是在这一意义上,我们将海域使用权与下文的采矿权、取水权等共同作为准物权。

【对照适用】

本条规定源于原《物权法》第122条,《民法典》未进行修改,解释适用上没有变化。

> **第三百二十九条**　依法取得的探矿权、采矿权、取水权和使用水域、滩涂从事养殖、捕捞的权利受法律保护。

【要义精解】

本条系关于准物权的规定。

本条规定的探矿权、采矿权、取水权、捕捞权、养殖权等在学理上被作为准物权。所谓准物权是指以物之外的其他财产为客体的具有支配性、绝对性和排他性,因而类似于物权的民事财产权。准物权具有如下特征。

第一,准物权是以物之外的其他财产为权利客体的财产权。物权的客体是物,包括动产和不动产在内,所以准物权不属于物权的范畴。准物权与物权的制度性区别主要是由客体的特殊性所决定的。

第二，准物权在性质上与物权相类似。准物权与物权都属于支配权、绝对权和对世权，所以两种权利都具有保护上的绝对性、效力上的优先性和排他性等共同特性。

第三，准物权不是物权，但是关于物权的规范可以准用于准物权。尽管准物权在性质上类似于物权，但是由于其客体的特殊性，其仍然不属于物权，不能将物权的规范直接适用于准物权之上。不过，既然准物权与物权在性质上类似，法律可以将物权的规范准用于准物权之上。当然，法律将用益物权等物权规范准用于这些准物权之上，前提条件是相关特别法并没有明确的规定，而若相关特别法已经有明确规定，则应当优先适用特别法的规定。探矿权、采矿权应当优先适用《矿产资源法》的规定；取水权应当优先适用《水法》的规定；而捕捞权、养殖权则应当优先适用《渔业法》的规定。

【对照适用】

本规定源于原《物权法》第123条，《民法典》对此未进行修改，解释适用上不存在差异。

第十一章　土地承包经营权

【要义精解】

本条规定了农村集体经济实行家庭承包经营制度，从而作为土地承包经营权以及土地经营权的制度基础。社会主义公有制是我国的基本经济制度，是由我国社会主义的国家性质所决定的。中华人民共和国成立之后，在完成社会主义改造后，我国曾经较长时间实行计划经济体制，在农村地区实行的是人民公社的经济制度。1978 年 11 月安徽省凤阳县小岗村 18 位农民将村内土地分开承包，开创了家庭联产承包责任制的先河。1980 年 9 月，中央下发《关于进一步加强和完善农业生产责任制的几个问题》，肯定了包产到户的社会主义性质。1982 年 1 月 1 日中国共产党历史上第一个关于农村工作的中央一号文件出台，明确指出包产到户、包干到户都是社会主义集体经济的生产责任制。1983 年第二个中央一号文件指出，联产承包制采取了统一经营与分散经营相结合的原则，使集体优越性和个人积极性同时得到发挥。这一制度的进一步完善和发展，使农业社会主义合作化的具体道路更加符合我国的实际。这是在党的领导下我国农民的伟大创造，是马克思主义农业合作化理论在中国实践中的新发展。1983 年第二个中央一号文件标志着家庭联产承包责任制作为农村改革的一项战略决策的正式确立。1993 年《宪法修正案》在正式确立社会主义市场经济的基础上将第 8 条第 1 款："农村人民公社、农业生产合作社和其他生产、供销、信用、消费等各种形式的合作经济，是社会主义劳动群众集体所有制经济。参加农村集体经济组织的劳动者，有权在法律规定的范围内经营自留地、自留山、家庭副业和饲养自留畜。"修改为："农村中的家庭联产承包为主的责任制和生产、供销、信用、消费等各种形式的合作经济，是社会主义劳动群众集体所有制经济。参加农村集体经济组织的劳动者，有权在法律规定的范围内经营自留地、自留山、家庭副业和饲养自留畜。"此条正式以根本大法的形式确立了家庭联产承包责任制。2002年8月29日，第九届全国人民代表大会常务委员会第二十九次会议通过了《农村土地承包法》，自此"以家庭承包为基础、统分结合的双层经营体制"成为我国社会主义公有制下集体经济体制的基础。

在家庭联产承包责任制中，核心法律制度就是土地承包经营权制度。在民法领域中，1986年公布的《民法通则》第81条第3款规定："公民、集体依法对集体所有的或者国家所有由集体使用的森林、山岭、草原、荒地、滩涂、水面的承包经营权，受法律保护。承包双方的权利和义务，依照法律由承包合同规定。"该规定正式以民法的形式承认了土地承包经营权。不过依据该条规定，承包经营权本质上应当属于合同债权的一种。2007年公布并生效的《物权法》则正式确立了土地承包经营权的用益物权地位。2018年12月29日第十三届全国人民代表大会常务委员会第七次会议对《农村土地承包法》进行了第二次修正。在原来土地承包经营权制度的基础上，确认了党中央农地三权分置的改革成果，在土地承包经营权的基础上再次创造性地确立了"土地经营权"。2020年5月28日通过的《民法典》则以法典的形式将《农村土地承包法》所确立的三权分置制度正式予以确认。[1]

【对照适用】

本条最早源于2002年《农村土地承包法》第1条的规定，后该条规定被2007年《物权法》第124条所采纳，《民法典》第330条完全继受了原《物权法》的规定，没有进行任何修改。

> **第三百三十一条** 土地承包经营权人依法对其承包经营的耕地、林地、草地等享有占有、使用和收益的权利，有权从事种植业、林业、畜牧业等农业生产。

---

〔1〕 席志国：《〈民法典·物权编〉评析及法教义学的展开》，载《东方论坛》2021年第2期。

【要义精解】

依据《民法典》第 323 条以及第 331 条的规定，土地承包经营权可以定义为：民事主体基于承包经营合同，对于集体所有农业用地或者国家所有交给集体使用的农业用地以从事农业生产为目的而进行占有、使用、收益的用益物权。由此定义可见土地承包经营权具有如下特征。

第一，土地承包经营权之客体是集体所有或者国家所有交给集体使用的农业用地。

第二，权利内容必须是以从事种植业、林业、畜牧业等农业生产为目的。

第三，权利主体仅限于农村集体经济组织的成员。需要特别指出的是，2018 年修正前的《农村土地承包法》和《物权法》并没有将土地承包经营权的主体限制在本集体经济组织成员之内。首先，依据 2018 年修正前的《农村土地承包法》第 44 条至第 50 条的规定，不宜采取家庭承包方式的荒山、荒沟、荒丘、荒滩等农村土地可以通过招标、拍卖、公开协商等方式由本集体组织成员之外的其他人进行承包，从而本集体组织之外的自然人、法人和非法人组织均得以此种方式取得土地承包经营权。其次，无论是 2018 年修正前的《农村土地承包法》抑或是原《物权法》均没有限制土地承包经营权人将土地承包经营权转让给本集体经济组织之外的其他民事主体。故非集体组织成员可以转让方式取得土地承包经营权。唯 2018 年修正的《农村土地承包法》第 49 条的规定，以其他方式承包农村土地的只能取得土地经营权而不再是土地承包经营权了。而修正后的《农村土地承包法》第 33 条、第 34 条则明确规定，土地承包经营权的流转仅限制在本集体经济组织成员相互之间，对其进行反面解释，不允许将其转让给本集体经济组织成员之外。自此，本集体经济组织之外的其他民事主体，若要利用集体土地从事农业生产，则只能通过"土地经营权"这种用益物权或者是债权的利用方式，而不能再通过土地承包经营权的方式了。

第四，土地承包经营权虽然具有处分权能，但是该权能却受到较大的限制。用益物权人自然不得对标的物进行处分，但是原则上，用益物权得以处分其用益物权本身，这实际上是一切财产权的共同属性，但是各种用益物权因其功能不同，其处分权能各有不同。土地承包经营权的处分权能，受到的限制远大于建设用地使用权，但是却小于宅基地使用权与居住权。

【对照适用】

本条规定源于原《物权法》第125条，《民法典》未对其进行修改，但是由于《农村土地承包法》的大规模修正，土地承包经营权的定义虽然没有改变，但是其内容已经发生了重大变化，对此详见以下条文解析。

> 第三百三十二条 耕地的承包期为三十年。草地的承包期为三十年至五十年。林地的承包期为三十年至七十年。
>
> 前款规定的承包期限届满，由土地承包经营权人依照农村土地承包的法律规定继续承包。

【要义精解】

本条规定的是土地承包经营权的期限和续期。

第一，土地承包经营权的期限。不同土地的承包经营权的期限不同，具体如下：（1）以耕地为客体的土地承包经营权的期限一律为30年。承包合同没有约定承包期限的或者约定承包期限低于或高于30年的均不影响承包合同的效力，其期限一律以30年为准。（2）以草地为客体的承包经营权的期限不得低于30年，不得高于50年，具体期限由承包方与发包方通过承包合同予以约定。若当事人约定的期限低于30年，则应当以30年为准；而若约定的期限高于50年，则应当缩短为50年。（3）以林地为客体的承包经营权期限不得低于30年，不得高于70年。具体期限由发包人与承包人通过承包合同约定。同样，若约定的期限低于30年，则以30年为准；而约定的期限高于70年的则以70年为准。

第二，土地承包经营权续期。《民法典》第332条第2款规定，承包期限届满，由土地承包经营权人依照农村土地承包的法律规定继续承包。《农村土地承包法》第21条第2款规定："前款规定的耕地承包期届满后再延长三十年，草地、林地承包期届满后依照前款规定相应延长。"

【对照适用】

本条规定源于原《物权法》第126条，但是将原《物权法》第126条第1款的"特殊林木的林地承包期，经国务院林业行政主管部门批准可以延长。"删除。因此，以林地作为客体的土地承包经营权的期限不能再超过70年。不过由于林地承包经营权与其他经营权一样，期限届满均可以续期，因此也解决了特殊林地的期限问题。

第三百三十三条　土地承包经营权自土地承包经营权合同生效时设立。

登记机构应当向土地承包经营权人发放土地承包经营权证、林权证等证书，并登记造册，确认土地承包经营权。

【要义精解】

本条规定了土地承包经营权的生效要件。

依据《民法典》第333条的规定和《农村土地承包法》第24条的规定，土地承包经营权的设定无须进行登记，土地承包经营权自土地承包经营合同生效时设定。而且也没有如土地承包经营权转让那样规定，未经登记不得对抗善意第三人（《民法典》第335条）。由此可见，在土地承包经营权设定上完全采取的是意思主义。不过此种意思主义，并不一定就只有债权意思主义一条路径，尚有物权意思主义这一条路径可供选择。选择何种学说，尚须学说进一步地展开。[1]不过，本条尚规定了登记机关的登记义务，且无须当事人予以申请。由于登记并非土地承包经营权的生效要件，亦非对抗要件，故其目的仅在于确认土地承包经营权而已。

【对照适用】

本条来源于原《物权法》第127条，但是将原第127条第2款所规定的"县级以上地方人民政府应当向土地承包经营权人发放土地承包经营权

---

[1] 关于物权意思主义请参见席志国：《中国物权法论》，中国政法大学出版社2016年版，第113—114页。

证、林权证、草原使用权证，并登记造册，确认土地承包经营权"修改为本条第 2 款规定。

> **第三百三十四条** 土地承包经营权人依照法律规定，有权将土地承包经营权互换、转让。未经依法批准，不得将承包地用于非农建设。

【要义精解】

本条规定了土地承包经营权的处分权。

本条规定了土地承包经营权人得以处分土地承包经营权，但是受到两方面的限制：其一是不得将承包地用于非农建设。这一点结合《土地管理法》关于土地用途的管制是非常清晰的。依据《土地管理法》与《土地管理法实施条例》的规定，不但将农业用地转变为非农业用地需要经过法定程序予以变更，而且将农业用地中的耕地转变为非耕地也需要履行法定的程序。其二是土地承包经营权人虽然得以处分其土地承包经营权，但是却受到《农村土地承包法》的限制。《农村土地承包法》第 33 条规定："承包方之间为方便耕种或者各自需要，可以对属于同一集体经济组织的土地的土地承包经营权进行互换，并向发包方备案。"第 34 条规定："经发包方同意，承包方可以将全部或者部分的土地承包经营权转让给本集体经济组织的其他农户，由该农户同发包方确立新的承包关系，原承包方与发包方在该土地上的承包关系即行终止。"本条之所以规定须依据法律规定，而没有明确规定具体的限制，原因在于土地承包经营权的改革尚未完全完成，因此关于土地承包经营权的立法规则可能会经常变动，这与《民法典》作为民事基本法需要维持稳定性的诉求相违背，故《民法典》将其交给《农村土地承包法》等特别法予以规范，自己仅仅作为一个转致条款。

【对照适用】

本条规定源于原《物权法》第 128 条，但是进行了较大程度的简化，从而本身不能再作为一条实体性规范，而仅作为一条转致条款，这显然与原《物权法》的规定有所不同了。

第三百三十五条　土地承包经营权互换、转让的，当事人可以向登记机构申请登记；未经登记，不得对抗善意第三人。

【要义精解】

本条规定了土地承包经营权变动的要件。

该条规定并没有规定土地承包经营权转让、互换的具体生效要件，只是规定了登记作为土地承包经营权变动的对抗要件，也即没有登记的不得对抗善意第三人。依据《农村土地承包法》第 34 条的规定，土地承包经营权的转让应当取得发包方的同意，未取得发包方的同意（包括事先同意与事后的追认），土地承包经营权转让合同无效。对此《最高人民法院关于审理涉及农村土地承包纠纷案件适用法律问题的解释》（以下简称《农村土地承包纠纷解释》）第 13 条规定："承包方未经发包方同意，转让其土地承包经营权的，转让合同无效。但发包方无法定理由不同意或者拖延表态的除外。"

土地承包经营权转让或者互换的，双方应当签订转让、互换合同，《农村土地承包法》与《民法典》均未规定土地承包经营权转让与互换合同是否需要书面形式，我们认为对此应当准用《农村土地承包法》第 22 条第 1 款的规定，即要求转让、互换采取书面的形式。因为于此两种情形，当事人的利益状态基本上可以作相同的评价。土地承包经营权转让与互换的自土地转让互换合同生效时发生承包经营权的物权变动效果，不登记不得对抗善意第三人。这里的第三人的范围应当是交易第三人，主要应当包括如下三种情形：（1）信赖原土地承包经营权人仍然系土地承包经营权人，再次从其处受让土地承包经营权的交易相对人；（2）基于信赖原土地承包经营权人仍然系土地承包经营权人并为其提供融资而与原土地承包经营权人签订抵押融资担保合同，就其承包土地之经营权设定抵押权的交易相对人；（3）信赖原土地承包经营权人仍然系土地承包经营权人，从而与其签订设定土地经营权合同的交易相对人。

【对照适用】

本条规定源于原《物权法》第 129 条，但是对该条进行了较大幅度的修改。删除了原条文中的"当事人要求登记的，应当向县级以上地方人民政府申请土地承包经营权变更登记"。这一修改，主要是基于登记机关已经统一，故无须于此赘述，这与前一条的修改原因相同。

> **第三百三十六条** 承包期内发包人不得调整承包地。
>
> 因自然灾害严重毁损承包地等特殊情形，需要适当调整承包的耕地和草地的，应当依照农村土地承包的法律规定办理。

【要义精解】

本条规定了发包人不得调整土地的义务。

土地承包经营权作为用益物权之一系绝对权，不但一般第三人不得予以干涉，而且作为土地所有人的发包人亦不得予以干涉，这其中自然包括了不得调整土地承包经营权所承包的土地，除非符合了本条第 2 款所规定的例外情形，并依照《农村土地承包法》的规定进行相应的承包地调整。

依据《农村土地承包法》第 28 条第 2 款的规定，承包期内，因自然灾害严重毁损承包地等特殊情形对个别农户之间承包的耕地和草地需要适当调整的，必须经本集体经济组织成员的村民会议 2/3 以上成员或者 2/3 以上村民代表的同意，并报乡（镇）人民政府和县级人民政府农业农村、林业和草原等主管部门批准。承包合同中约定不得调整的，即使是在遇到严重自然灾害等情形中，亦应当按照其约定不得予以调整。若发包人擅自调整承包地不符合上述规定的情形的，其不但构成违约，亦构成了侵权。

【对照适用】

本条规定源于原《物权法》第 130 条，《民法典》未进行实质性修改。

> **第三百三十七条** 承包期内发包人不得收回承包地。法律另有规定的，依照其规定。

【要义精解】

本条规定了发包人不得收回承包地的义务。

在承包期限内不得收回承包地既是发包人的合同义务（土地承包合同所产生的义务），又是基于承包经营权作为用益物权的绝对权属性所产生的发包人不得干涉土地承包经营权的一般性义务。因此，在承包期内发包人没有正当理由擅自收回承包地的不但构成违约，亦构成了侵权。依据《农村土地承包法》第57条之规定应当承担"停止侵害、排除妨碍、消除危险、返还财产、恢复原状、赔偿损失等民事责任"。《农村土地承包纠纷解释》第6条规定："因发包方违法收回、调整承包地，或者因发包方收回承包方弃耕、撂荒的承包地产生的纠纷，按照下列情形，分别处理：（一）发包方未将承包地另行发包，承包方请求返还承包地的，应予支持；（二）发包方已将承包地另行发包给第三人，承包方以发包方和第三人为共同被告，请求确认其所签订的承包合同无效、返还承包地并赔偿损失的，应予支持。但属于承包方弃耕、撂荒情形的，对其赔偿损失的诉讼请求，不予支持。前款第（二）项所称的第三人，请求受益方补偿其在承包地上的合理投入的，应予支持。"

【对照适用】

本条规定源于原《物权法》第131条，《民法典》未进行实质性修改，解释适用上不存在区别。

> **第三百三十八条　承包地被征收的，土地承包经营权人有权依据本法第二百四十三条的规定获得相应补偿。**

【要义精解】

本条规定的是土地承包经营权人在土地征收时的补偿请求权。

土地承包经营权人作为用益物权人，在土地征收时其用益物权归于消灭，因此会产生直接的经济损失，故其作为补偿请求权人的法律地位被《民法典》明确予以规定。实际上，《民法典》第327条已经针对所有用益物权在征收、征用时的补偿请求权作出了规定，再次专门针对土地承包经营权进行特别规定，说明立法者对此的重视态度。

【对照适用】

本条规定源于原《物权法》第132条，本条规定仅对措辞以及所引用的法条依据《民法典》的体例进行重新调整，在解释适用上没有任何区别。

> **第三百三十九条　土地承包经营权人可以自主决定依法采取出租、入股或者其他方式向他人流转土地经营权。**

【要义精解】

本条规定了土地经营权的设定方式。

《民法典》采取了《农村土地承包法》的做法，正式承认农地"三权分置"，即土地承包经营权人可以自己保留土地承包经营权而为他人设定"土地经营权"，从而形成了"土地所有权—土地承包经营权—土地经营权"三权分置的格局。关于三权分置所产生出来的土地经营权的性质，由于《民法典》没有明确规定，所以目前为止存在着不同的观点，有债权说、物权说、可债权与可物权说（二元说）。[1] 我们认为，在解释论上土地经营权应当被解释为用益物权，也即次级用益物权，相当于德国法上的次级地上权。[2] 作为用益物权之一种，土地经营权的成立须由土地承包经营权人进行设定，其设定的原因可以无偿的（赠与），也可以是有偿的（买卖、互易等），当然也可以是通过出资入股的方式，也即土地承包经营权人将土地经营权作价从而入股。需要说明的是，本条规定了以"出租"的方式流转土地经营权，被债权论以及二元论的学说作为主要依据，由于我们认为土地经营权系物权，从而应当将"出租"理解为有偿设定，也即仅仅是采取类似于出租的方式，而不是以此种方式形成的土地经营权等同于租赁合同的债权。

【对照适用】

本条是编纂《民法典》时新增加的规定，原《物权法》没有此规定。

> **第三百四十条　土地经营权人有权在合同约定的期限内占有农村土地，自主开展农业生产经营并取得收益。**

---

[1] 孙建伟：《土地经营权物权化规则构建路径》，载《国家检察官学院学报》2019年第6期。

[2] 李永军主编：《民法学教程》，中国政法大学出版社2021年版，第302页。

【要义精解】

本条规定了土地经营权的内容。

依据本条规定，土地经营权作为用益物权（次级用益物权）的一种，具有如下几个方面的积极权能：对作为客体的土地依照土地经营合同进行占有、使用和收益。相应的土地承包经营权人即丧失了对土地的使用和收益的权能，因此而产生的天然孳息和法定孳息应当由土地经营权人收取，而不再是土地承包经营权人收取。此时土地承包经营权人与土地经营权人之间的关系相当于比较法上所有人与用益物权人之间的关系。就土地的占有而言，土地经营权人为其直接占有人，而土地承包经营权人为间接占有人，作为所有人的集体经济组织为第二层次的间接占有人。[1]

【对照适用】

本条规定是编纂《民法典》时新增加的规定，原《物权法》没有该规定。

> **第三百四十一条　流转期限为五年以上的土地经营权，自流转合同生效时设立。当事人可以向登记机构申请土地经营权登记；未经登记，不得对抗善意第三人。**

【要义精解】

本条规定土地经营权的设定要件。

本条规定应当作如下几个方面的理解：（1）首先，作为物权性的土地经营权设定的最低期限是5年。当然这并不意味着土地承包经营权人不能将土地有偿或者无偿地交给他人使用，不过这种使用就只能形成债权性的利用方式，有偿的则为真正的租赁，无偿的则为借用，当然基于合同自由原则，当事人也可以以其他有名合同或者无名合同的方式予以利用，只要合同不违背法律的效力性强制性规定以及公序良俗即可。不过，鉴于法律概念的同一性、法律的明确性要求，债权性利用方式不能被称之为土地经

---

[1]　李永军主编：《民法学教程》，中国政法大学出版社2021年版，第304页。

营权。(2)土地经营权的设立,采取了登记对抗主义。因此,在土地经营权设定的合同生效时土地经营权即成立,不登记不得对抗善意第三人。至于善意第三人的范围,则与《民法典》第335条规定的土地承包经营权的情形相似,请读者自行参阅。

【对照适用】

本条规定原《物权法》没有,是编纂《民法典》时新增加的规定。

第三百四十二条 通过招标、拍卖、公开协商等方式承包农村土地,经依法登记取得权属证书的,可以依法采取出租、入股、抵押或者其他方式流转土地经营权。

【要义精解】

本条规定了以其他方式设定土地经营权的处分。

《农村土地承包法》第49条规定:"以其他方式承包农村土地的,应当签订承包合同,承包方取得土地经营权。当事人的权利和义务、承包期限等,由双方协商确定。以招标、拍卖方式承包的,承包费通过公开竞标、竞价确定;以公开协商等方式承包的,承包费由双方议定。"依据该条规定,土地所有权人可以直接以拍卖、招标或者其他方式为所有的民事主体设定土地经营权。依据《民法典》第342条规定,以招标、拍卖、公开协商等方式取得的土地经营权可以依法予以流转。依据本条规定,以其他方式取得的土地经营权只有在依法登记取得权属证书后才能够进行流转,我们认为该规定应当作目的性限缩,换言之,即便经营权人未取得权属证书,其流转仍然有效,不过不得对抗善意第三人。当然对此亦有不同的观点,有学者主张《民法典》第342条规定土地经营权再流转的限制条件是"经依法登记取得权属证书",进而将此种没有身份属性的土地经营权的流转适用公示生效要件。根据《农村土地承包法》第49条规定,其他方式承包的土地经营权是承包合同签订即设立的土地经营权,无须登记公示,但该法第53条和《民法典》第342条一致,规定再流转土地经营权的公示效力为登记生效要件,这与民法典物权编第208条原则性规定的公示生效要件主义一致,进而将出租等再流转方式纳入不动产物权设立的逻辑中,例如,出租进行登记则成为设立次级土地经营权的方式，否则构成一般意义上负担债权方式的流转，即负担土地经营权的租赁权。同样，入股、抵押或其他方式如果不登记则不发生物权变动，而只是负担债权。[1]

【对照适用】

本条规定源于原《物权法》第133条，但是《民法典》将原规定中的"土地承包经营权"修改为"土地经营权"。这样的修改是由于《农村土地承包法》不再允许集体经济组织为本集体成员之外的民事主体设立土地承包经营权，只能设立"土地经营权"这种不具身份性质的次级用益物权。

第三百四十三条　国家所有的农用地实行承包经营的，参照适用本编的有关规定。

【要义精解】

本条规定了国有农用地的承包经营权的法律适用。

在我国尚存在大量的国有农业用地。国有农业用地有的采取国有农场的方式，由国有企业予以经营；还有的不宜采取国有农场经营的方式，则亦可以通过承包经营的方式予以经营。此时即可以参照适用本编，特别是本章的法律规定。

【对照适用】

本条规定源于原《物权法》第134条，只是将原来的"参照本法"修改为"参照适用本编"（也即民法典物权编），该条规定在解释适用上没有本质性的区别。

---

[1] 李国强：《〈民法典〉中两种"土地经营权"的体系构造》，载《浙江工商大学学报》2020年第5期。

第十二章　建设用地使用权

> **第三百四十四条**　建设用地使用权人依法对国家所有的土地享有占有、使用和收益的权利，有权利用该土地建造建筑物、构筑物及其附属设施。

【要义精解】

本条规定了建设用地使用权的定义。

建设用地使用权是因建造建筑物或其他工作物而对国家或者集体所有的建设用地进行占有、使用、收益的用益物权。建设用地使用权作为用益物权中最为重要的一种，与其他用益物权相比较，建设用地使用权具有如下之特征。

第一，建设用地使用权是使用他人土地的权利，因此是用益物权的一种。

第二，建设用地使用权既可以建立在国有土地上，也可以建立在集体所有的土地上。但是依据《土地管理法》的规定，建设用地使用权只能建立在国家规划为建设用地的土地上，不能建立在农业用地以及未利用土地上。

第三，建设用地使用权是以建造建筑物或其他工作物为目的的权利。至于具体建设什么样的建筑物或者工作物，则须依据国土空间规划以及出让合同的约定。

【对照适用】

本条规定源于原《物权法》第135条，《民法典》未进行修改，解释适用上没有区别。

> **第三百四十五条**　建设用地使用权可以在土地的地表、地上或者地下分别设立。

【要义精解】

本条规定了建设用地使用权分层设立。

依据该规定，建设用地使用权可以同时在土地的地表以及地上、地下一定高度设立，也可以为不同的民事主体分别在地表、地上一定空间、地下一定空间设立不同的建设用地使用权，后两种情形被称之为空间建设用地使用权。后设立的空间建设用地使用权不得对设立在前的其他土地使用权以及空间建设用地使用权造成不利影响。

【对照适用】

本条规定源于原《物权法》第136条，但是将原条文第2句"新设立的建设用地使用权，不得损害已设立的用益物权"予以删除。之所以删除，并不意味着后设立的用益物权可以损害已经设立的用益物权，而是将这一规定移到了《民法典》第346条，将其与绿色原则共同规定，作为用益物权设立以及行使的限制。因此，本条在解释适用上没有区别。

> **第三百四十六条　设立建设用地使用权，应当符合节约资源、保护生态环境的要求，遵守法律、行政法规关于土地用途的规定，不得损害已经设立的用益物权。**

【要义精解】

本条是绿色原则在建设用地使用权中的具体化。

《民法典》第9条规定了绿色环保原则，作为一项基本原则，该原则应当适用于整个民法领域，对于民事立法、司法以及民事行为均有其指导意义。有鉴于土地资源是最为重要的自然资源，虽然我国领土面积位居世界第三，但是我国人口总数世界第一，人均土地面积则远远低于世界平均水平，从而土地资源极其紧张。因此对土地资源的节约利用和保护不仅仅关涉我国经济发展，而且还关涉着我国可持续发展，更关涉着全球生态环境保护的问题，因此我国《民法典》在此又特别规定了建设用地使用权的设立应当本着"节约资源、保护生态环境"的要求。

【对照适用】

本条规定是编纂《民法典》时新增加的规定，原《物权法》没有这一规定，由此可见，国家对于土地保护和环境保护的重视程度得以提升到前所未有的高度。

> **第三百四十七条** 设立建设用地使用权，可以采取出让或者划拨等方式。
>
> 工业、商业、旅游、娱乐和商品住宅等经营性用地以及同一土地有两个以上意向用地者的，应当采取招标、拍卖等公开竞价的方式出让。
>
> 严格限制以划拨方式设立建设用地使用权。

【要义精解】

本条规定了建设用地使用权的设立方式。

本条是关于国有建设用地使用权的设立方式的规定，集体土地使用权的设立方式应当依据《民法典》第361条准用关于国有土地建设用地使用权设定的规定。国有建设用地使用权的设定有两种方式：一种是有偿，被称之为出让方式；另一种是无偿，被称之为划拨方式。依据本条规定，划拨方式设定建设用地使用权只能严格依照法律规定，必须符合《土地管理法》第54条所规定的法定情形。依据《民法典》第347条第2款的规定，工业、商业、旅游、娱乐和商品住宅等经营性用地以及同一土地有两个以上意向用地者的，应当采取招标、拍卖等公开竞价的方式出让。因此，只有一种情形可以采取非竞争性的缔约方式，即非经营性用地并且只有一个意向用地者的情形。

【对照适用】

本条规定源于原《物权法》第137条，《民法典》仅删去第3款第2句"采用划拨方式的，应当遵守法律、行政法规关于土地用途的规定"，解释适用上没有实质性区别。

第三百四十八条 通过招标、拍卖、协议等出让方式设立建设用地使用权的，当事人应当采用书面形式订立建设用地使用权出让合同。

建设用地使用权出让合同一般包括下列条款：

（一）当事人的名称和住所；

（二）土地界址、面积等；

（三）建筑物、构筑物及其附属设施占用的空间；

（四）土地用途、规划条件；

（五）建设用地使用权期限；

（六）出让金等费用及其支付方式；

（七）解决争议的方法。

【要义精解】

依据本条规定，首先，国有土地使用权出让合同属于书面要式合同，当事人双方必须以书面方式予以签订，否则合同不能发生效力。其次，本条规定了土地出让合同的必要条款和通常条款，其中第 1 项至第 6 项为必要条款，必须具备，若不具备其中一项，合同会因双方当事人尚未达成协议而不成立。第 7 项则仅为通常条款，不是必备条款，若当事人没有约定亦不影响合同的成立与生效。需要说明的是，通常土地出让合同所使用的都是当地政府制定的示范合同文本，其内容远较本条规定的要详细。但是当事人不使用示范文本，单独草拟的合同亦无不可。

【对照适用】

本条规定源于原《物权法》第 138 条，《民法典》未进行实质性修改，解释适用上没有区别。

第三百四十九条 设立建设用地使用权的，应当向登记机构申请建设用地使用权登记。建设用地使用权自登记时设立。登记机构应当向建设用地使用权人发放权属证书。

【要义精解】

依据本条规定，建设用地使用权的设定以登记作为其物权变动的生效要件，签订土地使用权出让合同仅在当事人之间发生债权债务关系，不发生土地使用权的物权设立效力。这里所谓登记是指记载在不动产登记簿时，而不是颁发权属证书时，需要予以明确。本条规定实际上是《民法典》第209条之规定在建设用地使用权设立上的具体化，即便没有本条规定，关于建设用地使用权之设立仍然需要适用第209条的规定，其结果也是一样的。

【对照适用】

本条源于原《物权法》第139条，《民法典》对此未进行实质性修改，解释适用上没有区别。

> **第三百五十条** 建设用地使用权人应当合理利用土地，不得改变土地用途；需要改变土地用途的，应当依法经有关行政主管部门批准。

【要义精解】

建设用地使用权作为用益物权的一种，在对标的物享有占有、使用、收益之权利的同时亦负有相应的义务，这些义务包括：（1）按照出让合同所约定的用途使用土地，不能超出出让合同约定的范围而使用，包括不得超出土地出让合同所约定的建筑总面积、容积率、建筑物的高度等在内。（2）不得变更合同所约定的土地用途。我国实行严格的土地用途管制，各种用地之间不得随意变更，即便同属于建设用地，不同的建设用地之间亦不能任意变更，如工业用地、商业用地、居住用地、旅游用地等均不得相互转换，除非符合法律规定的要件并经法定的程序为之。对此《城市房地产管理法》第18条进一步明确规定："土地使用者需要改变土地使用权出让合同约定的土地用途的，必须取得出让方和市、县人民政府城市规划行政主管部门的同意，签订土地使用权出让合同变更协议或者重新签订土地使用权出让合同，相应调整土地使用权出让金。"

【对照适用】

本条源于原《物权法》第140条，解释适用上没有实质性区别。

第三百五十一条　建设用地使用权人应当依照法律规定以及合同约定支付出让金等费用。

【要义精解】

土地使用权出让合同属于典型的双务有偿合同。土地出让金系建设用地使用权人取得建设用地使用权的对价，支付土地出让金是受让方的主合同义务。出让金的具体数额以及出让金的支付方式、支付期限都由出让合同在法律规定的范围内予以约定。依据《城市房地产管理法》第16条的规定并结合《民法典》第563条、第578条、第579条的规定，当出现迟延履行情况时，作为出让人的土地管理部门首先可以诉请受让人支付合同约定的出让金，并承担相应的迟延利息，合同中约定有迟延履行的违约金的则可以请求违约金，经过催告后仍然不支付的，土地管理部门还可以解除合同。

【对照适用】

本条规定源于原《物权法》第141条，《民法典》并未进行任何修改，解释适用上不存在差异。

第三百五十二条　建设用地使用权人建造的建筑物、构筑物及其附属设施的所有权属于建设用地使用权人，但是有相反证据证明的除外。

【要义精解】

关于新建造的地上建筑物、构筑物之所有权的归属问题，比较法上有两种立法例：一种是采取附合主义。在该种立法例下，地上建筑物、构筑物等不是独立的物，而是土地的组成部分，因此其本身不能作为独立的所有权的客体，故地上新建造的建筑物、构筑物以及其他附属设施属于土地的重要成分，其所有权自然归属于土地所有权人，而不论其建造人为何人。采取这一立法主义的典型代表即为德国，《德国民法典》第94条明确规定："土地之定着物，特别是建筑物及土地之出产物，尚未分离时，属于土地重要成分。"第二种立法例所采取的是建造人主义。在该种立法主义下，谁是不动产的建造人即由谁取得该不动产的所有权，而不问其所建造的土地所有权的归属问题。由于《宪法》的规定，我国土地所有权只能属于国家或者集体所有，因此《民法典》只能将土地和地上建筑物等作为两个独立的物予以对待，从而土地所有权与地上建筑物、构筑物的所有权可以分别归属于不同的主体享有，这是法律上的常态。也正是基于这一原因，我国《民法典》第352条规定建设用地使用权人所建造的建筑物、构筑物及其附属设施的所有权属于建设用地使用权人，而不是归于土地所有权人。此外，由于建造行为属于事实行为，而非法律行为，故基于建造行为取得不动产所有权的，依据《民法典》第231条的规定，在建造行为成就时即取得了该建筑物、构筑物的所有权。因此，不但建设用地使用权人自己建造的建筑物等由其取得所有权，即便是建设用地使用权人与建筑公司等签订建筑工程承包合同，由建筑公司建造完成的建筑物等亦由建设用地使用权人取得所有权。这里也与由何人出资进行建造没有关系，即便是由他人投资所建造的建筑物，所有权亦归建设用地使用权人所有。

本条还规定若有相反证据证明的除外。那么这些相反证据究竟何所指呢？如果有法律规定，某些建筑物的所有权归其他主体所有，则自然应当依据该相关法律确定建筑物之原始所有权。但是，对于由当事人所约定的建筑物所有权归属，是否属于这里的相反证据呢？例如，甲公司为建设用地使用权人，甲公司与乙公司签订合同约定，由甲公司出地，乙公司出资，共同建造商品住宅楼A、B两栋，其中A栋归甲公司、B栋归乙公司。那么这一约定是否属于这里的相反证明，从而乙公司为B栋商品楼的所有权人呢？我们认为，此时这一约定并不构成这里的相反证明。相反，在此种情形下，仍然应当由建设用地使用权人甲公司取得A、B两栋商品住宅楼的所有权。唯依据甲乙公司合同的约定，甲公司负有移转B栋楼的所有权给乙公司的义务。实际上，甲乙之间的合同只能被认定为商品楼买卖合同，根据该合同，甲公司负有移转所有权的义务，而不是可以由乙公司原始取得建筑物的所有权。也即，对于新建建筑物的所有权的归属，本条规定应当属于强行性法律规定，除非法律另有规定外，均应适用本规定，首先由建设用地使用权人原始取得该建筑物之所有权，而其他人取得所有权只能通过法律行为或者法律规定的方式自建设用地使用权人处取得。

【对照适用】

本条规定源于原《物权法》第 142 条,《民法典》仅将该条的"但"修改为"但是",对于条文的理解和适用没有影响。

> **第三百五十三条　建设用地使用权人有权将建设用地使用权转让、互换、出资、赠与或者抵押,但是法律另有规定的除外。**

【要义精解】

在所有的用益物权中,建设用地使用权是最为自由的用益物权,特别是依据出让方式所取得的建设用地使用权,其在我国社会主义公有制及社会主义市场经济法律体系中所发挥的功能相当于西方国家的土地所有权的功能。[1]因此,建设用地使用权人非但可以自己对建设用地进行占有、使用和收益,而且还可以对其建设用地使用权进行相应的处分,即将建设用地使用权予以转让以及在建设用地使用权上设定负担,包括为他人设定地役权等用益物权,就如同所有人一样。《民法典》第 353 条所规定的转让、互换、出资、赠与等在物权法的视角来看都是转移土地使用权,只不过其所签订的债权性合同性质有所不同而已。

本条亦规定法律另有规定的除外。法律对于建设用地使用权人处分其建设用地使用权主要有如下两个方面的限制。[2]

第一,国有划拨建设用地使用权不得单独转让。以划拨方式取得的建设用地使用权由于是无偿取得的,所以使用权人不得将该土地使用权进行单独处分,既不得将该建设用地使用权单独进行转让、抵押,也不得将该土地使用权予以出租。不过由于地上建筑物的所有权属于用地单位,因此该建设用地使用权人将地上建筑物进行转让、抵押和出租的,例外地可以将该建设用地使用权一并转让、抵押或出租。划拨方式取得的建设用地使用权的转让必须符合下述两个条件:(1)应当按照国务院规定,报有批准权的人民政府审批。(2)应当由受让方办理土地使用权出让手续,并依照

---

[1]　席志国:《民法典编纂中的土地权利体系再构造——"三权分置"理论的逻辑展开》,载《暨南学报(哲学社会科学版)》2019 年第 6 期;席志国:《民法典编纂中集体土地权利体系新路径》,载《国家行政学院学报》2018 年第 1 期。

[2]　李永军主编:《民法学教程》,中国政法大学出版社 2021 年版,第 310 页。

国家有关规定缴纳土地使用权出让金。有批准权的人民政府按照国务院规定决定也可以不办理土地使用权出让手续的，转让方应当按照国务院规定，将转让房地产所获收益中的土地收益上缴国家或者作其他处理。

第二，出让建设用地使用权转让的前提条件。依据 2019 年 8 月 26 日新修正的《城市房地产管理法》第 39 条的规定，以出让方式取得土地使用权的，转让房地产时，应当符合以下两个方面的条件：（1）按照出让合同约定已经支付全部土地使用权出让金，并取得土地使用权证书；（2）按照出让合同约定进行投资开发，属于房屋建设工程的，完成开发投资总额的 25% 以上，属于成片开发土地的，形成工业用地或者其他建设用地条件。转让房地产时房屋已经建成的，还应当持有房屋所有权证书。上述规定的目的在于禁止单纯以炒卖土地使用权为目的的土地交易。依据《土地管理法》第 63 条第 4 款的规定，关于国有建设用地使用权转让的限制性规定亦适用于集体建设用地使用权的转让之上。

【对照适用】

本条规定来源于原《物权法》第 143 条，《民法典》同样仅仅是将原条文中的"但"修改为"但是"，在解释适用上同样与原《物权法》之规定没有不同。

第三百五十四条　建设用地使用权转让、互换、出资、赠与或者抵押的，当事人应当采用书面形式订立相应的合同。使用期限由当事人约定，但是不得超过建设用地使用权的剩余期限。

【要义精解】

本条规定由两句话构成。第 1 句规定了作为建设用地使用权处分之基础的合同的法定要式性，包括转让合同、互换合同、出资协议、赠与合同、抵押合同等在内的合同均须以书面形式为之，否则合同不成立也不能生效。第 2 句则规定了所转让的建设用地使用权的期限。依据本规定，所转让的建设用地使用权的具体期限由双方当事人约定，但是最长不得超过建设用地使用权的剩余期限。我们认为该规定存在一定的问题：如前条所述，无论是建设用地使用权的转让、互换、出资抑或是赠与，其在物权法上的意义都是相同的，都是建设用地使用权的转移。建设用地使用权的转移，是指建设用地使用权原封不动地自原权利人处转移至受让人，而不是创设一种新的权利，故转让后的权利期限应当与原权利剩余的期限完全相同，而不是当事人通过合同另行约定一个期限，否则则成为土地使用权的出租而非转移。

【对照适用】

本条规定源于原《物权法》第 144 条，同样《民法典》只是将"但"修改为"但是"，解释适用上与原《物权法》的规定没有区别。

第三百五十五条　建设用地使用权转让、互换、出资或者赠与的，应当向登记机构申请变更登记。

【要义精解】

以法律行为处分建设用地使用权的，登记作为其法定生效要件，只有完成变更登记后受让人才取得相应的建设用地使用权。转让人没有给受让人办理变更登记的，构成违约，应当承担相应的违约责任。对于建设用地使用权的登记等具体问题则适用《民法典》第 209 条至第 223 条之规定。事实上，《民法典》第 209 条至第 223 条之规定的主要适用对象就是建设用地使用权及其地上建筑物所有权之转让及其抵押以及居住权的设定。其他不动产物权，如土地承包经营权、土地经营权、地役权的设定以及转让均不以登记为其生效要件，从而构成了第 209 条至第 223 条规定之例外。

【对照适用】

本条源于原《物权法》第 145 条，《民法典》对此未进行任何修改，解释适用上没有任何不同。

第三百五十六条　建设用地使用权转让、互换、出资或者赠与的，附着于该土地上的建筑物、构筑物及其附属设施一并处分。

【要义精解】

我国《民法典》虽然没有像《德国民法典》那样将建筑物、构筑物等作为土地的重要成分，但是仍然规定了地上建筑物与土地使用权的一体处分原则，这无疑是由事物之本质所决定的，盖没有土地权利是无法享有及行使地上建筑物、构筑物之所有权的。依据本条规定，转让建设用地使用权的，必须将地上建筑物、构筑物及其附属设施之所有权一并处分，该规定是强制性规范，当事人不得自行保留地上建筑物、构筑物之所有权而将建设用地使用权予以转让，也不得将建设用地使用权与地上建筑物、构筑物及附属设施的所有权分别转让给不同的民事主体。在解释论述上，我国司法实践认为，若当事人仅约定转让建设用地使用权而对于地上建筑物、构筑物及其附属设施所有权没有任何约定的，则推定为其将地上建筑物、构筑物及其附属设施的所有权一并转让。而若约定仅转让建设用地使用权不转让地上建筑物所有权的，则应当认定为该合同因违反法律的强行性规定而无效。

【对照适用】

本条规定源于原《物权法》第146条，《民法典》对此未进行修改，因此在解释适用上不存在区别。

第三百五十七条 建筑物、构筑物及其附属设施转让、互换、出资或者赠与的，该建筑物、构筑物及其附属设施占用范围内的建设用地使用权一并处分。

【要义精解】

本条规定与上一条规定共同构成了完整的一体处分原则，本条所规定的是地上建筑物、构筑物及其附属设施所有权转让必须一并转让其占用范围内的建设用地使用权。若当事人仅仅约定转让地上建筑物、构造物及其附属设施之所有权，未涉及其所占用部分的土地的建设用地使用权，则推定为该被占用部分的建设用地使用权一并转让。同样，若当事人约定仅转让地上建筑物、构筑物及其附属设施所有权，但是自己保留所占用部分的土地的建设用地使用权，则该合同因违反法律强制性规定而归于无效。

【对照适用】

本条规定源于原·《物权法》第147条，《民法典》对此未进行修改，因此在解释适用上不存在区别。

> **第三百五十八条**　建设用地使用权期限届满前，因公共利益需要提前收回该土地的，应当依据本法第二百四十三条的规定对该土地上的房屋以及其他不动产给予补偿，并退还相应的出让金。

【要义精解】

本条是因公共利益提前收回建设用地使用权的规定。

建设用地使用权作为一种私人财产权，与财产所有权一样受《宪法》和其他法律的保障，因此原则上国家不得提前收回。但是国家基于公共利益可以提前收回该建设用地使用权，于此情形下，国家提前收回建设用地使用权本质上亦属于对建设用地使用权的征收，因此应当按照征收的法定程序进行，并给予相应的补偿。《民法典》第358条即规定了基于公共利益提前收回土地的对于地上房屋及其他不动产的补偿适用第243条关于征收集体土地的规定。除此之外，该条还规定应当退还相应的土地出让金，也即退还剩余年限的出让金，这相当于对于土地使用权本身的补偿。我们认为，基于征收的充分补偿原则，仅仅退还土地出让金是不符合充分补偿原则的，因为建设用地使用权可能会随着市场的变化而相应地变化，其实际价值可能已经远远超过了剩余年限的出让金，因此我们建议将来修改法律时应当规定按照市场价格给予相应的补偿。

【对照适用】

本条规定源于原《物权法》第148条，《民法典》仅对于所援引的法条按照其排序进行了修改，因此在解释适用上与原《物权法》不存在差别。

> **第三百五十九条**　住宅建设用地使用权期限届满的，自动续期。续期费用的缴纳或者减免，依照法律、行政法规的规定办理。
>
> 非住宅建设用地使用权期限届满后的续期，依照法律规定办理。该土地上的房屋以及其他不动产的归属，有约定的，按照约定；没有约定或者约定不明确的，依照法律、行政法规的规定办理。

【要义精解】

本条规定了建设用地使用权期限届满时续期的问题。《民法典》继受了原《物权法》的做法，在建设用地使用权的续期问题上区别为住宅建设用地与非住宅建设用地。对于住宅建设用地使用权的续期，基于民生保障的立法目的，《民法典》规定期限届满的自动续期。所谓自动续期是指不需要履行任何手续，也即不需要再进行拍卖、招标等程序，也不需要再次签订土地出让合同，该土地使用权即自动发生了续期。关于其所续的期限，应该是按照原出让合同所规定的期限，也即原来是70年的则自动续期70年。此外，该条并没有规定可以续期的次数，这就意味着所续期限届满后，还可以再次自动续期。关于续期是否需要缴纳相关的费用，原《物权法》没有作任何规定，实务上和学说上均存在争议。《民法典》第359条第1款增加了第2句，规定"续期费用的缴纳或者减免，依照法律、行政法规的规定办理"。故此将该问题交给了特别法以及相关行政法规，不再属于《民法典》本身所规定的内容了。

关于非住宅建设用地使用权的续期问题，《民法典》第359条第2款规定须依据法律的规定办理，因此将续期的问题委托给了特别法加以规范，《民法典》不能作为独立的法律规定。至于该建设用地上的建筑物、构造物及其附属设施的所有权在土地使用权期限届满后的归属，则取决于出让合同的约定，没有约定的则需要依据相关法律、法规予以处理。

【对照适用】

本条规定与原《物权法》第149条的规定相比较在第1款增加了第2句，将续期费的问题交给法律和行政法规予以规定，从而结束了关于住宅建设用地使用权自动续期是否需要缴纳费用的争议。

> **第三百六十条** 建设用地使用权消灭的，出让人应当及时办理注销登记。登记机构应当收回权属证书。

【要义精解】

本条规定了建设用地使用权消灭后，出让人应当办理注销登记，并由登记机关收回权属证书。我们认为该条规定在理解上存在歧义，因此应当进行限缩解释。也即该条规定适用的前提条件是建设用地使用权非基于法律行为而归于消灭的情形，也即建设用地使用权已经消灭，无论是否办理注销登记均不影响建设用地使用权的消灭。此规定是为了维持不动产登记簿的正确性，并防止第三人基于信赖不动产登记簿而善意取得建设用地使用权。例如，因建设用地使用权到期未进行续期的、土地灭失的、基于公共利益而土地被提前收回的等原因导致土地使用权消灭的，均属于这些情形。而对于基于抛弃等法律行为使建设用地使用权归于消灭的，则注销登记为建设用地使用权消灭的要件，在没有完成注销登记之前，建设用地使用权并未消灭。此时所要适用的是《民法典》第 209 条第 1 款的规定："不动产物权的设立、变更、转让和消灭，经依法登记，发生效力；未经登记，不发生效力，但是法律另有规定的除外。"

【对照适用】

本条规定源于原《物权法》第 150 条，《民法典》未对此进行实质性修改，因此在解释适用上并不发生变化。

> **第三百六十一条　集体所有的土地作为建设用地的，应当依照土地管理的法律规定办理。**

【要义精解】

关于集体建设用地使用权，《民法典》没有作具体规定，而且也没有将其与国有建设用地使用权同等对待，而仅仅规定其适用依照土地管理的法律规定。《民法典》之所以没有进行具体规定，而是指示到特别法，主要原因在于集体建设用地使用权仍然处于改革的过程中，目前尚未形成定型化的法律制度，因此不宜以《民法典》这种民事基本法的方式加以规定。不过 2019 年修正的《土地管理法》第 63 条对于集体建设用地使用权的设立等进行了明确规定。对此该条规定如下："土地利用总体规划、城乡规划确定为工业、商业等经营性用途，并经依法登记的集体经营性建设用地，土地所有权人可以通过出让、出租等方式交由单位或者个人使用，并应当签订书面合同，载明土地界址、面积、动工期限、使用期限、土地用途、规划条件和双方其他权利义务。前款规定的集体经营性建设用地出让、出租等，应当经本集体经济组织成员的村民会议三分之二以上成员或者三分之二以上村民代表的同意。通过出让等方式取得的集体经营性建设用地使用权可以转让、互换、出资、赠与或者抵押，但法律、行政法规另有规定或者土地所有权人、土地使用权人签订的书面合同另有约定的除外。集体经营性建设用地的出租，集体建设用地使用权的出让及其最高年限、转让、互换、出资、赠与、抵押等，参照同类用途的国有建设用地执行。具体办法由国务院制定。"

【对照适用】

本条规定源于原《物权法》第151条，《民法典》对此没有进行实质性修改。但是由于该条所指示参引的《土地管理法》进行了彻底的修正，从不允许集体出让建设用地使用权到允许集体出让建设用地使用权，故将来会产生大量的集体建设用地使用权。对于集体出让建设用地使用权的法律适用，首先适用《土地管理法》等法律的规定，特别法没有规定的则依据《土地管理法》第63条的规定参照国有建设用地使用权的规定。对此须特别注意。

第十三章　宅基地使用权

> **第三百六十二条**　宅基地使用权人依法对集体所有的土地享有占有和使用的权利，有权依法利用该土地建造住宅及其附属设施。

【要义精解】

依据本条规定，可以将宅基地使用权定义如下：所谓宅基地使用权是指农民集体成员对于农民集体所有的土地以建设和保有自用住宅为目的而进行占有、使用的用益物权。宅基地本身属于集体建设用地的一种，因此宅基地使用权属于广义上的集体建设用地使用权的范围，但是有鉴于宅基地使用权本身系集体建设用地使用权中最为特殊的一类，其制度设计与其他集体建设用地使用权存在很大的区别，故我国《民法典》将宅基地使用权独立出来作为一种独立的用益物权予以规范，从而集体建设用地使用权中不再包含宅基地使用权。依据该条规定，并结合《土地管理法》相关规定，宅基地使用权具有如下两个特征：（1）宅基地使用权的权利主体具有特定性。与其他用益物权不同，宅基地使用权只能由本集体经济组织内部的成员享有，从而具有身份性。（2）宅基地使用权的内容是依法建造、保有个人住宅、庭院而对土地的占有、使用的权利。《民法典》第362条并没有如同第331条与第344条那样规定宅基地使用权人的收益权能，因此似乎可以得出"宅基地使用权不具有收益的权能"的结论。但是，从实践上看，宅基地使用权人将住宅与宅基地使用权一并出租并收取租金并不为法律所禁止，亦无须将其收益上缴给本集体，故其收益的权能可以说已经为习惯法所承认。[1]

---

[1]　李永军主编：《民法学教程》，中国政法大学出版社2021年版，第313页。

【对照适用】

本条规定源于原《物权法》第 152 条，《民法典》未进行修改，解释适用上没有不同。

第三百六十三条　宅基地使用权的取得、行使和转让，适用土地管理的法律和国家有关规定。

【要义精解】

本条规定没有实质内容，仅规定了宅基地使用权的取得、行使和转让适用土地管理的法律和国家有关规定。这一规定比较特别的是不但允许适用《土地管理法》等特别法的规定，而且亦允许适用国家有关规定。《民法典》这样规定的原因在于，当前我国关于宅基地的立法尚不健全，实践中新的情况不断出现，发生的争议缺乏实体法律依据，因此立法上允许国家通过法律、行政法规之外的其他规范性文件对此加以调整，特别是允许部委规章以及地方性政府规章等加以调整。当然，党中央也在积极探索宅基地三权分置的改革模式，待研究成熟之后则可以通过修改《土地管理法》的方式将其予以法律化。[1]

当前依据《土地管理法》的规定，宅基地是通过申请无偿取得的，凡是本集体组织成员没有宅基地的均可以向本集体经济组织申请宅基地。依据《土地管理法》第 62 条的规定，农村村民一户只能拥有一处宅基地，其宅基地的面积不得超过省、自治区、直辖市规定的标准。农村村民出卖、出租、赠与住宅后，再申请宅基地的，不予批准。依据该规定，宅基地的权利主体实际上是"农户"而不是村民个人。对于宅基地使用权的转让，原《土地管理法》明确禁止，而 2019 年修正的《土地管理法》取消了该规定，但是基于宅基地使用权本身的生存保障功能以及人身专属性，仍然不允许向建设用地使用权那样自由转让，当前其转让仅限于集体成员内部，且只能转让给没有宅基地的其他成员。而转让宅基地的本集体组织成员则不得再次申请宅基地使用权。对于已经迁离本集体组织的成员，则

---

[1]　席志国：《民法典编纂视域中宅基地"三权分置"探究》，载《行政管理改革》2018 年第 4 期。

鼓励其通过向本集体经济组织有偿退出的方式加以解决，这样一方面防止了集体宅基地使用权的外流，另一方面也保障了宅基地使用权人的财产利益。

【对照适用】

本条规定源于原《物权法》第153条，《民法典》对此没有进行实质性修改，解释适用上没有区别。

第三百六十四条　宅基地因自然灾害等原因灭失的，宅基地使用权消灭。对失去宅基地的村民，应当依法重新分配宅基地。

【要义精解】

本条规定了宅基地使用权消灭的唯一事由，即作为宅基地使用权之客体的宅基地因自然灾害等原因灭失，这是所有用益物权消灭的共同原因。依据该条规定，因此而失去宅基地的村民，村集体应当重新分配宅基地。本条规定在解释上应当作目的性扩张，也即凡是非因为自行转让住宅、出租住宅等原因丧失宅基地而没有宅基地居住的本集体经济成员，均有权向本集体经济组织申请重新分配宅基地，包括宅基地被征收等原因。

【对照适用】

本条规定源于原《物权法》第154条，《民法典》未进行修改，解释适用上不存在区别。

第三百六十五条　已经登记的宅基地使用权转让或者消灭的，应当及时办理变更登记或者注销登记。

【要义精解】

本条是关于宅基地使用权的登记。宅基地使用权作为不动产用益物权，其亦有公示的必要性，也具有登记能力，可以被登记。由于历史原因以及宅基地使用权本身的生存保障功能所决定的身份属性，目前法律对于宅基地使用权并没有如同建设用地使用权那样，将登记作为其物权变动的生效要件，也没有将其作为对抗要件。目前只是为了土地管理的需要，要求已经登记了的宅基地使用权在转让后要进行变更登记，在消灭后进行注销登记，但是登记并不影响宅基地使用权本身的得丧变更。

【对照适用】

本条规定源于原《物权法》第 155 条，《民法典》未进行任何修改。

第十四章　居住权

> **第三百六十六条**　居住权人有权按照合同约定，对他人的住宅享有占有、使用的用益物权，以满足生活居住的需要。

【要义精解】

居住权制度是我国《民法典》自欧洲大陆法系引进的用益物权制度，在我国法制史上尚属首次，因此对其正确理解与解读从而使其在实践中得以落地生根是当前民法学界的重要任务。[1]依据《民法典》第366条至第371条的规定，我们可以将居住权定义为：自然人以个人生活居住为目的而对于他人所有的住宅享有的占有、使用的用益物权。居住权具有如下三个方面的特征。

第一，居住权的客体仅限于住宅。依据《民法典》第366条之规定，居住权的客体限于"住宅"。对于住宅，我国立法上并无明确的定义与界定。笔者认为这里的住宅是指一切合法建造的、建筑规划设计为居住使用的建筑物，既包括城市中的商品住宅，也包括别墅、公寓在内，还应当包括经济适用房、两限房、保障性住房等处分受到一定限制的房屋。对于农村宅基地上的住宅，由于宅基地使用权不得转让，故该住宅亦不得转让，但是由于设定居住权并不转移宅基地使用权，因此得设定居住权。从立法目的而言，农村村民对父母、配偶等进行扶养提供房屋以为居住的需求更大，因此更应当予以允许。由于设定居住权与出借以及租赁不同，居住权作为用益物权，其设定行为属于处分行为，故须设定人对于房屋有处分权，若房屋属于不得处分的房屋或者所有人对于房屋的处分权受到限制的，则该等房屋之上即不能设定居住权。因此，对于没有纳入登记系统的

---

〔1〕　席志国：《居住权的法教义学分析》，载《南京社会科学》2020年第9期。

小产权房、单位内部的周转房等是不能设定居住权的。[1]

第二，居住权的主体系自然人。尽管我国法律对此没有明确规定，但是有鉴于《民法典》第366条规定，居住权仅为生活居住需要所设，只有自然人才能为生活居住住宅，故可以得出我国《民法典》上居住权的主体仅为"自然人"。这与比较法上亦承认法人居住权有所不同。

第三，居住权为限制的人役权的一种。作为人役权，居住权具有专属性，因此居住权人不得处分居住权，即不得转让居住权亦不得以居住权设定担保进行融资。居住权人死亡的则居住权终止，居住权不能继承。我国《民法典》第369条规定，居住权不得转让、继承。第370条则规定居住权人死亡的，居住权消灭。

> **第三百六十七条** 设立居住权，当事人应当采用书面形式订立居住权合同。
>
> 居住权合同一般包括下列条款：
>
> （一）当事人的姓名或者名称和住所；
>
> （二）住宅的位置；
>
> （三）居住的条件和要求；
>
> （四）居住权期限；
>
> （五）解决争议的方法。

【要义精解】

依据本条第1款的规定，居住权设定合同属于法定要式合同，应当以书面形式订立，否则合同不能成立生效。本条第2款规定了居住权合同的主要条款，其中第1项、第2项是必须具备的条款，否则合同因内容不具体、不明确而不能成立。其他3项均为通常条款，是否具备均不影响合同的成立与生效。需要说明的是，居住权人只能是自然人个人，而为他人设定居住权的人既可以是自然人，也可以是法人或者非法人组织。因此，本条第2款第1项所规定的当事人的名称系指作为居住权设立人的法人或者非法人组织，而不是如同有些学者所理解的那样，居住权人也可以是法人或者非法人组织。

---

[1] 李永军主编：《民法学教程》，中国政法大学出版社2021年版，第317—318页。

第三百六十八条　居住权无偿设立，但是当事人另有约定的除外。设立居住权的，应当向登记机构申请居住权登记。居住权自登记时设立。

【要义精解】

本条由两句话构成，第1句话规定了居住权以无偿设定为原则，但是该规定属于任意性规范，当事人亦可以约定有偿设定。若当事人之间没有约定是否有偿设定，在发生争议后则依据本条规定应当推定为无偿设定。本条第2句话规定的是居住权设定以登记为生效要件。

第三百六十九条　居住权不得转让、继承。设立居住权的住宅不得出租，但是当事人另有约定的除外。

【要义精解】

居住权在性质上属于人役权，只能由特定的人享有，不得转让亦不得继承。当然学说上亦有观点认为应当承认商业性居住权，从而应当允许居住权的转让和继承。该问题属于立法论的问题，在现行《民法典》中居住权仅为人役权而具有人身专属性，不得转让与继承，即使设定居住权的合同约定允许居住权转让与继承亦属于违反物权法原则而不发生效力。本条第2句规定设立了居住权的住宅不得出租，在解释上既包括设定居住权的住宅所有权人亦包括居住权人在内。对于所有权人在居住权存续期间不得出租住宅是自然而然的，盖居住权存续期间居住权人得以排他性地使用该住宅，若所有人出租该住宅则构成履行不能，因此要承担相应的违约责任。居住权人亦不得出租住宅，其原因在于居住权不具有收益权能，仅能为自己的生活居住而使用该住宅，因此其不能出租。不过该规定属于任意性规范，若所有人同意居住权人出租住宅，基于意思自治自然可以。

第三百七十条　居住权期限届满或者居住权人死亡的，居住权消灭。居住权消灭的，应当及时办理注销登记。

【要义精解】

本条规定了居住权消灭的法定事由。若居住权约定有期限，则期限届满自动归于消灭，即便是期限没有届满，若居住权人死亡居住权亦归于消灭，这是由居住权不得继承的原因所决定的。若居住权没有约定期限，则以居住权人寿命为限，在居住权人死亡时归于消灭。居住权因期限届满或者居住权人死亡而消灭的，不以登记为要件，不过为了维持登记簿的正确性，当事人应当及时办理注销登记，否则会影响房屋的处分等。

第三百七十一条　以遗嘱方式设立居住权的，参照适用本章的有关规定。

【要义精解】

依据本条规定，居住权可以以遗嘱的方式设定，但是其设定须参照本章的相关规定。具体而言，我们认为应当在如下方面参照本章规定。

参照的是《民法典》第367条之规定，遗嘱中必须具备立遗嘱人和居住权人以及作为居住权客体的住宅。以遗嘱方式设定居住权还应当符合遗嘱本身的要求，包括遗嘱的实质要件与形式要件两个方面。依据民法典继承编的规定，遗嘱的形式有自书遗嘱、代书遗嘱、打印遗嘱、公证遗嘱、录音录像遗嘱与口头遗嘱6种形式，这6种形式是否都能够设定居住权呢？依照《民法典》第367条的规定，设定居住权的须以书面形式为之，故前述遗嘱中只有满足书面形式的才能够设定居住权。自书遗嘱、公证遗嘱、打印遗嘱显然都符合书面形式的要求，而口头遗嘱显然不能满足书面形式而不能设立居住权，那么代书遗嘱与录音录像遗嘱是否能够满足书面形式？

对此，笔者认为这两种形式也能够满足书面形式的要求，代书遗嘱显然是在书面上形成的，代书人完全是按照立遗嘱人的口头叙述进行书写的，且立遗嘱人要进行签字，那么满足一般合同的书面形式应当没有问题，更何况还有两个以上见证人。录音录像遗嘱虽然不是传统的书面形式，但是依据《民法典》第469条第2款的规定，一切"可以有形地表现所载内容的形式"都属于书面形式，录音录像显然是有形表现其内容的一种形式，故亦能够满足书面形式的要求。以遗嘱的方式设定居住权，居住权何时设立的问题第 371 条亦未有规定，此时自然参照第 368 条之规定并适用民法典物权编第二章有关不动产物权变动的一般性规定，即应当自被继承人死亡后，完成居住权登记时起设立。因遗嘱而取得居住权之人，在被继承人死亡后，得基于其遗嘱请求全体继承人或者遗嘱执行人为居住权之登记。[1]

---

[1] 席志国：《居住权的法教义学分析》，载《南京社会科学》2020 年第 9 期。

第十五章　地役权

第三百七十二条　地役权人有权按照合同约定，利用他人的不动产，以提高自己的不动产的效益。

前款所称他人的不动产为供役地，自己的不动产为需役地。

【要义精解】

结合《民法典》本条规定以及本章相关规定并参考学说，我们可以将地役权作如下之定义：地役权系权利人为了利用自己享有权利之不动产的便利而对他人享有权利之不动产进行一定程度的利用或者对该他人行使其不动产权利进行限制的一种用益物权。其中，需要利用他人之不动产的不动产被称之为需役地，为需役地提供便利而被利用之土地及其他不动产被称之为供役地。对于需役地享有所有权或者其他用益物权的人，被称之为需役地权利人；对于供役地享有所有权或者其他用益物权的权利人则被称之为供役地权利人。依据该条规定，地役权具有从属性，从属于需役地，因为地役权设立的目的在于提高需役地的效益。我国《民法典》上的地役权与比较法上的地役权有所区别的是，我国地役权不是在土地所有人之间设立的，而是在用益物权人之间设立的，也即作为地役权人的需役地权利人主要是土地承包经营权、建设用地使用权以及宅基地使用权等用益物权人。同样，为他人设定地役权的供役地权利人也主要是土地承包经营权、建设用地使用权以及宅基地使用权等用益物权人。

地役权的类型繁多，基本上可以区分为积极地役权与消极地役权两种。积极地役权，是指以地役权人为了利用自己土地的便利而对供役地为一定积极行为为内容的地役权，又称作为地役权，此时供役地所有人负有容忍该一定行为之义务。例如，通行、铺设地下线缆、排水、取水、采砂石等地役权都属于积极地役权。消极地役权，是指以供役地所有人在供役地上不得为一定行为为内容的地役权，因供役地所有人负有一定不作为之义务，而非单纯之容忍义务，故又称为不作为地役权。例如，为了眺望远处的风景与他人约定设立以供役地权利人不从事高层建筑为内容的地役权，即为消极的地役权。

【对照适用】

本条源于原《物权法》第 156 条，《民法典》对此未进行修改，解释适用上不存在区别。

> **第三百七十三条　设立地役权，当事人应当采用书面形式订立地役权合同。**
>
> 地役权合同一般包括下列条款：
>
> （一）当事人的姓名或者名称和住所；
>
> （二）供役地和需役地的位置；
>
> （三）利用目的和方法；
>
> （四）地役权期限；
>
> （五）费用及其支付方式；
>
> （六）解决争议的方法。

【要义精解】

本条由两款规定构成，第 1 款规定了地役权设定合同为书面要式合同，必须以书面方式订立，否则合同不能成立生效。第 2 款则规定了地役权设立合同的主要条款。其中第 1 项至第 3 项为必要条款，不具备该条款的则合同因内容不具体不明确，从而不能成立，当然也不能发生法律效力。至于其他几项则为通常条款，不具备的并不影响合同的成立。当事人没有约定的则依据《民法典》第 510 条与第 511 条以及本章的规定通过对合同的补充性解释加以确定。

【对照适用】

本条源于原《物权法》第 157 条，《民法典》对此没有进行实质性修改，解释适用上没有区别。

> **第三百七十四条** 地役权自地役权合同生效时设立。当事人要求登记的，可以向登记机构申请地役权登记；未经登记，不得对抗善意第三人。

【要义精解】

《民法典》就地役权的设定与土地承包权、土地经营权一样，采取了意思主义，也即不以登记作为其物权变动的生效要件，只要设定地役权的合同生效，地役权即得以设定。不登记只是不得对抗善意第三人，而并不影响地役权本身的成立。所谓不得对抗善意第三人，就是对于善意第三人不得主张物权效力，或者说对于善意第三人而言其地役权不发生效力。这里的善意也是指不知道亦不应当知道其供役地上设定有地役权的第三人。第三人的善意应当是被推定的，若地役权人主张第三人不是善意，那么其负有举证责任。这里的善意第三人主要包括如下三种：（1）地役权设定后，又和供役地权利人进行交易，受让供役地使用权的交易相对人；（2）地役权设定后，供役地权利人为他人设定的抵押权人；（3）地役权设定后，作为供役地权利人的土地承包经营权人又为他人设定土地经营权等用益物权的土地经营权人等。当然，在笔者看来，《民法典》仍然延续了原《物权法》的做法，无论是在理论上还是在实践上都存在着问题，有待于未来立法的进一步予以完善。[1]

【对照适用】

本条规定源于原《物权法》第158条，《民法典》对此未进行修改，解释适用上没有区别。

> **第三百七十五条** 供役地权利人应当按照合同约定，允许地役权人利用其不动产，不得妨害地役权人行使权利。

【要义精解】

本条规定的是供役地权利人的义务。地役权是役权的一种，役权的本

---

[1] 席志国：《〈民法典·物权编〉评析及法教义学的展开》，载《东方论坛》2021年第2期。

质仅在于所有人容忍役权人对于标的物进行某种程度上的利用（积极或者消极利用），役权并不产生对于所有人的对人权或者说是债权等，故所有权人原则上并不负有任何积极的义务，这与租赁合同中出租人须负有保障承租人在整个租赁期间内能够对于租赁物为符合合同目的之使用的积极义务有所不同。[1]当然，供役地权利人对于地役权人行使地役权进行容忍的义务仅限于地役权人在合同约定范围内行使地役权，其超出地役权设定合同约定的范围实施的行为则构成了对供役地权利人之物权的妨害，供役地权利人即得行使《民法典》第 235 条、第 236 条所规定的物上请求权。若地役权人有过错且给供役地权利人造成损害，则供役地权利人得依据《民法典》第 1165 条之规定请求地役权人承担侵权责任。

【对照适用】

本条规定源于原《物权法》第 159 条，《民法典》未进行实质性修改，解释适用上不存在区别。

第三百七十六条　地役权人应当按照合同约定的利用目的和方法利用供役地，尽量减少对供役地权利人物权的限制。

【要义精解】

该条规定了地役权人行使地役权的界限。首先，地役权人只能按照地役权合同所约定的利用目的和方法利用供役地，不能超出地役权合同所规定的范围。地役权与其他用益物权不同，不是对标的物的全面利用，而仅系某种程度上的积极利用或者消极地限制供役地权利人的权利，其界限由地役权合同加以确定。包括利用的目的、利用的具体方法、利用的具体地点等都由合同加以约定。其次，地役权人负有对供役地权利人之限制最小化的义务。该义务是诚实信用原则的具体体现。在地役权人的目的能够得到充分保障的情形下，地役权人应当选择对于供役地权利人影响最小的地点、影响最小的方式加以利用。该规定也是大陆法系民法典所普遍规定的，供役地权利人有权请求变更地役权行使的地点或者方法。当然因此所增加的费用应当由供役地权利人承受。对此《德国民法典》第 1023 条规

---

[1]　席志国：《居住权的法教义学分析》，载《南京社会科学》2020 年第 9 期。

定："地役权的行使仅限于供役地之一部分的，如果地役权之行使对于供役地权利人而言特别困难，土地所有人（供役地权利人）有权请求地役权人更改地役权行使的具体地点，所有人必须自行负担费用，并有义务提前预付该费用。"笔者认为，我国《民法典》该条规定可以得出与《德国民法典》第1023条相同的结论。

【对照适用】

本条规定源于原《物权法》第160条，《民法典》没有进行修改，解释适用上不存在区别。

> **第三百七十七条　地役权期限由当事人约定；但是，不得超过土地承包经营权、建设用地使用权等用益物权的剩余期限。**

【要义精解】

依据本条规定，地役权的存续期限由当事人约定，但不得超过土地承包经营权、建设用地使用权等用益物权的剩余期限。也就是说，地役权的存续期限可以由当事人自行约定，这仍然属于私法自治的范畴。但是在我国，地役权主要是在用益物权人之间设定的，而用益物权往往自身有其存续时间，所以当事人约定的地役权最长期限不得超过需役地之使用权和供役地之使用权中较短的一个期限。如果双方约定之地役权的期限超过供役地或者需役地设定人之用益物权的存续期限的，则超过的部分没有效力。有疑问的是，若双方当事人没有约定地役权的存续期限，那么该期限如何确定，我国法律没有给出明确规定。在笔者看来，若当事人没有规定地役权之期限，则应当区分地役权设定人加以确定：若地役权之设定人系有期限之用益物权人，则该地役权之期限与需役地或者供役地之权利人中较短一个的用益物权期限相同。而若设定地役权的主体为土地所有权人，如甲农民集体与乙农民集体就其所有的土地设定一项地役权，那么地役权的期限则须参照比较法上的做法加以确定，如我国台湾地区规定当事人没有约定地役权期间的，则为30年。笔者认为，为了减少纠纷，最好由最高人民法院在调研的基础上通过司法解释确定一个期间。当然，为了避免目前这种法律上的不确定性，当事人在订立地役权合同时最好要明确约定该地役权的期限。

【对照适用】

本条规定源于原《物权法》第 161 条，《民法典》对其没有进行实质性修改，解释适用上不存在区别。

> **第三百七十八条**　土地所有权人享有地役权或者负担地役权的，设立土地承包经营权、宅基地使用权等用益物权时，该用益物权人继续享有或者负担已经设立的地役权。

【要义精解】

本条规定了所有人相互之间设定地役权之后，再于供役地或者需役地之上为他人设定用益物权的效力问题。具体而言区分为如下两种情形。

第一，供役地所有人为他人设定用益物权。地役权虽然是用益物权之一种，但是由于其仅系对作为客体的供役地进行某种程度上的积极利用，甚至仅系消极性的利用，如禁止供役地权利人在土地上建筑超过一定高度的建筑物等，故其本身并不排除土地所有人自己利用土地，也不排除所有人再次为他人设定用益物。因此，供役地所有人再次为他人设定用益物，并不违背"一物一权"原则。但是，由于地役权是物权之一种，亦具有优先性和绝对性，故后设定的权利不得对其造成不利影响。本条规定的"土地所有权人负担地役权的，设立土地承包经营权、宅基地使用权等用益物权时，该用益物权人继续负担已经设立的地役权"即为此意，这也是地役权作为物权的追及效力使然。不过，这里需要特别注意的是，依据《民法典》第 374 条的规定，地役权没有登记的不得对抗善意第三人。因此，若所有人为他人设定了地役权，但是没有进行登记，再次为他人设定用益物权，而后设定的用益物权人不知道也不应当知道（即为善意）有在先的地役权的，则该地役权对于后设定的用益物权人没有拘束力。

第二，需役地所有人为他人设定用益物权的。依据该条规定，需役地所有人为他人设定用益物权的，用益物权人自然享有地役权，这是由地役权的从属性所决定的，即地役权在于提高需役地的利用价值，任何人取得对于需役地使用的权利即同时得以行使地役权。于此情形，地役权是否登记都不受影响。

【对照适用】

本条源于原《物权法》第 162 条,《民法典》未进行实质性修改,解释适用上没有区别。

第三百七十九条　土地上已经设立土地承包经营权、建设用地使用权、宅基地使用权等用益物权的,未经用益物权人同意,土地所有权人不得设立地役权。

【要义精解】

土地承包经营权、建设用地使用权、宅基地使用权等用益物权是对标的物的全方面利用,包括占有、使用、收益(宅基地使用权受有限制),因此具有排他性。根据一物一权原则,在同一个标的物上不能设立两个不相容的用益物权,故设定在先的用益物权排除在后的用益物权的设定,这也包括地役权在内。有鉴于此,本条规定:"土地上已设立土地承包经营权、建设用地使用权、宅基地使用权等用益物权的,未经用益物权人同意,土地所有权人不得设立地役权。"实际上,在土地上已经设定了用益物权的,则往往是由用益物权人在自己用益物权的期限范围内设地役权,当然所有人在征得用益物权人的同意的情形下为他人设定地役权亦无不可。

【对照适用】

本条源于原《物权法》第 163 条,《民法典》未进行实质性修改,解释适用上没有区别。

第三百八十条　地役权不得单独转让。土地承包经营权、建设用地使用权等转让的,地役权一并转让,但是合同另有约定的除外。
第三百八十一条　地役权不得单独抵押。土地经营权、建设用地使用权等抵押的,在实现抵押权时,地役权一并转让。

【要义精解】

《民法典》第 380 条与第 381 条这两个条文需要一并加以理解与掌握,

这两个条文共同规定了地役权的从属性。地役权的从属性是由其目的所决定的，地役权的目的在于提升需役地的利用价值，服务于需役地，而不是服务于特定的权利主体，因此学说上称之为主观属地性。依据这两条规定，其从属性表现在两个方面：其一，地役权不能被单独转让，当然也不能被单独抵押，除此之外也不得进行任何其他单独处分地役权的行为，单独处分地役权的行为均为无效。其二，原则上处分需役地的行为的效力自然及于地役权之上。第380条规定了需役地的土地承包经营权、建设用地使用权等转让的，地役权一并转让。这里的转让不能进行狭义理解，仅仅理解为依据法律行为而进行的转让，而是应当进行广义上的理解，凡是取得作为需役地的土地承包经营权、建设用地使用权等用益物权的均自动取得相应的地役权，包括以继承等原因取得需役地权利的在内。同样，第381条也应当进行如下解释：作为需役地的建设用地使用权、土地经营权等抵押的，地役权也一并抵押，处分需役地时一并处分，并就处分的价金一并优先受偿。但是，在需役地权利抵押时，地役权尚未设定，抵押权设定后地役权才设定的，此时抵押权的效力不及于地役权。依据地役权的从属性，抵押权人处分需役地权利时仍然将地役权一并处分，不过就地役权处分所得的价金不具有优先受偿的权利。也即应当与土地使用抵押后新增加的地上建筑物作同样的解释。

需要注意的是，《民法典》第380条第2句的规定是任意性规定，允许当事人通过合同约定排除其适用。若地役权人处分需役地时与受让人约定仅处分需役地而不处分地役权的，该约定有效，此时地役权并不随着需役地权利之转让而转让。于此情形下，基于地役权的从属性，地役权应该归于消灭。

【对照适用】

这两个条文分别源于原《物权法》第164条、第165条，《民法典》未进行实质性修改，解释适用上没有区别。

第三百八十二条　需役地以及需役地上的土地承包经营权、建设用地使用权等部分转让时，转让部分涉及地役权的，受让人同时享有地役权。

第三百八十三条　供役地以及供役地上的土地承包经营权、建设用地使用权等部分转让时，转让部分涉及地役权的，地役权对受让人具有法律约束力。

【要义精解】

这两个条文共同规定了地役权的不可分性。第382条是从需役地的角度规定的，第383条则自供役地的角度规定。依据第382条的规定，需役地及需役地上的土地承包经营权、建设用地使用权被分割或者被部分转让的，转让部分只要涉及地役权，受让人即得以行使地役权，当然若转让部分不涉及地役权，受让人自然不得再行使地役权。所谓转让部分不涉及地役权是指，所设定的地役权的目的非在于提高该部分土地的利用价值，例如在眺望地役权中，供役地上是否建立高层建筑物均不影响被转让部分土地的视野，则被转让部分土地的权利人不享有地役权。同样，若仅转让部分涉及地役权，而未转让的部分不涉及地役权，那么仅转让部分土地权利人享有地役权，没有转让部分土地的权利人则不享有地役权。依据第383条的规定，供役地被分割或者部分转让的也不影响地役权，即地役权人仍然得以以合同约定的地点及方式继续行使地役权，若转让部分涉及地役权则得以在已经转让部分行使地役权，当然，若地役权合同约定行使地役权的地点并不涉及被转让部分，则地役权对于已经转让部分的土地使用权人没有效力。此外，同样要注意的是没有登记的地役权不得对抗善意第三人，故若地役权没有登记，受让部分供役地权利的受让人是善意的，则地役权对转让出去的部分即失去效力。

【对照适用】

这两个条文分别源于原《物权法》第166条、第167条，《民法典》未进行实质性修改，解释适用上没有区别。

> **第三百八十四条** 地役权人有下列情形之一的，供役地权利人有权解除地役权合同，地役权消灭：
> （一）违反法律规定或者合同约定，滥用地役权；
> （二）有偿利用供役地，约定的付款期限届满后在合理期限内经两次催告未支付费用。

【要义精解】

本条规定了两种供役地权利人可以解除地役权合同从而终止地役权的法定情形：（1）违反法律规定或者合同约定，滥用地役权。需要说明的是，并非地役权人一有违反合同或法律规定的行为时供役地权利人即可解除地役权合同，而必须是在地役权人的行为严重违反了合同和法律规定，给供役地权利人造成严重损失的情形下，供役地权利人始得解除合同，从而消灭地役权。（2）有偿利用供役地，约定的付款期限届满后在合理期限内经两次催告未支付费用。这一规定比《民法典》第563条所规定的一般合同解除权的条件要严格。依据第563条第1款第3项之规定，合同一方迟延履行主要债务的经过一次合理催告，债权人即可解除合同，但是对于地役权合同，必须经过两次合理催告才能解除合同。

本条规定尚有两点需要进一步说明：首先，这里的解除合同不具有溯及力，只能面向将来失去效力，因为地役权被行使之后无法恢复原状，本质上如同租赁合同一样具有继续性的性质。故对于已经履行的部分，地役权人仍然负有支付相应对价的义务。其次，依据本条规定，地役权合同解除，地役权就自动终止，可见解除合同同时具有物权法上的效果，而不仅仅具有债法上的效果。

【对照适用】

本条源于原《物权法》第168条，《民法典》未进行修改，解释适用上没有区别。

第三百八十五条　已经登记的地役权变更、转让或者消灭的，应当及时办理变更登记或者注销登记。

【要义精解】

本条规定了地役权变更与注销登记。基于地役权的从属性，地役权转让是随着需役地的转让而转让的，因此是否登记并不影响地役权的转让。同样，由于《民法典》将登记作为地役权的对抗要件而未作为生效要件，因此无论是地役权变更还是消灭都不以登记为生效要件。但是，同样的逻辑，没有进行相应登记的则不能对抗善意第三人。

【对照适用】

本条源于原《物权法》第169条，《民法典》未进行修改，解释适用上没有区别。

第四分编 担保物权

第十六章 一般规定

第三百八十六条 担保物权人在债务人不履行到期债务或者发生当事人约定的实现担保物权的情形，依法享有就担保财产优先受偿的权利，但是法律另有规定的除外。

【要义精解】

根据本条规定，我们可以将担保物权定义为：权利人直接支配债务人自己或者第三人提供的用作担保的标的物或者可转让的财产权的交换价值用以担保其债权的实现，在债务人不履行或者不能履行到期债务时得处分该标的物并就其价金优先受偿的他物权。各种担保物权的共同的效力有二：其一是对于用作担保的标的物进行变价处分的权利，当然该权利是附条件的权利，即在符合实现担保权的条件时始得处分担保财产。依据该条规定，实现担保权的条件有两种，即不履行到期债务或者当事人约定的条件成就。其二是对处分所得价金具有优先受偿的权利。这一点是担保物权最为重要的功能，也正是因为这一点，法律构造上将担保物权作为物权之一，即在于其共享了所有物权的优先性。

【对照适用】

本条源于原《物权法》第170条，《民法典》未进行实质性修改，解释适用上没有区别。

> 　　**第三百八十七条**　债权人在借贷、买卖等民事活动中，为保障实现其债权，需要担保的，可以依照本法和其他法律的规定设立担保物权。
>
> 　　第三人为债务人向债权人提供担保的，可以要求债务人提供反担保。反担保适用本法和其他法律的规定。

【要义精解】

　　本条有两款规定，第 1 款规定的是原担保合同订立的情形，第 2 款规定的则是反担保合同。根据第 1 款的规定，原担保合同所担保的是主债权债务合同，包括借贷、买卖等合同所产生的债权。不过该条规定过于狭窄，在笔者看来应当进行目的性扩张，实际上一切债权债务关系都可以作为被担保的主债权债务，包括合同之债，亦包括无因管理、不当得利、侵权行为等所有的债权债务关系，担保人在承担完担保责任后即取得对于主债务人的追偿权，其亦属于债权，可以作为担保的对象。依据本条第 2 款的规定，对于该项追偿权所提供的担保为反担保。反担保既可以由债务人自己提供特定物作为担保物，也可以由第三人提供担保物或者保证的方式进行。对于反担保本质上亦属于担保的一种，故《民法典》及其他法律关于担保的规定均可以适用于反担保。

【对照适用】

　　本条源于原《物权法》第 171 条，《民法典》未进行修改，解释适用上没有区别。

> 　　**第三百八十八条**　设立担保物权，应当依照本法和其他法律的规定订立担保合同。担保合同包括抵押合同、质押合同和其他具有担保功能的合同。担保合同是主债权债务合同的从合同。主债权债务合同无效的，担保合同无效，但是法律另有规定的除外。
>
> 　　担保合同被确认无效后，债务人、担保人、债权人有过错的，应当根据其过错各自承担相应的民事责任。

【要义精解】

担保物权分为意定担保物权与法定担保物权。意定担保物权的设立需要当事人签订相应的担保合同。当然与其他物权的设立一样，仅有担保合同并不能产生担保物权的变动。若采纳物权变动的区分原则，也即我国学说上所说的物权形式主义，那么除了有担保合同之外尚需要有物权行为，也即需要担保人与担保权人之间达成物权合意并且进行相应的公示行为；而若采取物权变动的债权形式主义（也被称之为折中主义立法例），那么在担保合同之外仅需要进行相应的公示即可。我国司法实践中采纳折中主义，故于担保合同之外只需要公示行为，对于抵押为登记、对于动产质权则为交付。

担保合同除了包括设定典型担保物权的抵押合同与质押合同外，我国《民法典》尚允许当事人订立其他具有担保功能的合同。由其他具有担保功能的合同所产生的担保，在学说上被称之为非典型担保。这主要包括所有权保留、融资租赁、保理以及让与担保等担保方式。也正因为如此，最高人民法院颁布的《民法典担保制度解释》第1条第2句即规定："所有权保留买卖、融资租赁、保理等涉及担保功能发生的纠纷，适用本解释的有关规定。"

本条还规定了担保合同的从属性，除了法律另有规定外，被担保的主债权债务合同无效的，担保合同一律无效。依据《民法典担保制度解释》第2条第1款的规定，当事人在担保合同中约定担保合同的效力独立于主合同，或者约定担保人对主合同无效的法律后果承担担保责任，该有关担保独立性的约定无效。主合同有效的，有关担保独立性的约定无效不影响担保合同的效力；主合同无效的，人民法院应当认定担保合同无效，但是法律另有规定的除外。担保合同的从属性非但不允许当事人约定担保合同独立于主合同生效，而且也不允许当事人针对担保合同约定独立的违约责任。依据《民法典担保制度解释》第3条的规定，当事人对担保责任的承担约定专门的违约责任，或者约定的担保责任范围超出债务人应当承担的责任范围，担保人主张仅在债务人应当承担的责任范围内承担责任的，人民法院应予支持。担保人承担的责任超出债务人应当承担的责任范围，担保人向债务人追偿，债务人主张仅在其应当承担的责任范围内承担责任的，人民法院应予支持；担保人请求债权人返还超出部分的，人民法院依法予以支持。

担保合同无效的，各方当事人应当按照各自的过错承担相应的民事责任。对此，《民法典担保制度解释》第 17 条将担保合同无效区别为因主合同无效所导致的无效还是因自身的原因无效而区别对待。在主合同有效而第三人提供的担保合同无效时，人民法院应当区分如下三种情形确定担保人的赔偿责任：（1）债权人与担保人均有过错的，担保人承担的赔偿责任不应超过债务人不能清偿部分的二分之一；（2）担保人有过错而债权人无过错的，担保人对债务人不能清偿的部分承担赔偿责任；（3）债权人有过错而担保人无过错的，担保人不承担赔偿责任。因主合同无效而导致第三人提供的担保合同无效时，担保人无过错的，不承担赔偿责任；担保人有过错的，其承担的赔偿责任不应超过债务人不能清偿部分的三分之一。

【对照适用】

本条规定源于原《物权法》第 172 条，但是在第 1 款里增加了 1 句："担保合同包括抵押合同、质押合同和其他具有担保功能的合同。"所增加的该句规定，主要目的是承认了具有担保功能的担保合同，从而采纳了所谓的"实质担保观"。本条在解释适用上必须要注意对于包括所有权保留、融资租赁、保理、让与担保等非典型担保的法律适用问题。

第三百八十九条　担保物权的担保范围包括主债权及其利息、违约金、损害赔偿金、保管担保财产和实现担保物权的费用。当事人另有约定的，按照其约定。

【要义精解】

本条规定了担保物权担保的债权范围。

依据本条规定，担保物权担保的债权范围取决于当事人在担保合同中的约定，但是当事人没有约定的则适用本条第 1 句的规定，也即要担保主债权及其利息、违约金、损害赔偿金、保管担保财产和实现担保物权的费用。

【对照适用】

本条规定源于原《物权法》第 173 条，《民法典》未进行实质性修改，解释适用上不存在区别。

> **第三百九十条** 担保期间，担保财产毁损、灭失或者被征收等，担保物权人可以就获得的保险金、赔偿金或者补偿金等优先受偿。被担保债权的履行期限未届满的，也可以提存该保险金、赔偿金或者补偿金等。

【要义精解】

本条规定的是担保物权的物上代位性。

依据本条规定，担保物权之物上代位性适用的情形主要有如下三种。

第一，标的物因第三人的原因而毁损或者灭失的，标的物之所有人对于第三人可以请求损害赔偿，此时债权人可以就此损害赔偿金优先受偿。

第二，若标的物非由于第三人的原因而毁损灭失，或者虽然由于第三人的原因毁损灭失但是第三人免除赔偿责任时，标的物的所有人就标的物投有保险且所有人获得保险赔偿金的，债权人就该保险赔偿金可以优先受偿。

第三，国家基于公共利益可以对抵押物进行征收，征收时国家必须对所有人提供合理的补偿，此时债权人可以就此项征收补偿金优先受偿。

若标的物上有两个以上担保物权，则各担保物权人仍然按照既定的顺序优先受偿。《民法典担保制度解释》第42条第1款规定："抵押权依法设立后，抵押财产毁损、灭失或者被征收等，抵押权人请求按照原抵押权的顺位就保险金、赔偿金或者补偿金等优先受偿的，人民法院应予支持。"若债权尚未到期，则债权人可以要求担保人将该代位金予以提存，或者和债务人协议以该代位金提前清偿其债权，当然应当扣除相应的期限利益。担保物权人可以直接请求应当支付保险金、赔偿金或者补偿金的义务人向其履行义务。依据《民法典担保制度解释》第42条第2款之规定，给付义务人已经向抵押人给付了保险金、赔偿金或者补偿金，抵押权人请求给付义务人向其给付保险金、赔偿金或者补偿金的，人民法院不予支持，但是给付义务人接到抵押权人要求向其给付的通知后仍然向抵押人给付的除外。若担保人放弃其请求权，则债权人可以依据《民法典》第538条的规定提起撤销之诉，撤销该放弃行为以恢复其请求权。

【对照适用】

本条规定源于原《物权法》第174条，《民法典》未进行修改，解释适用上不存在区别。

> **第三百九十一条**　第三人提供担保，未经其书面同意，债权人允许债务人转移全部或者部分债务的，担保人不再承担相应的担保责任。

【要义精解】

依据本条规定，被担保的主债务若由第三人承担，必须要取得担保人的书面同意，否则该债务若被第三人全部承担，则担保人免除全部担保责任；若仅被第三人部分承担，则担保人对于被承担的部分不承担担保责任。当然，这里的债务承担系指免责的债务承担，对于第三人加入债务而原债务人不免除责任的，则无须取得担保人的同意。债务承担必须取得担保人的书面同意，其原因在于，担保人愿意提供担保是基于与债务人之间的人身信赖关系，债务被第三人承担之后担保人可能因此而受有损失，故基于意思自治原则必须取得担保人的同意。

【对照适用】

本条规定源于原《物权法》第 175 条，《民法典》未进行修改，解释适用上不存在区别。

> **第三百九十二条**　被担保的债权既有物的担保又有人的担保的，债务人不履行到期债务或者发生当事人约定的实现担保物权的情形，债权人应当按照约定实现债权；没有约定或者约定不明确，债务人自己提供物的担保的，债权人应当先就该物的担保实现债权；第三人提供物的担保的，债权人可以就物的担保实现债权，也可以请求保证人承担保证责任。提供担保的第三人承担担保责任后，有权向债务人追偿。

【要义精解】

本条规定的是同一债权存在两个以上担保的情形，且其中既有物的担保（担保物权）也有人的担保（保证），这样的共同担保被称之为混合共同担保。依据本条规定，就混合担保的情形，债权人如何实现其担保权，及各担保人相互之间的追偿，应当区分如下情形予以对待。

其一，约定优先原则。依据意思自治原则，在混合共同担保的情形下，在债权人实现担保权的条件成就时，首先看各担保人与债权人是否有实现担保权的约定，如果有约定，则只能按照约定行使其担保权，行使完担保权，各担保人之间是否可以进行追偿亦取决于约定。

其二，债权人与担保人之间没有约定时，则应区分担保物是由债务人自己提供的还是由债务人之外的第三人提供的而有所不同：（1）担保物是由债务人自己提供的，债权人应当先就该物的担保实现债权。（2）担保物是由债务人之外的第三人提供的，则债权人享有选择的权利，此时债权人既得选择行使担保物权亦得行使保证债权。

其三，承担完担保责任的第三人取得对于主债务人的追偿权，但是相互之间是否得以追偿，该条没有明确规定，学理上有不同的观点。为了解决该争议，最高人民法院通过《民法典担保制度解释》第13条与第14条加以专门规定，并且亦适用于非混合共同担保的情形，也即可以适用于所有的共同担保的情形：（1）相互之间可以进行追偿的情形有三种：第一种是同一债务有两个以上第三人提供担保，担保人之间约定相互追偿及分担份额，承担了担保责任的担保人请求其他担保人按照约定分担；第二种是担保人之间约定承担连带共同担保，或者约定相互追偿但是未约定分担份额的，各担保人按照比例分担不能向债务人追偿的部分；第三种是同一债务有两个以上第三人提供担保，担保人之间未对相互追偿作出约定且未约定承担连带共同担保，但是各担保人在同一份合同书上签字、盖章或者按指印，承担了担保责任的担保人可以请求其他担保人按照比例分担不能向债务人追偿的部分。（2）除了上述情形之外，承担了担保责任的担保人不得请求其他担保人分担不能向债务人追偿的部分，并且亦不得适用《民法典》第524条的规定行使代位求偿权。对此《民法典担保制度解释》第14条规定："同一债务有两个以上第三人提供担保，担保人受让债权的，人民法院应当认定该行为系承担担保责任。受让债权的担保人作为债权人请求其他担保人承担担保责任的，人民法院不予支持；该担保人请求其他担保人分担相应份额的，依照本解释第十三条的规定处理。"

【对照适用】

本条规定源于原《物权法》第176条，《民法典》对此未进行实质性

修改，但是解释适用上已经有所不同，盖最高人民法院在学说的指引下改
变了解释的态度，对此读者须注意正文中关于担保人相互之间是否得以追
偿的司法解释。

> **第三百九十三条　有下列情形之一的，担保物权消灭：**
> **（一）主债权消灭；**
> **（二）担保物权实现；**
> **（三）债权人放弃担保物权；**
> **（四）法律规定担保物权消灭的其他情形。**

【要义精解】

本条规定了担保物权消灭的原因。

依据本条规定，发生下列事由时担保物权均归于消灭。

一、主债权消灭

基于担保物权的从属性，所担保的主债权消灭的，所有的担保物权均
归于消灭。主债权的消灭可以基于任何事由，既可以基于债务人的清偿，
也可以基于抵销、免除、混同等其他原因。主债权消灭导致担保物权消灭
必须是主债权彻底消灭，包括主债权、利息、违约金等由担保物权所担保
的一切债权在内。如果仅是主债权部分消灭，则基于担保物权的不可分
性，担保物权并不归于消灭。

二、担保物权的实现

在债务人到期不能清偿债务或者基于担保合同所约定的担保物权实现
的条件成就时，担保物权人可以实现其担保物权，担保物权实现后即归于
消灭。对于担保物权之实现条件与实现方式在各具体担保物权部分有详细
论述，于此不再赘述。

三、担保物权人放弃担保物权

放弃担保物权属于有相对人的单方法律行为，需要担保物权人以意思
表示的方式进行。当然民法典总则编中所有关于法律行为和意思表示的规
定均对此有适用的余地。如意思表示的瑕疵、意思表示的撤回等问题。对
于以登记为公示方式的抵押权，权利人抛弃权利的需要办理注销登记，抵
押权从注销登记之日起消灭；对于以占有为公示方式的动产质权、留置权
则需要权利人将标的物返还给所有人，始发生消灭的效果。

四、法律规定的其他原因

对此不同的担保物权依据法律规定有不同的消灭事由，如留置权人丧失了标的物的占有而无法恢复的，则归于消灭。

【对照适用】

本条规定源于原《物权法》第 177 条，《民法典》对此未进行修改，解释适用上没有区别。

第十七章　抵押权

第一节　一般抵押权

> **第三百九十四条**　为担保债务的履行，债务人或者第三人不转移财产的占有，将该财产抵押给债权人的，债务人不履行到期债务或者发生当事人约定的实现抵押权的情形，债权人有权就该财产优先受偿。
>
> 前款规定的债务人或者第三人为抵押人，债权人为抵押权人，提供担保的财产为抵押财产。

【要义精解】

本条规定了抵押权的定义，并且明确了抵押人、抵押权人等概念，属于抵押制度的基础性规定。依据该规定，抵押权主要具有如下两个方面的特点。

一、抵押权是不移转标的物之占有的担保形式

标的物仍然由抵押人占有、使用、受益。因此抵押权最能实现抵押人融资的目的，也即一方面自己占有、使用受益；另一方面又用作担保进行融资，真正做到了物尽其用，所以被作为担保之王。基于物权法定原则，当事人不能创设移转占有的抵押权。

二、抵押财产具有广泛性

在我国，抵押财产既可以是不动产，也可以是不动产用益物权，还可以是动产。需要说明的是，大陆法系各个国家和地区原则上仅允许在不动产上设立抵押权而不允许在动产上设定抵押权。如《德国民法典》第1113条规定："抵押者，谓就土地设定负担，使因该负担而受利益之人，为其债权之受清偿，得就土地取得一定之金额。抵押权亦得为将来之质权或附条件之债权而设定。"《日本民法典》第369条规定："抵押权人，对于债务人或第三人不转移占有而供债务担保的不动产，享有优先于其他债权人受领对自己债权的清偿的权利。地上权及永佃权可以作为抵押权的标的。在此情形，准用本章的规定。"我国台湾地区修订后的"民法"第860条仍然规定："普通抵押权者，谓债权人对于债务人或第三人不移转占有而供其债权担保之不动产，得就其卖得价金受清偿之权。"

【对照适用】

本条规定源于原《物权法》第179条，《民法典》对此未进行修改，解释适用上没有区别。

> **第三百九十五条** 债务人或者第三人有权处分的下列财产可以抵押：
> （一）建筑物和其他土地附着物；
> （二）建设用地使用权；
> （三）海域使用权；
> （四）生产设备、原材料、半成品、产品；
> （五）正在建造的建筑物、船舶、航空器；
> （六）交通运输工具；
> （七）法律、行政法规未禁止抵押的其他财产。
> 抵押人可以将前款所列财产一并抵押。

【要义精解】

对于本条规定的理解应当从如下三个方面进行：（1）本条规定详细地列举了可以进行抵押的财产，对于这些财产当事人毫无疑问可以进行直接抵押。（2）本条规定第1款第7项又采取了概括性规定，因此只要不是法律、行政法规禁止抵押的财产均可以进行抵押，而不限于本条所明确列举的财产。（3）本条第2款规定上述财产可以一并抵押。需要注意的是，对概括性的理解应当区分两种情形：第一，对第1款第4项所列举的财产一并抵押，并且将将来取得动产亦一并抵押符合《民法典》第396条的规定，构成浮动抵押的，则只需要一个抵押合同并且进行一个登记即可，换言之，仅需要一个法律行为即得以设立。第二，对于其他财产一并抵押的，则需要每个抵押权的设定独立签订抵押合同，独立办理抵押登记。所形成的抵押权则因抵押财产的数量而定，这是一物一权的基本要求。

【对照适用】

本条规定源于原《物权法》第180条，但是《民法典》取消了原条文第1款第3项的规定，也即"以招标、拍卖、公开协商等方式取得的荒地等土地承包经营权"。取消该规定的原因是《农村土地承包法》与《民法典》就农业用地实施了"三权分置"的改革方式，引入了土地经营权，从而得以抵押的财产为土地经营权，不再是土地承包经营权，当然，对此学说上存在争议。不过无论如何，土地经营权的抵押适用《农村土地承包法》的特别规定，《民法典》对此不再专门规定，唯其显然属于本条规定的其他法律、行政法规未禁止抵押的财产。

第三百九十六条　企业、个体工商户、农业生产经营者可以将现有的以及将有的生产设备、原材料、半成品、产品抵押，债务人不履行到期债务或者发生当事人约定的实现抵押权的情形，债权人有权就抵押财产确定时的动产优先受偿。

【要义精解】

浮动抵押也被称作财团抵押，依据本条规定是指作为债务人的企业等商事主体为了担保其债权将现有的以及将来所取得的机器、设备、产品、半成品、原材料等作为一个整体进行抵押，抵押企业为了正常经营仍然可以处分该财产的一种抵押制度。依据本条规定，浮动抵押具有如下两个方面的特征。

其一，抵押主体的特殊性。浮动抵押权是商事抵押权的一种，因此与普通抵押不同，浮动抵押的抵押人一方只能是商事主体。依据我国《民法典》第396条的规定，抵押人只能是企业、个体工商户、农业生产经营者，除此之外的其他债务人不能设定浮动抵押。不具有商事主体资格的自然人不能设定浮动抵押权，同样，不具备商事资格的法人，包括国家机关、公益事业单位法人、财团法人等均不得设定浮动抵押权。

其二，抵押财产的集合性。在普通抵押的情形中，由于一物一权的原则，一个抵押权的标的是一个独立的物；要以若干个物进行抵押，则必须设立若干个独立的抵押权。但是浮动抵押是将若干动产作为一个整体设立一个抵押权，因此浮动抵押突破了传统物权法的"一物一权原则"。浮动抵押，不但要包括现有的全部动产在内，而且必须要包括抵押人将来所取得的财产。也正是因为这一原因，浮动抵押才被称之为浮动抵押，抵押财产一直处于变动的状态。

【对照适用】

本条规定源于原《物权法》第181条，《民法典》对此未进行实质性修改，解释适用上没有区别。

> **第三百九十七条** 以建筑物抵押的，该建筑物占用范围内的建设用地使用权一并抵押。以建设用地使用权抵押的，该土地上的建筑物一并抵押。
>
> 抵押人未依据前款规定一并抵押的，未抵押的财产视为一并抵押。

【要义精解】

我国法律虽然没有将地上建筑物等作为土地组成部分，但是基于事物本身的自然性质，我国法律还是规定了房地一体处分原则。不过，我国的房地一体处分原则是将建设用地使用权与建筑物、构筑物的所有权一体处分。房地一体处分原则既包括《民法典》第356条与第357条所规定的房地一体转让规则，也包括这里的一体抵押原则。根据本条规定，建设用地使用权抵押的，那么既存地上建筑物一并抵押；地上建筑物抵押的，该建筑物所占部分建设用地使用权一并抵押。若当事人仅约定以建设用地使用权抵押，那么抵押权的效力亦及于建设用地上的建筑物；而若约定仅以建筑物进行抵押，抵押权的效力亦及于该建筑物所占用部分的建设用地使用权。若当事人明确约定仅抵押建设用地使用权而不抵押地上建筑物或者仅以地上建筑物抵押而不以建设用地使用权抵押的，其效力如何，目前没有法律规定。《民法典担保制度解释》第51条第3款规定："抵押人将建设用地使用权、土地上的建筑物或者正在建造的建筑物分别抵押给不同债权人的，人民法院应当根据抵押登记的时间先后确定清偿顺序。"需要注意的是，抵押权对于对抵押权设定时尚不存在的地上建筑物没有效力。《民法典担保制度解释》第51条第1款与第2款规定："当事人仅以建设用地使用权抵押，债权人主张抵押权的效力及于土地上已有的建筑物以及正在建造的建筑物已完成部分的，人民法院应予支持。债权人主张抵押权的效力及于正在建造的建筑物的续建部分以及新增建筑物的，人民法院不予支持。当事人以正在建造的建筑物抵押，抵押权的效力范围限于已办理抵押登记的部分。当事人按照担保合同的约定，主张抵押权的效力及于续建部分、新增建筑物以及规划中尚未建造的建筑物的，人民法院不予支持。"

【对照适用】

本条规定源于原《物权法》第182条，《民法典》对此未进行实质性修改，解释适用上没有区别。

> **第三百九十八条** 乡镇、村企业的建设用地使用权不得单独抵押。以乡镇、村企业的厂房等建筑物抵押的，其占用范围内的建设用地使用权一并抵押。

【要义精解】

本条规定是在原《土地管理法》的约束下所作出的规定，因为修改前的《土地管理法》不允许集体建设用地使用权单独转让，因此也不允许其进行单独抵押。但是为了允许乡镇企业进行融资与发展，法律允许其对厂房等地上建筑物进行抵押，故在此情形下得以一并抵押所占用部分的建设用地使用权。不过，2019年新修正的《土地管理法》已经在整体上允许了集体建设用地使用权的直接出让与抵押，因此，对于依据新修正的《土地管理法》的规定，以出让方式取得的集体建设用地使用权自然可以单独抵押。依据《土地管理法》第63条的规定，可以参照适用国有建设用地使用权的抵押。

【对照适用】

本条规定源于原《物权法》第183条，《民法典》对此未进行修改，但是有鉴于《土地管理法》的修正，本条在解释适用上存在一定的区别，即通过出让方式取得的集体建设用地使用权得以独立抵押。

> 第三百九十九条　下列财产不得抵押：
>
> （一）土地所有权；
>
> （二）宅基地、自留地、自留山等集体所有土地的使用权，但是法律规定可以抵押的除外；
>
> （三）学校、幼儿园、医疗机构等为公益目的成立的非营利法人的教育设施、医疗卫生设施和其他公益设施；
>
> （四）所有权、使用权不明或者有争议的财产；
>
> （五）依法被查封、扣押、监管的财产；
>
> （六）法律、行政法规规定不得抵押的其他财产。

【要义精解】

本条以列举的方式明确规定了哪些财产不得抵押。其中第1项规定的土地所有权绝对不能抵押，因为土地所有权不得转让，故亦不得抵押，以土地所有权设定抵押的合同无效，抵押权不能成立。第2项所规定的宅基地、自留地、自留山等集体土地所有权原则上也不得抵押，但是若特别法规定于特定条件下可以抵押的，则依据法律的规定。需要特别予以说明的是第3项至第5项所规定的财产。

首先，为公益目的成立的非营利法人的教育设施、医疗卫生设施和其他公益设施不得抵押。对此《民法典担保制度解释》第6条规定："以公益为目的的非营利性学校、幼儿园、医疗机构、养老机构等提供担保的，人民法院应当认定担保合同无效，但是有下列情形之一的除外：（一）在购入或者以融资租赁方式承租教育设施、医疗卫生设施、养老服务设施和其他公益设施时，出卖人、出租人为担保价款或者租金实现而在该公益设施上保留所有权；（二）以教育设施、医疗卫生设施、养老服务设施和其他公益设施以外的不动产、动产或者财产权利设立担保物权。登记为营利法人的学校、幼儿园、医疗机构、养老机构等提供担保，当事人以其不具有担保资格为由主张担保合同无效的，人民法院不予支持。"

其次，关于所有权、使用权不明或者有争议的财产进行抵押的效力。对此《民法典担保制度解释》第 37 条第 1 款规定："当事人以所有权、使用权不明或者有争议的财产抵押，经审查构成无权处分的，人民法院应当依照民法典第三百一十一条的规定处理。"据此解释，抵押人用所有权、使用权不明或者有争议的财产进行抵押的，并不是无效，而是应当区分如下两种情形决定其法律效果：第一，若事后证明抵押人本人系抵押财产的所有权人或者使用权人，那么该抵押合同有效，且抵押权有效。第二，若事后证明抵押人本人并非所有人或者使用权人，那么应当准用《民法典》第 597 条的规定，因此抵押合同仍然有效，但是抵押行为本身构成无权处分而效力待定。故此，若经真正的所有人、使用权人追认，该处分行为有效，抵押权有效；若未经追认，则处分行为无效，抵押权亦不成立，但是抵押权人得以请求抵押人承担违约责任。此外，若符合了《民法典》第 311 条规定的善意取得，则债权人亦基于善意取得而取得抵押权。

最后，关于依法被查封或者扣押的财产进行抵押的效力。《民法典担保制度解释》第 37 条第 2 款规定："当事人以依法被查封或者扣押的财产抵押，抵押权人请求行使抵押权，经审查查封或者扣押措施已经解除的，人民法院应予支持。抵押人以抵押权设立时财产被查封或者扣押为由主张抵押合同无效的，人民法院不予支持。"依据该解释第 37 条第 3 款的规定，以依法被监管的财产抵押的也作相同的处理。

【对照适用】

本条规定源于原《物权法》第 184 条，《民法典》该条规定仅将第 1 款第 3 项按照《民法典》法人分类进行了修改，也即将原来的"学校、幼儿园、医院等以公益为目的的事业单位、社会团体的教育设施、医疗卫生设施和其他社会公益设施"修改为"学校、幼儿园、医疗机构等为公益目的成立的非营利法人的教育设施、医疗卫生设施和其他公益设施"。除此之外未进行修改，但是最高人民法院《民法典担保制度解释》对于该条第 3 项至第 5 项的解释发生了巨大的变化，这正是法学理论的进步，在该条适用时必须要注意。

> 第四百条　设立抵押权，当事人应当采用书面形式订立抵押合同。
>
> 抵押合同一般包括下列条款：
>
> （一）被担保债权的种类和数额；
>
> （二）债务人履行债务的期限；
>
> （三）抵押财产的名称、数量等情况；
>
> （四）担保的范围。

【要义精解】

抵押权作为意定担保物权，其设立需要有抵押合同，当然若承认区分原则尚需要有物权行为。本条则规定了抵押合同的形式与内容，就抵押合同的形式，我国《民法典》规定为书面形式。关于抵押合同的内容，本条第 2 款则规定了 4 个条款，但是其中只有第 1 项所规定的"被担保债权的种类和数额"和第 3 项所规定的"抵押财产的名称、数量等情况"这两项是抵押合同的必要条款从而必须具备，若不具备则合同因内容不具体、不确定从而不能成立。至于第 2 款第 2 项与第 4 项则是非必要条款，若不具备则各依据相关规定予以处理。

【对照适用】

本条规定源于原《物权法》第 185 条，《民法典》将原来第 3 项关于抵押财产的描述进行了简化，原规定为"抵押财产的名称、数量、质量、状况、所在地、所有权归属或者使用权归属"，修改后的仅为"抵押财产的名称、数量等情况"。也就是说，关于标的物只要描述足够具体确定即可。

> 第四百零一条　抵押权人在债务履行期限届满前，与抵押人约定债务人不履行到期债务时抵押财产归债权人所有的，只能依法就抵押财产优先受偿。

【要义精解】

依据本条规定，抵押权人与抵押人在抵押合同中或者于抵押合同外另行约定债务人不履行到期债务时抵押财产归债权人的，则该约定并不发生效力，债权人并不能据此取得抵押财产的所有权，而是仍然只能按照抵押权实现的程序行使抵押权，于此情形，该规定与原《物权法》的规定没有根本性的变化。本条之所以不再采用原《物权法》的措辞"不得约定"，其目的在于防止解释上认为该规定属于效力性强制性规定，从而若当事人有此约定，则会被认为让与担保的约定是违背了该规定无效的，事实上在《全国法院民商事审判工作会议纪要》颁布之前，司法实践中多基于让与担保违反了原《物权法》第 186 条的规定而无效，不承认让与担保的效力，《民法典》的这一修改目的在于为此清除不必要的障碍。

【对照适用】

本条规定源于原《物权法》第 186 条，但是进行了较大幅度的修改。原《物权法》第 186 条规定为："抵押权人在债务履行期届满前，不得与抵押人约定债务人不履行到期债务时抵押财产归债权人所有。"在解释适用上，就抵押合同本身的流押条款而言没有区别，但是最大的区别就是《民法典》该条规定不再构成让与担保的障碍，从而使得司法实务承认了让与担保。《民法典担保制度解释》第 68 条因此详细地规定了让与担保制度，具体为："债务人或者第三人与债权人约定将财产形式上转移至债权人名下，债务人不履行到期债务，债权人有权对财产折价或者以拍卖、变卖该财产所得价款偿还债务的，人民法院应当认定该约定有效。当事人已经完成财产权利变动的公示，债务人不履行到期债务，债权人请求参照民法典关于担保物权的有关规定就该财产优先受偿的，人民法院应予支持。债务人或者第三人与债权人约定将财产形式上转移至债权人名下，债务人不履行到期债务，财产归债权人所有的，人民法院应当认定该约定无效，但是不影响当事人有关提供担保的意思表示的效力。当事人已经完成财产权利变动的公示，债务人不履行到期债务，债权人请求对该财产享有所有权的，人民法院不予支持；债权人请求参照民法典关于担保物权的规定对财产折价或者以拍卖、变卖该财产所得的价款优先受偿的，人民法院应予支持；债务人履行债务后请求返还财产，或者请求对财产折价或者以拍卖、变卖所得的价款清偿债务的，人民法院应予支持。债务人与债权人约定将财产转移至债权人名下，在一定期间后再由债务人或者其指定的第三人以交易本金加上溢价款回购，债务人到期不履行回购义务，财产归债权人所有的，人民法院应当参照第二款规定处理。回购对象自始不存在的，人民法院应当依照民法典第一百四十六条第二款的规定，按照其实际构成的法律关系处理。"

第四百零二条　以本法第三百九十五条第一款第一项至第三项规定的财产或者第五项规定的正在建造的建筑物抵押的，应当办理抵押登记。抵押权自登记时设立。

【要义精解】

本条规定，凡是以不动产或者不动产用益物权进行抵押的，登记均为抵押权的生效要件。当然，同样依据《民法典》第215条的规定，没有登记的并不影响抵押合同的效力。换言之，抵押合同仍然作为负担行为，不以登记为其要件。关于未登记抵押合同的法律效果，《民法典担保制度解释》第46条规定："不动产抵押合同生效后未办理抵押登记手续，债权人请求抵押人办理抵押登记手续的，人民法院应予支持。抵押财产因不可归责于抵押人自身的原因灭失或者被征收等导致不能办理抵押登记，债权人请求抵押人在约定的担保范围内承担责任的，人民法院不予支持；但是抵押人已经获得保险金、赔偿金或者补偿金等，债权人请求抵押人在其所获金额范围内承担赔偿责任的，人民法院依法予以支持。因抵押人转让抵押财产或者其他可归责于抵押人自身的原因导致不能办理抵押登记，债权人请求抵押人在约定的担保范围内承担责任的，人民法院依法予以支持，但是不得超过抵押权能够设立时抵押人应当承担的责任范围。"

此外，依据《民法典担保制度解释》第47条的规定，抵押登记具有绝对效力。不动产登记簿就抵押财产、被担保的债权范围等所作的记载与抵押合同约定不一致的，人民法院应当根据登记簿的记载确定抵押财产、被担保的债权范围等事项。

【对照适用】

本条规定源于原《物权法》第187条，《民法典》对该条所参引的法律条文序号按照《民法典》的规定进行了相应的调整，但是在实质内容上没有进行修改，解释适用上没有区别。

第四百零三条　以动产抵押的，抵押权自抵押合同生效时设立；未经登记，不得对抗善意第三人。

【要义精解】

我国《民法典》沿袭了原《担保法》与原《物权法》的做法，允许动产进行抵押，并且把登记作为动产抵押的对抗要件，动产抵押权自抵押合同生效时即设立，没有登记的只是不得对抗善意第三人。关于未经登记不得对抗善意第三人的具体理解与适用，依据《民法典担保制度解释》第54条的规定应当按照下列情形分别处理：（1）抵押人转让抵押财产，受让人占有抵押财产后，抵押权人向受让人请求行使抵押权的，人民法院不予支持，但是抵押权人能够举证证明受让人知道或者应当知道已经订立抵押合同的除外；（2）抵押人将抵押财产出租给他人并移转占有，抵押权人行使抵押权的，租赁关系不受影响，但是抵押权人能够举证证明承租人知道或者应当知道已经订立抵押合同的除外；（3）抵押人的其他债权人向人民法院申请保全或者执行抵押财产，人民法院已经作出财产保全裁定或者采取执行措施，抵押权人主张对抵押财产优先受偿的，人民法院不予支持；（4）抵押人破产，抵押权人主张对抵押财产优先受偿的，人民法院不予支持。

【对照适用】

本条规定源于原《物权法》第188条的规定，但是《民法典》进行了大幅度的修改，不再采取列举式的规定，而是以概括式规定动产抵押不经登记不得对抗善意第三人，这样的做法避免了挂一漏万，应当说是立法技术上的进步。

第四百零四条　以动产抵押的，不得对抗正常经营活动中已经支付合理价款并取得抵押财产的买受人。

【要义精解】

本条规定确立了动产抵押权效力的一项重要例外，也就是学说上所统称的正常经营人规则。该项例外属于抵押权追及效力的例外，也即抵押权人本来依据《民法典》第 406 条的规定，在抵押人转让抵押财产时，抵押不受影响，抵押权人仍然得以对受让人主张抵押权，这是由物权本身的支配性与绝对性所决定的。然而依据本条规定，动产抵押权不得对抗正常经营活动中已支付合理价款并取得抵押财产的买受人。所谓正常经营活动，依据最高人民法院《民法典担保制度解释》第 56 条第 2 款的规定，是指出卖人的经营活动属于其营业执照明确记载的经营范围，且出卖人持续销售同类商品。所谓不得对抗，系指抵押权人对于该买受人不得主张其抵押权，其在效果上等于抵押权归于消灭。而且该条规定并不以动产抵押权没有登记为其适用的前提，故在解释上即便是抵押权已经登记的亦适用该规定，且不论买受人是善意抑或是恶意，均在所不问。此外，依据最高人民法院《民法典担保制度解释》第 56 条第 2 款的规定，本条规定亦适用于所有权保留买卖的出卖人、融资租赁合同的出租人。

需要注意的是，最高人民法院《民法典担保制度解释》缩小了该规则的适用范围，其第 56 条第 1 款将下列情形排除于正常经营的范围之外：（1）购买商品的数量明显超过一般买受人；（2）购买出卖人的生产设备；（3）订立买卖合同的目的在于担保出卖人或者第三人履行债务；（4）买受人与出卖人存在直接或者间接的控制关系；（5）买受人应当查询抵押登记而未查询的其他情形。

【对照适用】

本条规定源于原《物权法》第 189 条第 2 款，但是《民法典》本条将该规定扩张到了所有的动产抵押之上，而原《物权法》仅将该规则适用于浮动抵押之上。

第四百零五条　抵押权设立前，抵押财产已经出租并转移占有的，原租赁关系不受该抵押权的影响。

【要义精解】

本条规定，抵押权不影响原租赁关系，实际上是买卖不破租赁的延伸。如果设立在后的抵押权影响到在前租赁，出租人即可通过设定抵押权然后由抵押权人拍卖标的物的方式规避买卖不破租赁这一对承租人特别保护的制度。抵押不破租赁的前提条件是租赁合同成立在先，并且承租人已经实际占有了租赁物。若仅仅是签订租赁合同，出租人尚未将租赁物交付给承租人之前，出租人为抵押权人设定抵押权，设定抵押权之后再将租赁物交付给承租人的则本条规定不予适用。

【对照适用】

本条规定源于原《物权法》第190条，《民法典》对其进行了两处修改：首先，删除了第2句"抵押权设立后抵押财产出租的，该租赁关系不得对抗已登记的抵押权"。我们认为《民法典》之所以删除这一句，是因为该规定是理所当然的，是抵押权作为绝对权的必然逻辑结果，因此在解释适用上仍然没有区别。其次，将原来第190条第1句中"抵押财产已出租的"修改为"抵押财产已经出租并转移占有的"，也即将"已"改为"已经"，并增加了"并移转占有"的要求，解释适用上须予以特别注意。

> **第四百零六条** 抵押期间，抵押人可以转让抵押财产。当事人另有约定的，按照其约定。抵押财产转让的，抵押权不受影响。
>
> 抵押人转让抵押财产的，应当及时通知抵押权人。抵押权人能够证明抵押财产转让可能损害抵押权的，可以请求抵押人将转让所得的价款向抵押权人提前清偿债务或者提存。转让的价款超过债权数额的部分归抵押人所有，不足部分由债务人清偿。

【要义精解】

本条规定承认了抵押人处分抵押财产的权利以及抵押权的追及效力。理解本条规定需注意如下几个方面。

第一，抵押权设定后抵押人仍然有权转让抵押财产。这是由于抵押人仍然是标的物的所有人，仍然有处分抵押物的权利，因此无须取得抵押权人的同意，也不以清偿了债务为要件。

第二，抵押人转让抵押财产的不影响抵押权人的抵押权。这也就是抵押权作为物权的追及效力，这是由物权的绝对性和排他性所决定的，因为物权具有对抗一切第三人的效力，因此对于后来取得抵押物之所有权的第三人以及一切其他第三人都具有效力。因此，在抵押人转让抵押财产之后，若债务人不能清偿到期债务或者发生了当事人约定实现抵押权的情形时，抵押权人仍然如同抵押物未转让时一样得以行使其抵押权。

第三，依据本条第2款之规定，抵押人转让抵押财产的应当及时通知抵押权人。所谓及时通知抵押权人应当是在抵押财产权属转移之前，以便抵押权人确定转让抵押财产是否可能会对其抵押权造成损失。抵押人通知抵押权人之后，若抵押权人能够证明抵押财产转让可能损害抵押权的，可以请求抵押人将转让所得的价款向抵押权人提前清偿债务或者提存。转让的价款超过债权数额的部分归抵押人所有，不足部分由债务人清偿。

第四，基于意思自治原则，《民法典》该条规定，允许抵押权人与抵押人约定不得转让抵押财产。唯关于该约定究竟具有何种效力，《民法典》并未明确。学说上有主张该约定应当尽具债权效力的，也即仅对抵押权人与抵押人具有直接约束力，对于抵押财产的受让人等第三人不具有约束力。有的学说则主张该约定对于第三人亦应当具有拘束力，从而若当事人有约定，则在抵押期间第三人不能取得抵押财产。最高人民法院则以该约定是否经登记且受让人是否为善意而异其效力。《民法典担保制度解释》第43条规定："当事人约定禁止或者限制转让抵押财产但是未将约定登记，抵押人违反约定转让抵押财产，抵押权人请求确认转让合同无效的，人民法院不予支持；抵押财产已经交付或者登记，抵押权人请求确认转让不发生物权效力的，人民法院不予支持，但是抵押权人有证据证明受让人知道的除外；抵押权人请求抵押人承担违约责任的，人民法院依法予以支持。当事人约定禁止或者限制转让抵押财产且已经将约定登记，抵押人违反约定转让抵押财产，抵押权人请求确认转让合同无效的，人民法院不予支持；抵押财产已经交付或者登记，抵押权人主张转让不发生物权效力的，人民法院应予支持，但是因受让人代替债务人清偿债务导致抵押权消灭的除外。"

需要注意的是，抵押人与抵押权人将不得转让抵押财产的约定予以登记的，只是受让人不能取得抵押财产之所有权等物权，但是抵押人与受让人之间的买卖合同等合同效力并不受影响，盖买卖合同等仅为负担行为，并不因作为出卖人的抵押人的处分权受到限制而受有影响。故此，抵押人与第三人受让人之间的法律关系则取决于其间的合同关系，于此不再赘述。

【对照适用】

本条规定对于原《物权法》第 191 条进行了重大修改，依据原《物权法》第 191 条的规定，抵押人转让抵押财产必须要取得抵押权人的同意，并且要将转让的价款用来提前清偿债务或者予以提存，否则解释上认为受让人不能取得抵押财产的权利，除非其代替债务人清偿债务。

> **第四百零七条** 抵押权不得与债权分离而单独转让或者作为其他债权的担保。债权转让的，担保该债权的抵押权一并转让，但是法律另有规定或者当事人另有约定的除外。

【要义精解】

本条系关于抵押权转移上的从属性的规定。

抵押权作为担保物权之一，与其他担保权一样具有从属性，其从属性包括成立上的从属性、转移上的从属性和消灭上的从属性。该条规定的是抵押权转移上的从属性。抵押权转移上的从属性由两个方面构成：其一是抵押权自己不能被单独转让，这一点在我国《民法典》中毫无例外，因为抵押权的目的在于担保债权，故其不能独立于被担保的债权而单独转让；其二是被担保的债权转让的则抵押权一并转让，即便当事人没有在债权让与合同中约定转让用作担保的抵押权，抵押权也自动随着债权的转让而转让。此外，无论该抵押权是否办理了相应的变更登记均不影响受让人取得相应的抵押权。对此《民法典》第 547 条第 2 款规定："受让人取得从权利不因该从权利未办理转移登记手续或者未转移占有而受到影响。"依据《民法典》第 407 条第 2 句后半段之规定，债权人可以与受让人约定仅转让债权不转让抵押权，此时抵押权并不一并转移。唯由于抵押权具有从属性，故该抵押权归于消灭。该种约定的实质是债权人放弃抵押权后再将其债权予以转让，基于意思自治自无不可的道理。

【对照适用】

本条规定源于原《物权法》第 192 条，本条并未进行实质性修改，仅仅是将原条文中的"但"修改为"但是"，在解释适用上没有区别。

第四百零八条　抵押人的行为足以使抵押财产价值减少的，抵押权人有权请求抵押人停止其行为；抵押财产价值减少的，抵押权人有权请求恢复抵押财产的价值，或者提供与减少的价值相应的担保。抵押人不恢复抵押财产的价值，也不提供担保的，抵押权人有权请求债务人提前清偿债务。

【要义精解】

本条规定的是抵押权人保全其抵押权的权利。

抵押权作为一项绝对权，必须受到绝对性的保障，除了具备防止一般第三人侵害的权利外，也应当具备防止所有人的行为损害抵押权。与质权、留置权等移转占有的担保物权有所不同，抵押权不移转标的物的占有，抵押人仍然占有标的物，从而抵押人实施损害抵押物、降低其价值的可能性非常大，故此法律必须特别赋予抵押权人一项权利以防止抵押人实施毁损、破坏抵押物等损害抵押人之抵押权的行为发生。

抵押权人保全其抵押权的具体措施有四种：其一是妨害停止请求权。也即抵押人的行为足以使抵押财产价值减少的，则抵押权人有权请求抵押人停止该行为。其二是价值恢复请求权。若抵押财产的价值已经减少，则抵押权人有权请求抵押人恢复抵押财产的价值，从而保障抵押权人的抵押权不受侵害。其三是另行提供担保的请求权。在抵押财产价值减少时，抵押权人也可以选择请求抵押人另行提供与减少部分价值相当的担保。其四是请求债务人提前清偿债务。

该项请求权行使的要件有两个方面：首先是抵押财产的价值减少；其次是抵押人既不恢复抵押财产的价值也不另行提供担保。唯笔者认为，于此情形下抵押权人提前实现其债权是为了防止债权人受有不当利益，应当扣除该段时间的期限利益，也即应当扣除提前实现的债权从债权实现时至债权到期时这一段时间的利息。至于利息的计算，若当事人有约定的利率标准，就按照约定予以执行，没有约定的则应当按照法定利率予以执行。

【对照适用】

本条规定源于原《物权法》第193条，《民法典》仅对其标点符号进行修改，从而在表达上更加准确，但是在解释适用上则不存在差别。

第四百零九条 抵押权人可以放弃抵押权或者抵押权的顺位。抵押权人与抵押人可以协议变更抵押权顺位以及被担保的债权数额等内容。但是，抵押权的变更未经其他抵押权人书面同意的，不得对其他抵押权人产生不利影响。

债务人以自己的财产设定抵押，抵押权人放弃该抵押权、抵押权顺位或者变更抵押权的，其他担保人在抵押权人丧失优先受偿权益的范围内免除担保责任，但是其他担保人承诺仍然提供担保的除外。

【要义精解】

本条规定了抵押权人处分其抵押权的权利。

抵押权作为财产权的一种，权利人自然得以处分其抵押权。抵押权人处分其抵押权体现在放弃抵押权和放弃与变更其抵押权顺位两个方面。抵押权人放弃其抵押权属于单方法律行为，其应当以意思表示的方式为之。如抵押的客体是房屋等不动产或者不动产用益物权的，则依据《民法典》第209条的规定，必须完成涂销登记，抵押权才归于消灭，仅有放弃的意思表示不足以导致抵押权消灭。若同一个抵押财产上有两个以上的抵押权，顺序在前的抵押权人亦可以放弃其在前的抵押顺序，若其放弃在前的抵押顺序，则其抵押顺序因此位于最后一个顺位，其他抵押权的顺位不受影响。同样，放弃不动产抵押权的顺序，亦须进行变更登记，否则不发生物权变动的效力。

同一个抵押财产上有两个以上抵押权的，抵押权人相互之间可以通过协议变更其抵押权的顺序，也即进行抵押顺序上的交换。抵押顺序的交换，亦属于抵押权的变更，因此对于不动产抵押权而言亦须进行变更登记始发生物权效力。若抵押权人为三人以上，其中两个人交换抵押顺序，未经其他抵押权人同意的不得对该抵押权人的抵押权造成不利影响。所谓不得对其他抵押权人造成不利影响，就是指在抵押顺序交换后，升进为前顺序抵押权的后顺序抵押权人只能就原来先顺序抵押权人所担保之债权人的范围内优先于其他抵押权人受偿。例如，甲将其房屋为乙设定第一顺序的抵押权担保对乙所欠的200万元债务，然后为丙设定第二顺序的抵押权担保对丙的300万元债务，后又为丁设定第三顺序的抵押权担保对于丁的

500万元债务。后乙与丁达成书面协议交换抵押权顺位，并且进行了变更登记，但是没有取得丙的同意。此后若甲不能清偿全部到期债务，乙、丙、丁三人只能通过抵押权实现程序优先受偿。若标的物被拍卖的价款仅为600万元，那么丁先受偿200万元（即乙原来第一顺位所担保的债权的数额），然后丙实现300万元，再次丁再实现100万元，乙则由于其抵押权的顺位处于最后而不能获得清偿。

此外，无论抵押权人是放弃抵押权、放弃抵押权的顺序或者是变更抵押权的顺位，均不得对于同一债务的其他担保人造成不利影响。依据本条第2款的规定，债务人以自己的财产设定抵押，抵押权人放弃该抵押权、抵押权顺位或者变更抵押权的，其他担保人在抵押权人丧失优先受偿权益的范围内免除担保责任，但是其他担保人承诺仍然提供担保的除外。该规定仅适用于债务人自己提供抵押财产的情形，我们认为该规定在解释适用上应当进行目的性扩张，也应当包括抵押财产是第三人所提供的情形在内。若同一债务由两个以上的第三人进行担保，债权人放弃抵押权或者抵押权顺位，或者变更抵押从而导致其无法自抵押财产优先受偿，亦不应当增加其他担保人的担保责任，其他担保人仍然在原有的担保范围内承担担保责任。

【对照适用】

本条规定源于原《物权法》第194条，本条规定仅在文字表达上稍作调整，在解释适用上则不存在区别。

> **第四百一十条** 债务人不履行到期债务或者发生当事人约定的实现抵押权的情形，抵押权人可以与抵押人协议以抵押财产折价或者以拍卖、变卖该抵押财产所得的价款优先受偿。协议损害其他债权人利益的，其他债权人可以请求人民法院撤销该协议。
>
> 抵押权人与抵押人未就抵押权实现方式达成协议的，抵押权人可以请求人民法院拍卖、变卖抵押财产。
>
> 抵押财产折价或者变卖的，应当参照市场价格。

【要义精解】

本条规定的是抵押权的实现条件和实现方法。

一、抵押权的实现条件

抵押权人得以实现抵押权的情形有两种：其一是抵押权所担保的债务到期而债务人没有清偿债务；其二是抵押合同所约定的条件成就。基于意思自治原则，抵押权人可以与抵押人约定在特定条件成就时抵押权人得以实现其抵押权。在该条件成就时，无论抵押财产所担保的债权是否到期，抵押权人均可以行使其抵押权。

二、抵押权的实现方法

（一）协议方式

抵押权人的首要选择是通过与抵押人达成协议的方式来实现其抵押权，这是最为快捷、成本最小的抵押权实现方式。在抵押权实现的条件成就时，抵押权人和抵押人达成协议的方式实现抵押权可以有如下两种处理方法。

1. 将抵押财产折价给债权人从而抵销被担保的债权

此种实现抵押权的方式，实质上是由两项相互关联的法律行为所组成的。第一项是买卖合同，即由抵押人作为出卖人，抵押权人作为买受人签订一项买卖合同。第二项则为抵销行为，即用抵押权人（买受人）应当向抵押人（出卖人）支付的价金的债务与抵押权人对债务人享有的债权进行抵销。抵押财产折价可能等于其所担保的债权，那么此时债务人的债务全部消灭，债务人无须履行债务，抵押权人也无须再向抵押人支付任何价金；抵押财产折价可能大于所担保的债权，此时抵押权人应当向抵押人支付超过所担保部分债权的价金；抵押财产的折价也可能小于被担保的债权，那么债务人对于未能抵销部分的债务依然负有清偿之义务。除了签订协议之外，抵押人尚须为抵押权人办理财产权之转移手续，若抵押财产系动产，则需要进行交付；若抵押财产系不动产，则抵押人应当和抵押权人办理相应的产权转移登记手续。若签订完折价协议后，抵押人没有为抵押权人办理相应的财产权转移手续，则抵押人构成了违约行为，抵押权人可以诉请其承担相应之违约责任。

2. 将抵押财产出卖给第三人并以价金受偿

若抵押权人不需要抵押财产的，则抵押权人和抵押人可以达成协议将标的物出卖给第三人从而用出卖的价金进行受偿。此时双方既可以约定通过拍卖的方式处分抵押财产，也可以约定通过协议的方式将标的物予以出卖（此种方式被称之为变卖）。通过拍卖的方式出卖标的物的优点是能够通过竞争的方式真正实现标的物的价格最大化，其缺点也非常明显，就是需要支付拍卖的相关费用。无论以何种方式处分标的物，买受人都应当将价金支付给抵押权人而不是抵押人，抵押权人用该价金受偿，多出的部分退还给抵押人，若价金不够清偿到期债务的，则债务人就不足的部分仍然负清偿责任。

除了在抵押权实现条件成就时当事人可以通过协议的方式实现抵押权之外，抵押权人与抵押人也可以在抵押合同中约定或者另行通过补充协议约定，在抵押权实现条件成就时由抵押权人直接通过拍卖、变卖等方式以实现其抵押权。但是，基于流押禁止的规定，当事人不能约定由债权人直接取得抵押财产所有权的方式实现其抵押权。对此最高人民法院《民法典担保制度解释》第45条第1款规定："当事人约定当债务人不履行到期债务或者发生当事人约定的实现担保物权的情形，担保物权人有权将担保财产自行拍卖、变卖并就所得的价款优先受偿的，该约定有效。因担保人的原因导致担保物权人无法自行对担保财产进行拍卖、变卖，担保物权人请求担保人承担因此增加的费用的，人民法院应予支持。"

（二）诉讼方式

若抵押权人与抵押人无法达成实现抵押权的协议或者抵押权人不愿意通过协议的方式实现其抵押权，则可以通过诉讼的方式由人民法院通过执行程序实现抵押权。依照《民事诉讼法》第203条的规定，抵押权人应当向担保财产所在地或者担保物权登记地基层人民法院提出。债权人以诉讼方式行使担保物权的，应当以债务人和担保人作为共同被告。依照《民事诉讼法》第204条的规定，人民法院受理申请后，经审查，符合法律规定的，裁定拍卖、变卖担保财产，当事人依据该裁定可以向人民法院申请执行。依据《民法典担保制度解释》第45条第2款的规定，当事人依照民事诉讼法有关"实现担保物权案件"的规定，申请拍卖、变卖担保财产，被申请人以担保合同约定仲裁条款为由主张驳回申请的，人民法院经审查后，则应当按照以下情形分别处理：（1）当事人对担保物权无实质性争议且实现担保物权条件已经成就的，应当裁定准许拍卖、变卖担保财产；（2）当事人对实现担保物权有部分实质性争议的，可以就无争议的部分裁定准许拍卖、变卖担保财产，并告知可以就有争议的部分申请仲裁；（3）当事人对实现担保物权有实质性争议的，裁定驳回申请，并告知可以向仲裁机构申请仲裁。

【对照适用】

本条源于原《物权法》第 195 条，《民法典》未对此进行实质性修改，在解释适用上不存在区别。

第四百一十一条　依据本法第三百九十六条规定设定抵押的，抵押财产自下列情形之一发生时确定：

（一）债务履行期限届满，债权未实现；

（二）抵押人被宣告破产或者解散；

（三）当事人约定的实现抵押权的情形；

（四）严重影响债权实现的其他情形。

【要义精解】

本条规定的是浮动抵押的情形下抵押财产予以特定化的具体情形。

在浮动抵押的情形中，抵押财产一直处于变动状态中，抵押人为正常生产经营转让抵押财产的，其抵押财产的范围因此减少；同时抵押财产的范围也因抵押人购买原材料、生产新的产品、购买机器设备等而增加。但是，为了保证抵押权人的抵押权能够实现，则在抵押权有被损害的可能性时，抵押财产就必须予以确定也即特定化，这在比较法上被称之为抵押财产的结晶化。所谓抵押财产的特定化是指在抵押财产发生特定化的情形时，抵押财产不能再予以转让，否则即便转让，依据《民法典》第 406 条的规定，抵押权人的抵押权亦不应当受有影响，抵押权人仍然可以对该转让出去的抵押财产行使其抵押权。依据本条的规定，在发生下列四种情形之一时抵押财产予以特定化：（1）债务履行期限届满，债权未实现；（2）抵押人被宣告破产或者解散；（3）当事人约定的实现抵押权的情形；（4）严重影响债权实现的其他情形。

【对照适用】

本条规定源于原《物权法》第 196 条，但是将原规定第 2 项的"撤销"改为"解散"。

第四百一十二条 债务人不履行到期债务或者发生当事人约定的实现抵押权的情形，致使抵押财产被人民法院依法扣押的，自扣押之日起，抵押权人有权收取该抵押财产的天然孳息或者法定孳息，但是抵押权人未通知应当清偿法定孳息义务人的除外。

前款规定的孳息应当先充抵收取孳息的费用。

【要义精解】

本条规定的是抵押权对于抵押财产之孳息的效力。依据本条规定，抵押权对于孳息的效力依据人民法院是否扣押抵押物而有所不同。

一方面，在人民法院依照债权人的申请扣押抵押物之前，抵押人有权收取孳息且债权人对此孳息不具有优先受偿的权利。之所以如此是由于抵押权人作为价值权人，仅支配标的物的交换价值，自己对于标的物没有用益的权利，收取孳息属于用益的范畴，该权利在正常的情形下仍然应当属于抵押人享有，这也是抵押权的优势之所在，即抵押人在将标的物用作担保后仍然保有对标的物进行使用和收益的权利。

另一方面，在人民法院根据抵押权的申请而对抵押物依法扣押之后，无论是法定孳息还是天然孳息都由抵押权人收取。唯抵押权人收取孳息并非直接取得孳息的所有权，而是将该收取的孳息抵充其债权，具体抵充的顺序为：收取孳息的费用、利息、主债权。若收取孳息超过了债权人的债权则应当返还给抵押人。对于法定孳息，从抵押权人或者人民法院通知法定孳息清偿义务人之后，该清偿义务人即应向抵押权人履行清偿义务，若清偿义务人向抵押权人履行清偿义务不发生清偿的法律效果，那么必须再次向抵押权人进行清偿。抵押权人没有通知清偿义务人的，若清偿义务人向抵押权人进行了清偿则发生清偿的效果，抵押权人不得再向清偿义务人请求清偿。

【对照适用】

本条规定源于原《物权法》第197条，《民法典》未对此进行实质性修改，解释适用上不存在区别。

第四百一十三条 抵押财产折价或者拍卖、变卖后，其价款超过债权数额的部分归抵押人所有，不足部分由债务人清偿。

【要义精解】

本条规定的是抵押权实现的法律效果，也即对于抵押财产变价处分后价款的处理。抵押财产变价处分后，其价款首先是用于优先清偿抵押权所担保的债权，若清偿完毕还有剩余则自然应当归抵押人所有。相反，若抵押财产变价处分的价款不足以清偿全部债务，未被清偿的部分并不因抵押的实现而消灭，债务人仍然应当予以清偿。由于抵押权的行使属于债权人行使债权的方式之一，故其发生中断债权之诉讼时效的效力，从而未被清偿的部分债务诉讼时效应当重新起算。

【对照适用】

本条规定源于原《物权法》第 198 条，《民法典》未进行修改，解释适用上不存在区别。

> **第四百一十四条** 同一财产向两个以上债权人抵押的，拍卖、变卖抵押财产所得的价款依照下列规定清偿：
> （一）抵押权已经登记的，按照登记的时间先后确定清偿顺序；
> （二）抵押权已经登记的先于未登记的受偿；
> （三）抵押权未登记的，按照债权比例清偿。
> 其他可以登记的担保物权，清偿顺序参照适用前款规定。

【要义精解】

本条规定的是抵押权的顺序。

依据本条规定，抵押权的顺序仅依据抵押权的登记顺序而定，也即纯粹采取了客观主义。客观主义的优点是显而易见的，也即清晰明确，实践中便于操作。但是其亦存在不足之处，也即与《民法典》第 403 条之规定存在价值判断上的冲突。[1] 此外，依据本条第 2 款的规定，其他可以登记的担保物权，清偿顺序亦参照本条第 1 款的规定。依据最高人民法院《民法典担保制度解释》第 1 条的规定并结合《民法典》的相关规定，第 2 款

---

[1] 席志国：《民法典编纂视野下的动产担保物权效力优先体系再构建——兼评〈民法典各分编（草案）二审稿〉第 205—207 条》，载《东方法学》2019 年第 5 期。

所称的其他可以登记的担保物权主要包括发挥实质担保功能的所有权保留、融资租赁以及保理三种情形。

【对照适用】

本条规定源于原《物权法》第 199 条，但是《民法典》对其进行了较大幅度的修改。首先是增加了第 2 款，其他可以登记的担保物权的清偿顺序可以参照本条第 1 款的规定。其次是取消了原《物权法》第 199 条第 1 项中"顺序相同的，按照债权比例清偿"的规定。因此，在《民法典》中不存在顺序相同的抵押权了，盖抵押权的顺序完全取决于登记先后，而两个抵押权同时登记是不可能发生的，即便是同一日进行登记也存在具体时间点上登记的先后顺序。原《物权法》之所以有此规定，系基于同一日登记的不再问登记的时间先后，均作为相同的登记顺序。因此在解释适用上，《民法典》本条规定与原《物权法》上的规定显然存在区别，应当予以特别注意。

第四百一十五条　同一财产既设立抵押权又设立质权的，拍卖、变卖该财产所得的价款按照登记、交付的时间先后确定清偿顺序。

【要义精解】

本条规定系针对抵押权与质权的优先顺序。在不动产及不动产用益物权之上只能设定抵押权，不能设定质权，故不存在该条适用的余地。我国法律承认动产抵押，故在动产之上既可能存在抵押权亦可能存在质权，此时其优先顺序也完全按照公示的先后顺序，即采取的仍然是客观主义，完全取决于抵押权的登记时间与质权标的物交付时间的先后。这里需要特别说明的是，质权成立的交付可以是《民法典》第 224 条所规定的现实交付，也可以是第 226 条所规定的简易交付，亦可以是第 227 条所规定的指示交付。占有改定并不发生质权设定的效力，故该条亦不适用于占有改定的情形。

【对照适用】

本条规定系《民法典》新增加的规定，明确了动产质权和动产抵押权之间的顺序，从而对解决该类争议提供了标准，实践上应予以注意。

第四百一十六条 动产抵押担保的主债权是抵押物的价款，标的物交付后十日内办理抵押登记的，该抵押权人优先于抵押物买受人的其他担保物权人受偿，但是留置权人除外。

【要义精解】

本条规定的在学说上被称之为"出卖人的超级优先权"。本条规定构成了《民法典》第414条与第415条所规定的抵押权与抵押权以及抵押权与质权相互之间优先受偿顺序的例外。也即《民法典》第416条之规定排除第414条与第415条的适用。

本条适用的要件有如下三个方面：首先，本条适用的前提条件是动产抵押权，因此不适用于不动产抵押等担保物权。其次，动产抵押权所担保的债权必须是抵押物的价款。对于该抵押物的价款应当作广义上的解释，依据最高人民法院《民法典担保制度解释》第57条的规定，至少应当包括如下三种情形：（1）在该动产上设立抵押权或者保留所有权的出卖人；（2）为价款支付提供融资而在该动产上设立抵押权的债权人；（3）以融资租赁方式出租该动产的出租人。最后，该抵押权必须在标的物交付后10日内办理抵押登记。依据本条规定，出卖人的超级优先权对于设定在前的抵押权以及质权都有效力，但是对于留置权则不具有优先效力。

【对照适用】

本条是编纂《民法典》时新增加的规定，我国法律体系中原来没有此规定，解释适用上须予以特别留意。

第四百一十七条 建设用地使用权抵押后，该土地上新增的建筑物不属于抵押财产。该建设用地使用权实现抵押权时，应当将该土地上新增的建筑物与建设用地使用权一并处分。但是，新增建筑物所得的价款，抵押权人无权优先受偿。

【要义精解】

本条规定的是建设用地使用权抵押权的效力范围。依据物权特定化原则，物权均为对特定物的支配权，因此抵押权的效力原则上仅及于抵押权设定时抵押财产的现有状况。但是基于一物一权原则,当抵押财产在因添附等原因发生变化后,抵押权也及于因添附而产生的标的物之上,也即抵押权人在处分抵押财产时得以将添附后的物作为一个整体予以处分。但是,鉴于抵押权本身为价值权,故为了维持抵押权人之间原有利益的平衡,我国法律规定对于新增加的部分处分所得的价款,抵押权人不具有优先受偿的权利。土地使用权抵押后,其上新增的建筑物,虽然在我国法律上被作为一项独立的物,而非属于添附物,但是基于房地一体处分原则,其亦适用添附的规则。也即抵押权人可以将新增的建筑物与抵押的土地使用权一并处分,但是就该建筑物处分所得的价款不具有优先受偿的权利。

非但如此,最高人民法院《民法典担保制度解释》第51条对本条规定还进行了扩张性解释,即将该规定扩张到正在建筑的建筑物在抵押设定后新完成的部分。对此该条规定"当事人仅以建设用地使用权抵押,债权人主张抵押权的效力及于土地上已有的建筑物以及正在建造的建筑物已完成部分的,人民法院应予支持。债权人主张抵押权的效力及于正在建造的建筑物的续建部分以及新增建筑物的,人民法院不予支持。当事人以正在建造的建筑物抵押,抵押权的效力范围限于已办理抵押登记的部分。当事人按照担保合同的约定,主张抵押权的效力及于续建部分、新增建筑物以及规划中尚未建造的建筑物的,人民法院不予支持。抵押人将建设用地使用权、土地上的建筑物或者正在建造的建筑物分别抵押给不同债权人的,人民法院应当根据抵押登记的时间先后确定清偿顺序。"

如前所述,本条规定与抵押权设立后抵押物发生添附的情形相同。《民法典》对于抵押物发生添附的效力没有规定,最高人民法院《民法典担保制度解释》第41条作出了相应的规定,具体而言分为三种情形:(1)抵押权依法设立后,抵押财产被添附,添附物归第三人所有,抵押权人主张抵押权效力及于补偿金的,人民法院应予支持。(2)抵押权依法设立后,抵押财产被添附,抵押人对添附物享有所有权,抵押权人主张抵押权的效力及于添附物的,人民法院应予支持,但是添附导致抵押财产价值增加的,抵押权的效力不及于增加的价值部分。(3)抵押权依法设立后,抵押人与第三人因添附成为添附物的共有人,抵押权人主张抵押权的效力及于抵押人对共有物享有的份额的,人民法院应予支持。

【对照适用】

本条规定源于原《物权法》第 200 条，《民法典》仅将原来但书条款的"但"修改为"但是"，解释适用上不存在区别。

> **第四百一十八条**　以集体所有土地的使用权依法抵押的，实现抵押权后，未经法定程序，不得改变土地所有权的性质和土地用途。

【要义精解】

本条规定系针对集体土地使用权抵押权实现的特别规定。集体土地使用权包括集体建设用地使用权、宅基地使用权、土地承包经营权与土地经营权。依据现行《民法典》及相关法律规定，集体建设用地使用权和土地经营权两种用益物权可以进行抵押。这两种抵押权实现的，仅拍卖或者变卖该土地使用权，拍卖或者变卖后的土地使用权与原土地使用权完全相同，不发生任何变化，当然更不改变土地使用权所据以建立的集体土地所有权的性质和土地用途了。实际上即便没有该规定，按照《民法典》基本原理，亦得出相同的结论，正如国有土地建设用地使用权抵押的，抵押权实现后不改变国有土地所有权与土地用途的道理一样。

【对照适用】

本条规定源于原《物权法》第 201 条，《民法典》对其按照《民法典》新的体系进行相应简化，在解释适用上没有变化。

> **第四百一十九条**　抵押权人应当在主债权诉讼时效期间行使抵押权；未行使的，人民法院不予保护。

【要义精解】

本条是关于抵押权所担保的债权的诉讼时效对于抵押权的效力。依据本条规定，抵押权所担保的主债权过了诉讼时效，债权人行使其抵押权的，人民法院不予保护。但是，若抵押人自己愿意代替债务人清偿债务或者同意抵押权人实现其抵押财产的，法律自无不许，唯抵押人不得再向主债务进行追偿。相反，即便是主债务人放弃诉讼时效的抗辩，也不影响抵押权人行使抗辩权而拒绝承担责任。

【对照适用】

本条规定源于原《物权法》第202条，《民法典》对此未进行修改，解释适用上不存在区别。

第二节　最高额抵押权

第四百二十条　为担保债务的履行，债务人或者第三人对一定期间内将要连续发生的债权提供担保财产的，债务人不履行到期债务或者发生当事人约定的实现抵押权的情形，抵押权人有权在最高债权额限度内就该担保财产优先受偿。

最高额抵押权设立前已经存在的债权，经当事人同意，可以转入最高额抵押担保的债权范围。

【要义精解】

本条规定的是最高额抵押权的概念与特征。最高额抵押权是抵押权的一种特殊类型，除了本节的特别规定外均适用第一节关于一般抵押权的规定。依据本条规定，最高额抵押权与一般抵押权相比具有如下四个方面的特征。

第一，最高额抵押权所担保的债权系将来发生的债权。普通抵押权所担保的债权系已经发生的债权，而最高额抵押权所担保的债权在设立该抵押权时尚未实际发生，仅系将来有可能发生的债权，换言之，将来是否实际发生被担保之债权尚不确定，至于发生多少数额的债权更加不能确定。

第二，最高额抵押权担保的是一定期限内连续发生的债权。最高额抵押权所担保的将来债权不是将来某一时刻一次性发生的债权，相反，最高额抵押权所用以担保的债权系将来一段时间内基于某种连续性交易而持续发生的债权。对于将来一次性发生的债权不能设定最高额抵押权也没有必要设定最高额抵押权，因为对于一次性发生的债权而言，只需要在债权发生时再行设定抵押权即为已足，设定最高额抵押权却会徒增麻烦。

第三，被担保债权的数额在最高额抵押权设定时是不特定的。由于最高额抵押权所担保的债权是将来的债权，且为担保人与被担保人之间进行连续性交易而发生的债权，故将来所发生的债权的具体数额在抵押权设定时是无法予以事先确定的。不过依据本条第 2 款的规定，若当事人双方同意，也可以将最高额抵押权设定之前已经实际发生的债权纳入最高额抵押权担保的范围之内。最高额抵押权不能仅仅以已经实际发生了的债权为主债权予以设定，否则与最高额抵押权的宗旨相违背。

第四，最高额抵押权所担保的债权须设有最高限额。最高额抵押权所担保的债权具体数额在最高额抵押权设定时不能确定，为了防止抵押人的责任漫无边际，故应当为被担保的债权设定一个最高限额，抵押人以其所有的抵押物所承担的担保责任就在该最高限额之内。若将来担保期限内所产生的债权小于等于最高额抵押合同中所约定的最高限额，那么抵押权人仅得就实际发生的债权享有优先受偿的权利。

【对照适用】

本条规定源于原《物权法》第 203 条，《民法典》对此没有进行修改，解释适用上不存在区别。

> **第四百二十一条　最高额抵押担保的债权确定前，部分债权转让的，最高额抵押权不得转让，但是当事人另有约定的除外。**

【要义精解】

本条系关于最高额抵押权转让上从属性的例外规定。

依据本条规定可以得出如下三点结论：（1）在最高额抵押权的债权确定之前，若债权人将已经发生的债权部分转让给第三人，该部分被转让出去的债权不再属于被担保的债权。这与普通抵押权的情形有所不同，普通抵押权中，基于转让上的从属性和不可分性，若部分债权被转让，被转让出去的部分债权和未被转让出去的债权仍然属于担保的范围。（2）若最高额抵押权所担保的债权被确定后，最高额抵押权即转变为普通抵押权，此时债权人再部分转让其债权的，被转让出去的债权仍然属于担保范围。（3）《民法典》第 421 条的规定属于任意性规范，因此若抵押合同有特别约定，在最高额抵押权所担保的债权确定前所担保的债权被部分转让的，该部分债权仍然属于抵押权担保的范围，该约定有效。

【对照适用】

本条规定源于原《物权法》第204条，《民法典》仅将原条文但书条款的"但"修改为"但是"，未进行实质性修改，故解释适用上不存在区别。

> **第四百二十二条** 最高额抵押担保的债权确定前，抵押权人与抵押人可以通过协议变更债权确定的期间、债权范围以及最高债权额。但是，变更的内容不得对其他抵押权人产生不利影响。

【要义精解】

本条系关于最高额抵押权变更的特别规定。依据意思自治原则，最高额抵押权设定后，抵押人与抵押权人自得再行变更抵押权。若最高额抵押权的标的物系不动产或者不动产用益物权，那么双方当事人变更最高额抵押权只有经过变更登记始发生物权效力，而若动产抵押权变更未经登记，依据《民法典》第403条的规定则不得对抗善意第三人。

依据《民法典》第422条的规定，在最高额抵押权所担保的主债权确定之前通过协议变更抵押权的，则变更的内容不得对其他抵押权人产生不利影响。所谓不得对其他抵押权人产生不利影响，是指在最高额抵押权设定之后再行设定的抵押权，对在该最高额抵押权设定前既已设定的抵押权等担保物权，由于其顺序在先，即便当事人对顺位在后的最高额抵押权进行变更亦不会对在前的抵押权等担保物权发生不利影响。所谓变更不得对其他抵押权产生不利影响，是指抵押权虽然变更，但是在抵押权实现时，最高额抵押权人亦仅得先就原抵押权担保的最高限额范围和期限内产生的债权优先受偿，然后再由其他抵押权人优先受偿，只有还有剩余时，最高额抵押权人才能就变更后新增加的被担保的债权部分优先受偿。

【对照适用】

本条规定源于原《物权法》第205条，《民法典》仅将原条文中但书中的"但"修改为"但是"，解释适用上不存在区别。

> **第四百二十三条** 有下列情形之一的，抵押权人的债权确定：
>
> （一）约定的债权确定期间届满；
>
> （二）没有约定债权确定期间或者约定不明确，抵押权人或者抵押人自最高额抵押权设立之日起满二年后请求确定债权；
>
> （三）新的债权不可能发生；
>
> （四）抵押权人知道或者应当知道抵押财产被查封、扣押；
>
> （五）债务人、抵押人被宣告破产或者解散；
>
> （六）法律规定债权确定的其他情形。

【要义精解】

本条规定的系最高额抵押权所担保的债权的特定化。

如前所述，最高额抵押权所担保的债权确定后，该抵押权就转变为普通抵押权，而与普通抵押权适用完全相同的法律规范。在最高额抵押权所担保的债权确定之后，再发生的新的债权即不再属于担保的范围，债权人只能就确定时所发生的债权对抵押标的物优先受偿。依据《民法典》第423条的规定，最高额抵押权所担保的债权在发生下列情形之一时得以确定：（1）约定的债权确定期间届满。（2）没有约定债权确定期间或者约定不明确，抵押权人或者抵押人自最高额抵押权设立之日起满二年后请求确定债权。（3）新的债权不可能发生。（4）抵押权人知道或者应当知道抵押财产被查封、扣押。（5）债务人、抵押人被宣告破产或者解散。（6）法律规定债权确定的其他情形。

【对照适用】

本条规定源于原《物权法》第206条，《民法典》对原条文进行了两个方面的修改：首先是将第4项"抵押财产被查封、扣押"修改为"抵押权人知道或者应当知道抵押财产被查封、扣押"。据此，抵押财产虽然被查封、扣押，但是抵押权人对此不知情也不应当知情的，则新产生的债权仍然属于最高额抵押权担保的范围。其次是将原条文第5项的"债务人、抵押人被宣告破产或者被撤销"修改为"债务人、抵押人被宣告破产或者解散"。因此，不仅作为法人、非法人组织的债务人或者抵押人被宣告破产主债权得以确定，而且只要法人或者非法人组织被解散的，主债权均予以确定。此两种变化，须予以特别注意。

第四百二十四条　最高额抵押权除适用本节规定外，适用本章第一节的有关规定。

【要义精解】

本条是准用性规定，规定了除本节的特别规定之外，抵押权一般规定对最高额抵押权均有适用的余地。具体而言，包括抵押财产、抵押权的设定、抵押权对于标的物的效力、抵押权人保全抵押权的权利、抵押权的实现等在内。

【对照适用】

本条规定源于原《物权法》第 207 条，《民法典》对此未进行实质性修改，解释适用上不存在区别。

第十八章 质　　权

第一节　动产质权

> **第四百二十五条**　为担保债务的履行，债务人或者第三人将其动产出质给债权人占有的，债务人不履行到期债务或者发生当事人约定的实现质权的情形，债权人有权就该动产优先受偿。
>
> 前款规定的债务人或者第三人为出质人，债权人为质权人，交付的动产为质押财产。

【要义精解】

本条是关于动产质权定义的规定。动产质权是指债务人或第三人将其动产移转给债权人占有，在债务届期或出现当事人约定的情形时，债权人有权就该动产优先受偿的权利。质权法律关系中，主体为质权人和出质人，其中出质人为债务人或第三人，第三人出质的，仅以所提供的质物为债务人提供担保，不及于第三人其他财产。质权的客体仅包括动产与权利，而不包括不动产，不动产之上只能设立抵押权。质权与抵押权之区分在于后者不以转移占有为要件。质权通过转移占有起到公示之效力。同时，通过转移占有的方式，还能间接地起到留置效果。移转占有的公示作用和留置效果，共同构成了动产质权的特征。

动产质权的成立要件在于出质人交付质物。在《民法典》条文中，其用语为"出质给债权人占有"。即出质人需要将质物移转给质权人占有。物权作为绝对权、对世权利，需要一定的公示方法以供第三人信赖，从而保护交易安全与安定。故而在动产质权中，需要以出质人交付且质权人取得占有作为质权的成立要件与公示方法。动产交付的方式不限于现实交付，作为现实交付的替代，观念交付同样可以构成法律意义上的交付。在观念交付中，简易交付和指示交付亦可成立质权，唯有在占有改定之中，由于出质人仍然直接占有该动产，无法达到质权之公示与留置效果，故以占有改定之方式交付动产的，无法成立动产质权。此外，在市场交易中，由于动产所占比重与价值越发重要，故实践中只要质权人对质物有了实际的管控能力，亦可认定为已经交付并移转占有，质权成立。

质权的客体应当为特定物，同样是为了满足移转占有的公示要求。故就保证金、押金等以货币作为标的者，能否成立动产质权，需要考虑该货币是否已经独立出来即能够作为特定物而被识别，且交付货币未构成所有权的移转，方能够认为成立动产质权。此外，《民法典担保制度解释》第55条虽然规定了动态质押，但出质人仍然是以在一定范围内能够确定的特定化的种类物提供担保，能够与其他种类物相区分。

就质权的实现方式而言，"债权人有权就该动产优先受偿"是指债权人有权以出质物的交换价值优先受偿。债权人实现其质权，需要经担保物权的实现程序，通过拍卖、变卖与折价等方式，以所获得的价款优先受偿。故实际上债权人享有变价权与优先受偿权两种权利。相对于无担保的普通债权人，质权人对质物享有优先效力，尤其是在出质人破产时，质权人作为担保物权人可以行使别除权，使质物从破产财产中区别出来，从而使质权人能够就该质物优先受偿。

【对照适用】

本条规定与原《物权法》第208条完全相同，在文字内容上无任何变化。相较于原《担保法》第63条，虽然大体内容无明显变化，但是在具体的词语选择上存在差别，本条的规定相较而言更为准确。

第四百二十六条　法律、行政法规禁止转让的动产不得出质。

【要义精解】

本条是关于可出质动产范围的规定，属于禁止性规范，在体例结构上与抵押权保持了一致。但对于可供抵押的财产，《民法典》第395条采取了正面列举式的方法进行了规定，而本条则采原则性规定，除"法律、行政法规禁止转让的动产"外，均可作为质权之标的。

法律、行政法规所禁止转让的动产之上不得设立质权，乃是因为禁止转让的动产属于不可流通物。民法上的"物"可以分为"一般流通物"、"限制流通物"以及"禁止流通物"。对于"禁止流通物"而言，该动产不具有可让与性，无法在市场中自由流通，因此仅具有归属价值，不具有交换价值，故无法作为质权的标的物。因为质权作为担保物权，是以支配担保物交换价值为内容的价值权，无法流通之物，自然无法实现质权应有之目的。

本条文属于不完全条文、引致性条文。对于标的物是否可以出质，在《民法典》中并无规定，需要结合法律、行政法规的规定予以确定。因为条文仅将法律、行政法规作为判断动产是否可以出质的标准，故其余位阶的规范性文件对本条不产生效力。本条文作为不完全法条的另一特点在于，本条虽然为禁止性规范，但是对于具体的法律效果并未提及。如果出质人以法律、行政法规所禁止出质的物设立质权，则该质权设立行为应为无效，质权自始不成立。

【对照适用】

本条规定与原《物权法》第 209 条相同。法律上禁止流通之物一般是基于公序良俗、社会安全、公共利益等法律和政策上的考量。典型如枪支武器、精神类药品、文物等。人体器官在脱离人体后，虽然可以作为独立之物，但因其所具有的伦理性特征，若允许流通，必然带来无尽的社会道德问题，故亦属于禁止流通物。此外，依据我国现行法，国家机关的财产与具有公益目的的财产同样不得作为动产质权标的。

第四百二十七条 设立质权，当事人应当采用书面形式订立质押合同。

质押合同一般包括下列条款：
（一）被担保债权的种类和数额；
（二）债务人履行债务的期限；
（三）质押财产的名称、数量等情况；
（四）担保的范围；
（五）质押财产交付的时间、方式。

【要义精解】

本条是关于质押合同形式与内容的规定。

本条规定了质押合同应当采用书面形式。故质押合同为要式法律行为。对于未通过书面形式所订立的质押合同，虽然本条使用了"应当"一词，但此处的"应当"并不包含强制性要求。质押合同的形式和法律关系属于私人自治的范畴，故即使当事人之间并未采取书面的形式，质押合同也未必不成立，只要当事人认可自己所签订的质押合同，那么基于《民法典》第490条第2款，质押合同仍可成立。

本条以列举性的形式规定了质押合同应当包含的内容。具体包括被担保债权的种类和数额；履行债务的期限；质押财产的名称、数量；担保范围以及质押财产交付的时间与方式。因为质权是从属于主债权的从权利，因此质押合同中的被担保债权的种类、数额等都需要根据主债权的情况予以确定。履行债务的期限一般是指债务人履行主债务的期限，由于质押合同与主债权债务合同是两个合同，因此若两者约定的履行期限不同，则应分别予以计算，即主债务履行期限以主合同为准，而质权行使时间则由质押合同确定。至于质权所担保的范围，若当事人没有特别规定，则应当包括主债权及其利息、违约金、损害赔偿金、质物保管费以及实现债权的费用。由于动产质权的设立以交付质物为生效条件，因此需要当事人在质押合同中约定交付质物的时间与方式。对于未按照约定时间或方式交付质物的，不仅质权未能有效设立，出质人同时构成对质押合同的违约行为。除本条所列举的内容外，当事人还可以在质押合同中约定其他事项。

【对照适用】

本条自原《担保法》第64条、第65条以及原《物权法》第210条修改而来。相较于原《物权法》第210条，共有三处改动。首先，本条重新采取了"质押合同"的称呼，舍弃了"质权合同"的说法。从措辞上来讲，明确了此处的合同是债权合同而非物权合同。其次，对于第2款第3项，将"质押财产的名称、数量、质量、状况"中的后两项删去，改为"等情况"。由于质物须为特定物，故质押财产的名称与数量对于质押合同而言属于更为重要的问题，相较而言后两者在重要性上不具有同一性。最后，在第 2 款第 5 项增加了"交付的方式"，质权必须交付后方能成立，故交付的方式对当事人而言颇为紧要。

> **第四百二十八条**　质权人在债务履行期限届满前，与出质人约定债务人不履行到期债务时质押财产归债权人所有的，只能依法就质押财产优先受偿。

【要义精解】

本条是关于流质条款及其效力的规定。流质条款是指当事人在订立质押合同时即与出质人约定，在条件成就时即债务人届期不履行债务时，由债权人直接享有质物的所有权。流质条款具有与担保物权的价值受偿权不相一致、债权人利用债务人的困窘或其他胁迫、乘人之危等不公平情形获取暴利等种种不利情形。因此，流质条款之禁止一直是较为通行的规则。

关于适用流质条款进行法律规制，需要两个条件：首先，自然是构成质押法律关系；其次，所有权的归属约定必须是在债务履行期届满前，当事人在债务履行期届满后约定物权的归属，属于代物清偿的以物抵债协议，与流质无关。因此，判断是否属于流质条款的根本要素即在于当事人的关于所有权归属的约定时间。

关于约定流质条款后的法律效果，根据本条规定，在质押合同中约定了流质条款，质权本身不受影响，质权依然成立。但流质条款本身不生效力，质权人只能按照担保物权的实现程序对质物进行变价、折价或拍卖，就该质物的价款优先受偿。若该质物经实现程序后的价款多于所担保的主债权，则该部分价款仍应归还出质人；同理，若变价后的价款少于主债权，则债权债务关系依旧存在，未告消灭。

【对照适用】

相较于原《物权法》第 211 条，本条作出重大修改。原《物权法》第 211 条直接正面规定"不得与出质人约定"，属于禁止性规范，但该条文并未直接规定法律后果，根据条文意旨可以得出该约定无效。本条直接规定法律后果，明确权利人只能就质押财产优先受偿，而不能取得该物所有权。相较于原《物权法》，其法律后果更为明确，可以避免对于流质条款过于刚性的解释、避免质权的设立整个沦为无效，缓和了禁止流质规则，同时也为让与担保的效力问题留下了一定的解释空间，可以作为在实践中类推适用的依据。

第四百二十九条 质权自出质人交付质押财产时设立。

【要义精解】

本条是关于动产质权的设立与生效时间的规定。质权的设立过程分为质押合同生效与质权生效两个环节。质押合同在当事人达成合意并满足相关形式要件时即可成立生效，但质权并非同步设立。质权变动采物权变动的公示生效主义，与动产抵押有所不同，故质权的成立须经过对于质物的交付，交付系生效要件。质押合同的效力与质权需要分别判断，这也是贯彻《民法典》第215条区分原则的精神：质押合同的成立生效仅发生债法上的效果，而质权的设立生效作为物权法上的效果，需要满足其特有的构成要件。

对于交付行为的认定，因为动产质权的特点即在于具有留置效果，可以给出质人一定的心理压力，促使其按照约定履行债务，以及动产质权的设立必须要有有效的公示手段。因此，除现实交付外，对于民法典物权编所包含的三种观念交付形态必须逐一探讨。首先，占有改定之下占有并未因该观念交付的达成而移转，因此通过占有改定的方式无法设立质权。其次，简易交付之下，债权人已经取得占有，交付已告完成，质权得有效设立。最后，指示交付之下，债权人享有对第三人的返还请求权，以该请求权表象观之，无法成立占有的移转。指示交付之下，同样无法体现对于质物的留置效果，故仅通过指示交付，难以直接设立动产质权，必须结合相关的方式对公示进行体现并能够实际控制质物，方能够通过指示交付设立动产质权。

【对照适用】

本条源于原《物权法》第212条，条文具体内容无变化。相较于原《担保法》第64条，本条文更为清晰地明确了质权的设立属物权行为，而质押合同则非处分行为，属于对《民法典》第215条区分原则的进一步体现。同时，依照原《担保法》第64条的文义，质权设立手段仅指现实交付，观念交付无可供适用的空间，而本条的表述则使得质权的设立方式更为多元。

> **第四百三十条** 质权人有权收取质押财产的孳息，但是合同另有约定的除外。
>
> 前款规定的孳息应当先充抵收取孳息的费用。

【要义精解】

本条是关于孳息的收取以及孳息充抵费用的规定。按照本条文义，关于孳息的收取，应当尊重当事人的意思自治，以当事人的具体约定为准。若当事人之间没有额外的约定，则需要依照本条规定，由质权人收取孳息。

质权可分为占有质权与收益质权，我国法律上没有这种分类，本条虽然规定了质权人可以收取孳息，但结合《民法典》第431条的规定，质权人在质权存续期间不得擅自使用质物。因此我国法律上的质权实际上采用的是占有质权的形式。也正因为如此，质权人收取孳息后，无法取得孳息的所有权。若孳息为金钱，则可以用于先行抵充收取孳息的费用，若孳息为物，则同样需要通过折价、变价等手段将其折算为价款后以该价款优先受偿。

质权人收取孳息后，应当首先充抵收取孳息的费用。若仍有余额，则应先行充抵债权的利息，最后再充抵主债权，此种方式可以有效防止质权人随意使用或侵吞孳息。

【对照适用】

本条沿袭自原《物权法》第213条，条文内容无变化，仅仅是将"但"字改为"但是"。就适用而言，本条还涉及动产质权的效力范围。动产质权的标的物之效力，除孳息外，还及于从物，通过对《民法典》第320条的理解即可得出该结论。质物毁损灭失后，质权自然应当及于其代位物，质权人有权对其代位物以及主张对保险金、赔偿金或补偿金优先受偿。此外，若质物因附合、混合、加工而发生添附时，若所有权仍归出质人，则质权效力自然及于该物。

> **第四百三十一条** 质权人在质权存续期间，未经出质人同意，擅自使用、处分质押财产，造成出质人损害的，应当承担赔偿责任。

【要义精解】

本条是关于质权的使用处分限制以及权利界限的规定。本条规定质权人不得擅自使用、处分质押财产，主要是基于质权本身的属性。质权作为一种担保物权，其所利用的是标的物的交换价值，而对物的使用价值与处分价值并不享有权利。质权人占有质物，客观上虽然会限制出质人使用或处分质物，但质权人并不能由此即享有对质物的使用或处分权能。

质权人承担赔偿责任的构成要件在于：（1）未经出质人同意；（2）使用或处分质押财产；（3）造成损害。其中的处分既包括物权性处分，也包括债权意义的处分。虽然条文中并未提及若构成损害赔偿，主观上是否需要质权人的过错，但在出质人未同意的情形下，法律已经对质权人的权能范围进行了限制，故除非处分质权人能够证明自己非因过错而不知法律上的限制，否则即应该推定为质权人有过错。

【对照适用】

本条源自原《物权法》第 214 条，条文内容主旨基本无变化，仅将"给出质人造成损害的"改成"造成出质人损害的"。通过本条对质权人权利范围的限制，实际上也是从反面对《民法典》第 425 条动产质权定义的补充，使得动产质权的定义更为完善。

> **第四百三十二条** 质权人负有妥善保管质押财产的义务；因保管不善致使质押财产毁损、灭失的，应当承担赔偿责任。
>
> 质权人的行为可能使质押财产毁损、灭失的，出质人可以请求质权人将质押财产提存，或者请求提前清偿债务并返还质押财产。

【要义精解】

本条是关于质权人对质物妥善保管义务的规定。质权设立后，质物置于质权人的控制之下，质权人自然应当负有对质物的保管义务。按照本条第 1 款的规定，对于没尽到保管义务，造成质物毁损灭失的，出质人可以向债权人主张赔偿。因为出质人所主张的赔偿责任乃是基于其对质物的所有权，故质权人所承担的责任为侵权责任。同时，对于质权人的主观过错采取了过错推定原则，需要由质权人证明自身不存在过错。质权人主观是否具有过错，需要按照善良管理人的义务高度进行判断，若未达到善良管理人的注意义务标准，则应当认为其未尽到保管义务，应当承担赔偿责任。

本条第2款规定了预防性的请求权，实际损害并未发生但有发生之虞时，出质人可以请求排除妨碍、消除危险。具体在质权法律关系中，出质人可以请求提存出质物或提前清偿债务并返还质物。提存可以有效维持出质物价格的稳定，但提存本身并不发生实现质权的效果。若不采取提存之方式，出质人提前清偿债务，主债权债务关系终结，质权关系自然随之消灭，质权人应当返还质物。

【对照适用】

本条沿袭自原《物权法》第215条，条文内容主旨基本无变化，仅将"要求"改为"请求"，突出了出质人此时的请求权性质。在具体适用上，对于第1款的损害赔偿请求权，需要结合《民法典》第897条"保管物毁损灭失"的规定、第1165条第2款的过错推定原则来认定请求权是否成立。

在质物有毁损灭失风险时，由于出质人此时享有预防性的物权请求权，因此应当结合《民法典》第236条的规定对出质人予以保护。

> **第四百三十三条** 因不可归责于质权人的事由可能使质押财产毁损或者价值明显减少，足以危害质权人权利的，质权人有权请求出质人提供相应的担保；出质人不提供的，质权人可以拍卖、变卖质押财产，并与出质人协议将拍卖、变卖所得的价款提前清偿债务或者提存。

【要义精解】

本条系关于质押财产保全的规定。与上条不同，本条中质押财产的毁损或价值减少并非出于质权人的原因，为保障质权之实现不受影响，本条文设置两种保全方法，即要求另行提供担保或提前清偿、提存。

构成本条的保全请求权需要满足以下条件：（1）质物有毁损或价格明显减少的可能，质物价值的减少须达到显著的程度；（2）质物毁损或价值明显减少的危险不能归责于质权人，或基于第三人原因、或基于质物本身或自然事件；（3）导致质权有不能全额清偿的风险。若满足以上构成要件，则质权人可以主张出质人提供替代担保。此时出质人再次的担保物价值无须与主债务相对应，只要能够与价值减少的部分相当即可。

若出质人拒绝再次提供担保，则质权人无须征得出质人同意即可请求对质物进行拍卖、变卖。通过质权的实现程序取得的价款，质权人需要通过与出质人达成合意：质权人可将价款提前用于清偿债务，亦可将价款提存，待主债务履行期届满后，就该提存的价款受偿。对于清偿主债务之后价款仍有剩余者，应当返还出质人。

【对照适用】

本条沿袭自原《物权法》第216条，条文内容主旨基本均无变化，仅将"不能归责"改为"不可归责"。相较于原《担保法》第70条，原《物权法》与《民法典》增加了"不可归责于质权人的事由"。

在具体适用上，质权的实现程序需要参考《民法典》第437条以及《民事诉讼法》关于担保物权实现程序的相关规定。对于实现质权后的价款进行提存的，关于提存费用的规定则应该类推适用《民法典》第573条，即提存费用应当由质权人负担。

第四百三十四条　质权人在质权存续期间，未经出质人同意转质，造成质押财产毁损、灭失的，应当承担赔偿责任。

【要义精解】

本条是关于转质的规定。转质指质权人在为担保自己或他人的债务，将自己所占有的、已经设立质权的质物交付给第三人而设立新质权的行为。动产质权以转移占有为特征，故一个物上无法并存多个质权。通过转质的方式，可以促进资金的融通与质物的充分利用。

转质可以分为承诺转质与责任转质。前者是质权人在经过出质人同意后，将质物移转给第三人，以自己的质权为第三人设立质权。而责任转质则是质权人未经过出质人的同意即以自己的质权为第三人设立质权。从性质上两者并无绝对区别，均以原质权人所为的承诺为依据。

本条并没有对承诺转质进行直接规定，仅规定未经出质人同意转质时，质权人应当承担赔偿责任。既然本条并未否定责任转质的效力，则依照反面解释，承诺转质同样有效。

【对照适用】

本条来自原《物权法》第 217 条，仅删去了"向出质人"的条款。本条与原《物权法》相较原《最高人民法院关于适用〈中华人民共和国担保法〉若干问题的解释》（以下简称《担保法解释》）的规定有所不同。原《担保法解释》第 94 条两款分别规定了承诺转质与责任转质。本条仅吸收了原《担保法解释》第 2 款，并将责任转质无效改为应当承担赔偿责任的法律效果模式。

> **第四百三十五条** 质权人可以放弃质权。债务人以自己的财产出质，质权人放弃该质权的，其他担保人在质权人丧失优先受偿权益的范围内免除担保责任，但是其他担保人承诺仍然提供担保的除外。

【要义精解】

本条是关于质权人放弃质权的规定。质权人放弃质权是对自己权利的处分，故属于单方处分行为。质权人可通过作出单方意思表示来放弃该质权，该意思表示须由出质人所受领，该意思表示既可以明示的方式作出，又可以默示作出，如质权人放弃对质物的占有，此时质权丧失公示标志，其成立要件难以满足，此时即可认为质权人通过默示的方式放弃质权。

质权的放弃可分为相对抛弃和绝对抛弃。相对抛弃是指质权人为特定无担保债权人放弃自己的优先顺位利益，对其他担保人而言并无影响；绝对抛弃则是指质权人向全部后顺位债权人放弃其优先顺位利益。

质权人放弃质权后，其他担保人的利益不应受到影响。在同一债权上既有债务人自己提供的质权又有其他担保时，因为债务人自己提供的质物具有受偿上的优先性，因此若质权人放弃了债务人自己提供的质权，其对于其他担保人而言均意味着可能要承担更加不利的顺位利益。因此质权人放弃债务人自己提供的质权，其他担保人可在该范围内免除担保责任。

【对照适用】

本条来自原《物权法》第 218 条，仅将"但"改为"但是"，无实质性修改。在具体适用上，关于质权的放弃成立时效及时点，应当结合《民法典》第 137 条意思表示生效时间确定。质权人放弃质权后对于其他担保人的保护，在立法目的上与《民法典》第 409 条放弃抵押权的规定相似。对于其他担保人免除责任，则是需要结合《民法典》第 392 条混合担保的顺位规则来确定。

> **第四百三十六条** 债务人履行债务或者出质人提前清偿所担保的债权的，质权人应当返还质押财产。
>
> 债务人不履行到期债务或者发生当事人约定的实现质权的情形，质权人可以与出质人协议以质押财产折价，也可以就拍卖、变卖质押财产所得的价款优先受偿。
>
> 质押财产折价或者变卖的，应当参照市场价格。

【要义精解】

本条是关于质权实现以及返还质物的规定，其中第 1 款规定了债务履行后质物的返还，第 2 款、第 3 款则是质权实现的具体方式。质权所担保的债务履行期届满，若主债权已被清偿，则此时质权人对质物的占有丧失正当权源，质权人应当返还质物。受领质物返还之人应当为出质人，故主张返还原物请求权的权利人亦应当为出质人，即使出质人并非所有权人，亦不影响其主张该权利。

质权人主张质权的条件为债权到期且债务人尚未履行。出质人不享有先诉抗辩权，若债务人尚未履行，质权人可直接主张质权的行使，无须以向债务人履行不能为前置条件。

根据第 2 款、第 3 款的规定，质权人实现质权的方式包括折价、拍卖或变卖质物。且质物的价格应当符合市场一般价格，若质物定价显著过高，对出质人而言并不公平；若过低则对其他担保人不利。若出质人与质权人串通而使质物价格显著过低，则其他担保人可以主张类推适用《民法典》第 410 条第 1 款，请求撤销折价或变卖协议。

【对照适用】

本条来自原《物权法》第 219 条，具体内容无变动。在适用上，关于质权的实现方式，应当结合《民法典》第 435 条以避免出现事实上的"流质"现象。

> **第四百三十七条** 出质人可以请求质权人在债务履行期限届满后及时行使质权；质权人不行使的，出质人可以请求人民法院拍卖、变卖质押财产。
>
> 出质人请求质权人及时行使质权，因质权人怠于行使权利造成出质人损害的，由质权人承担赔偿责任。

【要义精解】

本条是关于质权人及时行使质权的规定。若质权人不及时行使质权，本条第1款规定出质人可以请求质权人在期限内行使质权，第2款规定质权人未及时行使质权导致损害的，应当向出质人承担一定的赔偿责任。

相较于抵押权，质权人占有出质物，故对质权的行使不具有紧迫性，因此若质权人在债务履行期限届满后仍未行使质权，出质人可以请求质权人及时行使该质权。此处虽然为"请求"，但出质人行使的并非请求权，而应当为"催告"。质权人享有行使质权的"权利"而非"义务"，不可能因为出质人的主张而强制其行使权利。出质人的主张没有可诉性，仅仅能够产生变卖或拍卖的处分权。该种后果与"催告"相一致。此外，若双方当事人之间约定实现质权的条件成就，出质人同样可以主张质权人行使质权。

质权人不及时行使质权还可能因此承担损害赔偿责任。若出质人已经行使请求权，且请求后经过合理期间质权人仍未行使质权，且出质人因此受有损失，则满足本条第2款所要求的构成要件，出质人可以主张损害赔偿请求权。质权人及时行使质权系质权人的"不真正义务"，因此只有在经过请求仍未行使时，该"不真正义务"才有作为义务被主张的可能性。

就具体的损失而言，应当以出质人请求后的合理期间经过后为时间节点进行判断。具体损失则应当为质权人应当实施质权时，标的物的市场价值与合理期限经过后标的物价值之间的差额。

【对照适用】

本条来自原《物权法》第220条，仅部分措辞有所修改。将"造成损害"改为"造成出质人损害"；将"履行期"改为"履行期限"。

在适用上，因为《民法典》第432条第2款规定了因质权人的原因造成质物价值丧失的需要承担损害赔偿责任，因此本条出质人主张的损害赔偿责任应当仅包含质权人不存在过错的情形。

> **第四百三十八条** 质押财产折价或者拍卖、变卖后，其价款超过债权数额的部分归出质人所有，不足部分由债务人清偿。

【要义精解】

本条是关于质押财产变价后受偿顺序的规定。设定质权即在于确保债务清偿。在债务履行期限届满后，质权人应当按照担保物权的实现程序将质物的交换价值实现，以变价款优先受偿。

质物变价后，若当事人之间对于价款清偿顺序无约定，则应当参照债务抵充的相关规则，首先用于清偿实现质权的有关费用，然后用于清偿利息，最后用于清偿主债权。清偿后如果还有剩余，对于超出的部分，应当返还给出质人。质权之设立仅为保障债权的实现，质权人不得获得超过其债权本身的利益，乃是民法的应有之义。而对于质权变价后不足的部分，在质权设立和实现的不同时间节点，质物的实际价值与市场价值都有减损的可能性，若该减损乃是由于市场价格和物品自然损耗而发生，则出质人与质权人均不必对该部分减损承担责任，应当由债务人自行补足。

【对照适用】

本条承袭自原《物权法》第 221 条与原《担保法》第 71 条第 3 款，条文内容无变动。就适用而言，若出现因为质物价值明显减损、超过合理预期的情形，则无本条的适用余地，质权人可主张《民法典》第 433 条，要求另行提供新的担保或对质物进行提存、提前清偿。

> **第四百三十九条** 出质人与质权人可以协议设立最高额质权。
> 最高额质权除适用本节有关规定外，参照适用本编第十七章第二节的有关规定。

【要义精解】

本条是关于最高额质权的规定。最高额质权是指为了担保债务的履行，出质人对一定时间内连续发生的债权提供质物进行担保，在债务人不履行到期债务或当事人约定的实现债权的情形时，质权人有权在约定的最高债权额度范围内就质物优先受偿。

最高额质权具有如下特点：（1）最高额质权是限额质权，其仅仅确定了一定的债权限额，但实际发生的债权额度并不确定，凡是发生在该债权限额范围内均可以就质权优先受偿。（2）相较于普通质权，最高额质权的设立、移转和消灭与主债权之间具有一定的独立性，最高额质权存续期间部分债权被清偿，不影响最高额质权的存续。（3）最高额质权担保的债权为不特定债权、将来债权，具体债权数额在履行期限届满或当事人约定的情形时，方能确定。（4）最高额质权是对一定期限内连续发生的债权提供担保。

【对照适用】

本条来自原《物权法》第222条，条文内容无实质性变动。

第二节　权利质权

第四百四十条　债务人或者第三人有权处分的下列权利可以出质：
（一）汇票、本票、支票；
（二）债券、存款单；
（三）仓单、提单；
（四）可以转让的基金份额、股权；
（五）可以转让的注册商标专用权、专利权、著作权等知识产权中的财产权；
（六）现有的以及将有的应收账款；
（七）法律、行政法规规定可以出质的其他财产权利。

【要义精解】

本条是关于权利质权的规定。权利质权是以所有权、用益物权以外的可让与的财产权利为标的而设立的质权。权利质权以权利作为标的，突破了传统动产质权的留置作用，而突出了其优先受偿权的效果。构成权利质权的标的，需要满足三个条件：（1）必须是财产性质的权利；（2）该权利必须具有可让与性，根据其性质不可转让或法律明确规定不可转让的不得作为权利质权的标的；（3）该权利必须是可以设质的权利，故准物权、担保物权等无法成立权利质权的标的。

权利质权的成立包括有成立生效的书面质押合同与公示方式。依标的权利的不同、转让方式与要求的不同，公示的方法可分为交付与登记两种。书面质押合同所包含的合同要素，应当类推适用《民法典》第427条的规定以确定。设立后的权利质权，其效力与动产质权相同，权利人同样有收取孳息的权利。

【对照适用】

本条沿袭自原《物权法》第223条，相较原条文，第6项应收账款扩充为"现有的以及将有的应收账款"，确定了尚未产生的权利也可作为权利质权的客体。相较于原《担保法》，原《物权法》和《民法典》极大扩充了可以质押的权利范围。

就适用而言，权利质权仍属质权的一种，故对于权利质权的设立、权利范围、保护手段、实现与消灭等规定，在未规定时，均应当类推适用动产质权的相关规定。

> **第四百四十一条** 以汇票、本票、支票、债券、存款单、仓单、提单出质的，质权自权利凭证交付质权人时设立；没有权利凭证的，质权自办理出质登记时设立。法律另有规定的，依照其规定。

【要义精解】

本条是关于以有价证券出质及其生效方式的规定。本条所规定的有价证券，是在票据上载明日期，在时刻到达时，票据所载义务人应当按照票据所载进行兑现或提货的权利凭证。

有价证券质权的设立方式为质押合同与有效的公示方法。具体的公示方式根据有价证券是否有权利凭证而有所不同。若有权利凭证则为交付，若没有权利凭证，则应当以登记作为公示方法。

其一，票据质权的设立：以票据出质的，因为票据本身就有权利凭证，故票据只需要将权利凭证交付给债权人，质权即可设立。不过根据《票据法》第35条第2款，汇票设质应当背书记载"质押"字样，按照本条最后一句，汇票设质应当以背书作为公示手段。

其二，债券质权的设立：债券是表明债权债务关系存在的凭证。根据发行的主体不同，债券可分为政府债券、金融债券以及公司债券等类别。如果所发行的债券没有权利凭证，则债券质权自办理出质登记时发生效力。

其三，存款单质权的设立：存款单是银行等储蓄机构开具的证明自身与存款人之间存在储蓄法律关系的凭证。故存款单质权自存款单交付之日起生效。

其四，仓单质权的设立：仓单是仓库营业人应寄托人的请求所填发的一种有价证券。仓单是提取保管物的唯一凭证，因此仓单必须有权利凭证存在，故仓单质权自交付之日起生效。

其五，提单质权的设立：提单是用来证明海上运输合同和货物已经由承运人接收或装船，以及承运人保证据以交付货物的单证。由于《海商法》规定记名提单不得转让，故仅有指示提单与不记名提单可设立质权。该质权自交付之日起生效。

【对照适用】

本条来自原《物权法》第224条，相较原条文，本条删除了"当事人应当订立书面合同"的表述。但此种删除并非否定成立权利质权需要有效成立的质押合同，《民法典》第427条已经规定了质押合同，质权的设立可以采取统一的规则，故无须在此处进一步规定。此外，本条最后一句增加了"法律另有规定的，依照其规定"。作为引致性规范，为适用有关特别法或协调不同部门法之间的冲突提供了解决方式。

第四百四十二条　汇票、本票、支票、债券、存款单、仓单、提单的兑现日期或者提货日期先于主债权到期的，质权人可以兑现或者提货，并与出质人协议将兑现的价款或者提取的货物提前清偿债务或者提存。

【要义精解】

本条是有价证券质权实现方式的特别规定。

本条所规定的汇票、仓单等有价证券，均规定有固定的兑现日期或提货日期。对其质押时，若以上有价证券随时可以兑现或提货，抑或兑现、提货日期与主债权的债务履行期限相同，则质权的实现不存在问题。本条即试图解决两者日期不同所引发的问题。

若有价证券上所载明的兑现日期或提货日期早于所担保的主债权的清偿日期，质权人可以持证券先行兑现或提货，但质权人不能直接取得兑现的价款或提取货物的所有权，质权人应当与出质人达成合意，以确定是提前清偿债权还是先行提存。

若有价证券所载明的兑现日期或提货日期晚于所担保主债权的清偿日期，则质权人当然只能在兑现或提货日期届满时主张兑现款项或提取货物。

【对照适用】

本条沿袭自原《物权法》第225条，具体内容无变化，仅将"本票"与"支票"的表述顺序作了调整。原《担保法解释》第102条曾经规定了有价证券兑现或提货日期晚于债务履行期时的适用规则。但就实践而言，此种情形并无特别规定的必要。故原《物权法》与《民法典》均仅保留早于债务履行期时的质权实现规则。

第四百四十三条　以基金份额、股权出质的，质权自办理出质登记时设立。

基金份额、股权出质后，不得转让，但是出质人与质权人协商同意的除外。出质人转让基金份额、股权所得的价款，应当向质权人提前清偿债务或者提存。

【要义精解】

本条是以基金份额、股权出质以及出质人的处分限制的规定。

基金份额是指向投资者公开发行的，表示持有人按期所持份额对基金资产享有收益分配权、清算剩余财产取得权和其他相关权利和义务的凭证。按照《证券投资基金法》的规定，可以用于质押的基金份额，不包括私募基金和公司型基金，仅包括公募基金。

股权是股东享有的从公司获取经济利益和参与公司经营管理的权利。有限责任公司的股权与股份有限公司的股份、国有独资公司股份以及外商投资企业投资者的股权均可用于出质。

因为基金份额与股权均不仅仅是持有人的自益权利，还涉及对基金以及公司的管理等公益权利，因此仅仅以股权凭证或基金份额凭证进行交付，在公示手段上不足以明显，因此质权同时应当自办理出质登记时设立。

质权设立后，出质人虽然仍保有所有权，但由于权利质权的特殊性，质权人对权利的控制力远不如具有留置效果的动产质权，因此未经质权人同意，出质人不得转让其权利。若出质人未经同意即转让其已经出质的股权，该股权转让合同未必无效，但股权因被质押无法移转，故转让人可以主张违约责任。出质人处分其权利后所得价款，应当用于提前清偿债务或将价款先行提存。

【对照适用】

本条来自原《物权法》第226条，《民法典》中删除了关于出质登记机构的相关规定。这是为了与之后推进的"动产与权利担保的统一登记"工作相协调。不过根据中国人民银行所颁布的《动产和权利担保统一登记办法》第2条第7项规定，基金份额、股权出质等仍然由相关主管机关负责。因此目前实践中，关于基金份额出质，仍然需要自证券登记结算机构办理登记；而以股权出质的，质权自工商行政管理部门办理出质登记时设立。

第四百四十四条　以注册商标专用权、专利权、著作权等知识产权中的财产权出质的，质权自办理出质登记时设立。

知识产权中的财产权出质后，出质人不得转让或者许可他人使用，但是出质人与质权人协商同意的除外。出质人转让或者许可他人使用出质的知识产权中的财产权所得的价款，应当向质权人提前清偿债务或者提存。

【要义精解】

本条是关于以知识产权出质的规定。

可以转让的注册商标专用权、专利权、著作权等知识产权中的财产权可以设立质权。因为著作权中既包含人身权利又包含财产权利，故著作权仅能以其财产权部分设立质权。

以知识产权出质的，质权人既无法对该权利质权进行事实上的占有，也无法通过占有知识产权的权利凭证来对其控制，因此以知识产权作为质权的，自办理出质登记时设立。该质权的效力不仅及于知识产权自身价值，还包括知识产权转让时所产生的转让费、使用费等相关收益。

以知识产权为标的权利出质后，质权人无法控制出质人使用知识产权，故出质人可以正常使用该权利。若质权人与出质人达成合意，则出质人可以将该权利转让或许可他人使用。转让或许可他人使用所得价款，应当提前清偿债务或将其提存以保留"担保"功能。

【对照适用】

本条来自原《物权法》第227条，相较于原条文，删除了"当事人应当订立书面合同"的要求，并将"但"改为"但是"。

第四百四十五条 以应收账款出质的，质权自办理出质登记时设立。

应收账款出质后，不得转让，但是出质人与质权人协商同意的除外。出质人转让应收账款所得的价款，应当向质权人提前清偿债务或者提存。

【要义精解】

本条是有关应收账款质权的规定。

应收账款质权，是指未被证券化的、以金钱为给付标的的现有以及将来的合同债权。应收账款既包括现有的付款请求权，也包括未来的金钱债权。

应收账款质权涉及三方当事人，即债务人（出质人）、债权人（质权人）以及应收账款债务人（第三债务人）。应收账款债务人具有如下特征：（1）应收账款质权仅限于金钱之债，因此质权人可以直接向第三债务人主张给付相应款项，从而避免变卖、拍卖的程序。（2）标的不局限于已发生的应收账款，亦可以是未来的应收账款。（3）兼具物权和债权两个方面的特征。

应收账款以登记为设立方式，根据中国人民银行所颁布的《动产和权利担保统一登记办法》第2条第2项，应收账款质押同样纳入统一担保登记的范围之中，因此应收账款质权的登记机构应当是人民银行所建立的统一登记系统。

应收账款设立后，质权人实现该质权需要直接向第三债务人主张，由第三债务人清偿。故应收账款质权设立后，质权人应当通知第三债务人，若未通知第三债务人，第三债务人向出质人的清偿仍为有效。此外，若出质人与质权人达成合意，出质人转让其应收账款的，转让行为仍然有效。

【对照适用】

本条沿袭自原《物权法》第228条。本条删去了"当事人应当订立书面合同"的要求，同时删去了登记的单位"信贷征信机构"，这是为之后建立统一的动产与权利担保登记系统扫清障碍。

> **第四百四十六条　权利质权除适用本节规定外，适用本章第一节的有关规定。**

【要义精解】

本条是权利质权适用动产质权规范的规定。

权利质权与动产质权都是以取得客体的交换价值为目的的权能，其功能均为了确保主债权能够得到清偿。两者标的物虽然不同，但是大体内容、效力等并无不同，属于同一制度，具有适用统一规定的基础。

本章第一节"动产质权"是对整个质权法律关系的一般性规定。而本节则是基于权利质权的特殊性而作的特别规定。对于未作规定的部分，仍然需要适用一般规定加以解决。如质押合同的订立、一般条款、效力、质权人的权利义务、保全方式等。

【对照适用】

本条沿袭自原《物权法》第229条的规定，将"适用本章第一节动产质权的规定"改为"适用本章第一节的有关规定"。此种表述更为严谨，说明并非动产质权的任何条文均能起到规范权利质权的作用，权利质权的特殊性结合一般规定后不违反权利质权的性质者，方能够予以适用。

第十九章　留置权

第四百四十七条　债务人不履行到期债务，债权人可以留置已经合法占有的债务人的动产，并有权就该动产优先受偿。

前款规定的债权人为留置权人，占有的动产为留置财产。

【要义精解】

本条是关于留置权的一般规定。

留置权，是指债务人不履行到期债务，债权人可以对已经合法占有的债务人的动产予以留置并就该动产的变价优先受偿的权利。

留置权具有如下三个特点。

第一，留置权兼有动产担保物权和占有性担保物权的特征。与抵押权和质权不同，留置物只能是动产，而不能是不动产或权利。同时，只有在债权人已经合法占有债务人动产的前提下，留置权才能成立。

第二，留置权是具有二次效力的担保物权。留置权作为担保物权，同样具有从属性、物上代位性、优先受偿性、价值权性等担保物权的共同性质。但留置权的独特之处在于其具有二次效力性。其第一次效力为留置效力，债务人清偿债权之前，债权人有权占有留置物。第二次效力为优先受偿权，债务人经催告后仍未履行的，留置权人有权拍卖、变卖或折价留置物以优先得到清偿。

第三，留置权是法定担保物权。只要符合法律规定的条件，留置权自然发生，无须当事人事先约定。此特点也说明了留置权更多是保全性担保物权，而非融资性担保物权。此外，根据《民法典》第448条、第449条的规定，留置权虽为法定权利，但当事人可在合同中事先约定排除。

留置权的成立需要满足以下条件：（1）债权人因合法原因已经占有债务人的动产。合法原因是指基于法律上的原因，即特定的债之关系，如保管、运输、承揽合同等。（2）债权人占有的动产与债权属于同一法律关系。（3）债权已届清偿期。

【对照适用】

本条继承自原《物权法》第 230 条，条文内容无任何变化。

> **第四百四十八条　债权人留置的动产，应当与债权属于同一法律关系，但是企业之间留置的除外。**

【要义精解】

本条是关于留置权牵连关系的规定。

牵连关系是债权人取得对债务人动产的占有与债权之间存在的能够引起某种法律关系的联系。债权人因同一原因关系而取得动产的占有和债权的，一般即认为牵连关系。

本条将牵连关系定义为留置的动产与债权属于同一法律关系。具体而言，应当从如下两个层面进行认定。

第一，债权人合法占有动产。本条虽然采用了"留置的动产"，但留置权是否成立需要先行判断牵连关系是否成立。因此在认定牵连关系时，留置权尚未成立，"留置的动产"无从谈起。因此，此处的动产应当是质权人已经"合法占有"的动产。

第二，动产与债权属于同一法律关系。按照本条文字表述，牵连关系是指债权和占有物之间的关联。此种关联不仅限于因同一法律关系而发生，只要存在法律关系即可。债权与债权人取得的动产因同一法律关系发生，可以认定为牵连关系；债权人占有的动产为债权人负担的给付义务之标的，亦可以认定为牵连关系；债权因债权人合法占有的动产而发生、债权因债权人占有动产所产生的事实而发生等，均可构成牵连关系。

牵连关系虽然为留置权的生效要件，但不具有绝对性。商事活动中出于商事交易便捷和商事信用拓展的需要，一般不以牵连关系为必要，企业只要因营业行为取得占有即可。故企业之间的留置不受同一法律关系的限制。

【对照适用】

本条继承自原《物权法》第231条，内容无实质性变化。原《物权法》和《民法典》关于牵连关系的限制相较原《担保法》第82条、第84条有了极大的宽松与进步。原《担保法》基本限制在合同关系中，甚至第84条限缩在保管、运输、加工承揽合同以及"法律规定可以留置的其他合同"范围内。

> **第四百四十九条** 法律规定或者当事人约定不得留置的动产，不得留置。

【要义精解】

本条是关于留置权财产范围的规定。

留置权作为法定担保物权，更加需要协调平衡当事人利益与社会公共利益之间的冲突。就留置权是否生效的判断而言，需要判断两个层次：是否违反社会公共利益或是否与当事人意思自治相冲突。前者即为法律规定不得留置，后者则为当事人约定不得留置。

法律规定不得留置的动产有：（1）债权人因侵权行为取得的动产。当事人侵权取得的动产不符合"合法占有"的要求，留置权无法成立。（2）留置该动产会违反法律的禁止性规定，如枪支、毒品等。（3）留置该动产违反公序良俗，如留置加工完成的"棺木"。（4）留置遗失或盗赃物。

当事人约定不得留置的动产包括：（1）当事人在合同中约定排除留置权，则此时无论如何留置权均无法设立。（2）当事人在合同中约定不得留置特定动产。（3）留置该动产与债权人所承担的义务相冲突。（4）在留置权发生效力前，债权人放弃留置权。

【对照适用】

本条来自原《物权法》第232条，条文内容无变化。原《担保法》第84条第3款曾规定当事人可以在合同中约定不得留置的物。由于原《物权法》扩充了原《担保法》中留置权的适用范围，为了避免留置权的过分扩大甚至滥用，原《物权法》第232条予以限制，《民法典》对该规定进行了继承。

第四百五十条　留置财产为可分物的，留置财产的价值应当相当于债务的金额。

【要义精解】

本条是关于可分留置物的特殊规定。

留置权具有不可分性，这种不可分性表现为所担保债权的不可分性与效力的不可分性。前者指留置物应当担保全部的主债权，后者则是指留置权及于所留置的全部财产，留置权人对全部财产行使留置权。留置权的此种不可分性固然能够保证债权人充分得到清偿，但其作为一种基于公平原则而创设的法定担保物权，在留置财产可分的前提下，如果部分留置物的价值已经能够担保全部债权，则没有必要将财产全部留置。由此，以可分物为前提，留置权的不可分性具有了缓和的空间。

可分物指作为权利客体的物进行分割后，不会减损其使用价值和交换价值的物。可分物的交换价值应当能够抵充包括主债权、利息、违约金、损害赔偿金等的总金额，除主债权外，其他金额在合同中未约定的，均属预估金额。对于可分物的价格，当事人若未在主合同中约定，则应当按照留置权生效时的市场一般价格予以计算。

【对照适用】

本条来自原《物权法》第233条，内容无变化。

第四百五十一条　留置权人负有妥善保管留置财产的义务；因保管不善致使留置财产毁损、灭失的，应当承担赔偿责任。

【要义精解】

本条是关于留置权人保管义务的约定。

留置权与动产质权类似，均由债权人占有担保物。对于所有权人而言，其并未实际控制该物，而债权人对担保物具有事实上的管领力，负有保管义务，应当妥善保管留置财产。留置权人的保管义务于留置权生效时即产生。不过留置权生效前，债权人已经占有该动产，故留置权人的保管义务是债权人基于占有而生保管义务的延续，两者并没有实质上的差异。

留置权人具有妥善保管留置物的义务。此处的妥善保管义务，应当以善良管理人的注意义务为标准。因为留置权人对留置物的保管，是为了自己的担保利益而保管，自然应当对其课以较重的注意义务。善良管理人的注意义务是指按照一般交易上的观念认为由相当的经验与诚意之人应尽的注意。

因为本条强调了留置权人主观上的过失，因此若留置财产因不可抗力或意外事件毁损灭失，因为留置权人无可归责性，故此时留置权人不必承担赔偿责任。

【对照适用】

本条来自原《物权法》第234条，条文内容无变化。相较于原《担保法》第86条，原《物权法》和《民法典》将"留置物"改为"留置财产"，将"民事责任"改为"赔偿责任"。

> **第四百五十二条** 留置权人有权收取留置财产的孳息。
> 前款规定的孳息应当先充抵收取孳息的费用。

【要义精解】

本条是关于留置权人孳息收取权的规定。

从效率角度而言，留置物由留置权人所控制，由其负责对留置物孳息的收取在经济上更为可取。对孳息的收取是留置权人的权利，只有留置权人拒绝行使该权利时，债务人方可收取留置物的孳息。留置权人虽然享有孳息收取权，但对于所收取的孳息并无所有权，留置权人可以继续留置所收取的孳息。值得注意的是，对于留置权成立前留置物所生的孳息，留置权人在虽然享有占有，但是该孳息不受留置权效力的支配，故留置权生效前的孳息，债权人已经收取的，应当返还给债务人。

对于所收取的孳息，首先应当用于充抵收取孳息的费用。对于充抵后仍有剩余孳息的，应当先用于清偿主债权利息，最后用于清偿主债权。由于孳息不属于留置物本身，故收取后留置权人即可主张对孳息进行变价。

【对照适用】

本条来自原《物权法》第235条，条文内容无变化。

> **第四百五十三条** 留置权人与债务人应当约定留置财产后的债务履行期限；没有约定或者约定不明确的，留置权人应当给债务人六十日以上履行债务的期限，但是鲜活易腐等不易保管的动产除外。债务人逾期未履行的，留置权人可以与债务人协议以留置财产折价，也可以就拍卖、变卖留置财产所得的价款优先受偿。
>
> 留置财产折价或者变卖的，应当参照市场价格。

【要义精解】

本条是关于留置权实现的一般规定。

留置权的实现是留置权人在经催告后仍然未获得清偿时，可以将留置物变价并就变价优先受偿的行为。留置权的实现需要满足以下条件。

一方面，债务人履行债务的宽限期届满。留置权人必须留给债务人一定的履行宽限期，若留置权人未经过宽限期就直接将留置物变价并受偿，则应当承担侵权责任。具体而言，履行期限的宽限期为一个合理期间，应当由当事人在合同中预先约定，以平衡当事人双方的利益。若当事人约定的宽限期过短，则无法认定为合理期间，应当视为当事人之间未约定宽限期。当事人之间未约定宽限期或约定不明确的，本条直接规定应当由留置权人单方确定 60 日以上的宽限期。对于由留置权人占有的鲜活易腐等不易保存的动产，宽限期可以不受 60 日以上的限制，构成宽限期的豁免。

另一方面，宽限期内债权未受清偿。只要债务人未履行或迟延履行，均构成债权未受清偿。若宽限期届满前债务人履行债务或另行提供担保，留置权均告消灭。

留置权实现的方式包括折价、变价与拍卖三种。折价是指留置权人与债务人协议将债权人留置的动产所有权折算为相应的价款以抵偿债权的方法。当事人合意折价的，应当参考市场一般价格，且折价不得有害于其他债权人的利益。变卖可分为自行变卖与司法变卖。若自行变卖有损其他债权人利益的，其他债权人可以向法院请求撤销变卖协议。

【对照适用】

本条来自原《物权法》第 236 条，具体内容无变化，仅对部分术语进行了修改。将"履行期间"改为"履行期限"，对于宽限期的时限，从原有的"两个月"改为"六十日";并且对宽限期采用了"期限"而非"期间"。以上修改使得对概念的界定更为精准。相较于原《担保法》第87条未考虑宽限期的豁免情形,原《物权法》与《民法典》增加了"鲜活易腐等不易保管的动产"的情况。

> **第四百五十四条** 债务人可以请求留置权人在债务履行期限届满后行使留置权;留置权人不行使的,债务人可以请求人民法院拍卖、变卖留置财产。

【要义精解】

本条是关于债务人请求行使留置权的规定。

留置权成立后,留置权人合法占有留置物,若其不急于实现债权,则可以长期占有该动产。以留置物实现债权属于留置权人的权利,是否行使权利属于其自由意志,法律不得强制其行使。但留置权人长期占有留置物,不符合物尽其用原则,亦不利于市场资金的融通。故本条规定债务人可以请求债权人行使留置权的第二次效力,即变价优先受偿权。

债务人请求留置权人行使留置权的时间为债务履行期届满时,即只要债务人不能履行其到期债务的,即可以请求债权人行使留置权。若债权人拒绝行使留置权,债务人可以向法院起诉,请求法院拍卖、变卖留置财产。目前我国现行程序法上欠缺对债务人起诉请求实现担保物权的相关规定,因此若债务人提起相关诉讼,仅能够类推适用《民事诉讼法》上关于"实现担保物权"的程序。但具体如何落实,仍然存在一定的困难。

【对照适用】

本条来自原《物权法》第237条,内容无实质变化,仅将"履行期"改为"履行期限"。

> **第四百五十五条** 留置财产折价或者拍卖、变卖后,其价款超过债权数额的部分归债务人所有,不足部分由债务人清偿。

【要义精解】

本条是关于留置权实现后清算的规定。

留置权的行使方式是将留置财产折价、变卖后以所得价款进行优先受偿，因此留置权人必须在所得变价金与债权之间进行清算。留置财产的变价金包括留置财产本身折价或变卖后的金额、已经收取的孳息以及留置物的代位物三个部分。而优先受偿的债权金额，除主债权本身外，还应当包括利息、合同约定的违约金、损害赔偿金、留置物的保管费用以及实现留置权的费用。虽然留置权为法定担保物权，但当事人可以预先约定以上部分费用不适用留置权。留置财产变价所得的价款，应当首先用于清偿实现债权的费用，其次用于清偿利息，最后再用于清偿主债务。

在用变价款进行清偿后，若变价款刚好用于完整清偿债权，则自无探讨之必要。若清偿后仍有剩余，债权人此时无权占有剩余价款，应当返还债务人，否则构成不当得利。若变价款未能全部清偿，则主债务并不消灭，债权人仍可向债务人主张清偿，但此时债权人仅为普通债权人，不享有优先受偿权。

【对照适用】

本条来自原《物权法》第 238 条，内容无变化。

> **第四百五十六条　同一动产上已经设立抵押权或者质权，该动产又被留置的，留置权人优先受偿。**

【要义精解】

本条是关于留置权顺位的规定。

按照本条的规定，同一动产上既有留置权，又有抵押权、质权时，留置权的效力优先于抵押权与质权。此种规定的理由在于，首先，留置权为法定担保物权，而抵押权与质权为意定担保物权，前者不因当事人的意思而产生，具有一定的强行性，故效力优先。其次，留置权人实际占有动产，可凭借其占有对抗第三人，自然可以用占有的效力拒绝抵押权人、质权人行使权利。最后，留置权所担保的债权与留置财产之间具有一定的牵连关系，故应当首先得到清偿。

留置权的优先效力不受其成立时间先后的影响，因此如果以留置权人是否知道或应当知道该财产上存在其他担保物权来判断其效力，对留置权人而言并不公平。故对于留置权的实现顺位而言，其设立时留置权人是否善意，在所不问。

【对照适用】

本条来自原《物权法》第 239 条，条文内容无变化。就适用而言，留置权的效力并非永远绝对优先，留置权无法对抗优先权。根据《海商法》第 25 条以及《民用航空法》第 22 条，船舶优先权与民用航空器优先权均先于留置权而优先受偿。

第四百五十七条　留置权人对留置财产丧失占有或者留置权人接受债务人另行提供担保的，留置权消灭。

【要义精解】

本条是关于留置权消灭原因的规定。

除担保物权一般规定所规定的消灭原因外，本条涉及留置权消灭的特殊规定。留置权消灭后，债务人享有物的返还请求权，可以请求留置权人返还留置物。有下列两项情形之一的，留置权归于消灭。

一、留置权人丧失对留置财产的占有

留置权以债权人以法律上的原因取得对留置物的占有为成立要件，并要求在存续期间一直保持对留置物的占有，故若丧失对留置物的占有，留置权自然丧失存在的基础。

并非只要占有丧失，留置权即告消灭。若采此种标准，对留置权人未免过于严苛，且可能造成留置人以不法原因夺走留置物的情形。故如果留置权人能够主张占有返还请求权时，留置权并不消灭。

二、债务人另行提供担保

债务人另行提供的担保，是否具有消灭留置权的效力，应以新提供的担保是否与主债权"相当"为判断标准。否则，留置权继续存在。同时，债务人另行提供的担保还需要经债权人接受，否则同样不生消灭留置权的法律效果。

【对照适用】

本条来自原《物权法》第 240 条，条文内容无变化。

第五分编 占 有

第二十章 占 有

> 第四百五十八条 基于合同关系等产生的占有，有关不动产或者动产的使用、收益、违约责任等，按照合同约定；合同没有约定或者约定不明确的，依照有关法律规定。

【要义精解】

本条是关于有权占有的规定。

占有是占有人对物有控制与支配的管领力的事实状态。根据占有是否有真正的权利基础为标准，可以将占有分为有权占有和无权占有。有权占有是指有正当权源的占有，或称有本权的占有，是基于合同或法律规定的占有。无权占有是无权源、无本权的占有，是没有合同和法律依据的占有。本条即是对有权占有的规定，关于占有所生的法律关系，应当以当事人约定为准。若有权占有系基于法律规定而产生，则相关问题则以该法律相关规定为依据。

有权占有和无权占有的区别主要在于两者受法律保护的程度不同，即有权占有人可以基于其占有权源对抗其他人，而无权占有人则不能对抗权利人所主张的返还原物请求。

【对照适用】

本条来自原《物权法》第 241 条，条文内容无变化。

第四百五十九条 占有人因使用占有的不动产或者动产，致使该不动产或者动产受到损害的，恶意占有人应当承担赔偿责任。

【要义精解】

本条是关于恶意占有人赔偿责任的规定。

在物权利用主义的中心思想下，占有人有权对占有物使用并获取收益。在此过程中，必然会带来因日常使用所产生的正常损耗和折旧，甚至可能会导致一定的损害，使占有物效用和价值降低。

对于使用占有物所造成的损害，本条仅规定了恶意占有的情形，从概念上来说，恶意占有属于无权占有的一部分。使用占有物造成占有物损害的，应当区分是否为有权占有分别讨论，而在无权占有之下，根据占有人主观状态的不同，应当区分占有人是否善意，而适用不同的规则。

有权占有时，占有人基于正当的法律关系而占有物，对于占有物的使用以及由此带来的损耗与折旧，一般通过当事人合同中的约定来确定权利义务关系或责任的分配，即使当事人之间无约定，也可以通过法律的相关规定来确定责任归属。因此，有权占有时，对于占有物的损害并不棘手。

无权占有根据当事人的主观状态可分为善意占有与恶意占有。善意占有是占有人不知道或不应该知道自己无占有权利而进行的占有。善意占有包括不以自己为物权人心态的占有以及占有人虽然以自己为物权人心态的占有但不知道或不应该知道自己无占有权利。善意占有人对于使用物所造成的损耗，享有善良管理、使用的抗辩权，故善意占有人无须就其使用占有物所引起的损耗对返还请求权人负赔偿责任。

恶意占有指占有人明知无占有权源，或者对是否存在占有权源有怀疑但仍为占者。恶意占有人对于占有和对物的使用都缺乏合理依据，占有人使用占有物并非出自对于物的利益，更多是为了自身的利益，因此不享有抗辩权。其使用占有物只要造成了损害，无论其主观上是否有过错，均应当向返还请求权人承担赔偿责任。

【对照适用】

本条来自原《物权法》第242条，条文内容无变化。

> **第四百六十条**　不动产或者动产被占有人占有的，权利人可以请求返还原物及其孳息；但是，应当支付善意占有人因维护该不动产或者动产支出的必要费用。

【要义精解】

本条是关于无权占有人向权利人返还原物和占有人的费用求偿权的规定。

根据本条规定，不动产或动产被他人无权占有的，权利人可以请求无权占有人返还原物。构成此处请求权的本权基础的，不限于所有权，只要该本权含有占有的权能即可，因此基于用益物权、担保物权均可构成本条所称权利人。但基于债权所生的占有并非本条所指权利人：基于债之关系享有占有的权利人，在占有被侵夺时，只能主张占有返还请求权，而不能主张本条的原物返还请求权。

对于原物返还的范围，应当包含原物与孳息。孳息是原物的衍生，无论是善意或恶意占有人，对于原物均无权源，自然也无从对孳息享有正当权利，故孳息仍应当归属原权利人，权利人可以主张返还原物及其孳息。

对于善意占有人因维护该物所支出的必要费用，善意占有人可以请求权利人返还。费用是占有人为了维持、改善物的状态或者变更物的使用目的而进行的支出。一般分为必要费用、有益费用和奢侈费用。必要费用是维护占有物正常状态所不可或缺的费用，即为了保持物的正常所必须支出的费用。对于必要费用的判断，应当采取合理性的标准，来辨别没有该费用能否使占有物维持正常状态。

权利人在请求善意占有人返还原物时，善意占有人可以同时请求支付必要费用。若权利人拒绝支付，则善意占有人可以留置该物，拒绝返还占有物。

【对照适用】

本条来自原《物权法》第 243 条，条文内容无明显变化，仅将"但"改为"但是"。

第四百六十一条　占有的不动产或者动产毁损、灭失，该不动产或者动产的权利人请求赔偿的，占有人应当将因毁损、灭失取得的保险金、赔偿金或者补偿金等返还给权利人；权利人的损害未得到足够弥补的，恶意占有人还应当赔偿损失。

【要义精解】

本条是关于占有物毁损、灭失时占有人责任范围的规定。

占有物毁损，是指被占有的不动产或动产使用价值或交换价值降低。灭失，则是指动产或不动产对于占有人而言不复存在。故此处的灭失不仅包含绝对灭失，也包含相对灭失，如占有人无权处分导致第三人善意取得的情形。

占有物在占有期间毁损、灭失的，有权占有之下，当事人之间的法律关系在合同中有所约定或可以适用相关法律依据，自无疑问。故只有在无权占有的情形下，需要对占有物毁损、灭失后的责任承担进行分配。

若占有人为善意占有人，因为其在占有物上所行使的权利被推定为合法享有权利，善意占有人无须对占有物的毁损、灭失向权利人承担责任。但善意占有人毕竟非真正权利人，在占有物的毁损、灭失可以取得赔偿或相关代位物时，善意占有人无权继续占有赔偿金或代位物，本质上赔偿金等应当直接交付给权利人。故善意占有人相对于权利人而言享有不当得利，如果善意占有人因占有物毁损、灭失而取得保险金、赔偿金或补偿金等，则权利人可主张不当得利请求权，主张善意占有人返还。因为返还请求权的基础为不当得利，故善意占有人主观上是否过错，毁损、灭失是否由善意占有人所引起，在所不问。

恶意占有人明知自己并无占有本权而继续占有，其占有既不具有法律上的正当权源、在道德上亦无合理性，故法律上对恶意占有人并无保护的必要。在恶意占有人占有期间，若占有物毁损、灭失，若可以取得赔偿金或相关代位物，对于该部分权利人同样可主张不当得利。与善意占有人不同，善意占有人只承担不当得利下的返还义务，赔偿金等无法填补占有物毁损、灭失损害的，善意占有人无须再承担责任。而恶意占有人对于无法填补的部分，应当承担通过赔偿损失补足的义务。恶意占有人负有完全赔偿的义务，此处的赔偿义务同样不以对物的毁损、灭失是否有过错为限。

对于具体的赔偿范围，应当以权利人的所失利益为准，而不限于恶意占有人所受利益。

【对照适用】

本条来自原《物权法》第244条，条文内容无变化。

> **第四百六十二条** 占有的不动产或者动产被侵占的，占有人有权请求返还原物；对妨害占有的行为，占有人有权请求排除妨害或者消除危险；因侵占或者妨害造成损害的，占有人有权依法请求损害赔偿。
>
> 占有人返还原物的请求权，自侵占发生之日起一年内未行使的，该请求权消灭。

【要义精解】

本条是关于占有保护请求权的规定。

占有成立后，占有作为一种法律上的事实即须加以保护，以维护现有秩序、保护占有背后的本权。若占有被侵夺或受到妨害，占有人可以依据本条请求予以保护。具体而言，被侵害的占有人可以主张的权利有占有返还请求权、停止侵害、排除妨害和消除危险请求权以及损害赔偿请求权。其中除损害赔偿请求权外，其他请求权统称为占有保护请求权，属于物上请求权的范畴。

一、占有保护请求权

（一）占有返还请求权

占有返还请求权，是指占有物被侵夺时，占有人有权请求侵害人返还其占有。占有返还请求权的主体为原占有人，即侵占事实发生时对物有事实上管领力的占有人。占有人是有权占有抑或无权占有，善意恶意均在所不问，因为占有保护请求权保护的是占有外观这一事实状态。请求权的相对人为侵夺占有之人，即侵占物的现占有人。请求权的产生前提是基于侵夺行为或事实而导致原占有人丧失占有。该侵夺行为应当具有违法性，且侵害占有的行为，除具有违法阻却事由外，均具有违法性。

（二）妨害排除与妨害防止请求权

此处包含两项请求权，即妨害排除请求权与妨害防止请求权。是指并未侵夺占有人的占有，但是妨害占有人占有管领物，进而影响占有人的利益时，占有人可以请求妨害人排除其妨害或在有妨害之虞时主张消除该危险。两者的区别在于前者妨害已经发生，后者妨害尚未发生。两者的请求内容均为除去妨害。

1. 妨害排除请求权

妨害排除请求权可分为停止侵害和排除妨害请求权。前者是指占有被他人侵害时，占有人有权请求妨害人及时制止该侵害，防止后果进一步扩大；若占有被他人妨害时，占有人可以请求行为人除去该妨害，相关费用由行为人所负担。

2. 妨害防止请求权或消除危险请求权

在占有物有被妨害的可能性时，占有人即可请求对该状态有控制力之人除去该妨害。此处可能带来的妨害应当为具体的、能够为外界所感知的危险。占有人主张该权利时，应当具有持续存在的危险，至于控制者对于该危险主观上是否有过错，在所不问。

二、损害赔偿请求权

本条第 1 款后半段规定属于因侵害占有造成损害而生的损害赔偿请求权，该请求权属债权请求权，占有虽非权利，但仍属法律所保护的利益范畴，故占有人因为妨害行为而产生的财产损失，属于侵权行为之债，占有人可以依据本条主张损害赔偿请求权。

损害赔偿请求权所填补的是对于占有利益的损害，包括因占有人不能使用占有物所产生的使用收益损害；占有人对于占有物支出费用因占有物毁损、灭失未能填补的，可以主张由相对人予以填补；因占有物毁损、灭失而占有人对物权人所负损害赔偿义务，占有人同样可向相对人主张。

三、占有返还请求权的行使期间

本条第 2 款规定，占有人的占有返还请求权应当自侵害发生起一年内行使。排除妨害与妨害防止请求权与妨害的持续时间紧密相连，若妨害消失，请求权亦不复存在，故没有行使期间的问题。而占有返还请求权有所不同，规定权利的行使期间乃是为了促进现有法律秩序的稳定，给第三人以合理预期。行使期间为除斥期间，自占有被侵害之日起算，一年到期后请求权消灭，不得中止、中断或延长。该除斥期间到期后，若占有人基于其他实体权利享有请求权，则可以依据该实体权利所生请求权主张返还，而不受一年除斥期间的限制。

【对照适用】

本条来自原《物权法》第 245 条，条文主旨无变动，仅将原第 1 款"占有人有权请求损害赔偿"改为"占有人有权依法请求损害赔偿"，进一步明确了该损害赔偿并非占有本身所产生的物上请求权，而是基于其他法律条文而生的债权请求权。

第二部分

案例评析与指引

第一分编　通　则

第一章　一般规定（略）

第二章　物权的设立、变更、转让和消灭

案例1：回商银行与吴某忠预告登记效力纠纷案
[（2020）最高法民申131号]

【法条指引】

《民法典》第221条，关于预告登记的规定；《民法典》第146条，关于虚伪表示的规定。

【案例事实与裁判】

千禧公司与吴某忠为套取银行信贷资金，在无真实交易情况下，串通签订虚假商品房买卖合同，出具虚假房款收据，并将案涉房屋预告登记在吴某忠、余某珍名下，再由吴某忠以案涉房屋为吴某亮等向回商银行借款提供抵押担保，所获借款交由千禧公司使用。在所获借款无法清偿时，千禧公司又起诉要求解除商品房买卖合同，以消除案涉房屋权利负担、阻止办理抵押登记、排除回商银行对案涉房屋享有的权益。回商银行基于对上述商品房买卖合同、房款收据、房屋预告登记的信任，与吴某忠等人签订借款抵押合同，并办理案涉房屋的抵押预告登记。

最高人民法院判决认为，千禧公司与吴某忠签订的商品房买卖合同因双方通谋虚伪表示而被确认无效，但该无效不能对抗基于信赖预告登记公示公信效力而为后续交易的善意第三人，不影响之后回商银行与吴某忠等人之间借款、抵押合同及抵押预告登记的效力。抵押预告登记虽非现实的

抵押权，但对其后发生的违背预告登记内容的不动产物权处分行为具有排他效力和优先性，对于回商银行基于抵押预告登记而对案涉房屋享有的权益应予保护。综合考虑本案商品房买卖合同无效原因、回商银行系善意第三人、商品房买卖预告登记失效并不影响在其生效期间公示公信效力等因素，二审判决支持回商银行诉讼请求，裁判结果符合本案实际情况，并无不当。千禧公司相关申请再审理由不能成立，本院不予支持。

【案例评析】

该案件是对于预告登记的法律效力的确认，最高人民法院正确地适用了原《物权法》第 20 条也即《民法典》第 221 条关于预告登记之效力的规定，认定预告登记生效后，"其后发生的违背预告登记内容的不动产物权处分行为具有排他效力和优先性"。在本案中，最高人民法院尚有另一观点值得赞同，亦即认为"通谋虚伪表示的行为，不得对抗善意第三人"。我国《民法典》第 146 条规定通谋虚伪意思表示无效，但是没有关于是否得以此对抗第三人作出规定，最高人民法院该判决具有填补此漏洞的功能。

案例 2：叶某纯与霍某云、曾某杰房屋买卖合同纠纷案
[（2013）象民初字第 943 号]

【法条指引】

《民法典》第 209 条，关于不动产登记效力的规定；《民法典》第 215 条，关于合同与登记关系的规定；《民法典》第 597 条，关于无权处分所订立合同效力的规定。

【案例事实与裁判】

本案诉争房屋桂林市象山区翠竹路 15 号彰泰·鸣翠新都二期某号房屋（建筑面积：140.94m²）所有权人系被告霍某云，该房于 2011 年 10 月 25 日取得房屋所有权证，房产证号为：桂林市房权证象山区字第 30342345 号。2012 年 3 月 11 日，被告霍某云与案外人孙某崑签订委托书，霍某云委托孙某崑全权办理桂林市象山区翠竹路 15 号彰泰·鸣翠新都二期某号房屋的相关事项，包括：代为签订房屋买卖合同，制定房屋买卖的定价及收取房款；代为到房产管理部门办理上述房屋的产权证过户手续；代为到有

关部门办理各项税金及各种费用；代为办理与上述房屋有关的一切相关手续等。委托期限至办完上述委托事项为止。2013年3月11日，霍某云至桂林市公证处对该份委托书进行了公证。2013年3月13日，孙某崑作为霍某云的代理人与原告叶某纯签订《房地产买卖合同》，合同约定，霍某云自愿将桂林市象山区翠竹路15号彰泰·鸣翠新都二期某号房屋出售给叶某纯；房屋总价100万元，该款分三期付清，本合同签订当日支付购房定金3万元，银行撤销抵押时支付房款33万元，余款64万元于房屋办理过户时支付；该房过户的费用及税费由叶某纯支付。为购买该房，原告叶某纯于2013年3月13日支付该房购房定金3万元，于2013年3月20日通过案外人陈某珍的银行账户转账支付了该房房款30万元，于2013年3月26日通过案外人陈某珍的银行账户转账支付了该房剩余房款67万元，并分别于2013年3月26日与2013年4月2日缴纳了该房相关税费共计33860元。2013年3月26日，原告叶某纯至桂林市房产管理局申请该房过户登记，桂林市房产管理局于当日出具了收件回执给原告。但2013年4月17日，桂林市房产管理局给原告叶某纯作出退件通知书。该通知书内容为：我中心于2013年3月26日受理了你坐落于象山区翠竹路15号鸣翠新都二期某号房屋的私房买卖过户登记申请，现根据桂林市象山区人民法院（2013）象民初字第648号协助执行通知书，决定终止对该房屋登记的审核，并将原所收的申请材料退给你。后原告因无法办理该房的所有权转移登记，遂于2013年6月14日诉至本院提出前之诉请。

2011年5月20日，霍某云与曾某杰签订委托合同，该合同约定，霍某云委托曾某杰为全权代理人，代为办理桂林市象山区翠竹路15号彰泰·鸣翠新都二期某号房屋的还款、解押、领证、出售事项。双方于当日就该份委托合同办理了公证。2012年3月20日，霍某云与曾某杰签订《房屋买卖合同》一份，合同约定，霍某云自愿将位于桂林市象山区翠竹路15号彰泰·鸣翠新都二期某号房屋（房权证待办）卖给曾某杰；房屋总价为90万元，曾某杰于2012年3月20日支付购房款31万元，该房在交通银行桂花支行贷款的25万元由曾某杰负责还清，该房过户的费用及税费约5万元由曾某杰支付；霍某云承诺于2012年7月20日前配合曾某杰到房产局办理过户手续，房产过户至曾某杰名下后，曾某杰将余款29万元付清给霍某云。合同签订当日，曾某杰支付霍某云购房款31万元。之后，双方并未至房产局办理该房所有权转移登记，曾某杰亦未依约归还该房25万元银行贷款及支付剩余房款。庭审过程中，曾某杰称，因合同签订时，该房并未取得房屋所有权证，故双方协商待该房所有权证办得后再行办理过户手续。另曾某杰与霍某云曾于2012年3月3日签订《房屋租赁协议》，协议约定，霍某云将桂林市象山区翠竹路15号彰泰·鸣翠新都二期某号房屋出租给曾某杰使用，租赁期间自2012年3月13日至2022年3月13日，租金为每月1000元。该租赁合同签订之后，曾某杰并未依约给付霍某云租金，亦未实际租住。

原告叶某纯2013年3月与霍某云签订房屋买卖合同后于当月办理了该房的入住手续，亦缴纳了该房的物业管理费，并于次月开始对该房进行装修。在原告对该房进行装修的过程中，曾某杰于2013年8月搬入该房中，并将该房门锁更换。双方为此发生争执，并向相关公安机关报案，公安机关以双方存在民事纠纷为由未进行处理。

【案例评析】

被告霍某云就同一处房产与原告叶某纯和被告曾某杰分别签订了房屋买卖合同，属典型的"一房二卖"，无论是第一买受人曾某杰还是第二买受人叶某纯，其基于买卖合同取得的权利都是债权，即要求出卖人将房屋所有权移转于自己的请求权，债权之间既无排他性也无优先性，是互相平等的，所以买受人不得以其债权成立在先为由来对抗出卖人与其他买受人合同的效力，故无论原告叶某纯签订的房屋买卖合同还是被告曾某杰签订的房屋买卖合同在先或在后，均不影响对方合同的效力。因此，本案两份合同从现有证据看均是合同双方自愿达成，形式内容均未违反法律法规的强制性规定，应当均为合法有效合同。

但合同的有效，并不等于合同的履行，根据原《合同法》第110条第1款之规定（《民法典》第580条第1款），当事人一方不履行非金钱债务的，对方可以要求履行，但法律上或者事实上不能履行的除外。本案中，叶某纯与曾某杰均要求霍某云履行合同，即均就同一处房屋标的要求霍某云办理所有权转移登记手续，因同一个房屋所有权只能登记在一个买受人的名下，因此，叶某纯与曾某杰要求霍某云履行合同的要求在事实上不能同时实现，其中仅一份合同可实际履行，而合同未能实际履行的一方，可另行主张权利。因此，本案的争议焦点为：在原告叶某纯和被告曾某杰都要求霍某云实际履行的前提下，履行哪一份合同较为合法合理及更大程度地维护当事人的合法权益。根据原《最高人民法院关于审理涉及国有土地使用权合同纠纷案件适用法律问题的解释》第 10 条之规定，土地使用权人作为转让方就同一出让土地使用权订立数个转让合同，在转让合同有效的情况下，受让方均要求履行合同的，按照以下情形分别处理：(1)已经办理土地使用权变更登记手续的受让方，请求转让方履行交付土地等合同义务的，应予支持；(2) 均未办理土地使用权变更登记手续，已先行合法占有投资开发土地的受让方请求转让方履行土地使用权变更登记等合同义务的，应予支持；(3) 均未办理土地使用权变更登记手续，又未合法占有投资开发土地，先行支付土地转让款的受让方请求转让方履行交付土地和办理土地使用权变更登记等合同义务的，应予支持；(4) 合同均未履行，依法成立在先的合同受让方请求履行合同的，应予支持。本案中，买卖的标的系房屋，但房屋与土地性质上均属不动产，二者存在诸多共性，故本案亦可参照上述解释之精神，综合考虑双方是否办理房屋所有权转移登记、是否实际合法占有房屋，买受人实际付款数额的多少及先后、合同成立的先后等因素，结合本案实际情况公平合理地予以确定。据此，根据本案查明的事实，综合比较叶某纯与曾某杰在本案诉争房屋买卖中的各种因素，本院认为，履行原告叶某纯与霍某云之间的房屋买卖合同更为公平合理。具体理由如下。

第一，原告叶某纯签订房屋买卖合同后已全部付清了房屋款项 100 万元，并已缴纳了该房屋的相关税费，表明其已履行了全部合同义务，并产生了诸多积极的合同效果，而曾某杰至今只支付了 31 万元购房款，亦未缴纳相关税费，因此，叶某纯合同履行程度明显高于曾某杰，从维护已完成的正常交易及减少合同履行成本的角度考虑，履行叶某纯的房屋买卖合同较为适宜。

第二，从本案查明的事实看，原告叶某纯 2013 年 3 月与霍某云签订房屋买卖合同后于当月即办理了该房的入住手续，亦缴纳了该房的物业管理费，并于次月开始对该房进行装修。可见，叶某纯于 2013 年 3 月已合法占有了该房，而曾某杰是 2013 年 8 月在原告装修的过程中才搬进该房，并将该房门锁更换。因此，叶某纯合法占有在先。且曾某杰在叶某纯对该房尚进行装修的过程中即在叶某纯已合法占有该房的情况下强行搬入该房，其对该房的占有并不构成合法的先予占有。因此，从合法占有在先角度考虑，优先履行叶某纯的房屋买卖合同较为符合相关法律规定。

第三，曾某杰在签订房屋买卖合同后至今未至房产局办理所有权转移登记，其称未办理的原因系签订合同时，该房并未取得所有权证，但从本案查明的事实可知，该房所有权证取得时间系 2011 年 10 月 25 日，而曾某杰签订房屋买卖合同时间系 2012 年 3 月 20 日，明显曾某杰签订该房买卖合同时，该房早已取得房产证，可见曾某杰上述陈述与事实不符，亦与其合同约定不符，由此亦表明其在与霍某云签订房屋买卖合同时，对本案诉争房屋的真实情况疏于核实，从 2012 年 3 月 20 日其与霍某云签订房屋买卖合同时起至其 2013 年 4 月 11 日诉至本院止在长达一年多的时间内亦未对该情况加以核实；且其与霍某云签订房屋买卖合同后，仅支付该房第一期房款 31 万元，之后并未按合同约定履行归还该房 25 万元银行贷款的义务，而该付款义务履行时间按其合同约定应在办理该房所有权转移登记之前，但在被告霍某云未为其办理该房所有权转移登记的情况下，其亦未与霍某云就该房买卖合同的继续履行问题进行过协商；另在本院受理的曾某杰起诉霍某云、陆某玫房屋买卖合同一案中，其原诉讼请求并未要求被告霍某云履行协助办理本案诉争房屋的所有权转移登记手续，之后才予以变更。而原告叶某纯在购房过程中已尽到必要的审查义务，且其签订房屋买卖合同后为办理该房过户已做好了前期的准备工作，并已向房产部门申请办理了该房的所有权转移登记，房产部门亦受理了其申请，因此，从这方面考虑优先履行叶某纯的房屋买卖合同亦较为公平。

第四，虽曾某杰先于叶某纯与霍某云签订《房屋买卖合同》并签订了《房屋租赁协议》，但对于该份租赁合同，首先，从本案查明的事实看，该份租赁合同签订于 2012 年 3 月 3 日，之后霍某云未将该房交付曾某杰，曾某杰亦未给付霍某云租金，因此该份租赁合同实际并未履行。且在该份租赁合同签订之后的当月 20 日，曾某杰与霍某云即签订了该房的《房屋买卖合同》，可见，该租赁合同系曾某杰在与霍某云暂不对本案诉争房屋办理所有权转移登记的情况下，为防止霍某云"一房二卖"所签订的，其真实目的并不是房屋租赁；其次，原告叶某纯的房屋买卖合同的总房款为 100 万元，而曾某杰的房屋买卖合同总房款为 90 万元，二人购买本案诉争房屋条件并非同等，故在本案中，曾某杰不能基于该份房屋租赁合同主张该房的优先购买权从而主张该房的所有权；而对于曾某杰基于该份租赁合同主张其对本案诉争房屋已构成合法占有的问题，本院认为，如前所述，虽曾某杰持有该房的租赁合同，但从本案查明的事实看，曾某杰签订该份租赁合同后并未实际租住该房，而是于 2013 年 8 月叶某纯对该房进行装修的过程中才搬入，故其对该房的占有并不构成合法的先予占有，因此，对于曾某杰该项主张，本院不予采纳。

综合所有因素法院认为，优先履行原告叶某纯与霍某云的房屋买卖合同更为公平合理及更大程度地维护当事人的合法权益。因此，对于原告叶某纯要求确认其与被告霍某云签订的房屋买卖合同合法有效，并要求被告霍某云履行办理桂林市象山区翠竹路 15 号彰泰·鸣翠新都二期某号房屋的所有权转移登记的诉讼请求，本院予以支持。对于其要求确认该房屋归其所有的诉讼请求，因原告叶某纯基于其与被告霍某云签订的房屋买卖合同对该房屋享有的系债权，而非物权，故对于原告该项确认所有权的诉讼请求，本院不予支持。本案处理结果与被告曾某杰存在利害关系，但其在本案中并未提出明确的诉讼主张，而是另案起诉，故本院对其诉讼请求在另案中予以处理。法院判决确认原告叶某纯与被告霍某云签订的房屋买卖合同合法有效；判决被告霍某云应履行其与原告叶某纯签订的房屋买卖合同的合同义务，于本判决生效之日起 30 日内协助原告叶某纯办理本案房屋的所有权转移登记。

案例3：姜某富诉长顺县政府、长顺县住建局登记错误赔偿案
[（2018）黔行赔终 293 号]

【法条指引】

《民法典》第 222 条，关于不动产登记错误的赔偿的规定。

【案例事实与裁判】

2011 年 8 月 22 日，姜某富与腾蓬房开公司签订编号为 2011- 029 的《商品房买卖合同》，约定姜某富向腾蓬房开公司购买长顺县国税局旁（县城河坝西侧）长阳二期某幢包括 102、202、302、402 号在内的预售商品房共计 12 套，姜某富向腾蓬房开公司付款 1998600 元，腾蓬房开公司出具收据给姜某富。合同签订之日，姜某富与腾蓬房开公司按合同约定到长顺县住建局（现为长顺县住房和城乡建设局）房屋管理所办理了商品房预售合同备案登记，预售合同登记号为 2011- 029。

2011 年 12 月，案外人陈某因资金周转困难，向长顺县农村信用合作

联社营业部借款 50 万元，并由长顺县民营经济担保有限责任公司（以下简称长顺民营担保公司）为该笔借款提供担保。陈某以位于长阳小区二期某幢包括 102、202、302、402 号房屋作为抵押，与长顺民营担保公司签订抵押合同，并于 2011 年 12 月 29 日在长顺县住建局房屋管理所办理了长寨镇房他字第 A0002706 号房屋他项权证。长寨镇房他字第 A0002706 号房屋他项权证登记的房屋他项权人为长顺民营担保公司，登记的房屋所有权人为陈某。因陈某未按期履行借款清偿义务，长顺民营担保公司代偿后向长顺县人民法院起诉。长顺县人民法院审理后于 2013 年 10 月 31 日作出（2013）长民初字第 293 号民事判决书，判令陈某偿还长顺民营担保公司借款和利息共计 524301.70 元以及支付借款清偿的利息和逾期担保费用共计 35000 元，腾蓬房开公司承担连带责任。后长顺民营担保公司申请强制执行，长顺县人民法院作出（2014）长执字第 25-2 号执行裁定书，将涉案的 102、202、302、402 号房屋四套共 458.2m² 作价 727346.68 元以物抵债给长顺民营担保公司，多余款项退还陈某。姜某富得知以上情况后，于 2015 年 7 月 1 日向长顺县人民法院提出执行异议，长顺县人民法院作出（2015）长执异字第 9 号执行裁定书，驳回姜某富的异议。

姜某富以抵押登记行为侵犯其合法权益为由，于 2016 年 3 月 14 日向龙里县人民法院提起行政诉讼，请求确认长顺县住建局、长顺县政府于 2011 年 12 月 29 日作出的对长顺县城关河坝长阳小区二期某幢房 1-4 层 02 号房屋抵押登记号为长寨镇房他字第 A0002706 号的抵押登记行为违法；龙里县人民法院于 2016 年 10 月 19 日作出（2016）黔 2730 行初 22 号行政判决，判决确认长顺县政府、长顺县住建局作出的前述抵押登记颁证行政行为违法。后长顺县住建局不服，向一审法院提起上诉，该院于 2017 年 6 月 13 日作出（2017）黔 27 行终 66 号行政判决书，判决驳回上诉，维持原判。

抵押登记行为经法院生效判决确认违法后，姜某富于 2017 年 8 月 21 日向长顺县住建局、长顺县政府申请行政赔偿，并提交了其主张的损失的依据等材料，请求赔偿其经济损失 1998600 元及支付至付清损失 1998600 元之日止的利息。长顺县住建局于 2017 年 10 月 18 日作出长住建行赔字〔2017〕1 号行政赔偿决定书，决定对姜某富不予赔偿。长顺县政府在法定期限内未作出赔偿决定。

姜某富于 2014 年 3 月 6 日就其与腾蓬房开公司商品房预售合同纠纷向

贵阳市南明区人民法院提起诉讼，要求该公司向其支付逾期交房违约金。经贵阳市南明区法院组织调解，姜某富与腾蓬房开公司达成调解协议，该院于 2014 年 3 月 17 日作出（2014）南明初字第 702 号民事调解书。除上述诉讼外，姜某富未向法院提起其他诉讼。长顺民营担保公司已将涉案房屋部分转让给他人，部分自用。

一审法院认为案件的争议焦点有二：一是赔偿责任主体的认定；二是抵押登记行为违法与姜某富诉请的损失有无因果关系。基于此一审法院作出如下判决。

一、关于赔偿责任主体的认定

《物权法》第 21 条第 2 款规定："因登记错误，给他人造成损害的，登记机构应当承担赔偿责任。"《房屋登记办法》第 92 条第 2 款规定："房屋登记机构及其工作人员违反本办法规定办理房屋登记，给他人造成损害的，由房屋登记机构承担相应的法律责任。"《最高人民法院关于审理房屋登记案件若干问题的规定》第 12 条规定："申请人提供虚假材料办理房屋登记，给原告造成损害，房屋登记机构未尽合理审慎职责的，应当根据其过错程度及其在损害发生中所起作用承担相应的赔偿责任。"根据上述规定，本案负责办理房屋抵押登记行为的房屋登记机构是长顺县住建局，因此，如抵押登记行为违法给他人造成损害的，应当由长顺县住建局承担赔偿责任，长顺县政府并非本案的赔偿责任主体。

二、关于抵押登记行为违法与姜某富诉请的损失有无因果关系

《城市房地产管理法》第 45 条第 2 款规定："商品房预售人应当按照国家有关规定将预售合同报县级以上人民政府房产管理部门和土地管理部门登记备案。"《城市商品房预售管理办法》第 10 条第 1 款规定："商品房预售，开发企业应当与承购人签订商品房预售合同。开发企业应当自签约之日起 30 日内，向房地产管理部门和市、县人民政府土地管理部门办理商品房预售合同登记备案手续。"商品房预售登记备案制度是上述法律及规章规定的行政管理措施，属于行政管理制度，也是规范商品房买卖行为的一种行政管理手段；主要是通过商品房预售合同的管理，加强对房地产开发商预售商品房行为的监管，维护不动产交易安全。姜某富与腾蓬房开公司签订商品房买卖合同，并办理了商品房预售合同登记备案，其登记备案行为符合《城市商品房预售管理办法》的规定。但根据《物权法》第 20 条"当事人签订买卖房屋或者其他不动产物权的协议，为保障将来实现物

权，按照约定可以向登记机构申请预告登记。预告登记后，未经预告登记的权利人同意，处分该不动产的，不发生物权效力。预告登记后，债权消灭或者自能够进行不动产登记之日起三个月内未申请登记的，预告登记失效"和《最高人民法院关于审理商品房买卖合同纠纷案件适用法律若干问题的解释》第6条"当事人以商品房预售合同未按照法律、行政法规规定办理登记备案手续为由，请求确认合同无效的，不予支持。当事人约定以办理登记备案手续为商品房预售合同生效条件的，从其约定，但当事人一方已经履行了主要义务，对方接受的除外"之规定，商品房预售登记备案行为并不直接产生物权的效力，且不影响商品房买卖合同本身的效力。姜某富与腾蓬房开公司签订的商品房预售合同只是办理了商品房预售登记备案，并没有申请预告登记。依据商品房预售登记备案，姜某富并不必然享有涉案房屋的物权，应认定姜某富既未取得房屋的物权，也未取得物权发生变动时的请求权。长顺县住建局在未撤销商品房预售备案登记的情况下，将涉案房屋为他人进行他项权证登记的行为，对其商品房买卖合同的效力以及依据该合同享有的债权亦未产生影响。姜某富支付的购房款损失是由于腾蓬房开公司的违约行为导致，基于商品房买卖合同，姜某富可以通过向腾蓬房开公司主张返还购房款的民事救济途径实现。国家赔偿是以直接损失赔偿为原则，且损害后果与行政行为之间必须存在因果关系。本案房屋抵押登记颁证行政行为虽业经生效判决确认违法，但该行政行为未对姜某富的合法权益造成损害，与姜某富诉请的损失之间并不存在因果关系。故姜某富主张抵押登记行为违法与其损失之间具有因果关系，要求长顺县住建局、长顺县政府对其损失承担赔偿责任的理由不成立，一审法院不予支持。姜某富和腾蓬房开公司之间的商品房买卖合同法律关系业经贵阳市南明区人民法院作出的生效民事调解书认定，故长顺住建局、长顺县政府和腾蓬房开公司主张姜某富与腾蓬房开公司之间系借款关系的理由不成立。综上，一审法院依照《行政诉讼法》第69条、《最高人民法院关于审理行政赔偿案件若干问题的规定》第33条之规定，并经该院审判委员会讨论决定，判决如下：驳回原告姜某富的诉讼请求。

姜某富不服一审判决提起了上诉。上诉请求为：（1）依法撤销（2018）黔27行赔初18号行政判决，并改判支持其诉讼请求；（2）一、二审诉讼费用由被上诉人承担。

二审法院认为双方争议焦点为：（1）如何认定本案的赔偿责任主体？（2）姜某富的损失是否属于行政赔偿的范围。针对该二焦点，二审法院作出如下判决。

一、赔偿责任主体的认定问题

行政赔偿中，赔偿责任主体范围限于执行职务的国家机关，根据《国家赔偿法》第7条第1款关于行政赔偿义务机关的规定，行政机关及其工作人员行使行政职权侵犯公民、法人和其他组织的合法权益造成损害的，该行政机关为赔偿义务机关。因此，本案中，赔偿义务机关应当是负有房屋产权登记、产权产籍管理及抵押登记等职责的长顺县住建局。长顺县政府虽然在颁发的他项权证上盖章，但是其并未实施相应的行为，姜某富也未提供相应证据证明长顺县政府在本案中实施了导致其利益受损的行政行为，因此，长顺县政府不是本案赔偿主体，不应当承担本案的赔偿责任。

二、姜某富的损失是否属于行政赔偿的范围

首先，《最高人民法院关于审理商品房买卖合同纠纷案件适用法律若干问题的解释》第1条规定："本解释所称的商品房买卖合同，是指房地产开发企业将尚未建成或者已竣工的房屋向社会销售并转移房屋所有权于买受人，买受人支付价款的合同。"本案中，腾蓬房开公司将其尚未建成的房屋销售于买受人姜某富，双方之间即成立商品房买卖合同。根据《城市房地产管理法》第45条第2款之规定，商品房预售人应当按照国家有关规定将预售合同报县级以上人民政府房产管理部门和土地管理部门登记备案。《城市房地产开发经营管理条例》第26条第2款规定，房地产开发企业应当自商品房预售合同签订之日起30日内，到商品房所在地的县级以上人民政府房地产开发主管部门和负责土地管理工作的部门备案。《城市商品房预售管理办法》第10条第1款规定，商品房预售，开发企业应当与承购人签订商品房预售合同。开发企业应当自签约之日起30日内，向房地产管理部门和市、县人民政府土地管理部门办理商品房预售合同登记备案手续。可见，商品房预售合同登记备案制度是一种行政管理制度，属于建设行政管理范畴，其目的在于对房地产开发经营企业的商品房预售行为进行行政管理，是政府主管部门行使监管职权、房地产经营企业满足预售条件履行报备义务接受资格审查的一项行政管理手段，该行政管理手段并不具备赋予备案登记房屋物权公示的效力，在法律性质上房屋买受人只享有合同法上的请求权，该项请求权没有排他的效力。同时，法律并未赋予备案登记等同于预告登记的法律效力。根据《物权法》第 20 条第 1 款之规定，当事人签订买卖房屋合同或者其他不动产物权的协议，为保障将来实现物权，按照约定可以向登记机构申请预告登记。预告登记后，未经预告登记的权利人同意，处分该不动产的，不发生物权效力。因此，预告登记本质是获得可以对抗其他物权的请求权效力，在于限制商品房预售人将房屋进行其他处分，而备案登记并不具有此种效力。具体到本案而言，姜某富作为商品房买卖合同的买受人，其涉案房屋经过备案登记，并不当然具有对抗其他物权的效力，其请求权基础仍然是债权请求权。

其次，对于姜某富通过民事诉讼救济途径救济其债权并执行不能的事实是否使姜某富对涉案房屋的债权转化为物权期待权有待讨论。《最高人民法院关于人民法院办理执行异议和复议案件若干问题的规定》第 28 条规定："金钱债权执行中，买受人对登记在被执行人名下的不动产提出异议，符合下列情形且其权利能够排除执行的，人民法院应予支持：（一）在人民法院查封之前已签订合法有效的书面买卖合同；（二）在人民法院查封之前已合法占有该不动产；（三）已支付全部价款，或者已按照合同约定支付部分价款且将剩余价款按照人民法院的要求交付执行；（四）非因买受人自身原因未办理过户登记。"对于债权转化为物权期待权，需要满足的条件除非因买受人原因未办理过户登记，还包括已签订书面买卖合同、合法占有房屋及支付完房款，上述条件必须全部满足才能获得物权期待权的保护。但具体到本案中，姜某富虽已支付完房款，但其并没有实际占有该房屋，且其购买涉案房屋的目的，即非满足生活所需的自住性，也非其唯一住房，因此，本院认为姜某富对涉案房屋的权益仍然是以债权为基础。

最后，债权受损是否可以请求行政赔偿。行政赔偿实质在于行政机关行使的行政行为侵害了相对人或利害关系人的合法权益，为弥补受害人受损利益而所为之救济。作为相对权，由于具备其他救济途径，债权一般不纳入侵权责任法救济范围。根据《国家赔偿法》第 4 条关于侵犯财产权的行政赔偿范围规定，行政机关及其工作人员在行使行政职权时有下列侵犯财产权情形之一的，受害人有取得赔偿的权利：（1）违法实施罚款、吊销许可证和执照、责令停产停业、没收财物等行政处罚的；（2）违法对财产采取查封、扣押、冻结等行政强制措施的；（3）违法征收、征用财产的；

（4）造成财产损害的其他违法行为。该条文通过列举方式划定了行政赔偿范围，而因行政机关行为损害债权的情形却并未列入国家赔偿的范围。因此，债权受损不属于行政赔偿的范畴。本案中姜某富因其债权受损请求行政赔偿，无事实基础和法律依据，一审法院以此为由驳回其诉讼请求并无不当，本院予以维持。

【案例评析】

本案中主要涉及的是错误登记的损害赔偿问题。该判决有几个要点须予以把握：首先，该判决明确依据原《物权法》第 21 条第 2 款，也即《民法典》第 222 条第 2 款的规定请求登记机关赔偿因错误登记所产生的损失的请求性质属于行政赔偿而不是民事赔偿。其次，损害赔偿的主体是不动产登记机关而不是人民政府。最后，不动产登记错误造成损害的，应当系因登记错误导致真正权利人的物权受有侵害，不包括给债权造成的损失。这与侵权行为的法律客体一样，原则上仅限于绝对权而不包括相对权在内。《民法典》生效后，第 222 条第 2 款之适用应当作同样的理解。

第三章　物权的保护

案例4：连某贤诉臧某林返还房屋纠纷案
[（2014）沪一中民二（民）终字第433号]

【法条指引】

《民法典》第235条，关于所有物返还请求权的规定；《民法典》第311条，关于善意取得的规定。

【案例事实与裁判】

上海市浦东新区周浦镇瑞安路某房屋原系被告臧某林房屋拆迁后以补偿安置款购得，2008年8月，系争房屋的权利核准登记至被告名下，房屋由被告及家人居住使用。2011年8月12日，案外人李某以被告代理人的身份与案外人谢某忠就系争房屋签订《上海市房地产买卖合同》，约定房地产转让价款为80万元，2011年8月12日，向相关部门递交了房产转移登记申请书，后系争房屋权利登记至案外人谢某忠名下。2011年10月，原告连某贤与案外人谢某忠就上海市浦东新区周浦镇瑞安路某房屋签订了买卖合同，约定房地产转让价款为110万元，2012年4月5日，系争房屋权利核准登记至原告名下。2012年7月5日原告起诉案外人谢某忠要求其将系争房屋交付原告，被告臧某林作为第三人申请参与诉讼，后法院判决，确认以被告名义与案外人谢某忠就上海市浦东新区周浦镇瑞安路某房屋订立的《上海市房地产买卖合同》无效；驳回原告要求案外人谢某忠将系争房屋交付原告的诉求；驳回被告要求确认原告与案外人谢某忠就系争房屋的买卖关系无效的诉求。原告以其已合法取得系争房屋，现被告仍居住在系争房屋中，严重侵犯了原告作为物权人对物权正常权利的行使为由诉来法院，要求被告立即迁出上海市浦东新区周浦镇瑞安路某房屋。

上海市浦东新区人民法院一审认为，财产所有权是指所有人依法对自己的财产享有占有、使用、收益和处分的权利。侵占国家的、集体的财产或者他人财产的，应当返还财产，不能返还财产的，应当折价赔偿。本案中根据原告连某贤提供的证据，足以证明原告系上海市浦东新区周浦镇瑞安路某房屋的合法产权人，依法享有占有、使用、收益和处分的权利，被告臧某林现已非上述房屋的产权人，被告已无权居住使用上述房屋，故原告要求被告迁出上述房屋应予准许，但鉴于本案的实际情况，应给予被告一定的时间，另行解决居住问题。被告辩称系争房屋属被告所有，其并未出售系争房屋等意见，与事实不符，也于法无据，法院不予采信。

上海市浦东新区人民法院判决被告臧某林于本判决生效之日起 2 个月内迁出上海市浦东新区周浦镇瑞安路某房屋。

臧某林不服一审判决，向上海市第一中级人民法院提起上诉，二审法院认为：本案的争议焦点在于，当所有权与占有权能发生分离的情况下，买受人是否可以其为房屋所有权人基于返还原物请求权要求房屋内的实际占有人迁出。

第一，生效判决已确认案外人李某以被告臧某林代理人身份与案外人谢某忠就系争房屋所签订的买卖合同无效，即第一手的房屋买卖并非原始产权人臧某林之真实意思表示，该买卖合同对臧某林自始不发生法律效力，其从 2008 年 8 月起居住在系争房屋内，并占有、使用该房屋至今具有合法依据，故产权人连某贤在其从未从出售方谢某忠处获得房屋实际控制权的情况下，径行要求实际占用人臧某林迁出，法院不予支持。

第二，在第二手的房屋买卖交易中，被上诉人连某贤与案外人谢某忠签订了系争房屋的房地产买卖合同并支付了相应对价，该买卖合同已经生效判决确认为有效合同，故对连某贤与谢某忠均具有法律约束力，双方均应依合同之约定履行相应义务。鉴于此，连某贤对系争房屋的权利应通过该房地产买卖合同的履行（包括房屋的权利交付以及实物交付）来实现。本案中，虽然连某贤已于 2012 年 4 月 5 日取得了系争房屋的房地产权证，完成了房屋的权利交付过程，但其自始未曾取得过系争房屋的占有、使用权。对此，连某贤应依据其与案外人谢某忠签订的房地产买卖合同之约定基于债权请求权向合同相对方主张权利。结合本案来看，由于第一手的买卖合同已被确认为无效，案外人谢某忠因自始至终没有合法取得过系争房屋而客观上无法向连某贤履行交付房屋的义务，故连某贤应向谢某忠主张因无法交付房屋导致合同无法继续履行的违约责任。

二审法院因此撤销了一审法院的判决，驳回连某贤要求臧某林迁出上海市浦东新区周浦镇瑞安路某房屋的诉讼请求。

【案例评析】

本案所涉及的法律争议问题主要有两个：首先，是涉案房屋的所有权的归属问题。这个问题非常复杂，本案中房屋所有权原属于被告臧某林，其房屋所有权是否转移于案外人谢某忠取决于是否有有效的买卖合同以及是否有有效的登记（若采物权行为理论还取决于是否有有效的物权合意），本案中因为所有人臧某林并未亲自出卖该房屋，也没有委托代理人出卖，代理人构成了无权代理，且未经臧某林追认，因此该出让合同被认定为无效，故案外人谢某忠并未取得涉案房屋所有权。当然在无权代理中，可能存在表见代理的问题，但是本案当事人并未就此争议，故谢某忠并未依据买卖合同取得涉案房屋所有权。但是由于房屋已经登记在谢某忠的名下，故谢某忠与原告签订房屋买卖合同并且完成了登记，故人民法院认定原告连某贤已经取得房屋所有权。连某贤取得房屋所有权的原因，应当是依据《民法典》第311条所规定的善意取得制度所取得的。当然对此，是否构成善意取得，尚有进一步讨论或者论证的地方。其次，是关于所有人是否得行使原《物权法》第34条（《民法典》第235条）的规定。一审法院认为，既然原告取得了涉案房屋所有权，自然得以行使原物返还请求权；而二审法院则认为原告虽然是房屋所有人，但是基于其尚未从出卖人处取得占有，故还不得行使返还原物请求权。我们认为一审法院的判决更符合法律理论以及原物返还请求权的规范意旨。

第二分编 所有权

第四章 一般规定

案例5：李某1、李某2诉张某某共有物分割纠纷案[1]

【法条指引】

《民法典》第240条，关于所有权权能的规定。

【案例事实与裁判】

李某1、李某2系李某某与其前妻所生之女、之子。任某1、任某2系张某某与其前夫所生之女、之子。李某某、张某某各自的原配偶亡故后，二人于1978年10月11日登记结婚。

朝阳区某房屋（以下称涉案房屋）系1991年李某某工作单位分配的公房。2012年，李某某与单位签署房屋买卖契约，购买了涉案房屋。该房屋总建筑面积64.20平方米，系两居室，有一个厨房，一个卫生间。2017年11月16日，李某某去世。

2018年，李某1将李某2、张某某、任某1、任某2诉至法院，主张对涉案房屋进行分家析产和遗产继承。经审理，法院一审判决涉案房屋由李某1享有33%的份额并继承16.75%的份额，由李某2继承16.75%的份额，由张某某享有33.5%的份额。张某某、任某1、任某2不服该判决，提出上诉，二审法院判决驳回上诉，维持原判。

涉案房屋的小间曾由李某1出租。2018年8月19日，张某某之子任某2强行将该房间房门打开，后张某某又将大门门锁更换，理由是不能让李某1、李某2打扰张某某的正常生活。李某1称其有自己的产权住房，

---

[1] 案例来源：北京市朝阳区人民法院发布老年人权益保护十大典型案例之四。

李某2称其一直未在涉案房屋居住，其住在自己的公租房内。张某某称自身患有心脏病，腰和腿脚不好，其从1991年分房时就一直在涉案房屋居住，没有其他住房，张某某母亲名下有一间承租平房，该房屋现由张某某的女儿任某1居住。因张某某不同意李某1、李某2使用涉案房屋，李某1、李某2诉至法院，要求将涉案房屋进行拍卖、变卖，并将所得价款按照双方各自的按份共有份额予以分割。

法院认为，根据生效判决，涉案房屋由李某1、李某2、张某某按份共有，在各方对房屋的占有、使用没有特别约定的情况下，各共有人对涉案房屋均有占有、使用的权利。关于李某1、李某2提出的分割方式，综合考虑双方的家庭成员关系、住房情况、涉案房屋的价值、张某某的年龄及其常年在涉案房屋居住等情况，法院认为现阶段不宜按照李某1、李某2提出的方式分割涉案房屋。李某1、李某2与张某某建立家庭成员关系也已经几十年，李某1、李某2之父与张某某重新组建家庭时，李某1、李某2尚未成年，双方应当珍视几十年形成的亲情和感情，互爱互敬、互谅互让，张某某不同意李某1、李某2使用涉案房屋没有法律依据，侵害了李某1、李某2的合法权益，双方应通过协商方式解决涉案房屋使用问题的分歧，故法院依据《物权法》第7条、第39条、第94条之规定，判决驳回了李某1、李某2的诉讼请求。

【案例评析】

现实生活中老年父母名下拥有房屋的情况较为普遍，老年父母一方去世后，在世的一方与子女对房屋形成共有关系的情况也较为常见。共有权人对共有财产享有占有、使用、收益和处分的权利，共有权人在法定情形下依法有权请求分割共有物，但共有权的行使、共有物的分割都应当遵守法律，还应当尊重社会公德，更不得损害公共利益和他人合法权益。在共有物分割时，还应当根据共有物的特点，合理选择共有物的分割方式。子女主张分割与父母共有的房屋时，应充分考虑老人对共有房屋的居住利益、老人身体状况、对房屋的情感寄托、双方之间的关系和感情、各自住房情况等因素，慎重选择以拍卖、变卖方式分割共有物。

第五章　国家所有权和集体所有权、私人所有权

案例6：徐某清等人与金秀瑶族自治县桐木镇桐木村民委解放街第三村民小组侵犯集体组织成员权益案

[（2011）金民初字第269号]

【法条指引】

《民法典》第 261 条，关于农民集体所有权归属及重大事项决定的规定。

【案例事实与裁判】

原告徐某清等人诉称：原告徐某清的丈夫巫某旺原户籍在解放街三组，由于某种原因外出平南县谋生，因病于 1985 年去世。1986 年，原告徐某清带其子女从平南县思旺镇崇秀村鱼鳞屯迁入被告村民小组。1988 年，被告将 0.85 亩责任田发包给原告经营，并于 1996 年签订《土地延包合同书》，原告依合同约定缴纳农业税，履行了相应的村民义务。之后，原告曾三次参与被告集体收益分配。2010 年，被告又将集体果园地发包所得收益款按每份 0.85 亩责任田 300 元分配，被告以原告原户籍不在解放街三组为由不分该款给原告。原告向桐木村委、桐木镇人民政府申请调处，因被告不同意原告参与分配，以致调解未果。原告认为其已落户被告集体，并且履行了村民义务，已是被告集体经济组织的成员，应享有与其他村民同等的分配集体收益的权利。为维护原告的合法权益，特具状请求法院判令被告给付原告集体收益分配款 300 元。

被告桐木解放街三组辩称：原告徐某清户是 1986 年迁入被告集体，1988 年参加抽签分得一份 0.85 亩责任田，及参加了集体公共用地道班背岭地租赁收益分配。但原告徐某清户迁入户口及分得责任田，都没有经过被告全体群众开会同意，且原告户当时已承诺不要被告的田地，也不参与分配。现原告要求参加收益分配的大岭果园地，在 1981 年时就已承包到

户，所以原告不能享有该地所得的收益。且被告是经村民大会讨论，一致决定不分给原告大岭果园地所得收益的，该决定是全体村民的意愿，符合法律规定。所以，原告的诉请没有事实和法律依据，请人民法院依法予以驳回。

广西壮族自治区来宾市金秀瑶族自治县人民法院经公开审理查明：巫某旺系被告解放街三组村民，1970 年在平南县思旺镇崇秀村鱼鳞屯与原告徐某清结婚并生活在该屯，先后共同生育了原告巫某娟、巫某松、巫某云、巫某炎、巫某峰等 5 个子女，因该屯集体认为巫某旺不是该屯村民，且徐某清系出嫁女，所以在 20 世纪 80 年代初落实家庭联产承包责任制时没有分配田地给巫某旺及徐某清等原告。巫某旺于 1985 年在平南县去世后，原告徐某清带其子女回到解放街三组，经被告集体同意，原告徐某清及其子女于 1986 年加入并取得被告解放街三组户籍。被告 1981 年已将责任田承包到户，后因部分村民农转非或去世，被告将该部分村民承包的责任田收回作为机动田，重新分配给新出生人口或新加入被告集体的人。1988 年，被告抽签分配 7 份机动田（每份 0.85 亩），原告徐某清户分得其中 1 份，其余为陈某明等 6 户分得。1996 年 1 月 1 日，被告与包括原告徐某清户在内的集体各户签订《土地延包合同书》，以确认各户承包土地的种类及面积，原告徐某清户承包有 0.85 亩水田，何某金、张某松等各户承包有水田及自留地，集体的林地、岭地等是否承包到户，《土地延包合同书》并没有写明。经庭审查明，除水田外，属被告集体所有的岭地、林地分别是平地岭、大岭（果园）及桥底岭。2008 年 1 月 10 日及 2010 年 4 月 18 日，被告分别按每份田（0.85 亩）160 元、80 元的分配方案，两次将出租平地岭所得的承包金发放给包括原告徐某清户在内的集体各户。2010 年 6 月 10 日，被告将出租大岭（果园）地所得的承包金 72000 元，按每份田（0.85 亩）300元的分配方案进行分配，同时以村民会议及部分村民签名的形式，决定不让原告徐某清户参与此次分配。原告先向桐木村委、桐木镇人民政府申请调处，因被告不同意支付大岭（果园）地收益款给原告致使调解未果。2010 年 8 月 13 日，原告以被告侵害其合法权益为由诉至本院，要求被告给付大岭（果园）地集体收益款 300 元。

广西壮族自治区来宾市金秀瑶族自治县人民法院经审理认为：公民、法人的合法民事权益受法律保护，任何组织和个人不得侵犯。出租或发包集体所有的不动产或动产所获得的集体收益，属于本集体成员集体共同所有，享有集体成员资格的人即享有分配集体收益的权利。在农村集体经济组织所在地生产、生活并依法登记常住户口的人，应当认定具有该集体经济组织成员的资格。原告徐某清户1986年户籍已确定加入被告解放街三组，1988年又从该组承包一份0.85亩责任田经营至今，后来又一直领取这份田的各种补贴，长期生产、生活在该组，且被告曾两次将出租平地岭所得的集体收益分配给原告，应当认定原告具有该集体经济组织成员的资格，享有与该集体经济组织其他成员同等的权益。被告提出原告徐某清户迁入户口及分得责任田，都没有经过被告全体群众开会同意，且原告户曾承诺不要被告的田地，也不参与分配的主张，因原告不予认可，被告亦未能提供有效证据予以证实，故法院不予采信。被告提出1981年已将大岭（果园）地承包到户的主张，亦未能提供证据予以证实，而何某金等户的《土地延包合同书》表明农户仅承包有水田及自留地，大岭（果园）地并未承包到户，故法院对该主张亦不予采信。被告此次大岭（果园）收益分配方案与原来的平地岭分配方案相似，按每份田（0.85亩）300元进行分配，即该集体成员的每份田（0.85亩）都应该分得300元。1988年与原告徐某清户同时抽签并各分得一份田的陈某明等六户，在此次大岭（果园）地收益分配中都分到了相应的款项，唯独没有分给原告，这显然与我国公平合理、村民待遇平等的民事法律原则相悖。综上所述，原告应当依法与被告集体其他成员一样享有同等的权益，该权益不允许也不能够任意由当事人的多数表决加以剥夺。虽然被告的村民大会讨论形式是其村民自治的表现，但其作出的大岭（果园）收益分配决定，却是对具有与其集体成员同等权益的原告不予分配，侵犯了原告享有的同等收益分配的权利，该部分决定内容应为无效。因此，原告的诉讼请求合法有据，法院依法予以支持。广西壮族自治区来宾市金秀瑶族自治县人民法院依照《民法通则》第3条至第5条，《物权法》第59条第1款、第63条第2款，《村民委员会组织法》第20条第2款，并参照《最高人民法院关于民事诉讼证据的若干规定》第2条、第76条之规定，作出如下判决：由被告金秀瑶族自治县桐木镇桐木村民委解放街第三村民小组于本判决生效后10日内给付原告徐某清、巫某娟、巫某松、巫某云、巫某炎、巫某峰大岭（果园）地集体收益分配款人民币300元。本案受理费50元，由被告广西壮族自治区来宾市金秀瑶族自治县桐木镇铜木村民委解放街第三村民小组负担。

【案例评析】

本案的核心问题在于：村民会议决议是否可以剥夺村民的集体收益分配权益？根据相关法律规定，在农村集体经济组织所在地生产、生活并依法登记常住户口的人，具有该集体经济组织成员的资格。一旦具备了该资格，则不论加入集体时间长短，出生先后，贡献大小，有无财产投入，都平等地享有包括收益分配权在内的农村集体经济组织成员权。村民会议是村民实现直接民主的基本形式，享有制定规章权、人事任免权、议事决策权、民主监督权等权力。虽然村民会议决议是村民自治的表现，但以村民会议决议的形式剥夺集体成员的收益分配权益，显然是对该成员合法权益的侵害，故该决议内容应为无效。

第六章 业主的建筑物区分所有权

案例7：上海市虹口区某大厦小区业主大会诉
上海某公司业主共有权纠纷案
[（2011）沪二中民（二）民终字第1908号]

【法条指引】

《民法典》第281条，关于建筑物及其附属设施的维修基金的所有权和筹集、使用的规定。

【案例事实与裁判】

2004年3月，被告上海某公司（以下简称某公司）取得上海市虹口区某大厦底层、二层房屋的产权，底层建筑面积691.36平方米、二层建筑面积910.39平方米。某公司未支付过上述房屋的专项维修资金。2010年9月，原告某大厦小区业主大会（以下简称业主大会）经征求业主表决意见，决定由业主大会代表业主提起追讨维修资金的诉讼。业主大会向法院起诉，要求某公司就其所有的某大厦底层、二层的房屋向原告缴纳专项维修资金57566.9元。被告某公司辩称，其于2004年获得房地产权证，至本案诉讼有6年之久，原告从未主张过维修资金，该请求已超过诉讼时效，不同意原告诉请。

上海市虹口区人民法院于2011年7月21日作出（2011）虹民三（民）初字第833号民事判决：被告某公司应向原告业主大会缴纳某大厦底层、二层房屋的维修资金57566.9元。宣判后，某公司向上海市第二中级人民法院提起上诉。上海市第二中级人民法院于2011年9月21日作出（2011）沪二中民二（民）终字第1908号民事判决：驳回上诉，维持原判。

法院生效裁判认为：《物权法》第79条规定，"建筑物及其附属设施的维修资金，属于业主共有。经业主共同决定，可以用于电梯、水箱等共有部分的维修"。《物业管理条例》第 54 条第 2 款规定："专项维修资金属于业主所有，专项用于物业保修期满后物业共用部位、共用设施设备的维修和更新、改造，不得挪作他用。"《住宅专项维修资金管理办法》第 2 条第 2 款规定："本办法所称住宅专项维修资金，是指专项用于住宅共用部位、共用设施设备保修期满后的维修和更新、改造的资金。"依据上述规定，维修资金性质上属于专项基金，系为特定目的，即为住宅共用部位、共用设施设备保修期满后的维修和更新、改造而专设的资金。它在购房款、税费、物业费之外，单独筹集、专户存储、单独核算。由其专用性所决定，专项维修资金的缴纳并非源于特别的交易或法律关系，而是为了准备应急性地维修、更新或改造区分所有建筑物的共有部分。由于共有部分的维护关乎全体业主的共同或公共利益，所以维修资金具有公共性、公益性。

《物业管理条例》第 7 条第 4 项规定，业主在物业管理活动中，应当履行按照国家有关规定缴纳专项维修资金的义务。第 54 条第 1 款规定："住宅物业、住宅小区内的非住宅物业或者与单幢住宅楼结构相连的非住宅物业的业主，应当按照国家有关规定交纳专项维修资金。"依据上述规定，缴纳专项维修资金是为特定范围的公共利益，即建筑物的全体业主共同利益而特别确立的一项法定义务，这种义务的产生与存在仅仅取决于义务人是否属于区分所有建筑物范围内的住宅或非住宅所有权人。因此，缴纳专项维修资金的义务是一种旨在维护共同或公共利益的法定义务，其只存在补缴问题，不存在因时间经过而可以不缴的问题。

业主大会要求补缴维修资金的权利，是业主大会代表全体业主行使维护小区共同或公共利益之职责的管理权。如果允许某些业主不缴纳维修资金而可享有以其他业主的维修资金维护共有部分而带来的利益，其他业主就有可能在维护共有部分上支付超出自己份额的金钱，这违背了公平原则，并将对建筑物的长期安全使用，对全体业主的共有或公共利益造成损害。基于专项维修资金的性质和业主缴纳专项维修资金义务的性质，被告某公司作为某大厦的业主，不依法自觉缴纳专项维修资金，并以业主大会起诉追讨专项维修资金已超过诉讼时效进行抗辩，该抗辩理由不能成立。原告根据被告所有的物业面积，按照同期其他业主缴纳专项维修资金的计算标准算出的被告应缴纳的数额合理，据此判决被告应当按照原告诉请支付专项维修资金。

【案例评析】

专项维修资金是专门用于物业共用部位、共用设施设备保修期满后的维修和更新、改造的资金，属于全体业主共有。缴纳专项维修资金是业主为维护建筑物的长期安全使用而应承担的一项法定义务。业主拒绝缴纳专项维修资金，并以诉讼时效提出抗辩的，人民法院应当如何处理？本案对于这一问题进行了回答。法院认为：专项维修资金是专门用于物业共用部位、共用设施设备保修期满后的维修和更新、改造的资金，属于全体业主共有。缴纳专项维修资金是业主为维护建筑物的长期安全使用而应承担的一项法定义务。业主拒绝缴纳专项维修资金，并以诉讼时效提出抗辩的，人民法院不予支持。

第七章　相邻关系

案例8：屠某炎诉王某炎相邻通行权纠纷案[1]

【法条指引】

《民法典》第288条，关于处理相邻关系的原则的规定。

【案例事实与裁判】

原告屠某炎因与被告王某炎发生相邻通行权纠纷，向浙江省余姚市人民法院提起诉讼。

原告屠某炎诉称：原告拥有泗门镇泗北村施家弄西路某号小屋两间半，建筑面积为113.05平方米。根据原告父亲的买房文契载明，原告在两间半小屋的东首有一扇历史通道的东大门长期供出入行路之用。原告与被告王某炎系继兄弟关系，被告住在东邻。原、被告双方为了方便生活和出入行路，在1991年2月20日签订了一份协议。协议约定，为了考虑原告对出道地和出入，由原告购买原告房屋南面的两间徐某明小屋为妥。协议经双方签字，并经多位村干部作证。然而，被告违背协议约定，于1996年偷偷向徐某明购买了本该由原告购买的两间小屋。被告于2000年将围墙打住，使原告两间小屋对出的道地也被被告打住了。2009年10月4日，被告乘原告上班时，用砖头将原告东大门砌住，使原告无法出入东门。原告将被告砌住的砖头敲掉，被告再次用花秆树枝堆放在原告东门处，使原告无法出入。原告父亲生前于1966年购买争议房时，在契约中明确约定，出入行路有朝东厢见门，向南进出无阻，道地公用，故原告既享有东大门出入行路的权利，又享有道地公共使用的权利。被告打围墙强占原告土地公共使用权，又用砖、柴堵住原告东门，又违约购买徐某明房屋，给原告居住带来不便，权利长期受侵。为此，请求法院判令：（1）被告排除原告

---

[1]　案例来源：《最高人民法院公报》2013年第3期。

东大门口的障碍物，确保原告出入行路通畅；（2）被告拆除围墙，被告围墙内土地供原、被告共同使用；（3）本案诉讼费用由被告负担。

原告屠某炎提供了以下证据：

1. 1966年3月17日房屋买卖契约1份，用于证明原告屠某炎享有父亲祖传房屋两间半，出入行路朝东，往南畅通无阻的事实。

2. 1991年2月24日协议书1份，用于证明被告王某炎违约向徐某明购买房屋，使矛盾埋下了种子的事实。

3. 原告屠某炎的土地使用证1份、照片6张，共同用于证明被告王某炎使用的围墙挡住了原告晒场的事实。

4. 证人杨某淼出具的"撤回先前证明的说明"1份，用于证明证人杨某淼已经撤回了被告王某炎提供的第3组证据中杨某淼的证明的事实。

被告王某炎辩称：原告屠某炎小屋东首确有一扇门，在几十年以前确有出入，因为那时被告房屋东首有出路，而原告小屋西首有条2米宽的沟，没有出入。但是随着村里的发展，十几年以前，被告的东首已无出入口，也要向西南首出入。原告西首的沟已经填成了马路，并且在西南首开了墙门供其出入，行路通畅。现原告已将其房屋出租给他人，并且东首的门已无实际作用而长期不用。被告考虑到双方安全，将原告所谓的"出路"用砖砌墙，这事也得到村委的认同。村委也认为时过境迁，村里已经作出新的规划，原告从自己家的西南首出入更为方便畅通，有利于原、被告两家的共同人身财产安全。如果原告从东首出入，不仅侵犯了被告的私有财产，造成了被告及家人生活上的不方便和不安全，原告自身也是不方便的。被告购买徐某明的房屋确系双方自愿，且已经通知原告，并经村委会同意，且原告在1991年前已经不是本村村民，无权购买本村房屋。因此，该地块使用权归被告享有，原告无权共同使用。

被告王某炎提供了以下证据：

1. 泗门镇泗北村村民委员会的情况说明1份，用于证明当地村委会认为原告屠某炎已经有西南出入行路，被告王某炎购买徐某明的房屋是经过村委会准许，被告可将原告东首间门砌墙堵住的事实。

2. 照片13张，用于证明原告屠某炎房屋已经有西南出入行路，并更为方便，被告王某炎没有妨碍原告出入行路的事实。

3. 证人杨某淼的证明1份、村里的收据1份，共同用于证明被告王某炎购买徐某明的房屋，已经征求了原告的意见，并且经过村里同意的事实。

4. 泗门镇泗北村村民委员会 2010 年 7 月 27 日的证明 1 份，用于证明原告屠某炎现在的出入是朝西南，1991 年原告的户籍已经不在该村的事实。

5. 被告王某炎的土地使用证 1 份，用于证明被告的土地使用范围的事实。

浙江省余姚市人民法院一审查明：1966 年 3 月 17 日，原告屠某炎的父亲屠某花与滕某仙签订了一份房屋买卖契约，约定屠某花向滕某仙购买坐落于余姚市泗门镇泗北村的房屋一套。在该买卖契约中注明："出入行路有朝东厢见门，向南进入无阻，道地公用。"屠某花去世后，该房屋归原告所有。原告的东邻为被告王某炎。1991 年 2 月 24 日，原告与被告签订协议书一份，该协议书约定"现因屋前有徐某明两间房屋，现经协商，如某明房屋出卖，应由屠某炎归买，但归买后要拆除，屠某炎道地按原住房对出 8 公尺，王某炎、屠某炎出入行路各人朝南过东，屠某炎房屋买进后拆除"。1991 年后，原告的户籍已经不在余姚市泗门镇泗北村。1994 年 5 月 31 日，原告取得了余集建（泗）字第 9400452 号集体土地建设用地使用证，用地面积为 265.62 平方米。1997 年 3 月份，被告购买了徐某明的房子，并向当时的村集体组织缴纳费用 400 元。2000 年，被告在原属徐某明房屋的后墙处打起了围墙。2006 年 11 月 14 日，被告取得了余集用（2006）第 11642 号集体土地建设用地使用证。2009 年 10 月份，原、被告双方发生纠纷，被告从自己的院子内用障碍物将原告原向东出行的门堵住。该纠纷经泗北村、泗门镇有关组织多次调解无果。

一审法院另查明，原告屠某炎的父亲屠某花 1966 年向滕某仙购买房屋时，西面是一条水沟，向西无法出行。后因泗北村的规划和发展，该房屋西面的水沟现已填上，并成为泗北村内的公共道路。1999 年，泗北村村民委员会将原告的出行路线调整为向西、向南出入。

浙江省余姚市人民法院一审认为：在买卖合同中，买受人受让的客体只能是出让人享有完全处分权的标的物。如果出卖人对有关标的物不享有处分权，不仅出卖人无权出卖，而且买受人也不可能通过与无权处分人签订买卖合同而取得相应的权属。在本案中，原告屠某炎的父亲屠某花生前于 1966 年向滕某仙购买房屋时，受让的客体应当是双方当事人约定的四址分明的、出让人滕某仙享有完全处分权的房屋所有权及相应土地使用权。滕某仙对于该房屋及相应四址分明的土地使用权之外的其他土地，客观上是不享有宅基地使用权和集体建设用地使用权的。因此，原告的父亲屠某花，也不可能通过与滕某仙签订的买卖合同，而取得滕某仙享有处分权之外的其他土地的宅基地使用权或者集体建设用地使用权的。虽然屠某花与滕某仙在买卖合同中载明了房屋"出入行路有朝东厢见门，向南进入无阻，道地公用"，但是该约定只是屠某花与滕某仙之间的约定，对第三人没有约束力。作为该房屋的相关权利人，包括滕某仙、屠某花以及本案原告屠某炎，在一定条件下，可以向东、向南出行，并非是基于对向东、向南土地的宅基地使用权或者集体建设用地使用权，而是基于民事法律规范的基本原理之一——相邻关系。所谓相邻关系，是指两个或两个以上的相互毗邻的不动产所有人或使用人，在行使对自己不动产的占有、使用、收益、处分等权益时，客观上必须对相邻的不动产产生影响时，相邻的不动产权利人必须承担最低限度的"容忍"义务。具体到本案，由于滕某仙出卖给屠某花房屋时，该房屋的西面是一条水沟，该房屋的权利人向西无法出行，根据当时的情况只能向东、向南出行，因此其东邻的有关权利人就应当允许其向东出行。即使原告的父亲屠某花与滕某仙当时签订的买卖合同中没有载明"出入行路有朝东厢见门，向南进入无阻，道地公用"的约定条款，原告的父亲根据相邻关系之原理，不仅可以，而且只能向东、向南出行并使用公共道地，但是这并不意味着原告的父亲就取得了向东、向南出行所必须使用的土地的宅基地使用权或者集体建设用地使用权。原、被告双方于1991年2月24日签订的协议书中，虽然也涉及了原告向东、向南出行的问题，但原告向东、向南出行的原因和基础与原告父亲生前享有向东、向南出行的原因和基础是一致的。因此，原告可以向东、向南出行，也不意味着原告就取得了向东、向南出行所必须使用的土地的宅基地使用权或者集体建设用地使用权。事实上，对于农村每一户宅基地使用权人，作为排他使用的空间只能是相关使用权证中确定的四址范围内的土地。对于该宅基地范围之外的出行路线，应当是遵从当地有关组织的道路规划和统一安排。有关的组织，根据当地的社会发展及客观现实，也有权适时作出相应的调整，相关的权利人也有义务遵守调整后的道路规划和出行安排。本案中，随着泗北村的发展变化，原告房屋西面的水沟现在已经填平，泗北村村民委员会也已经于1999年将原告的出行路线调整为向西、向南出行，原告宅基地的西南方向现在也已经安装了大门，出了该大门就是村里的街道。因此，原告现在从自己的西南方向大门出入，不仅符合村里的规划和安排，也有利于自己的使用和生活。从相邻关系的角度考虑，由于前所述及的原告现在已经拥有了方便的出行线路，因此原告现在从被告的宅基地内通过不仅不是必须的，而且对于原、被告双方的使用和生活都是不利的，也是不方便的。综上，原告的诉讼请求，没有法律依据，本院不予支持。

据此，浙江省余姚市人民法院依据《民法通则》第83条、《物权法》第84条的规定，于2011年1月17日判决：驳回原告屠某炎的诉讼请求。

屠某炎不服一审判决，向浙江省宁波市中级人民法院提起上诉称：(1) 一审法院认定事实错误。上诉人在东首出入行路不但是历史上的通道，也是各方约定的通行之路。1991年2月上诉人与被上诉人王某炎签订的协议书，可推断出被上诉人对原出入通道行走约定的追认，而且也可肯定上诉人房屋前面需要8公尺道地及相应通风和采光的权利。涉案通道和上诉人房屋南首围墙内的土地使用权，均不属于被上诉人的合法宅基地，被上诉人审批的土地使用权只有120平方米。(2) 一审判决缺乏正当性。相邻各方应本着有利于生产和生活的原则，彼此为对方承受权利的限制。被上诉人忍受上诉人向东首出入行路是基于历史上形成的习惯通道，同时也是双方协议书可推断出为上诉人便利的约束。被上诉人在上诉人房屋南首打围墙，严重影响上诉人房屋外观及通风采光。综上，请求二审法院撤销原判，依法改判。

被上诉人王某炎答辩称：上诉人的出行权问题，根据原来的情况，上诉人屠某炎小屋东首确实有一扇门，但现在情况已经改变，上诉人向被上诉人方向出入已经没有条件，而且该出行道路已经被村委会调整。上诉人的出行由自家西南首出入，更有利于上诉人与被上诉人的生活，有利于两家的人身、财产安全。关于被上诉人围墙一事，上诉人前面原本是该村村民徐某明的房屋，后来由被上诉人购买后建造了围墙。围墙有栅栏，比较通透，比原来对上诉人房屋的采光有利。请求二审法院驳回上诉，维持原判。

浙江省宁波市中级人民法院经二审，确认了一审查明的事实。

浙江省宁波市中级人民法院二审认为：由于时间的推移和村建设的发展，双方当事人房屋的出入通道和四周的道路发生了明显的变化。上诉人屠某炎房屋西面的水沟已经被填平，村委会于1999年将上诉人的出行路线调整为向西、向南出行，上诉人也在房屋院子的西南角开设了大门，出了大门就是村里宽阔的街道。因此，上诉人从自己的大门出入，不仅符合村里的规划和安排，也有利于自己的生产、生活。上诉人主张的东方向行路，虽曾是上诉人房屋的出入口，但现在该方向行路已经属于被上诉人王某炎的私人院子，上诉人欲打此进出，对双方均不方便，容易引发矛盾纠纷。上诉人房屋南面的围墙，系被上诉人在购入他人房屋后拆除而建造的，围墙的中上部是栅栏，对上诉人房屋的通风、采光影响不大，且比较原来的房屋对上诉人的影响更小。因此，上诉人要求从其房屋东边出入，被上诉人拆除围墙，拆除围墙后的土地供双方共同使用的主张，缺乏依据。上诉人主张的宅基地使用权问题，不属于本案的审理范围。综上，原审认定事实清楚，适用法律正确。上诉人的上诉，理由不能成立，法院难以支持。

据此，浙江省宁波市中级人民法院依照《民事诉讼法》第 153 条第 1 款第 1 项、第 158 条的规定，于 2011 年 4 月 15 日判决：驳回上诉，维持原判。本判决为终审判决。

【案例评析】

本案的核心问题在于：出卖人出卖不动产时，其基于相邻关系而在他人不动产上享有的通行等权利是否也能成为转让标的？所谓相邻关系，是指两个或两个以上相互毗邻不动产的所有人或使用人，在行使占有、使用、收益、处分权利时发生的权利义务关系。而相邻通行权，是指由于地理条件的限制，一方必须利用相邻一方所有或者使用的土地，取得通行等权利。由此可知，相邻通行权的权源基础是相邻关系，而非当事人之间的约定。根据我国《民法典》的相关规定，出卖人只能就自己享有处分权的标的物或权利进行出卖。所以，出卖人出卖不动产时，其基于相邻关系而在他人不动产上享有的通行等权利不能成为转让标的。即便当事人之间就通行权转让作了约定，该约定仅对双方当事人有效，不得约束第三人。当客观情况发生变化，买受人不再符合相邻关系要件时，第三人也可以拒绝买受人的通行要求。

第八章 共 有

案例9：刘某妤诉刘某勇、周某容共有房屋分割案

[（2015）渝五中法民再终字第00043号]

【法条指引】

《民法典》第297条，关于共有的界定与类型的规定。

【案例事实与裁判】

原告刘某妤因与被告刘某勇、周某容发生共有房屋分割纠纷，向重庆市綦江区人民法院提起诉讼。

原告刘某妤诉称：2011年11月，原、被告共同以28万元购买位于重庆市万盛经开区子如路某号房屋，其中原告占90%的房产，二被告各占5%的房产。2014年5月5日二被告未经原告同意，擅自对该房进行装修，损害了原告的合法权利。故请求依法分割位于重庆市万盛经开区子如路某号房屋，判决该房屋中属于二被告的10%的房屋产权部分分割归原告所有，由原告补偿二被告2.8万元；二被告赔偿其擅自装修给原告造成的损失5000元。

被告刘某勇、周某容辩称：该房屋系二被告出资购买，原告刘某妤还承诺给每平方米10元的装修费，至今未给。由于原告担心二被告在死前将房屋送与他人，原告要求其享有90%的产权，二被告予以同意。因此，该房屋属二被告所有，不同意原告的诉讼请求。

重庆市綦江区人民法院经一审查明：被告刘某勇、周某容系夫妻，原告刘某妤系二被告的独生女。2012年11月，刘某勇、周某容、刘某妤购买万盛经开区子如路某号房屋，合同约定刘某妤占90%，刘某勇、周某容各占5%。2014年5月，该房屋交付使用，同年8月办理了房屋产权证，载明该房屋为成套住宅，权利人为刘某勇、周某容、刘某妤，但未对产权份额予以明确。刘某妤与刘某勇、周某容因房屋装修发生争议，刘某妤于2014年6月2日书面通知二被告停止装修该房屋未果。审理中，二被告明

确表示不愿将其拥有的房屋产权份额转让。另查明，二被告仅有与刘某好共有的一套房屋居住，现暂住他人房屋。

重庆市綦江区人民法院一审认为：公民的合法财产权益受法律保护。原告刘某好，被告刘某勇、周某容按份共有的该房屋是双方基于居住目的而购买，该房屋系成套住宅，是一个整体，具有不可分性。双方虽作为按份共有人有权转让自己享有的份额，但不能未经其他按份共有人同意而强行购买他人享有的份额，二被告不同意将自己享有的份额转让，符合法律规定，原告应当尊重二被告的意见。现二被告无其他房屋居住，上述房屋是其唯一可行使居住权的场所，二被告为安度晚年生活，有权居住。二被告与原告间的父母子女特殊关系，从赡养关系上原告亦应支持二被告居住该房屋，且二被告装修房屋并未造成原告损失。综上，原告的诉讼请求从法律上、道义上均不能成立。

综上，重庆市綦江区人民法院依照《民法通则》第78条，《物权法》第93条、第94条、第99条之规定，于2014年9月9日判决：驳回原告刘某好的诉讼请求。

刘某好不服一审判决，向重庆市第五中级人民法院提出上诉称，刘某勇、周某容擅自装修涉案房屋，侵犯其知情权和处分权；刘某勇、周某容除涉案房屋外，可以到苏州与刘某好共同居住，并非只有一套住房可居住；一审判决认定刘某好强行购买他人份额不当，刘某好只是要求分割共有财产。请求撤销一审判决，改判支持其诉讼请求。刘某勇、周某容答辩称，一审判决正确，应予以维持。

重庆市第五中级人民法院经二审，确认了一审查明的事实。另查明，被上诉人刘某勇、周某容在二审审理期间入住涉案房屋。

重庆市第五中级人民法院二审认为：该房屋产权证载明涉案房屋的权利人为被上诉人刘某勇、周某容及上诉人刘某好，但未载明权利人是共同共有还是按份共有，故涉案房屋应为各权利人共同共有。虽然刘某勇、周某容、刘某好在房屋买卖合同中约定了各自的权利份额，但该约定只能视为权利人内部约定，不具有公示效力。按照《物权法》第99条规定，"……共同共有人在共有的基础丧失或者有重大理由需要分割时可以请求分割"。本案中，刘某好未举示证据证明其请求分割涉案房屋符合法律规定，故刘某好上诉理由不成立，一审判决结果正确，应予维持。

综上，重庆市第五中级人民法院依照《民事诉讼法》第170条第1款第 1 项的规定，于 2015 年 1 月 14 日作出判决：驳回上诉，维持原判。

刘某好仍不服，以有新证据证明原判错误为由，申请再审。重庆市第五中级人民法院于 2015 年 5 月 11 日裁定进行再审。

再审申请人刘某好申请再审称：现有新证据证明涉案房屋系刘某好与被申请人刘某勇、周某容按份共有，且刘某勇、周某容的退休金每月共计 7000 元左右，可以租房居住，也可以到苏州与刘某好共同居住，涉案房屋并非刘某勇、周某容的唯一住房。刘某好享有 90% 的份额，依据《物权法》第 97 条之规定，刘某好有权主张折价分割该房屋，也有权处分该房屋。现愿意以 4 万元作价收购刘某勇、周某容的份额。

被申请人刘某勇、周某容答辩称：购买该房屋资金来源于变卖我们的其他房屋的价款和刘某好返还我们的 6 万元。当时房屋购买合同中约定给予刘某好 90% 的份额，是我们疼爱女儿的表现。我们与刘某好性格不合，生活习惯不一样，双方关系不睦，不愿到苏州与刘某好共同生活。该房屋系我们退休后养老居住房屋，不愿意租房居住。因担心刘某好取得完全产权后处分房屋而致我们无房居住，不同意将我们享有的份额转让与刘某好，并承诺有生之年不转让处分享有的份额，我们去世后其份额归刘某好所有。主张维持原判。

重庆市第五中级人民法院经再审，确认原一、二审查明的事实。另查明，再审申请人刘某好提供房地产管理部门对该房屋重新颁发的房屋产权证证明，涉案房屋系被申请人刘某勇、周某容及刘某好按份共有，刘某勇占产权的 5%、周某容占产权的 5%、刘某好占产权的 90%。刘某勇、周某容提供的房款收据证明，购房款大部分系刘某勇、周某容出资。

重庆市第五中级人民法院再审认为：现有新证据证明，本案讼争房屋系被申请人刘某勇、周某容及再审申请人刘某好按份共有。单从《物权法》第 97 条之规定看，刘某好占份额 90%，有权决定本案讼争房屋的处分，但本案中刘某勇、周某容与刘某好系父母子女关系，双方以居住为目的购房，从购房的相关证据看，大部分房款由刘某勇、周某容出资，刘某勇、周某容购房时将大部分财产份额登记在刘某好名下，超出刘某好出资部分，具有赠与性质，系父母疼爱子女的具体表现。"百善孝为先"一直是中国社会各阶层所尊崇的基本伦理道德。孝敬父母乃"天之经、地之义、人之行、德之本"，是中国传统伦理道德的基石，是千百年来中国社会维系家庭关系的重要道德准则，是中华民族优秀的传统美德。亲子之爱是人世间最真诚、最深厚、最持久的爱，为人子女，不仅应在物质上赡养父母，满足父母日常生活的物质需要，也应在精神上慰藉父母，善待父母，努力让父母安宁、愉快地生活。从刘某妤陈述及提交的《承诺书》看，刘某妤仍存有赡养父母之念，值得肯定和发扬。目前刘某勇、周某容与刘某妤之间存在较深的误解与隔阂，双方生活习惯差距较大，刘某勇、周某容多年在本土生活，不愿去苏州与刘某妤共同居住生活，刘某勇、周某容对居住地和居住方式的选择应予尊重，他人不应强求。刘某妤虽然承诺财产份额转让后，可由刘某勇、周某容居住使用该房屋至去世时止，但双方目前缺乏基本的信任，刘某勇、周某容担心刘某妤取得完全产权后变卖房屋而导致其无房居住，具有一定合理性。刘某勇、周某容承诺有生之年不转让处分享有的份额，去世之后其份额归刘某妤所有，刘某勇、周某容持有的财产份额价值较小，单独转让的可能性不大，刘某妤担心父母将其财产份额转让他人，无事实根据，且刘某妤承诺该房由其父母继续居住，目前要求其父母转让财产份额并无实际意义，徒增其父母的担忧，不符合精神上慰藉父母的伦理道德要求，并导致父母与子女之间的亲情关系继续恶化。《物权法》第7条明确规定："物权的取得和行使，应当遵守法律，尊重社会公德，不得损害公共利益和他人合法权益。"综上，刘某妤要求其父母转让财产份额的诉求与善良风俗、传统美德的要求不符，法院不予支持。本院二审判决认定为共同共有不当，导致适用法律有瑕疵，应予纠正，但判决结果正确，应予维持。

综上，重庆市第五中级人民法院依照《民事诉讼法》第207条第1款、第170条第1款第1项，《最高人民法院关于适用〈中华人民共和国民事诉讼法〉的解释》第407条第1款，《物权法》第7条之规定，于2015年9月10日判决：维持该院（2014）渝五中法民终字第06040号民事判决。

【案例评析】

父母出资购房将产权登记在子女名下，具有赠与性质。子女不仅应在物质上赡养父母，也应在精神上慰藉父母，努力让父母安宁、愉快地生活。子女对父母赠与的房屋依据《民法典》行使物权，将损害父母生活的，人民法院可依物权编的规定不予支持。

第九章 所有权取得的特别规定

案例 10：张某才与徐某荣返还原物纠纷案
[（2021）京 01 民终 2594 号]

【法条指引】

《民法典》第 311 条，关于善意取得构成要件的规定。

【案例事实与裁判】

陈某 2 与徐某荣原系夫妻关系，陈某 1 系二人之女。陈某 1 与林某 2 原系夫妻关系，二人于 2009 年离婚，林某 1 系二人之女。陈某 2 于 2011 年 10 月去世，陈某 2 的父母已于 1988 年去世。2008 年 10 月 16 日，拆迁人北京天时房地产开发有限公司与被拆迁人陈某 2 签订《昌平区大汤山村集体土地住宅房屋拆迁货币补偿协议》，确定陈某 2 在拆迁范围内的房屋面积为 201.67 平方米，宅基地为 269.66 平方米，户籍人口 5 人，分别为陈某 2、徐某荣、陈某 1、林某 2、林某 1。2008 年 10 月 16 日，出卖人大汤山村委会与买受人陈某 2 于 2008 年 10 月 16 日签订《安置房屋购买合同》，约定陈某 2 购买的第一套楼房为 8 号楼 3 单元 5 层 2 门，建筑面积 96 平方米，总价 134400 元。案涉房屋至今未进行产权登记，陈某 2 去世后，陈某 2 的继承人陈某 1、徐某荣于 2012 年 11 月 8 日签订《房屋过户协议书》，约定将案涉房屋产权过户至徐某荣名下。陈某 1、徐某荣签字确认，大汤山村委会加盖了印章。双方约定的"过户"实为到村委会备案。2013 年 3 月 1 日，出卖方陈某 1 与购买方张某才签订《房屋买卖合同》，陈某 1 将案涉房屋以 470000 元的价格卖给张某才。张某才于 2013 年入住案涉房屋。2017 年 11 月 24 日，陈某 1、林某 1 与张某才签订《补充协议》，对 2013 年 3 月 1 日签订的《房屋买卖合同》进行了确认，还对到大汤山村委会过户（实为到村委会备案）一事进行了约定。张某才提供的 4 张由陈某 1 出具的收据显示，陈某 1 共收到张某才房屋首付款和房费共计 705000 元。张某才称其按照陈某1的要求增加了购房款后,陈某1才将盖了大汤山村委会印章的双方于2014年1月19日签订的《房屋过户协议》交给他,该协议约定陈某1将案涉房屋产权过户(实为到村委会备案)到张某才名下。该协议加盖的印章为"北京市昌平区小汤山镇大汤山村村民委员会",比大汤山村委会的印章多一个"村"字,系假章。2019年5月28日,大汤山村委会出具《说明》:我村村民徐某荣,大汤山村2008年旧村改造时该村民家庭分得安居房两套,12号楼4单元301室及8号楼3单元502室。截至目前该村民8号楼3单元502室房屋,村内无买卖记录。2019年6月3日,大汤山村委会出具《证明》,证明案涉房屋为徐某荣的房产,2008年至2017年3月的取暖费都由房主本人徐某荣承担并缴纳,大汤山村从未收取过该房屋的物业费和卫生费。2020年9月10日,林某1出具《证明》:我叫林某1,是陈某1的女儿。2008年,因北京市昌平区64号院拆迁,我作为被腾退安置人之一。2012年11月8日,我和我母亲均同意将案涉房屋过户至徐某荣名下,并经大汤山村委会盖章批准。现上述房产是徐某荣个人的产权,我特此证明上述事项且认可上述情况。2020年9月10日,林某2出具《证明》:我叫林某2,与陈某1原系夫妻关系。2009年,我与陈某1离婚。2008年,因北京市昌平区64号院拆迁,我作为被腾退安置人之一。2009年离婚时,我已明确表示放弃我应享有的拆迁权益,徐某荣本人已向我支付了10万元作为补偿。故基于64号院的所有拆迁利益已与我无关。现位于北京市昌平区某处8号楼3单元502室楼房与我无关,是徐某荣的房子,我特此证明上述事项且认可上述情况。

在一审庭审中,徐某荣起诉的案由是排除妨害纠纷,对于起诉要求张某才腾空案涉房屋的原因,徐某荣有不同表述,分别是:徐某荣作为案涉房屋的权利人,针对张某才无权占有的行为有权要求腾退;与张某才签订的《房屋买卖合同》《房屋过户协议》无效,租赁关系解除后张某才无权占有。

法院经审理认为,根据双方争议的基本事实以及徐某荣的诉讼请求,本案系物权纠纷,徐某荣有关合同无效、租赁关系解除的主张均不在本案审理范围。徐某荣的诉讼请求是判令张某才将案涉房屋腾空并交付给徐某荣,结合徐某荣和物权纠纷有关的主张,本案的案由应为返还原物纠纷,一审法院将本案的案由认定为排除妨害纠纷不妥,本院予以纠正。无处分权人将不动产或者动产转让给受让人的,所有权人有权追回;在未取得所有权之前，权利人有权追回。陈某2去世后，陈某1、林某2、林某1均表示案涉房屋归徐某荣所有。案涉房屋虽然目前尚未进行产权登记，不能称对案涉房屋享有所有权，但徐某荣应为案涉房屋的权利人。陈某1在没有处分权的情况下将案涉房屋转让给张某才，权利人徐某荣有权追回。徐某荣起诉要求张某才腾空案涉房屋并交付给徐某荣，有事实和法律依据，本院予以支持。一审法院判决支持徐某荣诉讼请求的判决结果正确，本院予以确认。因本案并不涉及陈某1与张某才签订的《房屋买卖合同》《房屋过户协议》以及陈某1、林某1与张某才签订的《补充协议》的效力，本院对张某才有关本案遗漏必须参加诉讼的当事人的上诉理由不予采信。案涉房屋返还徐某荣后，张某才未能购买案涉房屋的法律后果可另行主张。最终判决张某才于本判决生效之日起30日内将案涉房屋腾空并交付徐某荣。

【案例评析】

本案为关于善意取得认定标准的典型案例。本案的一个亮点在于在所有权未正式登记的情形下，是否可以适用权利人的追回权。本案中对于这一问题进行了肯定的回答，本案中，虽然徐某荣并未取得房屋的正式登记，但结合本案案情以及有关证据，可以认定徐某荣对于该案涉房屋拥有相应权利，因此可以请求追回。本案中一个焦点问题在于，是否可以适用善意取得规则确认张某才取得房屋所有权？本案并不具备相应条件。现陈某1将案涉房屋卖给张某才属无权处分行为，且房屋实际权利人徐某荣也并未追认，张某才无权取得房屋的物权。张某才有正当理由相信陈某1具有签订房屋买卖合同的代理权限，张某才已善意取得案涉房屋。张某才举示的证据材料不足以证明徐某荣对陈某1有出售房屋的委托，亦无法证明其有理由相信陈某1有出售房屋的代理权。并且张某才无法提供其支付购房款的转账明细，因此法院无法确认其为善意受让人。

第三分编　用益物权

第十章　一般规定

案例 11：陈某棕诉亭洋村征地补偿款纠纷案[1]

【法条指引】

《民法典》第 243 条、第 245 条、第 327 条，关于征收补偿的规定；《民法典》第 332 条、第 337 条、第 338 条，关于土地承包经营权期限及效力的规定。

【案例事实与裁判】

原告一家四口是被告亭洋村一组的村民。1996 年 1 月 5 日，原告代表全家承包了亭洋村一组的 1.54 亩土地，该土地承包关系得到厦门市同安区人民政府于 1998 年 12 月 31 日颁发的《土地承包经营权证》的确认。2002 年 7 月 23 日，被告亭洋村村委会与厦门如意食品有限公司（以下简称如意食品公司）签订土地征用协议，由如意食品公司向亭洋村村委会支付土地补偿款、安置款及青苗补偿款后，征用亭洋村的旱地 69.8 亩，其中包括原告承包的 1.16 亩土地。亭洋村一组在向承包土地被征用的各户村民发放土地补偿款时，不给原告一家发放。原告请求判令亭洋村一组和亭洋村村委会给原告支付土地征用补偿款、安置款共计 17400 元。

被告亭洋村一组辩称：原告一家四口原来虽是本组村民，并在本组承包过土地，但自 2002 年 1 月 21 日，原告一家已将户口迁出本村并转为非农户。其原承包的土地，已由本组按村规民约形成的惯例，重新调整给其

---

〔1〕 案例来源：《最高人民法院公报》2005 年第 10 期。

他村民承包。本组土地被征用后，土地补偿款、安置款等，均已如数发放给相关农户。由于自2002年1月21日后，原告已不是本集体经济组织的成员，没有承包经营的土地被征用，故无权请求分配征地补偿款。原告即使仍持有前几年发放的《土地承包经营权证》，也改变不了这一事实，因此其诉讼请求应当驳回。

一审人民法院认为，《民法通则》第71条规定："财产所有权是指所有人依法对自己的财产享有占有、使用、收益和处分的权利。"第74条第2款规定："集体所有的土地依照法律属于村农民集体所有，由村农业生产合作社等农业集体经济组织或者村民委员会经营、管理。已经属于乡（镇）农民集体经济组织所有的，可以属于乡（镇）农民集体所有。"原告陈某棕一家原来虽是被告亭洋村一组的村民，但因其一家已于2002年1月21日迁往大同镇居住，户别也转为非农户，故已丧失了作为农业人员承包土地的权利。亭洋村一组依法收回陈某棕一家承包的土地，是合理的。陈某棕一家承包该地享有的权利及应尽的义务随之消灭。此后，该承包土地于2002年7月23日被征用。陈某棕一家虽于2002年7月24日回迁亭洋村，但仍保留非农业户性质。故陈某棕请求亭洋村一组及被告亭洋村村委会给其支付征地补偿安置款，理由不能成立，不予支持。

一审宣判后，原告陈某棕不服，提出上诉。二审人民法院认为，《民法通则》第4条规定："民事活动应当遵循自愿、公平、等价有偿、诚实信用的原则。"《土地管理法》第14条第1款规定："农民集体所有的土地由本集体经济组织的成员承包经营，从事种植业、林业、畜牧业、渔业生产。土地承包经营期限为三十年。发包方和承包方应当订立承包合同，约定双方的权利和义务。承包经营土地的农民有保护和按照承包合同约定的用途合理利用土地的义务。农民的土地承包经营权受法律保护。"第2款规定："在土地承包经营期限内，对个别承包经营者之间承包的土地进行适当调整的，必须经村民会议三分之二以上成员或者三分之二以上村民代表的同意，并报乡（镇）人民政府和县级人民政府农业行政主管部门批准。"《农村土地承包法》第26条第1款规定："承包期内，发包方不得收回承包地。"第2款规定："承包期内，承包方全家迁入小城镇落户的，应当按照承包方的意愿，保留其土地承包经营权或者允许其依法进行土地承包经营权流转。"第3款规定："承包期内，承包方全家迁入设区的市，转为非农业户口的，应当将承包的耕地和草地交回发包方。承包方不交回的，发包方可以收回承包的耕地和草地。"

农民到城市落户，是社会发展趋势，然而适合小城镇特点的社会保障制度，还在积极探索和建立中。目前农民进入小城镇后，无论户口类别是否改变，都还不能确保享受到基本生活保障。《农村土地承包法》之所以规定"承包方全家迁入小城镇落户的，应当按照承包方的意愿，保留其土地承包经营权或者允许其依法进行土地承包经营权流转"，主要是考虑土地是农民的基本生活保障，在农民进入小城镇后的基本生活保障尚未落实时，如果收回他们的承包地，可能使他们面临生活困难。

2002 年 1 月 21 日以前，上诉人陈某棕及其家人居住在亭洋村，是被上诉人亭洋村村委会和亭洋村一组的村民。《土地承包经营权证》证明，陈某棕一家在亭洋村一组承包了土地，承包期至 2028 年 12 月 31 日。陈某棕签字同意的《新乡村征地表决书》，不仅可以证明陈某棕承包的部分土地在此次征地范围内，还可以证明在该土地被征用前，亭洋村村委会和亭洋村一组承认陈某棕对这部分土地享有承包经营权。在承包期内，陈某棕一家的土地承包经营权，依法应当受到保护。2002 年 1 月 22 日至 7 月 24日期间，陈某棕一家的户口虽然迁离亭洋村并转为非农业户，但其不是迁往设区的市，而是小城镇。在此期间，陈某棕一家在亭洋村承包的土地，应当按照其意愿保留土地承包经营权，或者允许其依法进行土地承包经营权的流转。亭洋村村委会和亭洋村一组没有证据证明陈某棕承包的旱地已经在征用前被调整给其他村民，即使能证明此事属实，这种做法也由于不符合《土地管理法》第 14 条第 2 款和《农村土地承包法》第 26 条第 1款、第 2 款的规定，不能受到法律保护。因此，陈某棕诉请比照其他村民的标准获得征地补偿款（即每亩 1.5 万元 × 1.16 亩 = 17400 元），符合法律规定，应当支持。一审判决认定事实不清，适用法律错误，依法应当改判。

【案例评析】

本案虽然发生在《民法典》生效之前，但是该案二审裁判所依据的法律规则与《民法典》第 327 条完全一致，也即国家在征收土地时应当依据《民法典》第 243、245 条的规定给予用益物权人以补偿。本案中，原告虽然搬离了原村集体，但是其土地承包经营权并未消灭，故有权获得相应的补偿。

第十一章　土地承包经营权

案例12：刘某奎诉刘某全土地承包经营权纠纷案
[（2017）云06民终1216号]

【法条指引】

《民法典》第330条，关于双层经营体制与土地承包经营制度的规定。

【案例事实与裁判】

原告刘某奎和被告刘某全系亲兄弟，已各自成家有自己的妻室儿女多年，父母均已过世。其父母共生育子女5个即刘某聪、刘某善、刘某芬、刘某奎（原告）、刘某全（被告），全家均居住在同一村民委员会。

我国实行农村土地承包到户时，双方的大哥刘某聪系非农业人口，未参与承包土地，二哥刘某善因分家另立户口成为单独的承包户，姐姐刘某芬也因出嫁另成为其他承包户内成员。因刘某奎常在外做生意不在家，土地承包时，就以刘某全为承包户代表承包了本村八组的农村土地3.22亩，加自留地0.6亩共3.82亩，承包户内成员为刘某全的父母及其妻子共4人。1999年，国家实行第二轮土地延包时，双方争议的土地承包关系未发生变化，延续至今，争议承包地和自留地也一直由刘某全经营管理至今，其间，部分争议地块已流转给他人或被征收。因国家建设和相邻土地流转或被征收，争议地块地貌已发生严重变化，四至界限已分辨不清。因刘某奎要求被告刘某全分割3.82亩土地的一半归其使用和土地收益未遂，双方引发纠纷。该纠纷经镇、村人民调解委员会调解未果。

2017年2月10日，刘某奎向巧家县人民法院起诉，巧家县人民法院以土地承包经营权纠纷立案。刘某奎诉称，刘某全独占其承包户内土地和自留地的行为严重侵犯其合法权益，请求判令被告分割1.91亩土地归其使用、收益。庭审中，法院根据庭审查明的事实，结合刘某奎的诉讼请求，已依法告知刘某奎其请求应向有关行政主管部门申请解决，但刘某奎以此前多次找过政府解决未果为由不予同意。

云南省巧家县人民法院经审理认为，根据原告诉讼请求主张的民事法律关系性质，本案案由应为土地承包经营权确认纠纷。原、被告系同一土地承包户内成员，其承包关系自第一轮土地承包到1999年延包，至今未发生改变，原告的请求，依法应向有关行政主管部门申请解决。在法院依法告知原告应向有关行政主管部门申请解决后，原告坚持诉讼，其起诉因不属于人民法院受理民事诉讼的范围应依法予以驳回。遂依照《民事诉讼法》第119条第4项、第154条第1款第3项的规定，裁定驳回了原告刘某奎的起诉。

裁定下发后，原告刘某奎不服，向昭通市中级人民法院上诉，昭通中院经审理，依法作出了维持一审裁定的裁定。

【案例评析】

本案涉及的土地使用权纠纷在基层法院已成为一大类案件。

首先，应当明确我国农村土地的承包主体是承包户，而非户内成员。

《农村土地承包法》第1条规定："为了巩固和完善以家庭承包经营为基础……"，第3条第2款规定："农村土地承包采取农村集体经济组织内部的家庭承包方式……"，第16条规定："家庭承包的承包方是本集体经济组织的农户"，原《物权法》第124条第1款规定："农村集体经济组织实行家庭承包经营……"，显然，农村土地的承包主体是承包户，而非户内成员，明确这个大前提后，当户内成员因未实际取得土地经营权而诉至法院的，就不会错误适用"承包户之间"因土地承包经营权诉至法院的法律规定，致错误处理案件了。

其次，同一农村土地承包户内成员因未实际取得土地承包经营权提起民事诉讼，人民法院对原告当事人负有法律告知义务。

《最高人民法院关于审理涉及农村土地承包纠纷案件适用法律问题的解释》第1条第2款明确规定："集体经济组织成员因未实际取得土地承包经营权提起民事诉讼的，人民法院应当告知其向有关行政主管部门申请解决。"这就是说，这类案件诉到人民法院，立案部门应当依照《民事诉讼法》第127条第3项的规定，告知原告其权益的正当维护途径，这对于人民法院来说是一个法定动作。如果立案部门没有这样做，或者从诉状上难以明了上述法条涉及的基础事实，到了审判环节，承办案件的业务部门仍然必须完成上述法定告知义务。

最后，原告坚持起诉应正确处理。

当人民法院履行了上述告知义务后，原告坚持诉讼的，即可依照原告的起诉不符合《民事诉讼法》第122条第4项规定，即不属于人民法院受理民事诉讼的范围，裁定驳回其起诉。

我国农村土地是以承包户为承包主体进行发包。同一农村土地承包户内成员因未实际取得土地承包经营权提起民事诉讼的，法院应当告知其向有关行政主管部门申请解决；坚持诉讼的，依法裁定驳回起诉。由此，这类案件的处理，其规定是明确的，不应有分歧。两级法院对本案的处理完全正确。

第十二章　建设用地使用权（略）

第十三章　宅基地使用权

案例 13：陈某进与杨某志农村宅基地房屋产权归属纠纷上诉案
[（2009）通中民一终字第 0087 号]

【法条指引】

《民法典》第 362 条，关于宅基地使用权的规定。

【案例事实与裁判】

原告陈某进与被告杨某志为连襟关系，陈某进家庭为农业户口，杨某志家庭为城镇居民户口。1995 年 6 月 6 日，陈某进因其位于海安镇人民东路的住宅被列入拆迁，与海安县城镇房屋拆迁事务所签订了房屋拆迁补偿安置协议。后陈某进因家中经济较为拮据，拿出拆迁补偿款中的 3 万元给杨某志，请其购买建房材料。1995 年 7 月，陈某进以妻子刘某兰名义在海安镇海园村六组申请建房。原被告经协商在批准地址共同建房，所建房屋分东、西两个独立使用单元。房屋建成后，陈某进家居住东侧单元，杨某志家居住西侧单元。后陈某进、杨某志的岳父因故从上海返回海安，参与帮助双方核对了建房账目，并确定双方各半分摊建房费用。杨某志于 1998 年 7 月将其家庭户口迁至该合建房处，为海安镇海园路某号。2001 年 8 月，陈某进领取了所建房屋的土地使用权证，2006 年 8 月领取了海园路某号部分房屋的所有权证。2008 年 3 月 10 日，陈某进以杨某志系借用，现儿子结婚需用房为由，诉请杨某志迁出。

江苏省海安县人民法院经审理认为：原、被告双方基于亲戚关系共同建房，建成后双方已实际分别居住十多年，双方共同建房的行为并不为法律所禁止。虽然由于房屋产权的特有属性以及我国土地政策的规定，不能认定被告为讼争房屋的共同所有权人，但其因参与共同建房而居住讼争房屋的西侧单元，系合法占有、使用。原告认为被告系向其借住房屋，无证据佐证。原告在没有对被告占有使用房屋进行对价补偿的情况下，要求其腾让房屋显然是不恰当的。遂判决驳回原告诉讼请求。

宣判后，陈某进不服一审判决，提起上诉。称杨某志非农业户口，其不得在集体土地上建房。

江苏省南通市中级人民法院经审理认为，由于我国土地政策对农村宅基地使用权人有身份方面的特殊要求，致杨某志无法取得讼争之房的所有权证，但共同建房行为法律并未禁止，杨某志基于共建行为而占有、使用讼争之房的西侧单元亦不违反法律规定。因此，在双方未能协商一致的情况下，陈某进要求杨某志腾让所居住的房屋，法院不予支持。判决驳回上诉，维持原判。

【案例评析】

农民与非本集体经济组织成员在宅基地上共建住宅时，往往约定房屋产权分配份额。但由于政策禁止非本集体经济组织成员取得宅基地使用权及地上房屋，共建人中只有本集体经济组织成员一方能取得宅基地使用权证和房屋产权证，另一方对房屋的权利则处于不确定状态。我国的法律、行政法规并未禁止非本集体经济组织成员取得宅基地上房屋，因此，此类共建合同应认定合法有效，其应能取得共建房屋分得份额的所有权。

第十四章　居住权

案例 14：王迪诉王家和居住权纠纷案

[（2021）京 03 民终 12983 号]

【法条指引】

《民法典》第 368 条、第 371 条，关于居住权设定的规定。

【案例事实与裁判】

王迪（化名）系王家和（化名）与李芳（化名）所育之女，王家和与李芳早年离婚，王迪随王家和共同生活在涉案房屋内。后王家和与张杨（化名）再婚，王迪称张杨不让其在涉案房屋内居住，要求确认对涉案房屋享有居住权。

原告王迪诉称，她是王家和与李芳的女儿。王家和与李芳早年离婚，双方协议王迪由王家和抚养，涉案房屋归王家和所有，王家和承诺王迪可随他共同生活在涉案房屋内。后王家和与张杨再婚，婚后，张杨将王迪赶出家门，不让她居住在涉案房屋内。为维护合法权益，王迪诉至法院，要求确认对涉案房屋享有居住权。

被告王家和辩称，他与前妻离婚时约定王迪归他抚养，所以前妻才同意涉案的房屋归其所有，他还保证王迪可以在海淀上学，可以在涉案房屋中居住。2008 年，涉案房屋产权进行了变更，增加了张杨为房屋共有权人，王家和与张杨各占 50% 的份额。他认为王迪对涉案房屋有居住权，同意王迪的诉讼请求。

被告张杨辩称，不同意王迪的全部请求。王迪对涉案房屋不享有任何权利，涉案房屋是王家和与其按份共有，各占 50% 份额。涉案房屋未设置任何用益物权，根据物权法定的原则，王迪主张居住权无任何法律依据。

法院经审理后认为，《最高人民法院关于适用〈中华人民共和国民法典〉时间效力的若干规定》第 3 条规定，《民法典》施行前的法律事实引起的民事纠纷案件，当时的法律、司法解释没有规定而《民法典》有规定的，可以适用《民法典》的规定，但明显减损当事人合法权益、增加当事人法定义务或者背离当事人合理预期的除外。关于居住权，《民法典》施行前的法律未有相关规定，本案可以适用《民法典》的规定。

本案中，王迪依据王家和与李芳签订的离婚协议及王家和单方书写的承诺主张对涉案房屋享有居住权。

首先，王家和与案外人李芳之间签订的离婚协议中约定王迪由王家和抚养，涉案房屋归王家和所有，王家和与案外人李芳分割房屋时未为王迪设立相应权利。其次，王家和单方承诺王迪可在涉案房屋中居住，该承诺是王家和作为王迪监护人应履行的监护义务，而非法律意义上的居住权。再次，王家和与张杨再婚后对涉案房屋进行了产权变更，王迪与现房屋所有权人王家和、张杨并未签订书面合同，亦未向登记机构办理登记。

基于以上论述，法院认为，现王迪作为成年人要求确认对涉案房屋享有居住权，无权利基础，其主张既不具有《民法典》施行前的相关法律依据，亦不符合《民法典》中关于居住权的规定，故法院不予支持。因此，海淀法院对此案进行一审宣判，判决驳回王迪的诉讼请求。

【案例评析】

本案的判决无疑掌握了居住权的真谛，属于《民法典》生效后关于居住权判决中的典型代表。居住权是一个用益物权，其必须依据《民法典》的规定予以设定，或者以合同设定或者以遗嘱的方式设定，这与基于扶养、赡养、抚养等法律关系有权在他人房屋中予以居住显然不是一个概念，也与因借用、租赁等形成的债权性利用方式不同，实务上必须予以准确区分。

第十五章　地役权

案例 15：联慧公司与石门村经济合作社土地承包经营权及地役权纠纷案

[（2015）二中民（商）终字第 07992 号]

【法条指引】

《民法典》第 372 条、第 378 条，关于地役权的承继的规定。

【案例事实与裁判】

1999 年 8 月 20 日，北京联慧技术开发有限责任公司（以下简称联慧公司）与北京市房山区大石窝镇后石门村经济合作社（以下简称后石门村经济合作社）签订《荒山承包（租赁）合同书》，后石门村经济合作社为发包方（甲方），联慧公司为承包方（乙方）。合同约定："一、甲方将集体所有的荒山 528 亩承包给乙方开发经营。荒山名称及四至：后石门村北燕家峪，东至王某强地界西 5 米，王某才地界西 5 米，西至山跟，南至山跟、北至山跟。二、经营方式：租赁。三、承包期限：从 2000 年 1 月 1 日起至 2059 年 12 月 31 日止。四、承包费计算标准：2000 年至 2004 年免交租金，2005 年至 2059 年每年 6000 元，自合同签订之日起，乙方先付 10 年租金 6 万元，后从 2015 年起每年在 1 月 31 日前交付当年租金 6000 元至合同期满。违约责任：合同双方任何一方违反本合同规定条款，均视为违约，违约方应向对方支付违约金 20000 元。如违约金不足以弥补经济损失的，按实际损失赔偿。本合同未尽事宜，双方可经协商签订补充协议，补充协议与本合同具有同等法律效力。"

2000 年 1 月 19 日，原、被告签订荒山承包合同书补充协议，约定："为了保障甲乙双方的权益，保证合同的顺利执行，避免今后可能出现的误解和纠纷，双方一致同意在原合同基础上补充：明确进山路段的公用性，为了保证荒山开发的顺利进行，解除后顾之忧，乙方要求保证进山路线的畅通，甲方承诺：从公路边至租赁地为止的路为公用路段，不属于任何人的承包地，路宽不小于五米，不允许任何人侵占、阻断。乙方保留因公用道路被阻而向责任方提出经济赔偿要求的权利。"

2013 年 7 月 23 日，第三人王某科与后石门村经济合作社签订了《荒山承包（租赁）合同书》，约定后石门村将房山区大石窝镇后石门村集体所有的燕家峪南坡荒山 150 亩租赁给王某科开发经营，该承包合同项下的土地西面与联慧公司承包地界相邻，二者以西沟沟底为东西分界。租赁期自 2013 年 7 月 23 日至 2063 年 7 月 22 日。

2014 年，王某科在其承包土地边缘修砌石墙。经法院勘查，在联慧公司与王某科承包荒山上，有东西方向进山道路，该道路南侧为王某科承包地，北侧为水沟渠，经过王某科承包地，沿进山道路向里到达联慧公司承包地。该道路南侧有土坡及岩石，王某科沿土坡外边缘砌有一段石墙，长度约 72 米，高约 66 厘米，宽 46—50 厘米。经测量，在石墙外留进山道路宽度为 3.1 米，道路另侧为沟渠。

原告向房山法院起诉，请求判令：（1）被告向原告支付违约金 20000 元；（2）被告立即停止对公用道路的侵占，恢复 5 米路宽，并赔偿原告因道路被侵占而遭受的损失 10000 元。

北京市房山区人民法院依照《合同法》第 60 条、第 61 条、第 107 条、第 114 条第 1 款，《物权法》第 156 条、第 162 条，《农村土地承包经营纠纷调解仲裁法》第 48 条之规定，作出两项判决：（1）被告北京市房山区大石窝镇后石门村经济合作社于本判决生效后 10 日内给付原告北京联慧技术开发有限责任公司违约金 20000 元；（2）被告北京市房山区大石窝镇后石门村经济合作社于本判决生效后 30 日内恢复进山公用道路 5 米路宽，第三人王某科协助被告拆除在进山道路上所砌石墙。

【案例评析】

该判决并没有进行充分的说理，但是主要根据原《物权法》第 156 条和第 162 条之规定，也即《民法典》第 372 条、第 378 条的规定，适用了地役权追及效力，认为土地所有权人负担地役权的，设立土地承包经营权时，该土地承包经营权人继续负担已设立的地役权，无疑是正确的判决。

第四分编　担保物权

第十六章　一般规定（略）

第十七章　抵押权

案例 16：李某与华航船务工程有限公司抵押权纠纷案
[（2014）沧民终字第 2990 号]

【法条指引】

《民法典》第 215 条，关于合同效力与物权变动区分的规定；《民法典》第 388 条，关于担保合同与主合同关系的规定；《民法典》第 402 条，关于不动产抵押登记的规定；《民法典》第 597 条，关于无权处分效力的规定；《最高人民法院关于适用〈中华人民共和国民法典〉有关担保制度的解释》第 17 条与第 37 条，关于担保合同和抵押权效力的规定。

【案例事实与裁判】

2011 年 3 月至 2012 年 4 月间，张某分三次向原告李某借得现金共计 1629600 元。2012 年 4 月 10 日，张某与原告李某签订了一份《抵押借款合同》，该合同载明：甲方张某因生产需求，向乙方李某申请借款作为经营资金，由丙方华航船务工程有限公司（以下简称华航公司）提供抵押担保，三方经协商一致同意，在丙方以其所有的"冀黄港渔工 308"号和"冀黄港渔工 306"号工程船作为借款抵押物给乙方的条件下，由乙方提供商定的借款额给甲方，在借款期限内，丙方拥有抵押物的使用权，在甲方还清借款本息前，乙方拥有抵押物的所有权。借款总金额为 1629600 元整（在该字段后，括注"已交付"字样），借款期限为 3 个月，甲方保证在

2012年6月25日前归还全部借款。抵押物为江苏省灌云县新港船厂生产制造的"冀黄港渔工308"号和"冀黄港渔工306"号工程船，抵押期限为自本借款合同生效之日起至甲方还清乙方全部借款本息日止。乙方（李某）要对甲方（张某）交来的抵押物证件妥善保管，不得遗失、损毁，在甲方到期还清借款后，乙方要将抵押物的全部证件完整交还甲方。丙方未经乙方同意不得将抵押物出租、出售、转让、再抵押或以其他方式处分。抵押物由丙方向黄骅港开发区渔港监督部门进行抵押权登记，费用由甲方承担。甲方如不按期偿还，乙方可向有管辖权的人民法院申请拍卖抵押物，用于抵偿借款本息，若有不足抵偿部分，乙方仍有权向甲方追偿。有关抵押的评估、登记、证明等一切费用均由甲方负责。合同书落款处，张某、李某分别在甲、乙两方位置处签字，丙方位置则由张某代书"华航船务工程有限公司"字样后，由张某加盖了被告华航公司的公章。此后，张某与华航公司并未将合同约定的抵押船舶"冀黄港渔工308"和"冀黄港渔工306"办理抵押物登记，只将"冀黄港渔工308"和"冀黄港渔工306"两艘船的《渔业船舶登记证书》和《国内渔业船舶证书》留存在了原告李某处。借款到期后，张某未能偿还。2012年8月27日，李某以张某、华航公司为被告向本院提起诉讼，要求二被告偿还借款1629600元。我院于2013年4月23日作出（2012）黄民初字第3551号民事判决，认定被告华航公司所有的"冀黄港渔工308"号工程船，早已于双方签订《抵押借款合同》前（2011年8月2日）以1530000元的价格，出卖给了案外人杨某勇，并办理了船舶所有权变更登记手续，故判决：（1）张某于判决生效之日起三日内偿还原告李某借款本金1629600元；（2）华航公司在"冀黄港渔工306"船舶价值范围内对上述债务承担连带责任；（3）华航公司履行还款义务后，有权向被告张某追偿。该纠纷当事人李某、张某、华航公司在法定期间内均未提出上诉，该判决现已经发生法律效力，但张某、华航公司至今未履行上述判决确定义务。另查明，张某系被告华航公司的管理人员，负责该公司的船员管理和海上工作。

原审法院认为，本案中原被告双方争执的焦点为：（1）原告李某的起诉是否违反了"一事不再理"原则；（2）原被告《抵押借款合同》中关于"冀黄港渔工308"号工程船抵押行为的效力及责任承担。首先，"一事不再理"原则是指同一当事人就同一法律关系，而为同一诉讼请求的案件，如果已经在人民法院受理中或者已经被人民法院裁判，就不得再行起诉，人民法院也不应再受理。（2012）黄民初字第 3551 号民事案件中，李某根据《抵押借款合同》，要求华航公司承担担保责任，是履约责任。而正是经过此次诉讼，原告李某才获知在其与华航公司订立抵押合同前，华航公司已经将"冀黄港渔工 308"号工程船出卖并办理了所有权变更登记的事实，基于上述事实，李某才再次提出诉讼，要求华航公司承担违约赔偿责任。两起民事案件虽当事人相同，但是法律关系和诉求截然不同，而且关于华航公司就"冀黄港渔工 308"号工程船如何承担民事责任，在（2012）黄民初字第 3551 号民事案件中，法院根据"不诉不理"原则也未作出相应裁判。因此，原告李某的起诉不违反"一事不再理"原则。其次，关于《抵押借款合同》中"冀黄港渔工 308"号工程船抵押行为的效力问题。根据《物权法》第 188 条的规定，以船舶等交通运输工具抵押的，抵押权自合同生效时设立，未经登记，不得对抗善意第三人。同时再根据《最高人民法院关于贯彻执行〈中华人民共和国民法通则〉若干问题的意见（试行）》第 113 条第 1 款"以自己不享有所有权或者经营管理权的财产作抵押物的，应当认定抵押无效"的规定，被告华航公司在 2012年 4 月 10 日与原告李某订立《抵押借款合同》前，已经将其所有的"冀黄港渔工 308"号工程船以 1530000 元的价格于 2011 年 8 月 2 日出卖给案外人杨某勇，并办理了船舶所有权变更登记。因此，被告华航公司在订立《抵押借款合同》时，对于"冀黄港渔工 308"号工程船已经丧失了所有权，从而导致就该船进行抵押的行为，不是因抵押权未经登记，而是由于违反了法律的强制性规定无效。最后，被告华航公司在本案中如何承担民事责任的问题。《最高人民法院关于适用〈中华人民共和国担保法〉若干问题的解释》第 7 条规定："主合同有效而担保合同无效，债权人无过错的，担保人与债务人对主合同债权人的经济损失，承担连带赔偿责任；债权人、担保人有过错的，担保人承担民事责任的部分，不应超过债务人不能清偿部分的二分之一。"被告华航公司在对"冀黄港渔工 308"号工程船已经丧失了所有权的情况下，还将该船进行抵押，其行为存在明显恶意，原告李某在此事件中善意且无过失。正是由于被告华航公司的欺骗行为，给原告李某造成重大经济损失，被告华航公司对此应在"冀黄港渔工 308"号工程船的转让价格 1530000 元范围内承担连带赔偿责任。遂判决：（1）被告沧州渤海新区华航船务工程有限公司在"冀黄港渔工 308"号工程船的转让价格 1530000 元的范围内，对案外人张某所欠原告李某的借款本金 1629600 元承担连带赔偿责任；（2）被告沧州渤海新区华航船务工程有限公司履行上述赔偿义务后，有权向案外人张某追偿。

宣判后，华航船务工程有限公司不服，向上级人民法院提起了上诉。二审人民法院经过审理认为原审判决事实清楚，适用法律正确，驳回上诉，维持原判。

【案例评析】

本案中主要涉及的法律争议是抵押合同是否有效以及抵押合同无效后，抵押人责任承担的问题。就抵押合同是否有效的问题，本案中适用的是《民通意见》的规定，依据当时的法律，若抵押人对于抵押财产没有所有权的，则抵押合同属于无效合同。而抵押合同无效后各方当事人之间的责任承担问题，应当按照原《担保法》第 5 条以及原《最高人民法院关于适用〈中华人民共和国担保法〉若干问题的解释》第 7 条的规定确定各方当事人的法律责任。在《民法典》通过之后，就抵押人对于标的物没有所有权等处分权的情形而言，应当参照适用《民法典》第 597 条的规定，也即此时抵押人与抵押权人所签订的抵押合同属于负担行为，其效力不因抵押人没有所有权而受有影响，但是由于抵押人没有处分权构成无权处分，除非取得所有人的追认或者符合了善意取得的要件，债权人是不能取得抵押权的。故此债权人得以请求抵押人承担相应的违约责任，也即赔偿债权人的损失。此时其判决结果与原判决结果没有不同，但是适用法律上存在区别。

案例 17：农业银行西城支行与田某抵押权纠纷案
[（2021）晋 06 民终 281 号]

【法条指引】

《民法典》第 400 条、第 402 条，关于抵押权设定的规定。

【案例事实与裁判】

2007 年 1 月，王某分两次分别向朔州市农行金穗支行（现更名为中国农业银行股份有限公司朔州西城支行）借款 60 万元，约定借款期限一年（2007 年 1 月 9 日至 2008 年 1 月 9 日），同时王某以田某位于朔州市某街房屋（所有权证号：00-027412）为其借款提供了抵押担保，签订了抵押合同，约定为了确保王某借款合同的切实履行，抵押人田某用其位于市府西街商品房编号00-27412为主债权60万元及其为实现债权的一切费用提供抵押担保，同时约定"主合同项下债务履行期限届满，抵押权人未受清偿的，抵押权人有权依法依抵押物折价或者拍卖、变卖抵押物的价款优先受偿"。担保合同中无借款合同编号，并于2007年2月7日办理了房屋他项权证书（他项权证号：朔房他字第0875号）。房屋他项权人为市农行金穗支行，设定日期为2007年2月7日，约定期限为2008年2月7日，他项权证编号为朔房他字第0875号，房屋所有权编号00-027412。农行西城支行向法院提交中国农业银行朔州市分行贷款催收公告若干，显示2009年8月25日，中国农业银行股份有限公司朔州市分行向王某催收贷款120万元，借款日为2007年1月9日；2011年8月17日，中国农业银行股份有限公司朔州市分行向王某催收贷款120万元，借款日为2007年1月9日；2013年8月16日，中国农业银行股份有限公司朔州市分行向王某催收贷款120万元，借款日为2007年1月9日；2015年8月12日，中国农业银行股份有限公司朔州市分行向王某催收贷款120万元，借款日为2007年1月9日；2017年8月9日，中国农业银行股份有限公司朔州市分行向王某催收贷款120万元，借款日为2007年1月9日；2019年11月4日，中国农业银行股份有限公司朔州市分行向王某催收贷款120万元，借款日为2007年1月9日。另查明，2009年6月2日，经中国银行业监督管理委员会朔州监管分局（现为中国银行保险监督管理委员会）研究决定，中国农业银行股份有限公司金穗支行更名为中国农业银行股份有限公司朔州洪涛支行；2011年8月20日，中国农业银行朔州市分行下发《关于部分城区一级支行降格及城区机构隶属关系调整的通知》，中国农业银行股份有限公司朔州洪涛支行的管辖行为中国农业银行股份有限公司朔州新市区支行。中国农业银行股份有限公司朔州洪涛支行于2018年4月4日更名为中国农业银行股份有限公司朔州西城支行。

一审法院认为，根据《担保法》第5条规定，担保合同是主债权债务合同的从合同。主债权合同无效，担保合同无效。担保合同作为从合同，其效力依附于主合同。根据《担保法》第52条规定，抵押权与其担保的债权同时存在，债权消灭的，抵押权也消灭。本案中，王某向农行西城支行贷款两笔，均为60万元，而农行西城支行与田某签订的抵押合同无借款合同编号，无法确定该抵押合同的主合同，抵押合同应当无效。抵押合同无效，抵押登记不能设立抵押权。因此，农行西城支行对田某的房屋抵押权灭失。农行西城支行应当协助田某办理他项权证注销手续，同时返还田某房屋所有权证书。综上所述，本案抵押权未设立，田某请求确认农行西城支行对田某的房屋抵押权灭失并请求判决农行西城支行协助田某办理房屋他项权证注销手续，返还田某房屋所有权证书的诉讼请求予以支持。根据《担保法》第5条、第52条之规定，判决：确认中国农业银行股份有限公司朔州西城支行对田某的房屋抵押权灭失；判令中国农业银行股份有限公司朔州西城支行协助田某办理房屋他项权证注销手续，并返还田某房屋所有权证书。案件受理费100元（田某已预交），由中国农业银行股份有限公司朔州西城支行负担。

本院经审理查明的事实与一审认定的事实基本一致，予以确认。另，上诉人农行西城支行二审提交两份小额质押贷款合同及两份质押借款申请审批表，拟证实王某于2007年向朔州市农行金穗支行的两笔借款，实际借款时间发生在2004年10月9日和2005年4月19日，本案涉及抵押的借款事实发生在2004年，2007年未还款，须补办手续，重新办理借款凭证，被上诉人田某用自己的房屋为该笔借款办理抵押及他项权证。被上诉人田某代理人质证意见：2004年贷款到期可以用存单实现债权，2004年和2007年两笔借款没有关联性，即使按上诉人所述，亦超过诉讼时效；上诉人提供的借款合同及抵押合同没有关联性，他项权证没有对应的主合同，且本案借款人身份证为"王某平"，借款合同及借款凭证为"王某"，对抵押借款事实的真实性存疑。

本院认为，本案争议的焦点是：一审判决上诉人农行西城支行对被上诉人田某的房屋抵押权灭失，并协助被上诉人田某办理房屋他项权证注销手续、返还田某房屋所有权证书是否适当。在案证据显示，涉案王某于2007年1月9日同一天向上诉人农行西城支行贷款两笔，均为60万元，借款种类为个人质押贷款，借款期限均为一年。到期后王某未还借款本息。而上诉人农行西城支行与被上诉人田某签订的抵押合同无借款合同编号，且该抵押合同与王某的两笔借款的借款种类"个人质押贷款"明显不相符。根据《担保法》之相关规定，该抵押合同应当无效。本案现有证据无法证实被上诉人田某之房屋是否为王某借款提供抵押。即使按上诉人所述案涉借款时间实际发生在2004年10月，该笔借款于2005年

10月到期，但其第一次催收贷款时间为 2009 年 8 月，明显超过诉讼时效。且上诉人未依《最高人民法院关于适用〈中华人民共和国担保法〉若干问题的解释》第 12 条第 2 款规定，在担保物权所担保的债权诉讼时效结束后的二年内行使担保物权，故该担保物权消灭。基于以上理由，上诉人农行西城支行对被上诉人田某的房屋抵押权灭失。一审判决上诉人农行西城支行对被上诉人田某的房屋抵押权灭失，并协助被上诉人田某办理房屋他项权证注销手续、返还房屋所有权证书并无不当。上诉人所称当时办理贷款时相关人员已受到相应的处罚，并提供中国农业银行朔州市分行朔农银发字（2007）188 号文件欲佐证其主张，但未能提供相关责任人违规发放贷款的具体明细，该证据不能证实是否包括案涉借款，亦不能佐证其主张，故本院对上诉人之上诉理由，证据不足，不予支持。故判决驳回上诉，维持原判。

【案例评析】

本案件的核心争议是抵押权是否有效设立。依据原《物权法》第 185 条与第 187 条的规定以房屋等不动产抵押的，抵押权有效的设立的要件有二：其一是有效的抵押合同，其二是进行了抵押登记。由于我国法律没有采取德国法律上的物权行为无因性原则，故若抵押合同不成立或者无效的，抵押权即使经过了登记也不能发生法律效力。依据原《物权法》第 185 条的规定，"被担保债权的种类和数额"是抵押合同的必要条款，故不具备此条款抵押合同不能成立，因此更不能生效，抵押权亦不能得以设定。对于抵押权的设定，《民法典》第 400 条与第 402 条虽然对原《物权法》上述条款有一定的完善，但并未进行实质性的修改，故依据《民法典》该两条的规定亦得出相同的结论。

案例 18：吴某与胡某、省房地产公司抵押权纠纷案
[（2021）川 01 民终 6972 号]

【法条指引】

《最高人民法院关于适用〈中华人民共和国民法典〉时间效力的若干规定》第 1 条，《民法典》第 209 条、第 215 条、第 402 条，关于不动产物权以及不动产抵押权变动要件的规定。

【案例事实与裁判】

2006 年 10 月 23 日，胡某与省房地产公司签订《商品房买卖合同》，约定：胡某购买省房地产公司开发的位于成都市锦江区面积为 10.53 平方米房屋，房价为 842400 元；合同生效后胡某一次性付清房款；省房地产公司应当在 2006 年 12 月 31 日前将经验收合格的商品房交付胡某使用；省房地产公司应在商品房交付使用后 180 日内，将办理权属登记须由省房地产公司提供的资料报产权登记机关备案。当日，胡某向省房地产公司付清了上述房屋的全部购房款 842400 元，省房地产公司出具收据。胡某一直占有、使用上述房屋至今，并向物管公司缴纳了相应的水电费等。

2012 年 6 月 6 日，吴某与赵某、省房地产公司、成都京顺投资管理有限公司、魏某签订《借款担保合同》，约定赵某向吴某借款 300 万元，借款期限为 2012 年 6 月 9 日至 2013 年 6 月 8 日，省房地产公司向吴某提供成都市锦江区大科甲巷某号 1 号—3 号 1 层的房号分别为 3784575、3784576、3784577、5890613 的四间商铺的合法房产作为该次借款的抵押担保物。吴某分次转至赵某银行账户共计 300 万元。当日，省房地产公司就成都市锦江区大科甲巷某号 1 号—3 号 1 层房屋办理了抵押登记，抵押人为省房地产公司，抵押权人为吴某，债权金额为 300 万元。同日，省房地产公司的《股东会决议》载明公司股东同意以本公司的上述房屋为赵某向吴某贷款提供抵押担保。

2018 年 9 月 18 日，成都仲裁委员会作出（2018）成仲案字第 630 号调解书，载明：胡某与省房地产公司确认成都市锦江区该房屋目前存在抵押及查封情况，省房地产公司承诺于 2018 年 12 月 31 日前解除案涉房屋的所有抵押及查封，并协助胡某办理该房屋的不动产权证，向胡某支付逾期办证的违约金 8424 元。

2019 年 2 月 1 日，成都市中级人民法院依据生效的（2018）成仲案字第 630 号调解书向成都市不动产登记中心出具《协助执行通知书》，要求将省房地产公司位于成都市锦江区房屋产权单独办理至胡某名下。

2019 年 5 月 15 日，胡某向国家税务总局成都市锦江区税务局第一税务所缴纳印花税、契税，对应缴费地区域为：成都市锦江区，建筑面积 9.39 平方米。

一审法院另查明，2012 年 5 月，省房地产公司在成都市住房和城乡建设局办理了案涉房屋的产权登记。不动产登记信息载明：前述房屋登记抵押在吴某、李某名下，抵押权为有效状态。

　　一审法院认为，《最高人民法院关于适用〈中华人民共和国物权法〉若干问题的解释（一）》第2条规定："当事人有证据证明不动产登记簿的记载与真实权利状态不符，其为该不动产物权的真实权利人，请求确认其享有物权的，应予支持。"可见，不动产登记并非确定物权的唯一依据。根据生效仲裁调解书、法院的《协助执行通知书》以及税收完税证明，胡某从省房地产公司所购买的案涉房屋现地址已变更为成都市锦江区。虽然案涉房屋登记在省房地产公司名下，但案涉房屋早已出售给胡某，且胡某已支付完毕购房款并入住至今，其系该房产的真实权利人，（2018）成仲案字第630号调解书已确认省房地产公司协助胡某办理案涉房屋的产权登记手续，故省房地产公司无权对案涉房屋予以处分。结合《合同法》第51条的规定，"无处分权的人处分他人财产，经权利人追认或者无处分权的人订立合同后取得处分权的，该合同有效"，本案中，胡某对省房地产公司的抵押行为既未追认，省房地产公司亦未在之后取得处分权，故吴某与省房地产公司签订的《借款担保合同》无效。

　　关于吴某取得抵押权，是否符合善意取得的条件。根据《物权法》第106条第3款的规定，当事人善意取得其他物权的，参照前两款规定。故抵押权的取得，亦适用善意取得的规定。本案中，根据《商品房买卖合同》及缴纳水电费收据可知，胡某占有、使用案涉房屋至今。省房地产公司作为房地产开发企业，其开发的楼盘必然用于出售。根据胡某签订的《商品房买卖合同》可知，案涉楼盘至少从2006年开始销售，到2012年吴某办理抵押登记，如此之长的时间里，该楼盘不可能尚未出售。吴某出借大额资金，在为保障自身权益欲办理抵押登记时，未对房屋出售情况、使用情况进行核实，其行为明显具有重大过失，其抵押权也依法不构成善意取得。综上，吴某与省房地产公司签订的《借款担保合同》属于无效合同，而吴某亦不属于善意取得，故基于无效合同而办理的抵押登记亦无效，吴某与省房地产公司应协助胡某注销案涉房屋的抵押登记。

　　一审法院依照《物权法》第106条、第184条，《合同法》第51条、第56条的规定，判决：（1）确认省房地产公司与吴某签订的《借款担保合同》无效；（2）吴某与省房地产公司应于判决生效之日起5日内协助胡某注销位于成都市锦江区房屋的抵押登记。案件受理费减半收取6112元，由省房地产公司、吴某负担。

二审法院根据一审在案证据，另查明如下事实：（1）2012年6月7日，吴某、赵某、省房地产公司、成都京顺投资管理有限公司、魏某就签订的《借款担保合同》进行公证，取得了《具有强制执行效力的债权文书公证书》。（2）2019年10月15日，成都市锦江区人民法院作出（2018）川0104执恢513号之三执行裁定书，载明"本院在执行吴某与赵某、四川省房地产开发建设公司、成都京顺投资管理有限公司、魏某借款合同纠纷一案中，本院依法对被执行人成都京顺投资管理有限公司所有的位于成都市锦江区房产进行了拍卖，取得拍卖款15125308元。本案与本院另案参与分配，依法取得债权金额7562654元（含执行费65048元）。本院依法扣除执行费65048元后，将余款7464510元已全部支付给申请执行人吴某。……本院确认申请执行人吴某有债权……"，裁定终结本次执行程序。

二审法院认为，根据《最高人民法院关于适用〈中华人民共和国民法典〉时间效力的若干规定》第1条第2款规定："民法典实施前的法律事实引起的民事纠纷案件，适用当时的法律、司法解释的规定，但是法律、司法解释另有规定的除外。"因本案法律事实发生于《民法典》实施前，故适用当时的法律、司法解释。

本案系抵押权纠纷，抵押合同是设立抵押权的基础，故本案首先应解决案涉《借款担保合同》的效力问题。《物权法》第15条规定："当事人之间订立有关设立、变更、转让和消灭不动产物权的合同，除法律另有规定或者合同另有约定外，自合同成立时生效；未办理物权登记的，不影响合同效力。"本案中，吴某作为借款合同的出借人，其有权要求借款人为其借款债权提供物或债的担保，作为借款人到期不履行还款义务时实现其债权的保证。省房地产公司与吴某签订的《借款担保合同》主体适格、意思真实自愿，不违反法律、行政法规的强制性规定。被抵押房屋登记在省房地产公司名下，且设置抵押经过了省房地产公司股东会决议同意。本案诉讼中，省房地产公司陈述称案涉房屋抵押前已出卖给胡某，之后双方的房屋买卖行为经过仲裁调解予以确认，但综合本案审理查明的事实，能够证明省房地产公司将案涉房屋抵押给吴某并办理抵押登记时，产权机关并无胡某购买该房屋的备案登记。综上，鉴于案涉房屋登记在省房地产公司名下，胡某无证据证明吴某与省房地产公司存在恶意串通等行为导致《借款担保合同》无效的法定情形，故《借款担保合同》应为合法有效。

　　关于吴某是否取得案涉房屋抵押权。二审法院认定《借款担保合同》系有效合同，吴某、省房地产公司也依据《借款担保合同》的约定就案涉房屋办理了抵押登记。抵押登记具有公信力，吴某办理抵押登记时，案涉房屋并不存在异议登记、预告登记或查封等其他限制不动产权利的情形，吴某作为一般民事主体依据其认知水平及对不动产档案的了解程度，在办理抵押登记时审核了案涉房屋的权属状况，已尽到了与之能力匹配的基本审查义务，根据《物权法》第187条"以本法第一百八十条第一款第一项至第三项规定的财产或者第五项规定的正在建造的建筑物抵押的，应当办理抵押登记。抵押权自登记时设立"之规定，其抵押权应受法律保护。一审法院认定《借款担保合同》无效，进而认定吴某存在重大过失，不构成抵押权善意取得适用法律不当，二审法院予以纠正。

　　省房地产公司关于吴某债权已清偿的抗辩理由，从本案现有证据显示吴某申请执行的案件处于终本状态，省房地产公司也未提交证据证实吴某的债权已经得到全部清偿，故吴某的抵押权目前尚不具备消灭的条件。

　　中级人民法院撤销原一审法院的民事判决，驳回胡某的全部诉讼请求。

【案例评析】

　　本案一审与二审判决结果截然相反。一审法院与二审法院的主要争议在于抵押登记的法律效力。依据原《物权法》第9条、第15条以及第187条的规定，包括不动产抵押权在内的不动产物权的设定、转移和消灭均以登记作为其生效要件，未经登记的原则上不发生法律效力。一审法院没有能够正确理解不动产物权变动，从而错误地认为胡某取得了房屋的所有权。胡某虽然与房产公司签订了房屋买卖合同，但是由于没有依据原《物权法》第9条的规定，办理过户登记，因此并不能取得房屋的所有权。一审法院认为事实物权可以与登记不一致，这本身没有问题，但是胡某从来没有取得过物权从而不存在所谓的事实物权。因此，房产公司作为房屋所有人，将房产抵押给吴某，双方签订了抵押合同并办理了抵押登记，吴某自然能够取得相应的抵押权，此系有权处分，因而亦不存在一审法院所谓的善意恶意的问题。《民法典》第209条、第215条完全继受了原《物权法》第9条与第15条的规定，而第402条亦继受了原第187条的精神，故依据《民法典》之规定亦能得到相应的裁判结果。

第十八章 质 权

案例19：中山市德轩照明有限公司、
江门市华恒灯饰有限公司动产质权纠纷案
[（2021）粤07民终724号]

【法条指引】

《民法典》第431条，关于质权人对质押财产处分限制的规定；《民法典》第432条，关于质权人妥善保管质物的义务的规定。

【案例事实与裁判】

德轩公司与华恒公司因业务往来所发生的纠纷，签订借款合同。合同约定德轩公司欠华恒公司29万元货款，德轩公司以现金形式归还12.5万元，剩余货款以相关设备质押给华恒公司，在德轩公司付清货款后由华恒公司归还设备。后因为德轩公司发生股权变动，华恒公司诉请法院由法定代表人偿还欠款，经法院判决与强制执行，已经由德轩公司法定代表人执行完毕。德轩公司之后向华恒公司发出《告知函》，提出已经全部履行还款义务，要求华恒公司按照合同约定归还案涉设备，否则，华恒公司须向德轩公司进行赔偿。

经查明，借款合同签订后，华恒公司一直将相关设备存放于华恒公司厂区内，其中部分设备已经生锈或损害，而另有部分设备已经被华恒公司所处理。在交付质押设备时，德轩公司未向其说明设备需要特殊的存放环境。

本案的争议焦点为：（1）华恒公司是否已尽对涉案动产质物的妥善保管义务以及华恒公司应否承担质物损毁的赔偿责任；（2）华恒公司是否应赔偿已出卖设备的价款给德轩公司；（3）德轩公司应否向华恒公司支付涉案质物的保管费以及支付数额。

一审法院认为，借款合同是双方真实意思表示，未违反法律、法规的强制性规定，合同成立且生效。华恒公司的质权自设备交付时成立。德轩公司现已清偿其债权，根据《物权法》第177条第1项，主债权消灭的，担保物权随之消灭，故本案为动产质权纠纷。本案中华恒公司未经德轩公司同意擅自处分了一部分设备，根据《物权法》第214条，应当承担赔偿责任。对于尚存放于华恒公司且生锈的设备，属于华恒公司保管不善，但双方在借款合同中并未约定保管条件且德轩公司构成迟延给付，故德轩公司无权请求华恒公司承担赔偿责任。

二审法院认为：第一，德轩公司并未对质物提出特殊保管的要求，对于该设备的特殊要求已经超出一般保管要求，故华恒公司对于部分质物的毁坏不存在过错。但因存放地点位于室外，故对于设备被侵蚀后未及时清理导致生锈负有一定的过错，故案涉部分设备的毁损、灭失是双方混合过错造成的，德轩公司过错更大。案涉设备虽然部分生锈或损害，但并未毁损，故华恒公司仅在其过错范围内承担一定的赔偿责任，不承担毁损、灭失的赔偿责任。第二，在质权存续期间，华恒公司未经过出质人即德轩公司许可擅自处分质物，造成德轩公司丧失所有权，应当承担赔偿责任。第三，德轩公司在债务履行期届满后仍然拒绝履行，导致质物长期存放于华恒公司，客观上存在保管费用，保管费用同样属于担保物权的范围，故德轩公司应当支付保管费用。

【案例评析】

本案涉及动产质权的成立以及成立后质权人对于质物所应当负担的义务。根据《民法典》第429条，质权自交付时设立。质权设立后，由于质权人实际占有并管领质物，故质物能否得到妥善保管，在质权法律关系终结后能否如常使用，均有赖于质权人对质物的照管。质权人作为实际管领人，对于所占有的质物享有权利外观，故若质权人处分质物，在第三人眼中质权人即为有权处分。因此《民法典》第431条与第432条分别规定了质权人不得擅自处分质物，以及质权人对于质物的妥善保管义务。

具体而言，质权人不得擅自处分质物，质权人处分质物的，出于保护交易安全的考量，处分行为仍然有效，物权发生变动。但质权人应当向出质人承担侵害其所有权的损害赔偿责任。同时，质权人具有妥善保管出质物的义务，若质物的损坏是因为质权人的保管不善造成的，即质权人在其主观过错范围内承担质物毁损灭失的责任。

案例20：成都中德西拉子环保科技有限公司、
中国长城资产（国际）控股有限公司动产质权纠纷案
[（2020）最高法民终1101号]

【法条指引】

《民法典》第429条，关于动产质权的设立的规定。

【案例事实与裁判】

中德西拉子公司、长城公司与华西银行成都分行签订《监管协议》。协议约定以西拉子公司名义在华西银行成都分行开设监管账户，按照合同约定的方式进行账户使用及资金划付。西拉子公司承诺根据长城公司要求将监管资金划付至监管账户，进入监管资金的账户封闭管理，用于西拉子公司对长城公司债务清偿或仅能用于经长城公司同意的资金用途。未经长城公司同意，不得以任何形式划转、使用、支付账户内的资金。自账户设立至整个监管期限内，不存在任何导致或可能导致对监管账户查封或冻结的情况。

《监管协议》签订后，西拉子公司在华西银行成都分行开立账户，并两次共转入监管资金共计人民币25000万元。后来因其他债权债务纠纷，该监管账户被司法冻结人民币17250万元，账户内现存人民币8100万元。

本案的争议焦点为：长城公司对监管账户中现存的8100万元现金是否享有质权。

一审法院认为，《监管协议》系当事人之间的真实意思表示且不违反法律、行政法规的强制性规定，应为有效。该对外担保虽然并未经过登记，但是未经登记已不是对外担保的生效要件，故未经登记不影响对外担保的效力。西拉子公司开设监管账户后，账户中资金与第三方权利义务均无关，且该账户资金通过密码器加以控制，西拉子公司无法自由使用账户中的资金，长城公司对账户具有实际控制力。依照《最高人民法院关于适用〈中华人民共和国担保法〉若干问题的解释》第85条，监管账户已经满足了特定化要求，质权有效成立。

二审法院认为，质权成立需要三个条件：书面质押合同并达成担保合意、监管账户资金特定化以及移交债权人占有。《监管协议》中约定账户资金用于清偿主债务，可认定达成了担保合意。虽然货币作为一般流通物适用占有即所有规则，但本案中，保证金在存入监管账户后已经完成了特定化的过程，使该账户资金成为一种独立的存在，避免特定数额的金钱因"占有即所有"的特征混同于质权人或出质人的一般财产。因此，本案中质权已经设立，长城公司享有优先受偿权。

【案例评析】

本案涉及金钱能否作为质权的客体，以及如何以保证金的形式设立质权。因为货币作为一般等价物，其具有占有即所有的性质特征，故货币的特定化难以实现。故《民法典》上典型动产质权的交易结构设计，是否能够涵盖如保证金等动产质权，存有疑问。《民法典》第429条的"交付"要件难以满足。

作为特殊质权，保证金账户需要满足标的能够特定化以及质权人对账户财产的实际控制两个标准。保证金的特定化包含账户的特定化和资金的特定化。账户的特定化主要是指能够区别与普通账户的同时，或者达到账户实质上独立于出质人其他财产即可。值得注意的是，保证金质权所要求的特定化，绝非要求资金固定化，资金余额虽然是浮动的，但是只要能区别于出质人其他财产即可，不需要账户资金固定不变。对于实际控制，最重要的标准即在于未经债权人同意，出质人不得动用保证金账户中的资金。只要满足特定化与实际控制两个标准，出质人即能够以保证金设立质权。

第十九章　留置权

案例 21：昌邑市南玉联运有限公司、昌邑市
富利源家纺有限公司留置权成立纠纷案
[（2018）鲁 07 民终 357 号]

【法条指引】

《民法典》第 447 条，关于留置权的成立的规定。

【案例事实与裁判】

富利源公司为个人独资有限责任公司，陈某华与富利源公司之间因买卖合同纠纷诉至法院，法院裁定查封富利源公司在华腾公司存放的织布机等生产设备。后法院作出判决，判决富利源公司偿还欠款及其利息。南玉公司以富利源公司欠付其运费为由，要求行使留置权并提出执行异议，华腾公司以富利源公司设备存放于该公司且欠租赁费为由要求行使留置权并主张执行异议。法院裁定驳回南玉公司执行异议。南玉公司提起诉讼，要求确认留置权担保合同合法有效。根据富利源公司与南玉公司所签订《留置担保合同》，富利源公司欠付南玉公司车队运费，以存放在华腾公司的生产设备向债务人提供留置担保，南玉公司有权留置与运费同等价值的货物，直到债务人全面履行债务，若债务人在合同成立起一年内仍未履行债务，债权人有权对留置物折价受偿。

本案的争议焦点为留置权是否有效设立的问题。

一审法院认为，本案的争议焦点为留置权担保合同是否有效。留置权的成立需要债权人占有债务人的动产且债权人合法占有债务人的动产。本案中合同所约定的生产设备存放于华腾公司处，并非由南玉公司控制，南玉公司实际并未占有控制留置物，无法实现留置效力。

二审法院认为，本案的争议焦点是涉案留置担保合同的效力问题。从《留置担保合同》的约定来看，签订留置合同时，所针对的财产处于华腾

公司处，并未处于南玉公司合法控制下，南玉公司并无对留置物进行处分的能力，故涉案留置担保合同虽基于双方自愿原则签订，但并不符合法律关于留置担保合同的有效要件，故该留置担保合同无效。

【案例评析】

本案关涉到留置权的成立方式。留置权是法定担保物权，只要满足债权人合法占有，具有牵连关系等条件，则留置权自然成立。留置权的成立完全是物权关系，与当事人之间是否签订留置权合同并无关系，当事人是否事先约定留置权或留置权的成立条件，对留置权的成立均不产生影响。故本案中，判断南玉公司是否享有留置权的根本在于是否符合《民法典》第447条的条件，而非判定留置权担保合同是否有效成立。至于留置权担保合同本身，只要其符合法律行为成立并生效的标准，则自然可以有效成立，但该合同与留置权本身是否成立无关，其法律效果依据债法的一般规则予以规制。

案例22：长三角商品交易所有限公司与卢某留置权纠纷案
[（2014）锡民终字第1724号]

【法条指引】

《民法典》第448条，关于留置权的牵连关系的规定。

【案例事实与裁判】

卢某原系长三角公司副总经理，长三角公司将其名下一辆轿车交付卢某使用，以方便其工作。后卢某因为连续旷工、挪用并拒绝交还公司轿车，行为违反长三角公司《员工手册》。长三角对其作出辞退处理的决定。卢某认为长三角解除劳动关系违法，应向其支付拖欠的工资、社保金以及经济补偿金，并拒绝返还轿车。随后申请劳动仲裁，劳动仲裁委员会作出仲裁，载明由长三角公司支付卢某工资差额以及违法解除劳动合同的经济赔偿金共20.6万元。长三角公司不服该劳动仲裁裁决书，已向法院提起另案诉讼。同时，长三角公司向法院提起诉讼，要求法院判令由卢某向其归还轿车。卢某认为其基于劳动关系合法占有轿车，因长三角公司尚有劳动债权，故卢某可对轿车行使留置权，直至长三角公司付清相关费用。

本案的争议焦点为：卢某可否基于其劳动债权对长三角公司的轿车行使留置权。

一审法院认为，卢某系基于其与长三角公司的劳动关系合法占有该车辆，又主张基于该劳动关系长三角公司结欠其工资及经济赔偿金，故卢某依法有权对该车行使留置权。

二审法院认为，基于劳动关系所产生的债权不能成立留置权。留置权应当是平等主体之间的债权债务关系，而劳动关系属于管理者与被管理者，属于劳动管理关系，两者并非平等主体，故没有适用留置权的空间。卢某所扣留的轿车，并非双方劳动债权的标的，不构成"同一法律关系"的构成要件。因此，卢某无法基于劳动债权对长三角公司的轿车行使留置权。

【案例评析】

留置权作为一种担保物权，乃是为了平衡平等主体之间的市场交易行为所产生的利益而生的。其设立亦要遵循主体平等、关系平等的基本逻辑。留置权的设立是为了保护债权人预先在物质或劳力上的付出，以达成权利义务的平衡，不至于使债权人预先的付出落空。虽然在逐渐发展过程中留置权渐渐突破这一前提，但其权能仍然基于上述构造而产生，无论是留置权的留置效力抑或优先受偿权都是在平衡平等主体之间的债权债务关系。

留置权的牵连关系不应过分扩大化，以此才能避免留置权的滥用。关于牵连关系，是指主张债权人占有的相对人的物上能否成立留置权，取决于债权人的债权与债务人所主张的返还请求权之间是否基于同一法律关系而生。债权与留置物虽然属于同一法律关系，但法律关系的发生并非必须为同一法律关系。最后，债权是否因留置物所生则在所不问。

第二十章　占　有

案例 23：金某燕、闻某民返还原物纠纷案
[（2018）鄂 10 民终 683 号]

【法条指引】

《民法典》第 459 条，关于无权占有人的损害赔偿责任的规定。

【案例事实与裁判】

金某燕、闻某民夫妻共同购买了商品房一套。购买后金某燕等发现该房屋由陆某 1 占有、使用，遂多次与被告联系要求被告腾退该房屋。陆某 1 以系争房屋系陆某友、陆某 2 所购买委托其管理为由，拒绝腾退该房屋。陆某友、陆某 2 曾提起行政诉讼，请求判令撤销金某燕、闻某民的《不动产权证书》，该诉讼已被驳回。金某燕曾向陆某 1 发送短信，且陆某 1 曾经明确承认金某燕取得房屋所有权。金某燕曾邮寄律师函要求其在收到律师函后 6 个工作日内搬离房屋，该律师函被陆某 1 签收。金某燕、闻某民将陆某 1 等三人诉至法院，请求返还房屋；拆除装修、恢复原状；并由陆某友等三人支付占有期间的房屋使用费。

本案的争议焦点为金某燕所主张的恢复原状请求权是否可得到支持以及房屋使用费是否应当支持。

一审法院认为，原告已经取得案涉房屋所有权，故原告有权对房屋占有、使用、收益和处分，被告在明知的情况下仍然拒绝搬离房屋，故三位被告应当承担共同侵权责任。对于恢复原状请求权与房屋使用费，具有法律依据，符合法律规定，应当予以支持。

二审法院认为，关于恢复原状请求权，原告已经取得案涉房屋所有权，陆某友与陆某 2 委托陆某 1 占有，故陆某 1 为直接占有人，陆某友与陆某 2 为间接占有人。三人主张因为"以物抵债"而占有房屋。该以物抵债为债权法律关系，难以对抗真正物权人，故被告三人为无权占有，应当

腾退并向原告返还占有。关于房屋使用费，因为被告承认原告享有所有权且收到律师函，故被告为恶意占有。被告的此种恶意占有行为，致所有权人无法正常使用，造成了间接经济损失，应承担相应的赔偿责任，金某燕、闻某民关于房屋使用费的诉请应获支持。

【案例评析】

无权占有可分为善意占有与恶意占有。恶意占有是指占有人明知其无权占有某物而仍然对某物实施占有，就恶意占有而言，占有人除客观上没有占有权源外，主观上非因自己所有的意思占有物，故恶意占有人对于占有物没有任何合理依据。恶意占有人在占有期间因为使用占有物导致占有物损耗的，属于对物权人的侵权行为，应当承担损害赔偿责任。在本案中，恶意占有人在所有权人主张返还后，仍然占有不动产，由此对所有权人产生间接经济损失，该种间接经济损失虽然不属于对使用占有物的损耗，但仍然是对所有权人权利的侵害，故所有权人可以主张损害赔偿请求权，请求恶意占有人偿还。而对于恶意占有人占有房屋期间对于房屋的改造，所有权人可以主张恢复原状请求权以恢复对物的原始利用状态。

案例24：甄某萍与付某文等占有保护纠纷上诉案
[（2008）一中民终字第6587号]

【法条指引】

《民法典》第462条，关于占有保护请求权的规定。

【案例事实与裁判】

付某文、甄某萍原系同一单位同事，单位向两人各自分配145号院平方1间。该院另有自建房若干间作为厨房使用。房屋分配后，付某文先行入住，并占有1间自建房作为厨房。几年后，甄某萍入住，与付某文共同使用该间厨房，厨房内有简易隔断墙。后付某文将所住房屋腾退并取得了安置补偿款，因无力购买新住房，其仍旧在厨房自己使用的部分居住。同年，甄某萍在厨房归自己使用的部分安装分户水表。

付某文与甄某萍因为用水问题发生争执，付某文强行将隔断墙向甄某萍一侧移动，将甄某萍存放于厨房的物品扔出，将厨房北门封堵，只保留东门进入，使得甄某萍现已无法使用厨房。甄某萍诉至法院，请求停止侵害并将厨房恢复原状。

本案的争议焦点为甄某萍是否享有占有保护请求权。

一审法院认为，本案诉争厨房现有的使用人为付某文及其妻子，出庭证人虽然证明单位曾经将诉争厨房分配给付某文与甄某萍共同使用，但是甄某萍未能提供对于诉争房屋具有所有权或租赁权的权属证明，现有证据不能证明甄某萍对诉争房屋享有合法权益，故对于其请求不予支持。

二审法院认为，占有的不动产被侵占的，占有人有权请求侵占人恢复其占有。本案诉争厨房长期由付某文、甄某萍共同占有使用，双方通过隔断墙和各自的出入门口对各自部分进行使用，可以认定该厨房已经分隔为两个独立的空间对各自部分享有占有。付某文移动隔断墙封堵北门的行为，使得甄某萍无法进入案涉厨房，已经构成对甄某萍占有的侵害，甄某萍要求付某文停止侵害并恢复原状具有法律上的依据，应当予以支持。

【案例评析】

占有是一种法律上的事实与状态，而非权利。占有人主张占有保护请求权时，法律是为了保护其占有的外观，故只要占有人存在占有的事实，法律即对其提供保护。至于占有人究竟是否为有权占有，并非法律所关涉的事实，法律只对这一状态进行确认，只要客观上能够查明占有人的占有，即可受到法律保护。

对占有这一事实的保护能够在短期内维护现有和平秩序。对于占有的事实，不得以私力改变现状。若行为人真的以私力破坏占有，则需要通过占有保护请求权使其占有恢复原状。此种恢复原状是一种保护现有秩序的应急措施，也正因为如此，更无须考察占有背后的权源。至于真实权利状况如何，并不在占有保护请求权的考虑范畴中。

占有是一种事实，而非权利，所以在占有保护纠纷中法院无须查明占有人是否有权占有，只要查明客观上存在占有事实，该占有事实就能受到保护。人们对物的现实占有状态应受到保护，任何人不能以私力改变占有现状。占有保护纠纷之诉是以恢复原状为目的的应急措施，并不能够从根本上解决当事人之间的矛盾。占有人的占有得到保护后，如另一方认为其对争议物拥有实体权益，可基于本权另行起诉。